学府往事系列

主编／李子迟

名家留学记

XUEFUWANGSHI XILIE
MINGJIA LIUXUEJI

——大师们的留学生活

杨倩 许毕基／编著

济南出版社

图书在版编目(CIP)数据

名家留学记：大师们的留学生活 / 杨倩，许毕基编著.—济南：济南出版社，2010.10

ISBN 978-7-5488-0128-3

Ⅰ.①名… Ⅱ.①杨…②许… Ⅲ.①留学生教育 – 教育史 – 中国 – 近代

Ⅳ.①G649.29

中国版本图书馆 CIP 数据核字(2010)第 172837 号

责任编辑	秦　天
装帧设计	兆天书装

书　　名	名家留学记:大师们的留学生活
作　　者	杨倩　许毕基
出版发行	济南出版社
地　　址	济南市二环南路 1 号(250002)
发行热线	0531-86131731　86131730　86116641
编辑热线	0531-86131719　86131720
印　　刷	山东临沂新华印刷集团有限公司
版　　次	2010 年 10 月第 1 版
印　　次	2010 年 10 月第 1 次印刷
成品尺寸	170×240　1/16
印　　张	22.5
字　　数	385 千
定　　价	38.00 元

前　言

　　清末到民国时期,是我国近代留学教育的初始和发展阶段,也是中国留学教育的一个高峰。成千上万的青年学生,远赴美国、欧洲、日本留学。他们怀着留学报国的志向,离开亲人,远赴海外,选择祖国急需的知识和专业刻苦求学。他们为中华民族的独立自由,为中华文化的传承复兴,以及中外文化的融合,留下了一份分外丰厚、深湛的文化遗产。

　　本书采撷了那个时期众多留学生精彩的生活片段和翔实的史料,向读者讲述那些"为中华之崛起而读书"的名人大师们在海外鲜为人知的求学经历,以及他们的努力奋斗和自强不息的精神……

　　每一次留学教育,都涌现出一大批著名人物。他们不仅在中国科学技术和经济、文化等方面建功卓著,其中管理、外交、翻译等方面的人才,还对中国近代历史的发展演变、教育现代化的推进,产生了至深至大的影响。

　　近代中国留学生的留学方向,主要有3个(除了苏俄):如容闳、唐绍仪、胡适、钱学森等人的美国方向;辜鸿铭、严济慈、钱钟书、季羡林等人的欧洲方向;鲁迅、李四光、郭沫若、乔冠华等人的日本方向。本书也只是粗略地分为这3个章节。若是人物先后留学了多个地域,则以其最先去的国家为准。

目　录

第一章

留学美国

容 闳

近代中国留学第一人

　　清末近代是中国留学的第一个高峰期。从政界、商界到学术界，大部分人都有海外镀金的经历。但要说近代留学的开端，那还是在 1847 年。容闳，一个已经被遗忘了多年的名字，现在又走进了人们的视野，他被称为中国留学的第一人。

　　虽然容闳成了中国留学的标记，但是他一生中最重要的举动，并不是赴美留学，而是向清政府建议并带领 120 名中国幼童赴美留学。1872 年，由清政府官费派 120 名幼童，在容闳的率领下，肩负富国强兵的使命，漂洋过海到美国耶鲁大学、哥伦比亚大学及麻省理工学院等名校求学。虽然这次留学以中途夭折而告终，大部分留美幼童都没有完成学业，但是，这批饱受欧风美雨熏陶的学子，后来便成了中国矿业、铁路业、电报业的先驱。他们中出现了今天清华大学、天津大学最早的校长，出现了中华民国的第一任总理，出现了中国最早的一批外交官。

青年容闳

　　容闳是耶鲁的骄傲。1854 年，作为第一个毕业于这所美国著名大学的中国人，他引人注目;后来,作为中国留学计划的策划者和实施者,他更受尊敬。1876年,耶鲁授予他法学博士学位。他的画像至今仍悬挂在耶鲁校园,承载着他贯通中西的伟大创举。

老年容闳

◎意外的留学机缘

当时的容闳只有19岁,中国人对于留学毫无概念,而对于去半个地球以外的"花旗国",更是抱着怀疑甚至恐惧的心理。他去留学,也只是基于一个很偶然的机会。

容闳的家乡在广东省香山,与澳门相望。因此,香山得地利之便,对待美国等西方社会的观念自然与内地不同。那时葡萄牙人已在澳门聚居。特殊的地理因素,使香山人和西方人长期来往,以致在闭关锁国时期,澳门成了香山一扇开眼外看的窗户。

容闳的父母,很希望儿子将来能当一名和洋人打交道的翻译,改变贫穷的命运。于是,7岁的容闳就被送到澳门一间由西方人郭施拉的夫人办的学校念书。郭施拉夫人办的是一所女子学校,容闳就读于校内附设的一个男生班,是教会所办的马礼逊学校的预备学校。

马礼逊是基督教新教派到中国的第一个传教士,最早的《圣经》中文本就是他翻译的。他死后,英国成立马礼逊纪念协会,每月拨出15英镑,在澳门办学。该校的校长,是来自美国的布朗牧师。1843年时,马礼逊学校迁到已成为英国殖民地的香港,成为香港第一所新式学校。

然而容闳在这里只读了4年书。由于中国和英国开始交恶,郭施拉夫人办的"西塾"停办,容闳只得回到自己村里。

容闳读洋文的事,村里人知道的不多。姐姐在田里随口说出,立刻引起了农夫们的好奇。一个农夫马上说:"我从来没有听过洋话。你要是会说,我会送你一大捆稻子,你背都背不动的!"于是,12岁的容闳站在没胫的水田里,放声朗诵"A—B—C—D……",26个英文字母读完,四周一片惊呼。农夫加倍奖赏,给了几捆稻子,姐弟俩要回家喊人来,才能背回。

为了补贴家用，容闳来到澳门的天主教印刷所，当装订书籍的小工。这时候，家里收到了一位医生的来信，他是郭施拉夫人的朋友。郭施拉夫人觉得容闳聪明伶俐，曾特意叮嘱朋友，一旦马礼逊学校开课，要把容闳召回来上学。没想到，在马礼逊学校开课近一年之后，那位医生才找到了他。

1872 年容闳奉命率学生 30 人赴美留学

　　容闳终于又可以返回学校读书了。马礼逊学校采用中、英文双语教学，中文教学，讲四书，作八股文；英文教学，有英文写作、地理、声乐、几何、历史。校长布朗先生是一个极为出色的教师。他"性情沉静，处事灵活，彬彬有礼，为人随和，且多少带点乐观主义精神。他热爱自己的学生，因为他了解学生们为了掌握知识需要付出多大的努力。他自己更是不惜花费心血去教育他们。教学上，他别具天赋，释物说理清楚明了、简洁易懂，从无学究气。"

　　1846 年，布朗告诉中国学生，自己因为健康的原因，决定回国，并想带几个学生去美国完成学业。班里顿时安静了，去遥远的美国，远渡重洋，该需要多大的勇气啊！但是，很快容闳就第一个站了起来。接着，黄胜、黄宽两人也站起来了。于是，布朗先生确定了这 3 个学生跟他回美国继续学习。

　　晚上，当容闳把自己的决定告诉母亲时，母亲哭了。那时到海外去，很可能意味着生离死别。但母亲最终还是同意了，让自己的孩子由海角远赴天涯。

　　容闳的家境一直比较贫寒。布朗先生已经和校董商议好，找到了愿意资助 3 个学生的人，答应负担他们两年的学费。容闳觉得，这既能给自己一个改变人生的机会，又能减轻家里抚养自己的负担，是两全其美的好事。所以，他虽然万分不舍，但也只是劝慰母亲不要难过。

◎终于梦想成真

　　1847 年 1 月 5 日，容闳、黄宽、黄胜跟随着布朗牧师，乘坐阿立芬特兄弟公司的"亨特利思"号帆船，前往美国。茫茫大海上，风浪颠簸，入夜后又四周一片浓黑。然而，年轻的容闳正是初生牛犊，并不觉得危险，反而以风浪颠簸为乐。又是前往一个完全不同的世界，他心里早就盛满了好奇和喜悦。

其实,容闳去美国的想法由来已久。两年前,学校为筹措办学资金,邀请香港各界人士到校,主持了一次公开考试。学生们的 6 篇英文作文,全部在《中国丛报》上刊出。容闳的一篇《梦想之纽约游》也在其中,他幻想自己到达新大陆后的种种情景。如今竟然梦想成真,他兴奋不已。

船中途在大西洋上的圣海伦娜岛(即圣赫勒拿岛)停泊了,拿破仑曾经就幽禁在此,后来又埋葬在这里。容闳等人借此机会到岛上游览。村落里居民很少,到处是一望无际的田野。大家来到拿破仑的墓前凭吊,坟前有大柳树,于是每个人都折了一枝带回船上插在瓶中,留作纪念。(到了美国之后,布朗先生把柳枝种在他任教的纽约省之阿朋学校中。等容闳 1854 年重回阿朋学校时,柳树已经长成柔丝万条的茂盛大树。)

1847 年 4 月 12 日,经过 98 天的风浪颠簸,容闳第一次踏上了美国的土地。此时的纽约还算不上太发达的城市,当时居民只有 25 万到 30 万左右。

容闳和黄宽、黄胜就读的是马萨诸塞州的孟松学校,位于美国东北,是新英格兰地区的一部分。它当时是美国最著名的大学预备学校,全国的优秀学生都远道来这里上学。它之所以声名远播,也是由于自创设以来,历任校长都是由德高望重、才学出众的学者担任。现在的校长叫做海门,毕业于耶鲁大学,精通古典文学、英国文艺。他崇尚节俭,一直大力提倡戒酒。他为人胸怀宽广,气宇宽宏。在当时的新英格兰地区,海门是个无人不知的著名教育家。

第一年,3 个人都在英文班学习,主要学习算术、文法、生理、心理及哲学课。其中生理、心理两科是由布朗女士教授,她是以霍来克玉山女校毕业生第一名的成绩来到孟松的。她与医学博士麦克林结婚后,住在斯丕林费尔。她对学生非常关心。夫妇二人对容闳非常热情,觉得他远离父母、亲人,独自在异国,很孤单,每到假日,就邀请他到自己家去。后来容闳到耶鲁上学,费用不足,也得到布朗女士和丈夫的不少资助。回国后,双方也经常书信往来。以后他几次到美国,都借住在他们家。

布朗牧师回到美国后,去了纽约省的阿朋学校教学,就把容闳等 3 个人托付给了自己的母亲。这个慈祥的美国老太太,对 3 个中国孩子更是照顾得细心、周到,像对待自己的孩子一样。只是家里地方狭小,还有布朗牧师的妹妹和孩子居住,她只好给容闳他们在旁边另租了一间房子。

容闳在学校苦读拉丁文、希腊文和英国文学。在校长海门的亲授下,他在这里读了许多英国作家的名著。海门反对把学生训练成“会走路的百科全书”或是“有灵性的鹦鹉”,所以他特别注重培养学生的“优美的品格”。容闳很自然地融入到了新英格兰地区充满新教精神的生活中。

当时,美国的生活成本并不高,贫苦的学生,稍稍为人工作,就不难得到学费。每星期只要得到1元2角5分美金,就足可以支付食宿、燃料等费用,但劈柴、生火、烧炭等,须学生自己料理。容闳"甚乐为此",认为正可以磨炼筋骨。住处距学校半英里,每天要往返3次,即使在寒冬雪天,也要徒步。容闳同样乐此不疲。常年的运动,使这个19岁的男孩胃口大开,食量过人。这样辛苦却充实的生活,容闳过得很开心。

1848年秋天,同去的黄胜因病回国了,此后只剩下容闳和黄宽两人。但是,两人马上就面临着一个大问题,因为,资助他们的人只答应资助两年时间。1849年后,两个人就完全失去了生活来源,所以,他们一直没敢想过继续上大学。容闳不想就这样回国,毕竟自己来的时间太短,没有学到什么东西,他很渴望能继续求学。但是,上学的费用是一大笔支出,自己根本就没有经济来源,家里也负担不起。没有办法,他只好找海门校长和布朗牧师求助,希望他们能给自己想个好办法。

幸好,在海门校长和布朗牧师的联系下,又找到了以前资助过他们的人。回信表示,如果他们能到英国爱丁堡大学读书,他们愿意继续资助。容闳和黄宽商量之后,黄宽决定去英国爱丁堡大学上学,而容闳却希望自己能进海门校长和布朗牧师的母校耶鲁大学。

1849年夏天,容闳和黄宽从孟松学校毕业了。黄宽收拾行装,准备前往英国了,而容闳选择留下来报考耶鲁大学。于是,从马礼逊学校开始的拥有10年深厚友谊的朋友,从此天各一方了。

黄宽后来在爱丁堡大学学习医科,经过7年苦读,以第三名的成绩毕业。1857年回国后开始从医,成为颇负盛名的医生。移居广东后,就医者更不计其数。很多洋人都喜欢找他看病,认为他的医术比洋人医生的还高明。

◎在耶鲁大学勤读

怀着依依不舍的心情送别黄宽,容闳还要考虑自己的生计问题。虽然他考取了耶鲁大学,但是资金依然没有着落。这时候,海门校长和布朗先生又带来了一线希望:按照孟松学校的惯例,有一定的名额资助贫苦学生进入大学,但是接受资助的学生必须填写志愿书,承诺毕业后担任传教士。

容闳知道自己没有希望——"我虽然穷,却不能没有自由"。他在他的自传《西学东渐记》中回忆:"传道固然好,却不是造福中国的独一无二的事业。……志愿书一经签字,我就受到束缚,很可能坐失为国家谋福利的机会。"他认定"人类应尽的天职,不能因为贫穷而改变宗旨。"

但这是一个代价高昂的决定。这个决定,违背了周围多数人的期望。同时,由于这个决定,容闳同那些慈善基金来源一刀两断,他没有了经济收入。

正在困难之时,又是布朗先生伸出了援助之手。1850年夏天,布朗牧师到南方探望姐姐,顺道造访了乔治亚州的萨凡那妇女会。他带回了好消息:萨凡那妇女会答应资助容闳。

容闳终于排除万难,走进了他向往已久的耶鲁大学校园。这时候的他还身穿长袍、拖着长辫子。一年之后,他终于舍弃了这些,彻底融入了耶鲁的生活。

耶鲁的繁重功课,对准备不足的容闳来说非常困难。因为,他在孟松学校的时候仅仅学了15个月拉丁文、12个月希腊文、10余月算术。之后,由于孟松附近地方修建铁路,学校不得不暂时停课,以至于影响了容闳的学业。而且,能到耶鲁大学上学的,自然都是成绩优异的学生。容闳觉得,和他们比起来,自己的差距还很大。所以,他在耶鲁的课程,虽然还没有不及格的,但是学习起来比较吃力,不似旁人游刃有余。

为了能够赶上同学,容闳只好利用晚上的时间努力学习,经常读书到深夜,第一年的时候尤为努力。一方面忧虑自己的经济来源,一方面又要努力补习功课,加上白天没有时间做游戏或参加体育活动,晚上又读书到很晚,以至于他身体越来越羸弱。最后因为精力不支,无法继续上课,只好请假回到东温若布朗牧师的母亲那里休息了几天,才返回学校。

到了第二年,别的课已经轻松一些了,只有微积分让容闳非常头痛,考试常不及格。他甚至担心自己会不会因此留级,也不好意思问系主任,整日提心吊胆。好在容闳的英文成绩十分优秀,在第二、三学期接连获得第一名,所以平均起来分数并不低,才没有因为微积分差而留级。英文的出色,让全校师生都认识了这个中国学生。

他还参加了学校的橄榄球队和划船队,是划船队的主力之一。那时,每当比赛,他们的拉拉队就会唱起自编的歌曲,那首歌曲巧妙地利用了容闳名字 Yung Wing(广东话发音)的谐音:"我们一定赢(Win)!因为我们有闳(Wing)!"

在耶鲁大学,第二学年末及第三学年,容闳的经济开始宽裕起来,因为他有机会勤工俭学。当时二、三年级的学生20个人住在一起,需要找一个人专门负责伙食。容闳主动要求,争取到了这个工作。他开始早晨起来去买菜,晚上负责烧菜、煮饭。于是,后两年的膳食费用便节省了下来。

同时,容闳又竞聘为兄弟会的图书管理员。兄弟会是校中两个辩驳会之一,有一个小藏书楼。容闳以会员的便利条件,谋得了这个工作。到了第四年时,管理图书的报酬涨到了每年30美元。

容闳现在不必再像当初那样贫困潦倒了。小村落中的牧师,每年的收入也不过二三百美元,何况还需要养活一家人。而容闳只有一人,食宿不需要花费,穿的是萨凡那妇女会寄来的鞋袜,学费来自萨凡那妇女会和阿立芬特兄弟公司的资助。他甚至节省下了这30美元,托人辗转带回中国,交给母亲。

容闳开始在报纸上用笔名发表文章。有几篇关于中国问题的评论,引起了人们的注意。哈特福德市的一位著名学者找到这位中国学生,打听作者是谁。当容闳见到这位学者时,他非常不好意思,"羞赧如处女,手足无所措",低着头小声承认,他就是那些文章的作者。

容闳对美国社会的了解更深了。虽然他在美国的大学生活如鱼得水,但仍时时想起祖国。他说:"予当修业期内,中国之腐败情形,时触予怀,适末年而尤甚。每一念及,辄为之怏怏不乐。""更念中国国民,身受无限痛苦,无限压制。"他亲眼看到了西方的富强,也感到了中国的落后。更使他忧心不已的是,当时中国人对外部世界仍然一无所知,仍认为中国是天下的中心。所以,他在大学时就自问:我将用自己的所学去做些什么呢?"在耶鲁读书时期,中国国内的腐败情形,常常触动我的心灵,一想起来就怏怏不乐。"

容闳有时甚至怀疑,是否不受教育更好。既然受了教育,对理想和道德的追求就越来越高。知识越高,痛苦就越多,快乐就越少。但他知道,这是怯弱者的卑微的念头——"这样的人,不足以成就伟大的事业,达到高尚的境界!"

在和同班同学卡特勒的几次散步、谈话中,容闳提出了当时正在他头脑中酝酿着的中国留学计划:"我既然远涉重洋,身受文明教育,就要把学到的东西付诸实用。"他在自传中回忆当时的志向:"我一人受到了文明的教育,也要使后来的人享受到同样的利益。以西方学术,灌输于中国,使中国一天天走向文明富强。"

"在大学的最后一年,"容闳晚年时回忆说,"我已经初步想好了我将做什么。我坚信,下一代的中国青年,应当能有机会受到我所受到过的教育。而通过西方的教育,中国或许可以再生,变得文明而强大。这一目标的实现,已经为我一生事业的雄心之所在。"

◎毅然决定回国

1854年,容闳从耶鲁大学毕业了,和他一起毕业的一共有98人,他成为了第一个从美国第一流大学毕业的中国留学生。因为当时还没有中国人在美国留学，他得到了很多美国人的关注和欣赏。加上他一直热衷参加各种活动，还管理兄弟会的图书，学校中的师生跟他熟稔的就有一大半。

容闳的毕业，是当年耶鲁大学毕业典礼上的大事件。甚至还有许多著名学者赶来参加典礼，就是为了看一看容闳——这位不寻常的中国人。

耶鲁大学 1854 年毕业生中，有 92 位都为容闳题写了临别赠言。有一条是这样写的："荣誉是一个伟大心灵的结果而不是目的。"下边又写着他自己的赠言："你的处境很特别，而且还有些困难，但是你自己在这里顽强地支撑过来了。我深信你回故土以后，将有力量为真理和上帝去做大量的工作。"

容闳虽然毕业了，但是他面临着更艰难的去留问题。他在耶鲁期间，学校新建了一个雪费尔专门学院，院长为诺德君。容闳曾经在这儿选修过测量科，为将来学习工程做准备。如果能学成专科再归国，他未来的事业也许就更容易实现了。

但是，由于自己无力自筹资金进修，资助他的人又不愿意他长期逗留在美国，于是容闳的愿望只能作罢。他的很多美国朋友也都劝他回国，其中一个是阿立芬特兄弟公司的老板，也就是当初容闳来美国时搭乘的"亨特利思"号帆船的主人。他当时免除了几个人的船费，后来跟容闳成了朋友。他劝容闳回国是出于虔诚，希望容闳回国后能够积极传教，让中国人都相信上帝。容闳此时早已经是基督教徒了。

特韦契耳牧师写道："……只要他乐意，他可以留在美国并找到职业。另一方面……在中国，没有什么需要他去做的事。那里除了卑微的亲属外，他没有朋友，不会得到任何地位和照顾，可以说没有他的立足之地。……摆在他面前的，是一派阴郁、险恶的前景。……"

但容闳还是放弃了留在美国任职的机会，毅然回到祖国。他在《西学东渐记》中，有一段感人至深的独白："更念中国国民，身受无限痛苦，无限压制。……予无时不耿耿于怀。……予意以为，予之一身既受此文明之教育，则当使后予之人，亦享此同等之利益。以西方之学术，灌输于中国，使中国日趋于文明之境。"

正是带着这个梦想，容闳回到了阔别多年的充满了战乱、贫穷、愚昧的祖国。为了这个梦想的实现，他奋斗了整整一生。这使他不但成了中国近代史上第一位留学生，而且成为了中国近代留学事业的真正开创者。

1854 年 11 月 13 日，容闳乘纽约某公司的"欧里加"号帆船，和曾在马礼逊学校任教的麦克教士一同，起程回国了。

● ● ● ● ● **【人物小传】** ● ● ● ● ●

容闳(1828—1912),号纯甫,字达萌,广东香山南屏镇(今珠海)人。中国近代史上首位留美学生。中国近代早期改良主义者。中国留学生事业的先驱,被誉为"中国留学生之父。"

1835年在澳门就读于德裔英籍传教士郭施拉的夫人创设的女学。1840年起就学于香港马礼逊学校。1847年随该校校长美籍传教士布朗赴美留学,入马萨诸塞州孟松学校。1850年考入耶鲁大学,1854年毕业,为中国最早留美的大学毕业生。1854年11月离美返国。

1860年随美教士至天京(今南京)访问,会见太平天国干王洪仁玕,提出7条新政建,特别着重学校教育。因未被采纳,仍返回上海。

1863年由张斯桂、李善兰等介绍,赴安庆晤曾国藩,接受筹办机器总厂,出洋购买机器的任务。

1865年将在美国购办的机器运回,在上海高昌庙设厂,命名为江南制造总局,并建议在制造局附设兵工学校。

1870年又向曾国藩、丁日昌重提派遣留学生赴美的教育计划。

1872年奉命率学生赴美留学,任学生监督兼驻美副使,长期驻美。史称"中国幼童留美运动"(1872—1881)。

1875年任出使美国、西班牙、秘鲁三国副大臣。

1898年参加变法活动,戊戌政变时,逃出北京。

1900年在上海参加唐才常等组织的自立会(亦称"中国国会"),被推为会长。因清政府指名通缉,逃往香港,后又赴台湾游历。在香港时,曾参与兴中会在港人士的革命活动。

1902年冬赴美终老。1912年病逝于美国。

著作有《西学东渐记》等。

唐绍仪

叱咤政坛的留美幼童

在一个"城头变换大王旗"的特殊年代，唐绍仪却能做到左右逢源，无论新派、旧派都对他信赖有加。他是孙中山的好友，又同袁世凯私交甚笃。他是清政府的重要大臣、民国的内阁总理，甚至退下来当个小小的中山县县长，他都自得其乐，游刃有余。他深谙中国的为政为官之道，却胸怀西方民主思想，不得不说是个奇人。

◎ 容闳的梦想

容闳是第一个在美国留学的中国人，更是中国人实现留学梦想的先驱。他多年的心愿，就是让中国孩子能够接受西方教育，学习先进的科学。在他二十多年的等待和努力下，清政府终于答应每年派出 30 名中国孩子去美国留学，他们被称作"留美幼童"。

清政府一共派遣过 4 批、120 名幼童到美国学习，唐绍仪就是其中之一。他是容闳的同乡（也是孙中山的同乡）——广东省香山县（今中山市）唐家镇

唐绍仪

人。唐家在近代声名远播,由于占
据了珠江口的出海要道,他们家族
很早就开始与外界沟通和联系。唐
家村有两个买办家族,以至于后来
获得"买办之乡"的称号。正是在这
样的环境下,这样的家族,才能够
在大部分中国人都对留学没有概
念、对美国有着莫名恐惧的年代,
送自己的孩子到遥远的异国。

当时的唐绍仪年仅 12 岁,家
里就需要跟政府签订"生死文书",
"生死各安天命";再加上长达 15 年
的留学期限,这些都让大多数中国
父母无法接受。容闳在招生过程中
遇到了极大的阻力,尤其是第一
批,几乎招不到人。在容闳的奔走

唐绍仪故居共乐园

努力下,才终于招满了。这些幼童大部分都是广东人,其中又以容闳的故乡香山
县的最多。最引人注目的,就是香山县的唐家镇,当年先后送出了 7 位留美幼童,
其中除了日后成为中华民国第一任总理的唐绍仪,还有清华大学第一任校长唐
国安。

因为是政府第一次派遣留学生,出于维护清政府的体面,对这些留美幼童们
的要求十分严格。政府要求他们必须品学兼优、出身清白,没有可疑背景。对 15
岁以上孩子的要求更加苛刻,国文一定要有一定的水平,而且要略懂英语。甚至
长相也要求端正,身体过于羸弱或残疾的都不能入选。

唐绍仪读私塾时,先生发现他的禀赋异于一般学生,常常夸赞这位高足。说
者无心,闻者有意,县学政就这样听说了唐绍仪这个少年英才。正赶上此时容闳
正在四处搜罗天资上佳的少年留学,于是 12 岁的唐绍仪就被县学政举荐,得到
朝廷的官费,成为第三批留美幼童。

◎融入美国家庭

1874 年,包括唐绍仪在内的这些幼童们,在领队的带领下,乘坐轮船前往遥

远的美国。这些幼童们虽然离开了父母,但是孩子的天性,让他们没有伤心多久,就开始好奇地观察着海上的一切,兴致盎然地玩闹起来。可惜才出海不久,由于没有坐过船,大部分孩子都开始晕船,头晕呕吐不止,甚至无法起床;连领队也没有幸免。于是,有些年纪较小的孩子,在夜晚的风浪颠簸中哭起来。但让领队欣慰的是,过了十几天之后,这些孩子们都已经完全适应了。

在船上要度过一个多月的时间,虽然大家都要努力适应海上的生活,但领队对幼童的教育丝毫没有放松。白天学习中国典籍,晚上学习西学,甚至连吃饭也要抓紧学习西餐的礼仪,适应西餐的口味。

结束了海上的日子,唐绍仪等一众幼童在领队的带领下,乘坐火车前往他们的目的地——密苏里州的春田。来到美国,一切都是新鲜的,让少年的唐绍仪惊奇。林立的高楼、飞驰的火车,还有头戴羽饰的印第安人,对这个中国少年来说都充满了吸引力。

为了让幼童们更快地了解美国,掌握英语,他们被三五个人一组分配到美国人的家中居住。唐绍仪寄住的是哥登尔先生家。哥登尔是一位著名的建筑师,中国留学事务局大楼就是由他设计的,容闳等负责留学事务的人都住在那里。分散居住到各处的幼童,会被定期安排回哈特福德,在留学事务局学习中国功课。

这些穿着丝制长袍马褂、缎面的鞋子,戴着小缎帽,脑后垂着一个辫子的中国孩子,在美国引起了广泛的关注。中国孩子们凭借着自己的聪慧、可爱,赢得了美国人的喜爱,接待幼童们的美国家庭对他们都十分友善,甚至像对待自己的孩子一样关心、爱护着他们。

唐绍仪也不例外,他在哥登尔家居住了7年,彼此建立了深厚的感情。这个美国家庭,对来自异国的中国孩子不但给予了尊重,而且付出了爱心。唐绍仪在留学期间留有一张和哥登尔父子的合影,照片上的唐绍仪依旧留着辫子、穿着长袍,但神情自若,与短发西装的哥登尔父子合影时就像是一家人一样。

唐绍仪留学结束回国后,一直对春田这个第二故乡,对他的美国亲人哥登尔一家念念不忘。1908年,已经担任大清赴美专使兼考察财政大臣的唐绍仪,第二次踏上了春田这个他曾经生活的地方,还特意去看望了阔别多年的哥登尔一家。

◎虽留学生涯夭折,但影响深入骨髓

唐绍仪留美期间成绩名列前茅,1880年由康州哈德福高中毕业,进入纽约哥伦比亚大学。然而,在这所美国名校里他只待了短短的一年,就不得不黯然辍学离开。

　　从少年到青年是人生最重要的时间,吸收和接受能力比任何时候都要强,叛逆心理更是如此。幼童们在美国接受的是西方的教育,过的是美国式的生活,在潜移默化之中,他们渐渐脱去了清朝的影子,融入了美国,从外表到内在,越来越像美国人了。他们不愿再穿中式服装,经常是一身美式打扮。尤其是拖在脑后的长辫子,给他们带来了不少尴尬,刚到美国的时候被不少美国人误认为是女孩子,在学校参加各种体育活动也极其不方便。年少不知深浅的幼童们索性把辫子剪掉,见清廷长官时再弄一根假辫子装上。其中还有相当一部分孩子信奉了基督教。这严重背离了清政府的初衷,要"以中国之心通外国之机巧",决不可"以外国之习气变中国之性情"。

留学时的唐绍仪

　　再加上容闳在政治上并不十分得意,他只是美国留学副监督,和正监督陈兰彬、吴子登由于政见和观念的差异,矛盾越来越激化。陈兰彬、吴子登对幼童们严重美国化的情况极不满,认为他们已经不能成为国家需要的人才了,再浪费官费培养下去也没有什么意义,于是将这些情况禀报给了清政府。

　　于是在1881年,这120名幼童中,除了因事撤离、病故的26名外,其余94名分为3批陆续回国。这其中,只有詹天佑和欧阳赓二人完成了本科学业,其余的人都是中途辍学。这个轰动美国的中国留学教育计划,也就夭折了。

　　唐绍仪就在这遣返的94人中间。在大洋彼岸异国的时光,就这样莫名其妙地中止了,他的心里充满了迷茫、不舍和愤怒。但是,毕竟迟早都是要回到祖国的,希望来日有机会再次踏上这片土地吧。遥望着愈来愈远的美洲大陆,唐绍仪在心里许下了这个愿望。

　　留学美国的经历,对唐绍仪的一生产生了重要的影响,这不仅体现在回国后的仕途方面,在其民主共和思想的形成方面也起了重要的作用。美国先进的社会制度和民主思想,早就深入他的心里。正因为如此,才不难解释他以后会从清政府的重要大臣摇身一变,加入同盟会,成为中华民国的第一任内阁总理。

◎舌战日本留学生

光绪七年(1881 年)，业已成为青年的留美幼童们要离开了。大家在告别会上举行歌舞联欢，签名留念。一名日本留学生走到唐绍仪面前，用不太流利的汉语问道："40 年前，大英帝国的利炮坚艇，如果不是打到中国而是日本，你认为结果将是怎样？"这显然是炫耀日本的军事强大，嘲笑中国的贫弱无力。

唐绍仪巧妙地避开问题，义正词严地回答："英国的舰艇，不论是打到中国抑或日本，都是侵略行为，是非正义的，全世界都应该予以谴责，你说是吗？"日本留学生讽刺道："绍仪君，你不认为这是答非所问吗？"唐绍仪毫不客气地回击："不知有汉，无论魏晋！"

这位自以为懂得中国文化的日本留学生，没有听懂唐绍仪这句话的意思，愣在当场，瞪了唐绍仪好半天，才灰溜溜地走了。他不甘心，到处向人请教这句话是何意思。另一位中国留学生告诉他："这句成语是告诫你，说你知识浅薄，对中国知之甚少。"日本学生听了，恼火不已。

● ● ● ● ●【人物小传】● ● ● ● ●

唐绍仪(1862—1938)，又名唐绍怡，字少川，广东香山(今中山)人。清末民初著名的政治活动家、外交家、教育家。

1874 年被清政府选派到美国留学，曾就读于美国哥伦比亚大学。1885 年到天津税务衙门任职。随后被派往朝鲜办理税务，成为清政府驻朝鲜大臣袁世凯的书记官和得力助手。1904 年以清政府议藏约全权大臣身份，先后两次与英国办理交涉，签订《续订藏印条约》，使英国确认中国对西藏的领土主权。后任清政府总理总办、山东大学(时称山东大学堂)第一任校长。

1911 年武昌起义后，充当袁世凯内阁全权代表，于袁世凯就任临时大总统以后，成为中华民国第一任内阁总理。后经孙中山同意，加入同盟会。1912 年 3 月到南京组织新内阁，4 月迁往北京。力图推行责任内阁制，同袁世凯的意图不能相容，被迫弃职离京。后任北洋大学(现天津大学)校长。1917 年参加广州护法军政府，任财政总长，后为七大总裁之一。1920 年后退居家乡。

1931 年 5 月任广州国民政府常务委员。同年九一八事变后，任国民党中央监察委员、国民政府委员。1932 年任西南政务委员会常务委员兼中山县县长。日本侵占上海、南京后，策动其出任伪政权首脑，未成事实。1938 年 9 月 30 日被国民党特务暗杀于上海。

马寅初

以为经济学更"富有内容和生命"

马寅初是中国最早研究西方经济学的著名学者，也是一位非常有血性的爱国人士，积极投身革命活动。他有句名言："言人之所言，那很容易；言人之所欲言，那就不太容易了；言人之不能言，那就更难了……我就要言人之所欲言，言人之不敢言。"马老的铮铮铁骨，随处可见。

他抨击"四大家族"大发国难财的罪行，甚至矛头直指蒋介石，批评他只顾袒护家族利益而不管国计民生。他以老师的身份斥责蒋介石不懂经济管理方法，混乱经济制度。无论威胁还是收买，他都没有屈服，被多次逮捕软禁依然仗义执言。马寅初也因此跟中国共产党越走越近。

建国后，马寅初回到阔别已久的北大校园，担任校长。他为人谦虚，言谈幽默、随意，爱护学生，一直深受师生们拥护。后来，他发表著名的《新人口论》，较系统地论述了中国的人口问题，提出"我国人口增长过快"的命题，倡议实行计划生育，奠定了我国后来的以计划生育为基本国策的人口格局。

虽然他留洋多年，但是在婚姻方面，并没有摆脱旧时思想的束缚。在北洋大学读书期间，他就娶了父母为他安排的同乡姑娘，后来又娶了比他小22岁、与

马寅初

他女儿一样大的女子为妾。他和2个妻子一共育有5个女儿、2个儿子。其实,谁都会有一些根深蒂固的观念,但是发生在马寅初身上,不免有些反差,因此一直受人诟病。他的好友胡适也曾经调侃他:"饭后与马寅初同到公园……寅初身体很强,每夜必洗一个冷水浴。每夜必近女色,故一个夫人不够用,今有一妻一妾。"

◎做生意还是上学　他很有主见

马寅初的家乡,是以文风鼎盛、名人辈出而闻名于世的浙江绍兴。清光绪八年五月初九,马寅初降生在绍兴嵊县浦口镇。马家人丁兴旺,他是家中的第五个儿子。马寅初恰好出生于马年、马月、马日、马时,再加上本姓马,乡间盛传,"五马齐全,必定非凡!"所以,后来马寅初就被人称为"五马奇人"。

马寅初的父亲马棣生是附近村里的一个酿酒作坊主,有着一手酿酒的好手艺,同治年间迁至嵊县浦口镇,创立"马树记"酒坊。马寅初的童年,就在这个青山秀水、民风淳朴的小镇中度过。马家的小酒坊,在一家人的辛苦经营下,生意也越来越红火。

马寅初8岁时进入私塾读书。当时的私塾由一位学识渊博的国学生主持,给马寅初的启蒙教育打下了坚实的基础。而后他又进入绍兴学堂就读。受维新思潮影响,学堂里引入了一些自然知识的课程。少年马寅初感到十分新鲜,他的学习热情也变得更加强烈,他产生了到更高等的学堂去读书,吸收更多的新鲜知识的想法。但是,这时出现了不可避免的矛盾。

马家酒坊的生意越来越好,但是马棣生年岁渐长,感觉有些力不从心。而自己的几个儿子中,有的体弱多病,有的常年在外,只有马寅初一人既聪明伶俐又能禁得起操劳。所以,马棣生希望把自己的酒坊交给小儿子马寅初打理。

马寅初得知父亲的安排后非常苦闷,多次和父亲发生冲突。马寅初无数次罚跪、挨打,他依然坚持要去读书。最后,他甚至觉得无法读书则生不如死,竟投河自尽,所幸被人救起。可见,马寅初从小就有着十分倔强的性格,这就可以理解他后来不畏强暴抨击"四大家族"大发国难财,抨击国家最高领导人蒋介石的行为了。他对知识无比的渴求和坚定的信念,也着实令人钦佩。

这次投河事件,竟然使马寅初的人生峰回路转。父亲的友人张江声感动于他的执著,支持他去上海读书,还认他为义子。在父亲拒绝提供任何经济支持的情况下,张江声一直资助马寅初上学。

马寅初终于如愿以偿,进入上海教会学校"英华书馆"(又称"中西书院")读书，后来又以优异的成绩，考取天津的北洋大学。北洋大学特别注重对国外先进科学技术的学习，目的是培养本国本民族的高级工程技术人才。当时正是"实业救国"轰轰烈烈的时期，年轻的马寅初也渴望能为强国救民出一份力。由于成绩优异，1907 年，他被保送到美国耶鲁大学公费留学。

耶鲁大学

这时的马寅初已经 25 岁了，已奉父母之命娶了妻子，还生了一个可爱的女儿。但是，他还是毅然踏上了开往大洋彼岸的轮船，开始了其长达 9 年的异国求学生涯。

◎对"实业救国"失望，改学经济学

耶鲁大学位于纽约市与波士顿市之间的纽黑文市(属于康乃狄格州)中心，这里有全美最大的图书馆，是美国第一所有资格授予博士学位的大学，有"常青藤大学"、"美国学院之母"之誉。学校特别强调自由的学术空气，更加注重培养学生的个人能力，鼓励支持各种社团活动。这一切，使得在中国严格教育制度下长大的马寅初感到新奇，印象非常深刻，也对他以后的教学管理模式产生了很大的影响。

经过一段时间的努力之后，马寅初融入了美国的学习生活。但是，随着对美国了解的深入，他渐渐发现，"实业救国"这条路似乎走不通，有很多东西制约着经济的发展。他深刻体会到，清政府治理下的祖国，与美国这样的西方强国比起来，还有着很大的差距，不是简单振兴工商业就能够解决的。

他希望能找到一个更好的解决方法，于是放弃了原来的矿学专业，转而去学经济学。后来，在 1947 年的一次演讲中，马寅初还谈到了自己改专业的事："余到美之后，不再想选择矿科，将学矿科的念头抛入九霄云外，以为经济学富有内容和生命，遂选经济为主课，选自然科学为副课。"

马寅初在耶鲁大学的生活相当充实，每天往返于教室与图书馆之间，沉浸在知识的海洋里。忙里偷闲的时候，他也会做些体育运动，这是他最大的业余爱好。

他尤其喜欢登山,后来回国后,每到一个地方,一定要先打听附近的地理山势,以便早晨登山。他还每天洗冷水澡,坚持了几十年。正是这些,让他的身体一直很好,没有受到家庭遗传的影响。

哥伦比亚大学

1910 年,马寅初在耶鲁大学拿到了经济学硕士学位。虽然这已经是很了不起的成就了,但是,马寅初并没有满足,而是选择继续攻读。1911 年,他考入哥伦比亚大学,攻读经济学博士。

◎艰难求学,扬名异域

哥伦比亚大学是一所多科性综合大学,是美国最早的研究生院中心之一,培养了很多政治、经济方面的高级专门人才。能够考入这样的著名高等学府,很不容易。马寅初十分珍惜这样的机会,抓紧分分秒秒刻苦学习。

正在他如饥似渴地吸收知识,希望自己能使病弱的祖国强大起来的时候,他的生活却开始陷入困境。留学生们的费用,原本是由北洋军阀政府提供,在他们这批留学生临行之前,时任北洋政府大臣的袁世凯还特地召见了马寅初和其他留学生,并给每人颁发了一张有袁世凯署名的"留学证书"。国内政局风云变幻,北洋军阀政府慢慢开始缩减提供给留学生们的费用,马寅初的生活日益捉襟见肘。为了完成学业,他开始了半工半读的生涯。

其实早在青少年时代,马寅初就养成了艰苦朴素的作风。他在上海中西书院读书的时候,由于一直是义父张江声提供他的学费和生活费,所以,他宁愿节衣缩食,也没有开口管义父多要些生活费,甚至连点油灯,再昏暗也只用一根灯芯。此事被他的老师大为赞许,并说他"灯芯一根心中亮,寒窗十载必成人"。

在哥伦比亚大学期间,这样的困难并没有吓倒马寅初。他利用课余时间,在餐馆洗盘子赚钱,以负担自己的学费。有一天,一个洋人制片商来到餐馆,告诉马寅初若到他那儿去扮演一个华人配角,可以拿到高于餐馆 20 倍的报酬。这个制片商是餐馆老板介绍来的,并说如果签订合约,就可以预付一部分报酬。这样的好事,马寅初自然求之不得。

但是，生性谨慎的他，还是要求先看看剧本再签合约。他接过剧本开始翻看起来，越看越觉得按捺不住怒火。原来，这是一部丑化华人的电影。马寅初立刻严词拒绝，结果却因此得罪了餐馆老板。在争吵中，马寅初一怒之下，拂袖而去。

失去了工作，他只能跑去码头当搬运工人。这件事后来上了华人报纸，不少人都很钦佩这位有骨气的青年。马寅初所在码头的老板便是其中之一，有次巡视工作时偶然认出了他。知道他是哥伦比亚大学的高材生后，就把他介绍到自己的一个朋友家里当家庭教师，兼翻译一些资料。

后来，北洋政府索性中断了提供给留学生们的费用，并声明让留学生们自己决定去向。很多人由于求学生活无法继续下去，只得回国。这时候，马寅初在耶鲁大学时的舍友王正廷劝他回国，觉得革命期间正是报效国家的时机。王正廷回国后，任黎元洪都督府外交司司长，一直在民国政府担任要职。然而，马寅初并不想从政，他觉得："了解美国的财政经济管理来整理中国混乱情形，比做官要有一点贡献。"他是这样答复王正廷的。

马寅初靠顽强的意志和旺盛的求知欲，继续着自己的学业。这使得他的导师美国著名财经专家萨里格曼教授深受感动，他十分喜爱这个聪慧、上进的中国学生，于是决定资助马寅初完成学业。

1914年，马寅初的博士论文《纽约市的财政》终于完成了。他详细、深入地分析了纽约财政收支情况的各个层面，纽约财政是怎样从混乱不堪变为运转良好，中国可以借鉴那些方面等，赢得了专家委员会的高度认可，给予了他"杰出"的评价。

自己的学生取得这样好的成绩，萨里格曼教授自然非常高兴。他帮助安排哥伦比亚大学政治学院出版了马寅初的这部著作，并负担了80%的费用。这篇论文一经出版，很快就轰动了当时美国的财政界和经济界。哥伦比亚大学把它作为一年级新生的教材，一直沿用到1968年。

马寅初顺利完成了学业，获得了博士学位。萨里格曼教授希望他能够留校任教，毕竟，美国无论是生活条件还是学术环境，都比国内好上太多了，更利于马寅初的个人发展。哥伦比亚大学也热切挽留他，这样杰出的经济学人才，

北京大学马寅初故居（现为纪念馆）

学校怎么舍得任其外流。然而,马寅初推却了学校和导师的美意,怀着"强国富民"的理想,回到了自己的祖国。

　　一踏上中国的土地,马寅初就来到民国财政部报到。然而,政局的混乱、政府的腐败和半殖民地破败的经济状况,彻底粉碎了他的梦想。"今我国财政情形,五花八门,光怪陆离,实属腐败已极,岂仅谓之紊乱已哉。"生性耿直的他,不愿与这些人同流合污,于是离开财政部,走进北京大学,开始了他教书育人的生涯。他表示自己"一不做官,二不发财,竭尽全力于教育救国事业"。从此他便一心投身于中国经济问题的研究和经济人才的培养,著书立说。

● ● ● ● ● 【人物小传】 ● ● ● ● ●

　　马寅初(1882—1982),浙江嵊县人。中国现当代经济学家、人口学家、教育家。

　　1901年考入天津北洋大学选学矿冶专业。1907年赴美国留学,先后获得耶鲁大学经济学硕士学位、哥伦比亚大学经济学博士学位。1915年回国,先后任北洋政府财政部职员、北京大学经济系教授。1919年任北大第一任教务长。1927年到浙江财务学校任教,并任浙江省省府委员。1928年任南京政府立法委员。1929年后任财政委员会委员长、经济委员会委员长,兼任南京中央大学、陆军大学和上海交通大学教授。1938年初任重庆商学院院长兼教授。1940年12月被蒋介石逮捕。1946年9月到上海私立中华工商专科学校任教。1949年8月任浙江大学校长,并先后兼任中央人民政府委员、中央人民政府政务院财政经济委员会副主任、华东军政委员会副主任等职。1951年任北京大学校长。1960年1月,因发表《新人口论》被迫辞去北大校长职务。1979年9月,平反后担任北大名誉校长。1981年2月当选为中国人口学会名誉会长。1982年5月10日因病逝世。

　　主要著作有:《中国国外汇兑》(1925)、《中国银行论》(1929)、《中国关税问题》(1930)、《资本主义发展史》(1934)、《中国经济改造》(1935)、《经济学概论》(1943)、《通货新论》(1944)、《战时经济论文集》(1945)、《我的经济理论、哲学思想和政治立场》(1958)、《新人口论》(重版)(1979)、《马寅初经济论文集(上、下)》(1981)等。

蒋梦麟

由农学而教育

作为堂堂的北京大学校长，蒋梦麟的地位却相当尴尬……在校方组织撰写的校史中，曾经称蒋梦麟为"典型的国民党新官僚"，"在北大是不得人心的"。然而，他作为北大历史上掌校时间最长的校长，掌校 15 个春秋，使得北大的教学和科研在风雨飘摇的战乱年代仍有稳步上升，实为一大奇迹，可以说对北大功不可没。

◎努力先过语言关

年仅 18 岁的蒋梦麟还在浙江高等学堂读书的时候，就一直忧虑着如何拯救祖国，免受列强的瓜分。许多人相信：经过日本同化、修正的西方制度和组织，要比纯粹的西洋制度更适合中国的国情，因此他们主张通过日本接受西洋文化。但是也有一班人认为：既然他们必须接受西洋文明，何不直接向西洋学习？

蒋梦麟是主张直接向西方学习的，虽然许多留学日本的朋友来信辩难，他却始终坚持自己的看法。而他此前先进入南洋公学，就是想给自己打点基础，以便到美国留学。

蒋梦麟

在那里,一切西洋学科的课本都是英文的,刚好合了他的心意。南洋公学开办时,采纳了美国传教士福开森博士的许多意见。南洋公学的预科,一切按照美国的中学学制办理,因此可说是升入美国大学的最好阶梯。学校里有好几位讲授现代学科的美国人。在校两年,蒋梦麟在英文阅读方面已经没有多大困难,但却始终讲不好。学校教的英文并不根据语音学原理,他的舌头又太硬,始终跟不上。

年轻时期的蒋梦麟

第二年暑假,蒋梦麟参加浙江省官费留美考试,结果未被录取。但是,他不想放弃留学美国的想法,于是只好向父亲要了几千块钱,预备自费到美国加利福尼亚州深造。

蒋梦麟正式搭乘美国邮船公司的轮船往前旧金山,是 1908 年 8 月底。同船有十多位中国同学。在上船前,他曾经练了好几个星期的秋千,所以在 24 天的航程中,一直没有晕船。船到旧金山时,一位港口医生上船来检查健康,对中国学生的眼睛检查得特别仔细,唯恐有人患沙眼。

等他赶到时,加州大学秋季班已经开学,因此他只好等到翌年春季再说。他请了加州大学的一位女同学给自己补习英文,学费每小时 5 毛钱。在这段时间,他把全部精力都花在了英文上。每天早晨必读《旧金山纪事报》,另外还订了一份《展望》周刊,作为精读的资料。《韦氏大学字典》一直不离手,碰到稍有疑问的字就打开字典查。4 个月下来,居然词汇大增,读报纸、杂志也不觉得吃力了。

初到美国时,就英文而论,蒋梦麟简直是半盲、半聋、半哑。如果他要在学校里跟得上功课,这些障碍就必须先行克服。头一重障碍,经过 4 个月的不断努力,总算大致克服了,完全克服也不过是时间上的问题而已。第二重障碍,要靠多听人家谈话和教授讲课才能慢慢克服。教授讲课还算比较容易懂,因为他们的演讲,思想有系统,语调比较慢,发音也清晰。普通谈话的范围比较广泛,而且包括一连串互不衔接、五花八门的观念,要抓住谈话的线索颇不容易。到剧院去听话剧对白,其难易则介于演讲与谈话之间。在这 3 种形式上,蒋梦麟都进行了努力。

◎从农学转到教育学

新年之后，蒋梦麟兴奋地等待着加州大学第二个学期在 2 月间开学。他心中满怀希望，对语言的学习也加倍努力。快开学时，他以上海南洋公学的学分申请入学，获准进入农学院，以中文的学分抵补拉丁文的学分。他过去的准备工作偏重于文科方面，但转入农科，也并非像有些青年学生那样听天由命，而是经过深思熟虑才慎重决定的。他认为，中国既然以农立国，那么只有改进农业，才能使最大多数中国人得到幸福和温饱。

蒋梦麟幼时在农村长大，对花草树木和鸟兽虫鱼本来就有浓厚的兴趣。小时候他就喜欢观察、触摸和理解，经常走进自家的花园里观察四时不同的花草和虫鸟，有时还去田野里看青蛙捉蚱蜢。他的先生们几乎都认为这些癖好是"祸根"，他将来不会有出息。可是这些"祸根"，日后竟成为他成功的福因。为国家，为私人，农业都似乎是最合适的学科。此外，他还有一个次要的考虑，自己在孩提时代身体一向羸弱，如果能在田野里多接触新鲜空气，对身体一定大有裨益。

第一学期选的功课是植物学、动物学、生理卫生、英文、德文和体育。除了体育是每周 6 小时以外，其余都是 3 小时。他按照指示，到大学路的一家书店买教科书。他想买植物学教科书时，说了半天，店员还是听不懂。后来，只好用手指指书架上的那本书，那个店员才恍然大悟。买了书以后，蒋梦麟心里很高兴，既买到了书，同时又学会了一个英文单词的正确发音，一举两得。

后来，教授要他们到植物园去研究某种草木。他因为不知道植物园在哪里，只好向管清洁的校工打听。本来，他想借鉴上次店员教他的单词举一反三，结果自作聪明的他还是发错了读音，弄得那位工友瞠目不知所答。他只好重复了一遍。工友揣摩了一会之后，才恍然大悟。

植物学和动物学引起了蒋梦麟很大的兴趣。植物学教授在讲解显微镜的用法时，曾说过一句笑话："你们不要以为，从显微镜里可以看到大如巨象的苍蝇。事实上，你们恐怕连半只苍蝇腿都看不到呢！"蒋梦麟早年的即兴观察和此时对动、植物学的兴趣，有一个共通的出发点——好奇，最大的差别就在于使用的工具不同。

在农学院读了半年之后，一位朋友劝蒋梦麟放弃农科之类的实用科学，另选一门社会科学。这位朋友认为除非他们来解决中国当下的政治问题和社会问题，否则农业问题也就无法解决。而且,如果不改修社会科学,眼光就可能局限于实用科学的小圈子,无法了解农业以外的重大问题。

蒋梦麟曾经研究过中国史,也研究过西洋史的概略,对各时代各国国力消长的情形有相当的了解,能够体会到朋友话中的深意。他觉得,自己需要好好考虑一下。

一天清早,他正预备去农场看挤牛奶,路上碰到一群蹦蹦跳跳的小孩子去上学。他忽然想起:自己在这里研究如何培育动物和植物,为什么不研究一下如何培养人才呢?他的脑子里,细数着中国历代兴衰的前因后果。忽然之间,他眼前恍惚有一群天真烂漫的小孩蜂拥而至,要求他给他们读书的学校。于是他豁然开朗,找到了自己的方向,毅然决定转到社会科学学院,选教育为主科。

他决定下来就直接去注册组找苏顿先生,从农学院转到了社会科学学院。从1909年秋天起,他开始选修逻辑学、伦理学、心理学和英国史,他的大学生涯也从此步入正途。

从逻辑学里,他了解到思维是有一定的方法的,换句话说,他们必须根据逻辑方法来思考。观察对于归纳推理非常重要,因此他希望训练自己的观察能力。他开始观察校园之内,以及大学附近所接触到的许许多多事物。最后终于发现,观察必须有固定的对象和确切的目的,不能听凭兴之所至乱观乱察。天文学家观察星球,植物学家则观察草木的生长。后来,他又发现另外一种称为实验的受控制的观察,科学发现就是由实验而来的。

同时,赫利·奥佛斯屈里特教授也给了他很大的启示。他们上伦理学课,总有一场热烈的讨论。蒋梦麟平常不敢参加这些讨论,一方面由于他英语会话的能力不够,另一方面是由于自卑感而产生的怕羞心理。因为1909年前后是中国现代史上最黑暗的时期,而且他对中国的前途也缺乏自信。虽然不参加讨论,但他听得却很用心。

学习逻辑学,必须读柏拉图、亚里士多德、约翰福音和奥里留士等人的著作。读了柏拉图和亚里士多德的著作之后,蒋梦麟觉得中国四书富于道德色彩,希腊哲学家却洋溢着敏锐的智慧。这印象使他后来研究希腊史,并且做了一次古代希腊思想和古代中国思想的比较研究。读了约翰福音的著作之后,他开始了解耶稣所宣扬的爱的意义。如果撇开基督教的教条和教会不谈,这种"爱敌如己"的哲学,实在是最高的理想。如果一个人真能爱敌如己,那么世界上也就不会再有敌人了。

"你们能够做到爱你们的敌人吗?"教授向全班发问。没有人回答。"不能够。"

蒋梦麟终于忍不住参与了讨论。"不能够?"教授微笑着反问。于是,蒋梦麟开始引述孔子所说的"以直报怨,以德报德"作答。教授听了以后插嘴说:"这也很有道理啊,是不是?"同学们没有人回答。下课后,一位年轻的美国男同学过来拍拍他的肩膀说:"爱敌如己!吹牛,是不是?"

蒋梦麟著作

奥里留士的言论,很像宋朝哲学家。蒋梦麟沉思默想,发现理智是一切行为的准则,如果把他的著述译为中文,并把他与宋儒相提并论,很可能使人真伪莫辨。

蒋梦麟对科学、文学、艺术、政治和哲学都有兴趣。他选读的功课也十分广泛,包括上古史、英国史、哲学史、政治学,甚至译为英文的俄国文学。他对托尔斯泰的作品更是爱不释手,尤其是《安娜·卡列尼娜》和《战争与和平》。他参加过许多著名学者和政治家的公开演讲会,听过桑太耶那、泰戈尔、大卫、斯坦、约登、威尔逊(当时任普林斯顿校长)以及其他学者的演讲。

◎课余深入社会和编辑报纸

有人约蒋梦麟到某兄弟会去做客,但是附带一个条件——他必须投票选举这个兄弟会的会员出任班主席和其他职员。他听说过兄弟会等组织很有意思,但从没参加过,这次终于可以亲身体会一下了。他到那个兄弟会时,备受殷勤招待,第二天举行投票,一诺千金,他投了他们的人。而蒋梦麟最高兴的是,在这次竞选中结交了好几位朋友。

选举之后不久,学校里有一次营火会,蒋梦麟在这里,竟然偶遇了一位曾经受过他一票之赐的同学。但是,这位同学竟对他视若路人,过去的那份亲热劲儿不知到哪里去了。蒋梦麟深刻地体会到了人情冷暖和功利现实的可怕。从此以后,他再也不拿选举交换招待,在学校选举中从此没有再投票。

学校里令他最难忘的人,是哲学馆的一位老工友。蒋梦麟和这位老工友一见如故,下课以后,或者星期天有空,蒋梦麟常常到地下室去拜访他。老工友从加州大学还是一个小规模的学校时,就住在地下室里。他当过兵,内战期间曾在联邦军队麾下参加过许多战役。他生活在回忆中,喜欢讲童年和内战的故事。蒋梦麟从他那里获悉了早年美国的情形,这些情形离当时将近百年,许多方面与当时的中国差不多,某些方面甚至还更糟。

虽然内战已经结束那么多年,老工友却对参加南部同盟的人始终恨之入骨。他说,有一次战役结束之后,他发现一个敌人受伤躺在地上,他正预备去救助。"你晓得这家伙怎么着?他一枪就向我射过来!"他瞪着两只眼睛狠狠地望着蒋梦麟,好像蒋梦麟就是那个不知好歹的家伙似的。蒋梦麟问道:"那你怎么办?""我一枪就把这畜生当场给解决了。"他回答说。

这位军人出身的老工友,对蒋梦麟而论,是加州大学不可分的一部分,因为他见证了加州大学的发展成长。

蒋梦麟在留美的第二年,也就是1909年,开始在《大同日报》担任主笔。这份报纸,是孙中山先生在旧金山的革命机关报。那一年一个秋天的晚上,他与《大同日报》的另一个编辑刘麻哥(成禺),第一次见到了孙中山先生。

当时的蒋梦麟,还是满怀爱国激情的年轻人,面对敬仰已久的革命领袖,其心情的紧张是可想而知的。孙中山住在唐人街附近史多克顿街的一家旅馆里,他在房间里很客气地接见了蒋梦麟他们。刘麻哥把蒋梦麟介绍给孙中山。

蒋梦麟眼中的孙中山,天庭饱满、眉毛浓黑,一看就是一位智慧极高、意念坚强的人物。他的澄澈而和善的眼睛,显示了他的坦率和热情。他的紧闭的嘴唇和坚定的下巴,则显示出他是一个勇敢、果断的人。他的肌肉坚实、身体强壮,给人以镇定、沉着的印象。他在谈话时,论据清楚而有力。他也能很安详地听别人讲话,很快就能抓住谈话要点。

在交谈中,蒋梦麟又发现孙先生对各种书都有浓厚的兴趣,不论是中文书或者英文书。他把尽可能节省下来的钱全部用来买书。他读书不快,但是记忆力却非常惊人。孙中山博览群书,所以对中西文化的发展有清晰的了解。

孙中山是位真正的民主主义者。他曾在旧金山唐人街的街头演说,头顶飘扬着国民党的党旗。他就站在人行道上,向围集他四周的人演说。他常常到南部、东部各州去旅行,有时还到欧洲,但是经常回旧金山。每次回到旧金山,蒋梦麟和刘麻哥就去看他。

孙中山对蒋梦麟的印象极佳,认为他"他日当为中国教育泰斗"。在后来的"五四"时期,孙中山还说服蒋梦麟:"率领三千弟子,助我革命。"评价之高,实为罕见。

1911 年 10 月 8 日,大概是晚上 8 点钟左右,孙中山来到《大同日报》编辑部。他平静地告诉他们,据他从某方面得到的消息,一切似乎都很顺利,计划在武汉起义的一群人已经完成部署,随时可以采取行动。两天以后,消息传至旧金山,武昌已经爆发革命了。这就是辛亥年 10 月 10 日的武汉革命。接着,清政府被推翻。这一天也成了中华民国的国庆日。

在孙中山的指导下,蒋梦麟和刘麻哥为《大同日报》连续写了 3 年的社论。刚开始时,他们两人轮流隔日撰写。他们一方面加大读书,一方面为报纸写社论,常常工作到深夜,赶写第二天早上见报的文章。蒋梦麟大学的功课绝不轻松,深感这种额外工作负担之重。革命成功以后,刘麻哥回国了,蒋梦麟只好独立承当每日撰写社论的重任。他虽然深深关切祖国的前途,但是这种身不由己的经常性写作,让他的写作水平逐渐下降,终于扼杀了他一切写作的兴趣。

1912 年,蒋梦麟从加州大学毕业后,终于放弃了这份工作。此后,他便一直怕写文章。

◎在哥伦比亚大学攻读博士

时间一年一年地过去,蒋梦麟的知识、学问随之不断增长,同时自信心也增强了。民国元年,即 1912 年,他以教育为主科,历史与哲学为两副科,毕业于加州大学教育学系,并承学校赠给名誉奖,旋赴哥伦比亚大学研究院攻读研究生。

在哥伦比亚大学,蒋梦麟遇到了许多博学多闻、诲人不倦的教授,他们的教导使他终生受益。其中有一位后来与北京大学乃至中国发生密切关系的教授,就是著名的约翰·杜威博士。他是胡适和蒋梦麟在哥伦比亚大学时的授业恩师,后来又在北京大学担任了两年的客座教授。他的著作、演讲以及在华期间与中国思想界的交往,曾经对中国的教育理论与实践产生重大的影响。他的实验哲学,与中国人讲求实际的心理不谋而合。

纽约给蒋梦麟印象较深的事物,是它的摩天大楼,川流不息的地道车和高架电车,高楼屋顶上的炫目的霓虹灯广告,剧场、影院、夜总会、旅馆、饭店,出售高贵商品的第五街,生活浪漫不拘的格林威治村,东区的贫民窟等。纽约市密集的人口中龙蛇混杂,包括政客、流氓、学者、艺术家、工业家、金融巨子、百万富翁、贫民窟的贫民等。只有美国这样的国家,才能产生这样高度工业化的大都市;也只有在美国,才能出现这种兼容并蓄的大熔炉。

哥伦比亚大学

　　暑假里,蒋梦麟常常到纽约州东北部的阿地隆台克山区避暑。有一年暑假,他和几位中国朋友去彩虹湖,在湖中丛山里的一个小岛上露营。白天时,他们去附近的小湖里划船、垂钓,还捉到了 20 多只青蛙。到晚上,他们参加附近居民的仓中舞会,随着主人弹奏的提琴曲子婆娑起舞。他们有时也深入到枝叶蔽天的原始森林里。有一次,他们在浓密的树林中迷路了,只好循着火车汽笛的声音,找到铁路轨道以后才回来。经过几次教训以后,再进森林时他们就带着指南针了。

　　蒋梦麟在纽约求学的一段时期里,中日关系突起变化,以致两国以后势成水火。日本经过约 50 年的明治维新之后,于 1894 年一击而败中国;1915 年(民国四年)突然向袁世凯政府提出著名的"二十一条"。驻华盛顿的中国大使馆,经政府授意后,把"二十一条"的内容泄漏了。抵制日货运动,像野火一样在中国各地迅速蔓延。但是,日本军舰已经集结在中国的重要口岸,同时,日本在南满和山东的军队也已经动员。

　　5 月 7 日,也就是日本在提出"二十一条"4 个月之后,又向袁世凯发出了最后通牒。袁世凯终于在两天之后接受了"二十一条"。远在大洋彼岸的蒋梦麟,依然关注着祖国的命运。这个让全中国人痛心的耻辱也使他愤怒了很久,更坚定了他回国参加救亡运动的决心。

　　1917 年 6 月,完成学业的蒋梦麟恋恋不舍地四处拜访,向他在美国的朋友们一一告别之后,终于离美回国了。

● ● ● ● ● 【人物小传】 ● ● ● ● ●

蒋梦麟(1886—1964),原名梦熊,字兆贤、少贤,号孟邻,笔名唯心,浙江余姚回龙乡蒋村人。著名教育家、社会活动家、学者。

1901 年到杭州一教会学校习英文,后因学潮全体学生离校。1902 年考入浙江高等学堂(今浙江大学),改名梦麟。1903 年入浙江高等学堂(浙江大学前身)学习,次年中秀才。1904 年考入上海南洋公学(交通大学前身)。此时他已看清楚"西化的潮流已经无法抗拒"。1908 年到美国加利福尼亚州立大学留学,1917 年获得哥伦比亚大学哲学及教育学博士学位。

回国后,创办《新教育》月刊。1923 年任北京大学代理校长。1927 年 8 月至 1930 年 7 月任国立第三中山大学(1928 年改为国立浙江大学)校长。1929 年 5 月至 1930 年 6 月兼任浙江省立高级中学(商科)校长(建国后改名杭州商业学校,即今浙江工商大学)。1930 年 12 月辞去教育部长职务,正式出任北大校长,此后直到抗战胜利,15 年间始终是北大的行政负责人,是北大历史上掌校时间最长的校长。

1931 年九一八事变以后,领衔发表宣言,反对"华北自治"。因谴责北洋军阀政府镇压爱国学生,被列入黑名单,避居沪杭。抗战胜利后,任国民政府行政院秘书长、中国红十字会会长等职。1948 年 7 月任中美联合机构"中国农村复兴委员会"主任委员。1949 年去台湾,继续主持"农复会",并任台湾故宫、"中央"博物院共同理事会理事等。

毕生致力于发展教育事业和振兴台湾农业,著有《西潮》、《新潮》、《孟邻文存》等。

竺可桢

自"耕地"转到"观天"

他这个闪闪发光的名字,是中国气象学、物候学的标志。毛泽东曾笑谈,自己和竺可桢合作分管天地。

竺可桢是一个优秀的科学家,也是一个伟大的教育家。他在战火纷飞的年代临危受命,13年兢兢业业管理,使战火中流亡辗转的浙江大学成长为著名的"东方剑桥"。竺可桢60岁时,浙江大学的学生送来锦旗,上写"浙大保姆"四个字。

◎太平洋上遇胡适

1910年秋天,天高云淡,浩瀚的太平洋上,一艘邮轮在风浪中缓缓地由中国上海驶向美国。船上正是中国第二批"庚子赔款"官费留学生,其中有胡适、赵元任、竺可桢、胡明复、钱崇澍等中国未来的各界名家。此时,他们却有着复杂矛盾的心情。"庚子赔款"的耻辱、面对新世界的兴奋、为国家命运的忧虑,种种滋味混杂着。

瘦弱、斯文的竺可桢站在甲板上,显然也沉浸在这种种思绪当中。他有些迷茫的目光落在人群中,忽然发现了一个

在美国留学时的竺可桢

归国后的竺可桢

浙江大学任上的竺可桢

熟悉的身影。这个英俊而意气飞扬的青年也看到了他。原来，那是他在上海澄衷学堂的同学胡适。

　　"呀！这不是胡洪骍（胡适的原名）呀？""哟，是竺可桢呀！你怎么还没死呀？"两个人相视一笑，胡适还是这样口无遮拦，争强好胜。"这还得感谢你啊。想当年，你说我活不过20岁，弄得我天天游泳、跑步、操练不止，而且暗下决心，我一定要活得比你长。将来到底谁先死还难说呢！"竺可桢指指胡适笑道。

　　胡适的这句"没死"是有典故的。过去在澄衷学堂读书时，竺可桢身体瘦弱，老是一副病歪歪的样子，胡适曾经笑话他活不过20岁。外表羸弱、性格内敛的竺可桢心里却十分要强，对于胡适的"短命"预言，他在内心里从来就没有服过输。他深信自己的先天瘦弱，完全可以通过后天锻炼来弥补。因此，胡适的话，反而成了他加强锻炼的动力。此时在船上与胡适重逢，竺可桢恰好过了20岁。一对久别的同学在前往美国的船上偶遇，大家都有着他乡遇故知的亲切。

　　后来，他们又定下了一个赌谁更长寿的约定，竺可桢活到60岁胡适给他磕头；如果胡适先离世，竺可桢可以踢他尸体的屁股一脚。最后，终究是竺可桢胜利了，他活到了84岁，胡适则在71岁时就去世了。可惜，后来由于两位朋友分隔在海峡两岸，竺可桢60大寿时，胡适没有机会给他磕头；而胡适逝世时，竺可桢也没有在他的屁股上踢上一脚。

哈佛大学

◎由学农业转为学气象

　　他们乘坐的"中国皇后"号邮轮终于抵达了美国,一众学子们也该踏上各自的征程了。胡适报考的是位于美国纽约州南部绮色佳城的康奈尔大学,竺可桢报考的则是美国伊利诺州的伊利诺大学。但为了振兴祖国,两个人竟然不约而同地选择了中国几千年的立国之本——农业作为了自己的学业方向。

　　然而,胡适不久就更改自己的专业,去学习更适合他的文学哲学了。竺可桢以前学的是土木工程,选择农业是因为他认为"中国以农立国,万事以农为本"。但是,等他在伊利诺大学农学院学习了一段时间才明白,美国的农业科学并不发达,而且农业的体制和耕作方式跟中国迥异,他所学的东西很可能回国后没有用武之地。是改是留,让竺可桢处在了两难的境地。如果现在改变专业,自己这段时间的学习就完全浪费了,何况自己本来就是为学农业而来,又能换成什么专业?

　　再三思量之下,竺可桢还是坚持读完了本科的课程,1913年获得农学学士学位。这时候,他也找到了自己的方向。他发现,有一门跟农业联系非常密切的专业——气象学。农业自古以来就是"靠天吃饭",连中国古代的历法,都是为了指导农业生产而制定的。也许,自己可以在这方面深入学习一下。于是,竺可桢考入了哈佛大学研究院地理系,攻读气象学,从"耘地"到"观天"。从此,奠定了他终身与气象学为伴的人生。

竺可桢攻读气象学以后,就开始了对台风的关注和研究。因为他祖籍绍兴,属多台风区,自幼便体会到了劳动人民饱受台风灾害的苦处。他在《远东台风的新分类》和《台风的源地与转向》两文中,首先剖析了在他之前外国学者分类的优、缺点,又分析了全球1904—1915年台风的季节分布源地及路径与转向地点,进而提出了台风分类的新原理,将台风分为六大类型(中国台风、日本台风、印度支那台风、菲律宾台风、太平洋台风、南海台风)和21个副型。这是中国人最早进行的台风分类,较前人分析得更清楚、肯定,前进了一步。

当时,台风强度尚无公认的量度指标。竺可桢首先提出以风速等级作为划分台风强度的指数,这一划分方法一直为后人研究台风强度所遵循,并被移植到衡量温带气旋上。目前国际上的规定,也是以风速大小来判断是否为台风以及其强度的。

另外,由于当时尚无现代手段观测台风,仅凭简单的观测资料研究台风的结构是十分困难的。但竺可桢却能精辟地指出:“台风中心,温度多突增高,湿度则剧烈低减,故必有缓和之下沉气流存在。云雨之消散与风速之衰减即系于此。”这一分析判断,为后来现代化的观测所证实。

1915年,竺可桢获得哈佛大学硕士学位以后,又在哈佛继续攻读气象学博士。他于1917年被接纳为美国地理学会会员,并获得伊麦苏奖学金。从那时开始,竺可桢就养成了记日记的习惯,他的日记主要记录了气象研究的各种资料。后来由于战乱,最后只留下了从1936年到1974年2月6日的日记,共38年37天,800多万字,其间竟然一天未间断。直到去世的前一天,他还用颤抖的笔,在日记本上记下了当天的气温、风力等数据。

1916年,被誉为“科学史之父”的著名科学史学家乔治•萨顿,在美国哈佛大学开设了科学史课程。此时,正在哈佛攻读博士学位的竺可桢对科学史产生了兴趣。他去旁听了萨顿的课程,并与萨顿进行交流,开始接受萨顿“科学史是唯一可以反映出人类进步的历史”的观点及其提倡的“新人文主义”思想。竺可桢认为近代科学的起源在西洋亦不过三百多年的历史,而中国科学的不发达,与国人向来读书不求甚解、无病亦呻吟的态度大有关系。研究科学史,就是要在不断地追求真的同时,也不懈地追求美和善,达到真、善、美的完美统一。

为此,竺可桢制定了成为一位理想科学家的标准:(一)不盲从,不附和,一以理智为依归,如遇横逆之境遇,则不屈不挠,不畏强御,只问是非,不计利害;(二)虚怀若谷,不武断,不蛮横;(三)专心一致,实事求是,不作无病之呻吟,严谨整饬,毫不苟且。为了实现这一理想,竺可桢毅然走上了自然科学史、特别是中国科学史研究的道路。

他的第一篇科学史论文,是 1916 年 5 月刊载于《科学》杂志第 2 卷第 5 期上的《朝鲜古代之测雨器》。文章考证了测雨器的发祥地,纠正了《气候学器械沿革史》中认为测雨器是西方人所发明的错误。

◎在中国科学社效力

1914 年夏季,留美学生们身处异国,在接受先进科学知识的同时,也深感到西方列强因科学发达而实力迅速强大,自己的祖国却因长期封闭落后,而国力日渐衰落,屡遭列强的凌辱。他们为了实现"科学救国"的伟大志向,聚集在美国康奈尔大学,商议组织中国科学社,筹办《科学》杂志,希望能够唤醒国人对科学的重视,为科学强国兴国而努力。

《科学》杂志创刊号于次年 1 月在上海发行。该杂志"专以传播世界最新科学知识为帜志","求真致用两方面当同时并重"。杂志文章分为 6 类:科学通论、各科知识、科学史与科学家、科教事业发展、科学新闻、知识小品。

其时正在哈佛大学的竺可桢,闻讯后也立即加入,成为该社的早期社员。从此,他与中国科学社结下了不解之缘。1916 年秋,中国科学社第一届常年会,选举产生了由任鸿隽、赵元任、胡明复、秉志、周仁、竺可桢、钱治澜 7 人组成的董事会。在次年的常年会上,竺可桢再度当选董事。

从 1916 年起,竺可桢以其所学的先进知识和科研心得,为杂志撰写了许多科普和考证论文,传播自然科学理论,介绍国外先进科技,宣传古代中国的发明创造,如《中国之雨量及风暴说》、《地理与文化之关系》和《钱塘江怒潮》等。《中国之雨量及风暴说》阐明了季风是海陆热力性质不同的产物,对我国雨量分布研究有重要意义。

从 1916 年到 1927 年,《科学》杂志共收入竺可桢的科学论文和译文 31 篇。他和《科学》杂志其他编辑的重大贡献,对国人的科学启蒙和激发国人的科研兴趣,产生了深远的影响。后来,随着大批社员毕业回国,中国科学社也迁回国内,在上海大同学院、南京高等师范学校设立事务所。

1918 年,竺可桢以论文《远东台风的新分类》获得哈佛大学气象学博士学位。他随即怀着一腔报国为民的激情,于秋季返回了阔别 8 年的祖国。

●　●　●　●　●　●【人物小传】●　●　●　●　●

　　竺可桢(1890—1974),字藕舫,浙江绍兴人。中国地理学、气象学研究的开拓者,中国科学史研究事业的奠基人,中国现代杰出的教育家。

　　1910年考取清华公费留美,入美国伊利诺大学农学院学习。1913年夏毕业后入哈佛大学研究院地理系专攻气象。1918年以题为《远东台风的新分类》的论文获得博士学位并回国。1927年任东南大学地学系主任。1928年任中央研究院气象研究所所长。1933年与翁文灏、张其昀共同倡议成立中国地理学会,该学会于翌年成立。1936年4月25日开始担任浙江大学校长,历时13年。中华人民共和国成立后,担任中科院副院长,中华全国科学技术协会副主席,中国气象学会名誉理事长,中国地理学会理事长等职。1974年2月7日去世。

　　他一生在气象学、气候学、地理学、物候学、自然科学史等方面造诣很深,其中物候学是他呕心沥血作出重要贡献的领域之一。我国现代物候学的每一个成就,都是和他的工作分不开的。他始终以科学的视角,关注着中国的人口、资源、环境等问题,是"可持续发展"的先觉先行者。他还积极倡导并身体力行地从事科学普及工作。

姜立夫

中国首位哈佛数学博士

　　姜立夫是一位享誉世界的大数学家，是我国第一个获得世界著名学府美国哈佛大学数学博士学位的留美学生，也是我国历史上的第二个数学博士。曾创立我国第二个数学系——南开大学数学系。一生主要从事圆素和球素几何学的研究，对中国现代数学教学与研究的发展有重要贡献。

◎温州第一个"洋状元"

　　在美丽的横阳支江下游，清澈的江水静静地流淌，灌溉着纵横交错的江南平原。一方水土养育着一方人，姜立夫就出生在横阳支江畔麟头村的姜家大院里。在农村，添丁是一件大喜事，祖父和父亲都非常高兴。祖父姜植熊是晚清的优贡生，曾设馆授徒，是当地小有名气的读书人；父亲姜炳阊虽然务农，却是国学生。根据辈分，他给孩子取名为"佐"，字"培响"，号"立夫"。从名字之中可以看出，姜植熊、姜炳阊父子两代农村知识分子，十分希望刚出生的孩子能够光宗耀祖、出人头地。

　　姜立夫的童年是不幸的，6岁丧父，10岁丧母，14岁的时候，一直对他疼爱有加的祖父也撒手人寰。从此，养育年幼立夫的重担，便落

姜立夫

在了大哥姜少玉的肩上。姜少玉，字培瑗、雪尘，曾就读于浙江优级师范，在农村也算是高级知识分子了。他还担任过浙江省议员，是当地的一位贤达人士。姜少玉的妻子张氏，也是一位知书明理的大家闺秀。

姜立夫（右）与陈序经（左）、陈寅恪（中）合影

他们夫妇对年幼的弟弟格外疼爱。

姜立夫早年在祖父亲手创办的私塾接受严格的儒学教育。自此以后，哪怕他在美国接受最现代的西洋教育，依然毕生坚守着中国的文化传统。

清末民初的浙南温州，在瑞安人孙诒让等一大批思想先进的教育家努力下，西学已经开始在各县学堂里传播。平阳县的刘绍宽、黄庆澄等具备维新思想的教育人士，也较早地在全县的学堂里设置了算术、英语等学科，使温州的教育走在了全国的前列。

应该说，温州成为我国的"数学家之乡"，追根溯源，离不开黄庆澄引领的风气。黄庆澄，平阳县钱库区（今属苍南县）人，我国第一份《算术报》的创始人，对我国最早的数学传播影响深远。而黄庆澄就是姜立夫的姨父，他对自幼失去双亲的姜立夫非常爱护。姜立夫自少年开始就对数学产生了浓厚的兴趣，多少受到了黄庆澄的影响。

接受过新式教育的姜少玉，毕竟见识不凡。他见弟弟从小就聪颖好学、成绩优秀，便有心将他培养成材。还在姜立夫 14 岁时，姜少玉就送他上平阳县中学堂读书了。不久，为了接受更好的教育，姜少玉又把姜立夫送到杭州府中学堂（杭州中学前身）学习。在杭中的同学中，有文学家郁达夫、诗人徐志摩等。

当时中国正值晚清向民国转变之际。这是一个新旧交替的时代，许多中国知识分子，怀着科学救国的志向，纷纷留学欧美、日本等国家，学习西方先进的科技和文化。在文风鼎盛的杭州府中学堂，西潮澎湃，令从边远的温州农村出来的姜立夫大开眼界。在他的内心深处，也萌生了出洋学习的心愿。

1909 年 1 月，美国政府开始用退还的"庚子赔款"余额，作为培养我国留美学生的经费。6月,游美学务处在北京成立。该处总办周自齐,从美国聘请著名学者胡敦复回国,负责考选、遣送留美学生的工作。为了能够选拔出更多的有志青年出国学习西方科学知识,回来建设祖国,使之独立、富强,胡敦复当即毅然放弃自己在国外进一步深造的机会,应聘回到北京。

从1909年8月至1911年6月,胡敦复在游美学务处主持考选了仅有的3批中国直接留美学生,共180人。他们当中,后来有很多人都成了我国著名的科学家、教育家、学者,如梅贻琦、竺可桢、胡刚复、胡明复、胡适、赵元任等。而令姜立夫没有想到的是,以后他会成为胡敦复的妹夫。

1910年,在杭中还没有毕业的姜立夫,参加了第二期庚款留美学生考试,结果以优异的成绩被录取。1911年,他到北京清华大学的前身——“游美肄业馆”进行了为期4个月英语补习。7月份英语口试及格,8月份决定留学美国。消息传到家乡,顿时引起轰动。这是温州有史以来第一个“洋状元”。在出洋前夕,哥哥姜少玉专程从家乡来到上海,为他备置行装,亲自把弟弟送上了开往美国的“中国”号邮轮。

◎从伯克利到哈佛大学

在当时的中国,留学西洋、专攻数学的人寥若晨星。有着较好数学底子的姜立夫,受到科学救国思想的影响,立志要把西方的数学移植到自己的祖国来。

到达美国后,姜立夫顺利地进入了美国宾夕法尼亚州立大学(伯克利)学习。他生活俭朴,学习刻苦,非常珍惜在国外学习的机会。他经常说:“我是用美国退回的一部分庚子赔款去留学的,那当然不是美国的钱,也不是清政府的钱,那是全国人民辛勤劳动积累起来的钱。我应当为全国人民做一点好事,决心把西洋数学搬回来。因为数学是自然科学的基础,中国需要科学,也需要数学,我愿把一生献给数学。”

姜立夫很快就迈进了现代数学的殿堂。1915年,他在获得了宾州大学的理学学士学位之后,为进一步掌握数学,便继续到哈佛大学研究院深造。与他同期在哈佛大学攻读博士学位的,还有来自康奈尔大学的中国留美学生赵元任、胡明复等人。在哈佛大学,姜立夫与他们结下了深厚的友谊。回国以后,这一批学子就成了中国早期的数学传播人。他们是中国的数学先行者,为中国的现代数学奠定了基础。

1916年,姜立夫在我国历史上第一本综合性的现代科学刊物《科学》杂志第

2 卷第 5 期上，发表了《形学歧义》一文，首次介绍了射影几何学。

1918 年，还在哈佛大学读研究生期间，姜立夫便受聘为哈佛大学的助教，担任 W．F．奥斯古德教授的助手。随后，在 J．L．库利芝教授的指导下，完成了博士论文《非欧几里得空间直线球面

美国哈佛大学

变换法》，其内容是用代数和微分几何方法，来讨论射影空间的直线和非欧空间的球面之间的一宗对应关系。论文的署名为"姜蒋佐"。

1919 年，年仅 29 岁的姜立夫便顺利获得了数学博士学位，他是中国历史上的第二个数学博士（第一个是与他同期的胡明复）。

◎欧洲数学中心——德国

作为最早接受西方现代教育的姜立夫，从美国留学回来以后，一点也看不出"洋派"的作风。他为人又亲切随和、作风正派，就像古代诲人不倦的迂腐的"老夫子"一样。大家公认，儒家文化的精魂，在他身上得到了完全的体现。从他对待家人和自己的婚姻，就可见一斑。

在平阳农村，无论是大户人家，还是贫寒家庭，一般流行早婚。男子从小订婚，成年后结婚。姜立夫从小就定下了一门亲事，女方是邻村吴姓女子。1909 年，19 岁的姜立夫在杭州读书的时候，就听从大哥安排，与吴氏结了婚。婚后，姜立夫继续在杭州求学。可是，在他准备留学美国的前夕，吴氏却不幸染病身亡了。此后，他一心在数学的王国里遨游，一直过着独身生活。

在他回国后，许多人都为这位"洋状元"做媒，但他总是婉拒。人们看到的姜立夫是大忙人，一边忙于教书育人，一边照顾侄子和侄女的读书和生活。

由于长期从事教学工作，姜立夫深感没有时间研究数学。1934 年，他终于有机会到"数学王国"——德国汉堡大学和哥廷根大学进修数学了。

这一年，他的侄女姜淑雁已经在南开大学数学系毕业了。从 1922 年开始，姜

立夫就一直将姜淑雁带在身边抚养，不是亲生，胜似亲生。姜淑雁从南开女中毕业，到南开大学算术系学习，又到美国留学。姜立夫对侄女疼爱有加，他借出国进修之机，又亲自送侄女到美国的一所研究院读研究生，把她安排停当后，才自己经

德国哥廷根大学

英国伦敦到欧洲数学中心德国进修。

一年以后，姜立夫又从汉堡大学转到了哥廷根大学。这所大学师资力量雄厚，特别是图书馆资料完整，是搞研究最好的地方。

两年的时间，在德国环境良好的校园里，姜立夫终于摆脱了国家和教学的羁绊，安心地在数学王国里继续进行他的圆素研究。让他高兴的是，他的3位得意门生——陈省身和吴大任夫妇（吴大任的夫人陈受鸟，也是姜立夫的学生）也在汉堡大学留学。陈省身经常从汉堡到哥廷根，师生欢聚一堂，其乐融融。1936年春天，吴大任夫妇到哥廷根小住，姜立夫和他们结伴畅游德国中部的哈尔兹山。

更让姜立夫高兴的是，1936年夏天，远在美国读研究生的姜淑雁顺利毕业了，带着他的男友叶楷取道欧洲回国。姜淑雁夫妇要求叔叔姜立夫在汉堡为他们主持婚礼。看着一手带大的侄女成家立业，姜立夫感到无比欣慰，他亲自为这对新人主婚。这对新人就在欧洲度蜜月，在意大利等待与姜立夫会合后，一起回中国。

陈省身和吴大任夫妇都来赴婚宴。在饭桌上，生性活泼的陈受鸟，看到姜立夫年近半百还是独身，于是就问："淑雁都成家了，现在姜先生应当考虑自己的事情了吧。"生性沉默内向的"姜老夫子"，这时却用开玩笑的语气回答："你们不知道，你们的姜先生还有一个老情人。"

事后知道，他们的姜先生没有开玩笑。回国后，姜立夫就在上海结婚了，新娘就是胡敦复、胡明复、胡刚复的小妹胡芷华，她年纪比姜立夫小得多。其实，"姜老夫子"不是真的做到"太上忘情"，多年的独身，原来是在默默地等待着一位女子的成长。婚后，姜立夫携妻子回到南开大学教书。

● ● ● ● ● ●【人物小传】● ● ● ● ●

姜立夫(1890—1978),在姜家的辈分名为佐,字培响,号立夫,浙江省平阳县宜山区(今属苍南县)凤江乡麟头村人。数学家、数学教育家。曾创立南开大学数学系,后任中央研究院数学所所长、中国数学会会长。

姜立夫出生于一个农村知识分子家庭,早年在祖父所设的家馆读书。祖父去世后,入平阳县学堂和杭州府中学堂(杭州中学前身)学习。1910年考取游美学务处备取生,次年9月入美国宾夕法尼亚州立大学(伯克利)学习数学。1915年毕业,获理学学士学位。同年转入哈佛大学读研究生,1919年获得博士学位。先后在南开大学、厦门大学、西南联合大学、岭南大学、中山大学任教。

1978年2月3日,姜立夫因心力衰竭逝世。他留下遗愿,把大量珍贵图书赠送给中山大学。

胡　适

身体里深深渗入了美国的血液

　　胡适虽然是新文化运动的发起者和代表人物之一,但是,在人们的心目中,他和鲁迅似乎始终是针锋相对的。近些年才逐渐出现对他较为中肯的评价,使他以一代大师的形象走进了大家的视野。胡适出身官宦家庭,虽然由于父亲的早逝而家道中落,但是母亲冯顺弟是一位坚强的女性,十分重视对他的培养。他5岁就开始进私塾读书,打下了深厚的国学基础。

◎几个苹果让他放弃了农学

　　1910年,胡适放弃了在上海公学任教的机会,决定报考当年第二期的留美官费生考试(当时美国退回部分"庚子赔款",作为中国留美学生的费用)。但是由于名额有限,报名考试的人又极多,胡适也只是抱着试试看的心理参加了考试。如果不能通过,他还有机会作为备选留在清华。

　　胡适做了很长时间的认真准备。为了防止考不上被朋友耻笑,他把自己的名字临时改为"胡适"。没想到,这个偶然填写的名字,伴随了他的一生。

　　考试的时间是7月底,分两场。第一场

任北京大学教授时的胡适

胡适 1914 年在美国   老年胡适

考国文、英文，通过才许考第二场的各种科学。国文考题为《不以规矩不能成方圆》，由学生自由发挥。恰好胡适平时喜欢看些旁学杂说，就洋洋洒洒考据了一篇。恰好赶上阅卷的老师也热衷于考据，对胡适的文章非常欣赏，竟然给了 100 分。国文和英文平均起来是 80 分，于是通过。第二场是自然科学类，胡适准备得不多，发挥不甚理想。

本来他以为没有希望了，可放榜的时候，居然看到了自己的名字。他的平均分数，只比录取线 50 分高了 9 分。他很高兴，自己无心插柳竟然真的柳成荫了。

经过半个多月的航行，一众留学生终于到达了美国。胡适报考的是康奈尔大学，位于美国纽约州南部的绮色佳城。踏上异国的土地，一切都是新鲜的。

临行前，他的二哥特地从东北赶来送行，并嘱咐他，不要学文学、哲学，也不要学政治、法律，这些都没有用；尽量选学铁路工程或矿冶工程这些实用的专业，既可以重振家业，又能实业报国。

胡适到了美国，便一直在考虑专业选择的问题。他与许多朋友探讨，都对路矿不感兴趣。但他又不能辜负兄长的期望，便选读农科以折中，想做农业科学家，振兴农业也可报国。于是，胡适就进入农学院，开始他的留学生涯。

但是，经过 3 个学期之后，胡适不得不重新考虑专业的选择问题。原因是，他发现自己实在没有学农学的资质——因为，他被几个"苹果"挡住了自己的学农之路。

进农学院以后，第二个学期，胡适接到实验室主任的通知，到农系报到实习。胡适虽然是在农村度过的童年，但是多半时间都用来读书，没有做过农活。毫无经验的胡适，只能在实验室主任的指导下，学习洗马、驾车。通常都是先生先做一半，让胡适做另一半。从来没有做过农活的胡适，起初还觉得挺有意思，但是一堂《果树学》实验课，彻底让他相信自己没有做农学家的天赋了。

在大家面前摆着一张长桌，每个位子都放上 40 个苹果，还有一把小刀，一本苹果分类手册。于是，学生们都根据每个苹果根蒂的长短、开花

康奈尔大学

的深浅、颜色形状的不同、果味和软脆的差别，来判断是何种苹果。而美国的苹果种类有四百多种。胡适却是典型的四体不勤、五谷不分的读书人，他和另一个中国同学花了 2 小时 30 分才分了 20 个苹果，而且大部分搞错了。再看看周围的美国学生，早就已经走光了。这些学生大部分是农家子弟，对苹果都很熟悉，只需对照手册，就很容易地完成了。

这堂课让胡适深刻地体会到了，农学既不是自己的兴趣所在，也不是自己所擅长的。即使现在凭着年轻、记忆力好的优势，再加上尽量努力，可以应付考试，但是一旦考完，就会忘得一干二净的。这样何谈兴农，怎么强国？与其如此勉强自己，以后做个农学的庸人，不如索性顺从自己的爱好，"执笔报国"也未尝不可，至少可以能多接近自己的兴趣爱好。感谢这些苹果，让中国未来多了一个学术大师。

在中国古典文史方面，由于自身的强烈爱好，加上多年私塾生涯中先生的认真教导，胡适本来就有很好的基础。且由于康奈尔大学规定，学生只要在 18 小时必修科的成绩平均达到 80 分以上，就可以随兴趣去选修两小时额外的课程。（胡适后来又将这一规定介绍给了中国教育界，特别是北京大学。在中国，胡适是这一制度最早的倡导人之一。）

利用这两个小时选修的机会，胡适便在康奈尔大学文学院里选了一门客雷敦教授所开的哲学史。客雷敦教授长于口才，他对教学的认真，以及他在思想史里对各时代、各家各派的客观研究，给胡适留下了极深的印象。他的教导，使胡适对哲学的兴趣，尤其是中国哲学的兴趣，再次复苏了。

留学以来，胡适还对英国文学产生了兴趣，也涉猎了德国和法国的文学。而此时中华民国初建立，美国各界人士都希望了解中国新政府的情况，故希望中

国人能给他们作些这方面的讲演。在当时的中国学生之中,善于口才而颇受欢迎的讲演者,是工学院四年级的蔡吉庆。他是位极其成熟的人,一位精彩的英语演说家。但是,由于邀请者太多,他应接不暇,就找到胡适来接替他的一部分演讲邀请。胡适去作了几回有关中国问题的讲演后,对政治史也产生了兴趣。

于是,胡适最终决定弃农从文,正式转入康奈尔大学文学院,改学哲学和文学。一旦转至自己擅长的领域,他顿时一扫之前的抑郁,认真地学习起每门功课来。

课余时间,他还把法国作家都德的短篇小说《最后一课》第一次译为中文,改名《割地》,登在《大共和日报》上,后来五四运动时,又恢复《最后一课》的名字。从此,这个脍炙人口的名篇,便在中国影响深远,传诵数十年而不衰,到现在都是很多中学教材的必选内容。

他又翻译了拜伦的《哀希腊歌》,其词慷慨哀怨,也是激励希腊国人的爱国名篇。翻译外国优秀爱国文学作品,为的正是要以此来激励中华儿女的爱国之心。

◎乐观主义精神的养成

1914 年春天,胡适写了一篇论文《论英诗人卜朗吟之乐观主义》参加"卜朗吟征文奖"。他很意外竟然获得了该奖项,得到奖金 50 美元。一时之间,胡适成了康奈尔大学的风云人物,因为该校自设立"卜朗吟征文奖"以来,很少有外国留学生获得该奖。顿时,当地报纸进行了报道和评论,各大城市报纸又加以转载,甚至登上了著名的《纽约时报》。

这意外的荣誉,令胡适当然非常高兴,写信向母亲报喜,也给比他只大几岁的族叔兼老友胡近仁谈及。他在当日的日记中写道:"此区区五十金固不足齿数,然此等荣誉,果足为吾国学生界争一毫面子,则亦'执笔报国'之一端也。"可见,胡适虽然不能以实业或农业报国,未能完成哥哥的嘱托,但是始终没有忘记报国、强国的念头。

除了学业上的收获外,胡适在留美期间的另一个收获,便是从一个悲观主义者变成了一个乐观主义者。胡适后来说过:"美国人出自天真的乐观与朝气给了我很好的印象。在这个地方,似乎无一事一物不能由人类智力做得成的。我不能避免这种对于人生持有喜气的眼光的传染,数年之间,就逐渐治疗了我少年老成的态度。"

胡适小时候好静不好动,一直以来,他都秉承着中国传统读书人的老成持重的形象。可是,来到美国之后,他所接触到的人和事物,都带有那种生命力勃发向上的美国精神,使他慢慢地受到了感染。

他第一次看足球,终于意识到了这个问题。坐在看台上,他竟以哲学的态度,来看待球赛时的粗暴及狂叫欢呼。这种表现,在他看来似乎是很不够大学生的尊严。但是,到竞争愈渐激烈时,他也就开始感受到这种热烈的气氛了。他偶然回头看见,白发苍苍的植物学教授劳理先生也在那里狂热地欢呼。他顿时觉得自己有些汗颜,不久也终于加入众人欢呼的队伍了。前文提到的他获奖的那篇论文,恐怕就是他逐步走向乐观主义的标志吧。

从此以后,胡适一直都是个乐观主义者——不仅表现在个人的精神上,更表现在他对人类历史和社会发展道路的观点看法上。20世纪40年代后期,有外国记者称胡适为"不可救药的乐观者"。这个乐观,这个对人生和人类历史的乐观态度,就是当年在美国养成的。在胡适看来,希望就是乐观主义。"余年来以为今日急务为一种乐观之哲学,以希望为主脑,以为但有一息之尚存,则终有一毫希望在。"

◎对政治的高昂兴趣

胡适对美国政治,有着超乎寻常的兴趣。他以一个外国人少见的热情,关注着美国的政治局势。他在美国经历了1912年和1916年的两次大选,每次都热切关注,倾情投入。他的政治热情,还表现在组织各种活动和旁听当地议会甚至国家议会等多种会议上。

他对于美国政治的热情,源自于一位叫山姆·奥兹的老师。这位老师在1912年大选时讲授的课程,就是美国政治和政党。他要求每个同学都订阅在纽约出版的3份主要报纸——《纽约时报》、《纽约论坛报》、《纽约晚报》,因为在大选中,这3家报纸分别支持3个总统竞选人威尔逊、塔夫脱和罗斯福。他要求学生们在3个月之内,把3份报纸的大选新闻都细读一遍,并写出"摘要";再根据它们,写出一份读书报告。期终作业,则要求学生把联邦48个州在选举中的违法乱纪言行,好好作一番比较研究。

山姆老师认为,这样以来,学生就会对美国选举政治的那一套非常熟悉了。为加强学生的介入感,他还向学生提出建议:看3份报纸,关注大选的经过,同时认定一个候选人作为自己支持的对象。如此他们就会关注自己的候选人,会使自己对选举更加感兴趣。

老师的建议胡适欣然接受,并且执行得非常彻底。他选择了罗斯福作为自己的支持对象。他不但别着大角野牛像的徽章,而且身为世界学生会康乃尔大学分会主席的他,还在学校餐厅里举行了一次选举美国总统的投票游戏。

当时,各国学生有 53 人投票,包括中国学生 15 人,结果威尔逊得票最多。菲律宾学生偏向威尔逊,南美学生抵制罗斯福,都因为跟本国有利害关系。毫无利益纠葛的中国学生投票应该最中肯,最能体现个人价值观,却没有一个支持保守派的塔夫脱。这也许和中国人一直处在保守、压抑的环境里,有一种本能的向往激进的风格有关吧。

没过几天,胡适又突发奇想,要组织一个政治研究会,让中国留学生可以一起研究探讨世界政治。他有了想法后,就马上着手组织起来。他已经召集到了 10 名会员,决定每两周组织一次,每次讨论一个主题,由两名会员各自预备演说一篇,其余时间则自由讨论。会员轮流当主席,每期轮换一次。第一次研究的主题为美国议会,由胡适和另一个同学作演讲。第二次会集已是 12 月上旬了,讨论的问题是英法德诸国的议会制度。

胡适还喜欢去议会旁听。从绮色佳城的公民议会到华盛顿的两院议会,他都去听过。而且,每次他都会认真做笔记,从讨论的问题到问题如何展开,包括最后的表决结果,他都一一详细记录。

在他当世界学生会分会主席的时候,还要主持一些议事会。由于没有经验,他便对《罗伯特议事规则》进行认真钻研,加上自己平时旁听的积累,终于顺利组织下来。

会议之后,他的感慨颇多,觉得真正组织过会议才能发现,当一个小时的主席,远比研究几个小时的《罗伯特议事规则》更加能够学到东西。后来胡适回国,也把《罗伯特议事规则》带到了中国。南京考试院的考试委员会召开的一次会议,由胡适担任会议主席。他组织会议的老练程度,让很多考试委员会的元老都望尘莫及,甘愿旁听、学习。

对于胡适如此热衷他国政治,中国学生中有很多不以为然的,"人或嗤之,以为稚气"。胡适则认为,我们正所处的地方,就是我们的社会。虽然这是异国他乡,但是,这里的公共事务,正可以供我们研究。不投身其中,以为自己不是一分子就不深入,只能是了解皮毛而已。所以,他依然继续关心、参与着美国的政治。

◎抵制种族歧视

虽然胡适对美国的许多方面都有好感,但是他始终很坚决地反对种族歧视。在他读书期间,白人和黑人之间的种族问题依然很严重。他曾经做过一次抗争种族歧视的英雄,帮助两个黑人女孩抵制不公平待遇。

1914 年秋天刚开学时,有两名黑人女孩寄宿在康奈尔大学赛姬院(女子宿舍)。但是,白人女学生都不愿意与她们同住,便联名上书,要求校长让这两名女孩搬出去,否则大家就集体搬出赛姬院。校长迫于压力,决定在楼下另开一个房间,让两名黑人女孩单独住,不和那些白人学生共用浴室。这个做法,是很明显地进行种族隔离。

两个黑人女孩很气愤,但是也没有办法,不知道该如何抗议。后来,她们听从建议,去找本城的一个牧师亥叟求助。亥叟是一个正直的长者,喜欢为人打抱不平,康奈尔大学的很多师生都非常尊敬他。她们见到这位牧师的时候,他已经在病榻上了,身体状况非常不好,但是,他在听完女孩的述说之后,义愤填膺,几次气得几乎晕厥。他只好请朋友找来康奈尔大学的一个老师,还有胡适一起来商量。

原来,亥叟是世界学生会会员,因为胡适担任世界学生会分会主席而相识,他们关系一直很好,可以算是忘年之交。亥叟知道,胡适对种族歧视一直深恶痛绝,肯定会出手相助。果然,胡适一手包揽了这件事。他当即就写了一封信,交代了这件事的始末,要求在校报上登载。

他在信里说:3 年前,赛姬院女学生 269 人联名上书校长,请拒绝黑人女子入住赛姬院。由于校长休曼先生的宣言,康奈尔大学之门不拒来者,没有种色、宗教、国际、阶级、贫富的分别,这件事终于才平息。但时隔不久,言犹在耳,又出现了这种种族歧视隔离的事件。我以人道的名义,为这些黑人女子遭受的待遇鸣不平。

他拿着这封信直接跑到报社,因没有见到主编,就把信留在了报社。报社的主编看到后,担心这件事关系到学校的声誉,不敢贸然刊登,就来找胡适商量。胡适表示,自己并不想张扬学校的问题,只是为了给两个女孩讨一个公道,如果不用登报就能解决问题,这封信可以销毁。胡适建议主编去见校长,告诉他有人就此事写了信来,校长如果主持公道,这封信就不需要发表了。

第二天主编就通知胡适,校长答应主持公道,承诺不会迁出两名黑人女孩,即使那些白人学生全部搬走，他也绝不挽留。于是，黑人女生没有搬走，白人女生也没有搬走。胡适终于圆满地解决了这件事。

◎美好而苦涩的异国恋情

早在胡适还未出国的时候，就与母亲相中的江东秀订了婚。虽然胡适当时并不喜欢这个姑娘，但是，孝顺的他，因为不愿意违背母亲的意愿，就顺从地答应了。他在上海时，曾有过一段堕落的日子，后来非常后悔，决定要痛改前非。所以来到美国之后，他一直遵从母亲"男女交际尤须留心"的叮嘱，有 4 年的时光不与女同学交往。

胡适和小脚夫人江冬秀

直到 1914 年，他于一个偶然的机会结识了韦莲司小姐，没想到却因此得到一位苦恋他 48 年的红颜知己，为他终身未嫁。

韦莲司是胡适的教授亨利·韦莲司的小女儿，是一名青年画家。在一次婚礼派对上，胡适认识了从纽约归家探望父母的韦莲司。两人一见如故，交谈甚欢。加上胡适经常到韦莲司家做客，两人的关系就越来越密切了。

在胡适眼中，韦莲司是个极有学识的新女性，他对她的评价非常高："人品高，学识富，极能思想，高洁几近狂狷，读书之多、见地之高，诚非寻常女子所可望其肩背。""余所见女子多矣，其真能具思想、识力、魄力、热诚于一身者，唯一人耳。"

而韦莲司对胡适也非常推崇，因为她觉得"美国大学学生大多数皆不读书，不能文，谈吐鄙陋，而思想固隘"。胡适的温文尔雅、博学多才，则让她非常欣赏。

韦莲司颇具现代派艺术家的气质，行为、举止相当不拘小节。欧美妇女多酷爱打扮，韦莲司家境富裕，却从不修饰自己。她经常数年不换新衣，头上的草帽早已破损也熟视无睹。她厌烦打理长发，索性剪去，仅留下两三寸。对母亲与姐姐的劝诫、路人的侧目，她照样不以为意。

　　但是,她的见识着实不凡。一次,胡适夸耀中国人最容易接受新鲜事物。英国赫胥黎的《天演论》,西方守旧者对它的攻击,半个世纪都没有停止过;而引入中国,立刻风行,像"天择"、"竞存"等名词,至今还成为流行一时的口头禅。韦莲司却立刻提出自己不同的见解:轻易接受不一定就是中国人士的长处,西方人士不肯人云亦云,凡事必须要经过辩论、推敲、实验才能确定;但是,中国过于尊崇专家、大师,但凡大师所说的言论,不加考证都奉为经典,这未免太为粗浅。一席话说得胡适哑口无言,只得连连称是,直说确实没有几个人能了解进化论的真谛。

　　韦莲司的这一席话,的确切中了中国人的软肋,那就是对专家、对国外的盲目推崇。中国的文化知识界,在思想、主张上一味趋新,凡是从国外传来的,一概都是好的。即使现在的国人,依然没有改掉这个毛病,别人什么都好,自己全是糟粕,统统扔掉才好。或者凡事都要搬出某专家如何如何说,似乎只有如此,才能让大众深信不疑。

　　胡适与韦莲司出游,两人沿着凯尤卡湖边漫步,天气晴好,落叶满径。斯人斯景,自然是流连忘返。两人边走边谈,3个小时只当片刻,丝毫没有感觉到时间的流逝。随后,两人的感情日渐深厚,颇有"一日不见,如隔三秋"的味道。

　　当年的感恩节,胡适受到韦莲司母亲的邀请,到她家去吃饭。其时韦莲司不在家,到外地写生去了。胡适因为没有见到她而倍感惆怅,晚上回到居室后,就给她写了一封热情洋溢的信件。胡适曾告诉过韦莲司,在中国古代有"折柳赠别"的习俗。韦莲司在回纽约前,就特意给胡适拍了几张柳树的照片,来表达临别的不舍。

　　第二年初,胡适应波士顿卜朗吟学会之邀(因1914年获得卜朗吟文学奖),去波士顿参加会议并发表《儒教与卜朗吟哲学》演讲。趁此机会,他从波士顿转至纽约,终于得以见到只能以书信聊解相思的韦莲司。两人一同去纽约大都会艺术博物馆参观、游览,然后到韦莲司的公寓里吃午餐,接着又在临赫贞江风景极佳的公寓里促膝谈心。一直到下午,胡适才恋恋不舍地离去。第二天,他又乘火车从波士顿赶来,两人又一起度过了一个美好的下午。

　　韦莲司的母亲早已看出了他们俩的暧昧之情。她得知他们曾独处一室,便劝诫他们要注意分寸,不要单独相处。因为,这时候的美国中产阶级,还保持着近乎清教徒式的家教。韦莲司太太也知道,胡适在国内有未婚妻,而当时的美国,还有反对异族通婚的法律。胡适虽然生性风流,但是他并不想违背母命,抛弃家中的未婚妻,只希望能维持目前的暧昧就好。所以,两人在此期间一直都是"发乎情,止乎礼",多是柏拉图式的纯精神交流。

胡适后来回国后,便与未婚妻江东秀完婚了。他与韦莲司保持了将近半个世纪的苦恋,一直以书信往来,往往几年甚至十几年才能见上一面。韦莲司终身未嫁,直至去世还保留着胡适的信件和文稿。

哥伦比亚大学

◎哥大师从杜威,开始文学革命

1914 年 6 月,胡适在康奈尔大学毕业,随即进入该校研究院深造。但是,他在研究院学习一段时间之后,因为哲学系塞基派所持的是"新唯心主义",在讨论班上,总要找出一位重量级的人物来批评,最常批判的对象,就是"实验主义"学派的杜威教授。胡适在听到这些讨论和批判的时候,也会找一些杜威的著作来研读。慢慢地,胡适对杜威和他的学派产生了浓厚的兴趣。在对实验主义进行了一番有系统的研究之后,他决定转入哥伦比亚大学研究院,跟杜威学习哲学。

哥伦比亚大学以招收外国留学生,为第三世界国家培养官僚和学者闻名。中国在这里的留学生,常常有三百人之多。除胡适之外,当时在哥大的留学生,还有宋子文、张奚若、孙科、蒋梦麟等一批未来的中国政界和学界知名人物。杜威是哥大哲学系首席教授,却不擅言辞。他讲课每说一个字都得慢慢想出,再讲下去。觉得他的课枯燥无味的学生很多。胡适是慕名而来,选了杜威的两门课,硬着头皮听了几个星期,不仅听懂了他所讲的课程,还对杜威这种慢吞吞的讲课方式大为推崇,认为他用字、选词非常严谨。

杜威的夫人每月都要在纽约河畔的家里举行一次家庭茶会,邀请一些朋友和学生参加。这里聚集了当时纽约文化界的很多名人,也有一些古怪的人物,长发的男人和短发的女人们。被邀请参加杜威家茶会,对胡适和其他学生来说,可以算是难得的机会和光荣,他们都怀着极大的兴趣参加。

胡适在哥大的生活非常愉快,除了跟随杜威教授学习实验主义,他也是在这个时期,开始着手进行对中国文学的伟大革命的。他在康奈尔大学时,就隐约觉得文言文是半死的文字,需要注入新的活力,但是没有深入地想过。偶尔一次,送别朋友梅光迪去哈佛,第一回写了一首白话文的打油诗,由此和梅光迪及一班朋友辩论得不可开交。来到哥伦比亚大学后,他有了更多的时间深入研究这个问题。

胡适发现,中国文学始终是处在变革之中的,从唐代就开始了,到后来的元曲,及明清风行的白话戏曲和白话文小说。把中国文学的脉络理清楚以后,他就更加觉得倡导白话文的必要了。他多次就这个话题和朋友们辩论,后来把大家一年的讨论结果,总结成一篇文章寄回国内发表,题目就叫《文学改良刍议》。那一篇对中国文学做试探性改革的文章,是在 1916 年 11 月写的。

后来他还回忆说:"我一共复写了 3 份。其中一份给由我自己做主编的《中国留美学生季报》发表,一份则寄给陈独秀主编的《新青年》。"当时的陈独秀,正担任北京大学文科学长。

这篇文章于 1917 年 1 月在《新青年》杂志刊出之后,在中国文化界引起了极大的反应,实不亚于一场大地震。北大的陈独秀、钱玄同等教授,都对这篇文章大为赏识。钱玄同原为国学大师章太炎(章炳麟)的门人,竟亦成了新文学革命的先驱。

陈独秀在《新青年》此后的一期,也写了一篇《文学革命论》来作为响应。他公开表示,要全力支持文学革命。于是,胡适在中国文学界的这潭深水里首先投下了一枚石子,陈独秀接着响应,然后新文化的涟漪就在中国文学界慢慢扩散,竟然掀起了滔天巨浪,最终形成了举世瞩目的"五四新文化"运动。

到今天,经历了近一个世纪的时间考验以后,新文化运动终于从拯救中国的神坛上退了下来。看着我们与传统文化之间越来越深的鸿沟,更多的国人开始思索:难道我们真的要把这五千年的中华传承彻底遗忘?胡适当年终究只是个受美国影响很深的热血青年,他想象不出未来将会怎样。

1917 年 6 月,胡适在哥伦比亚大学通过博士论文后,离美回国前夕,还专程到绮色佳城及康奈尔大学辞行。

● ● ● ● ● **【人物小传】** ● ● ● ● ●

胡适(1891—1962),原名胡嗣穈,学名洪骍,字希疆,后改名适,字适之,笔名天风、藏晖等,安徽绩溪上庄村人。现代著名学者、历史学家、文学家、哲学家、"尝试派"代表诗人。

胡适出生于一个官僚地主兼商人家庭。幼时就读于家塾,习四书五经。1904 年赴上海,入梅溪学堂、澄衷学堂、中国公学等校。1910 年考取"庚子赔款"第二期官费生赴美国留学。1914 年在康奈尔大学(先读农科,后改读文科)获文学学士学位以后,入哥伦比亚大学攻读哲学,师从实用主义大师约翰·杜威。1917 年完成博士论文后回国。

同年任北京大学教授,参加编辑《新青年》杂志,并发表《文学改良刍议》以及论文《历史的文学观念论》《建设的文学革命论》等。1920 年出版的《尝试集》是中国新文学史上第一部白话诗集。胡适提倡文学革命,成为新文化运动中很有影响的代表性人物之一。同年离开《新青年》,后创办《努力周报》。1923 年与徐志摩等人组织新月社。1924 年与陈西滢、王世杰等人创办《现代评论》周刊。1932 年与傅斯年、蒋廷黻、丁文江等人创办《独立评论》。曾任北大文学院院长、中央研究院院士。1938 年任驻美大使。1946 年任北大校长。1948 年去美国。1958 年任台湾"中央研究院"院长。1962 年在台北病逝。

胡适一生共获得 36 个荣誉博士学位,在哲学、历史学、文学史、文艺理论、古典文学考证、诗文创作诸方面都有很大成就。著有《五十年来之中国文学》《胡适文存》《白话文学史》《中国章回小说考证》等。晚年潜心于《水经注》的考证。

赵元任

天赐才华，数科同修

　　号称"中国现代语言学奠基人"、"中国现代音乐学先驱"的赵元任，其最知名的成就还是在语言学上。他有着惊人的语言天赋，以学习语言为乐。他几乎走到世界上或中国的任何地方，当地人都会认他做"老乡"，因为他总能说一口纯正、流利的当地语言或方言。

　　他还是一个知名的全才型学者，在哲学、语言、音乐、物理、数学等学科领域都有显著的成就。这样的全才，固然是天赋异禀，不过，他那"犹豫不决"的性格，也起到了推波助澜的作用。

◎在康奈尔大学广泛涉猎

　　1910 年 8 月 16 日，"中国"号客轮终于启程了，一众年轻的学生们都很兴奋。他们要到大洋彼岸的美国去学习了，全新的生活正等待着他们。到达旧金山后不久，这批留学生们便被分别送往各大学。赵元任和另外 13 位中国学生，被获准进入位于纽约州绮色佳城的康奈尔大学。

　　赵元任对绮色佳的第一印象，是根本不像美国。他一直认为，美国应该像明信片上所印的那样，是一排一排的高楼大厦。可

赵元任

是，这里除了校园内的教学与办公大楼外，所有房屋都是木造的——被他称为"小茅舍"。在康奈尔的生活，很按部就班：每天按时起床，然后去上课，晚餐后约上好友散步，晚上回来读德文和解析几何。

由于留学生领队胡敦复对赵元任解释过纯科学与实用科学的区别，于是，赵元任将心力主要集中在数学与物理上。但他兴趣广泛，课程涉及了很多方面，像现代哲学的发展、逻辑及形而上学研究、机械的设计与建造、实验物理最近的进展、机械学与热力学、可数根基的理论、系统心理学、音韵学等。

留学期间的赵元任

而在学习中，他觉得最富刺激性的一刻，是 1910 年 10 月 6 日在洛克菲勒馆所做宇宙引力的全班实验。赵元任曾在中国高等学堂听说过重力和引力、唯宇宙引力的说法，即所有物体彼此吸引，而在论及巨大物体和行星围绕太阳运转时，只是一种理论而已。这次，教授让学生们看到了物体相吸简单明了的事实。

这项实验被称为"卡文迪石试验"。两个重铅球相距数时排列，在两球之间，用微小扭秤悬挂另外两个小金属球，在细吊绳上装以反射镜。小球位于一条直线上，该直线与连接两铅球之线成直角。教授尼柯斯先对学生们解说，然后移动两铅球数时，一铅球移近一小球，另一铅球移近另一小球，宇宙引力使得扭秤摆动，而致反射光点在墙壁上移动。这种移动情形，只能在几秒钟之内看到。大家都兴奋、激动地在地板上跺脚。

这种动作，是赵元任到绮色佳城不久后学到的。直到许多年以后，他仍然觉得那次实验宇宙引力是自己所看到的最动人的一次物理实验。

赵元任本来是主修数学的，可是他对物理也同样偏好，选择的课程几乎和数学一样多。而且他的兴趣，还扩及语言、哲学和音乐。

从小时候起，赵元任就对中国各地方言感兴趣。所以，这次修毕康奈尔需要的语文学分后，他又主动到宾州史克兰顿城的国际函授学校学习法文。他们不只供应详尽的课本，还给留声机片。赵元任不但可听，而且可用他们供给的设备，在

康奈尔大学

未录音的留声机片上录下练习,再送到学校改正。

赵元任对哲学的兴趣,在第一年就产生了。他的哲学入门老师是齐莱教授;客座讲师席佛也给他留下了非常深刻的印象,后来席佛在哈佛指导他写博士论文;克雷顿教授则教赵元任逻辑学和其他课程。这些课程,让赵元任对哲学的兴趣愈加浓厚起来。

而在音乐方面,则是校内校外都激起了他的兴趣。刚安顿后不久,他就用220元买了一架二手钢琴。当时,清华奖学金一个月只有60元,全部开支(包括学费)都包括在内。为此,他不得不节省一些。

赵元任还常去听音乐会及私人演奏,诸如弦乐四重奏、风琴演奏会。在那里演奏的姜斯东和括尔斯等人,都是赵元任的老师。最让他得意的是,在1914年5月18日的风琴演奏会上,他的一首作品得以公开演奏——那是他将中国的一首老调“老八板”谱了和声。

赵元任的另一位钢琴教师是宋雅·席佛曼,她是赵元任的数学老师路易·席佛曼的太太。从她那里,赵元任先学弹《布尔格弥勒一百首》,然后学弹莫扎特的钢琴曲。这些曲子给他的印象非常深刻,即使后来因为常弹贝多芬和肖邦的曲子,而少练习布尔格弥勒,但一听到这些熟悉的曲调,他的手指仍会不自禁地跟着滑动。赵元任和席佛曼一家的关系非常亲密,在席佛曼太太给他授课,指示给他某些调子该如何在钢琴上弹奏时,赵元任则在一边用奶瓶给她的儿子小拉费尔喂奶。

在康奈尔大学的中国学生创办了《科学》月刊,这个刊物后来成为一项重要的事业。大家都用文言撰文,安排《科学》月刊在上海出版,由朱少屏任总编辑。第一期于 1915 年 1 月出版,共 121 页,11 篇文章、科学消息,还有 1 件附录,即赵元任所作的《和平进行曲》。此时正值第一次世界大战,他就用这首钢琴曲表达对和平的深切呼唤。这首曲子是近现代中国作曲家最早创作并发表的钢琴曲。

不久,他们又组织了"中国科学社",以任鸿隽为会长,杨铨(杏佛)为编辑。因为月刊不是大众化的刊物,大家得用从奖学金中特别节省下来的钱支持这个刊物。有一段时间,赵元任只能以汤和苹果饼作午餐,以致得了营养不良症。不久,这个刊物就发展成为了组织完善的科学团体。当多数会员毕业回国后,科学社也随之迁到了上海,继续发扬光大。

赵元任在康奈尔的最后两年,主修课程终于从数学转到了哲学。他除了正课,又读了罗素的许多著作。他撰写的一篇哲学论文还获了奖。后来,他又获得了哈佛的乔治与马莎·德贝哲学奖学金。直到 6 月 11 日,他终于结束了在康奈尔大学的全部课程,动身前往哈佛了。

◎兴趣广泛,但仍"犹豫不决"

在哈佛的第一年,赵元任一个人住在哈佛广场教堂街与麻州道交叉点的"学院寄宿舍"。这段时间,他大量阅读了罗素、裴瑞和若伊思等学者的著作。直到第二年中期,赵元任才开始想博士论文的题目,最后决定的题目是《连续:方法论之研究》。在论文中,赵元任提出了这样一些问题:何时算是程度上的区别?何时算是品类上的区别?品类上的区别能否减低成为程度上的区别?等等。

可是,撰写论文的工作,并未对赵元任"犹豫不决"的习惯有任何助益。他的毕业论文,是在席佛教授的指导之下写成的。在赵元任通过最后考试之后,主持考试的侯京教授问赵元任,撰写博士论文,是否能影响他的个性。赵元任却回答说,在这方面对自己毫无帮助。

他在哈佛大学同样选修了各式各样的课程,但多数是讨论会。他在若伊思教授的指导之下从事研究,教授主持的形而上学研讨会极为动听。他还介绍学生们阅读皮尔斯的著作,其丰富而有余韵的"逻辑"饶有趣味,但难于领会。不幸的是,这位教授于 1916 年 9 月 14 日去世了,当时他还是壮年。在他的遗言中,赠送给了赵元任一部由他自己注解的麦格斯威尔所著的《电气与磁学》(分上、下两册)。

赵元任很珍惜这本书。在抗战期间,他从南京流亡到云南时,身上携带了少数几本书,这本就是其中之一。除了书本身的价值外,也许更是为了纪念这位敬爱的老师吧。

赵元任确定不了选修心理学还是科学史作为副修课程,所以这两种课程就都选修了一些。韩德森教授和沙顿教授教赵元任科学史。那时科学史还是一门新课程,沙顿教的两门课,班上只有赵元任一个学生。

赵元任对语言学依然很感兴趣,便选修了葛然简教授的言语学入门。那几年,赵元任有一次有趣的语言经验,即倾听“聋盲天才”海伦·凯勒讲演。通常,她先用手语和译员讲话,再由译员说出她要说的话。可是,那次她自己高声讲出,他却很难听懂她的话。

只要不妨碍自己的工作,赵元任依然做着自己喜欢做的事情,学习语言或涉猎音乐,选修一门高级和声学课程。在《科学》杂志上,登出了赵元任作的曲谱。他还去听音乐会,在住所用钢琴练习贝多芬的乐曲。

他在拿到了谢尔登旅行研究奖学金之后,又获得了一项超博士旅行研究奖学金,离开哈佛。他决定在美国大陆旅行,先去芝加哥,然后到加州。

在旅行中,赵元任一直在作他所谓的“沉思小游”。他在街道上或沿着河边等处行走,让自己的思想漫游,很少停下来记录。这样做颇能使身心松弛,有时甚至产生好的效果。

最有意思的一次,是他走到一家门口按铃,问应门的女主人:“你有面包和牛奶‘胡佛化’一个徒步旅行的人吗?”她上下打量了赵元任一番,便走进房去,拿给他一份火腿三明治和牛奶,还有一个苹果,让他大嚼一顿。

在那些因作战而物资贫乏的年代,“胡佛化”意指依照胡佛(时任美国国务卿,后任总统)的劝告,节约消费。赵元任吃完之后,要付她钱。她起初不要赵元任付,最后接受一枚2角5分辅币,让赵元任“觉得好过一点”。她说:“这里没有流浪汉,你也不像是。”

由于自己的兴趣实在是太广泛了,赵元任很难集中心志。这种情况,直到他到加州之后也一直持续着。虽然生活和工作仍然举棋不定,他的健康情形却多少有了些进步,能进行较多的研究了(在哈佛时他身体时常生病)。在这里,他可以随便听各种课程。他这次又选择了理论学和哲学史课程,以及数学史、光谱学、化学、哲学等。

生活固然丰富多彩,发生了很多有趣的事情,但是,自己的“举棋不定”让赵元任懊恼了很久,却没有丝毫改观。不同学校、不同行业聘他任职的函件,更使他左右为难。尼柯斯教授来信说，康奈尔可能有一物理讲师缺员，请他担任。这使他失眠了两小时，犹豫自己是否该去。最后终于决定，如果给他这个职位，他便接受。

紧接着，他又接到侯恩雷教授的来信，聘请赵元任为谢尔登哲学研究员一年。他写了4次复信草稿，最后才确定谢绝。

之后，又是北京大学校长蔡元培及康奈尔以前的同学胡适与任鸿隽的来信，要赵元任回国到北大教哲学，如果他想先去欧洲一年，还答应付他旅费。这使赵元任大半夜没有睡好，一直考虑如何选择。

最后，他终于接到了尼柯斯教授的信，自己担任讲师的事已经确定了。在如何选择中苦苦挣扎了很久的赵元任终于放下心，决定出去吃个宵夜，以庆祝一下这个小小的成功。

在康奈尔大学物理系任教一年之后，赵元任又答应了清华大学的邀请，回国担任清华教授。但这又只是短暂的停留。赵元任的人生，似乎都是在旅途之中度过的。

他在清华期间和杨步伟结婚以后，很快又踏上了漫游各国的旅行。

● ● ● ● ● **【人物小传】** ● ● ● ● ●

赵元任(1892—1982)，字宜重，原籍江苏武进(今常州)，生于天津。著名语言学家、作曲家。

赵元任的父亲赵衡年是清朝举人，但未入仕途。母亲冯莱荪也很有才华，能诗善词，写得一手好字，还能唱昆曲、吹奏乐器，对幼年的赵元任影响较大。

1910年夏，赵元任考取清华学校公费赴美留学，到康奈尔大学数学系学习，1914年获得学士学位。1915年进哈佛大学深造，1918年获得哲学博士学位。不久，他开始在美国的大学里教学。

1925年，赵元任回清华教授数学、物理学、中国音韵学、普通语言学、中国现代方言、中国乐谱乐调和西洋音乐欣赏等课程。他与梁启超、王国维、陈寅恪一起，被称为清华"四大导师"。1928年任中央研究院历史语言研究所研究员。1938年起在美国几所知名大学担任教授。1982年2月24日逝世于美国马萨诸塞州坎布里奇。加州大学为他设立了赵元任基金会。

赵元任是一个知名的全才、通才，文理皆通，在数学、物理学、哲学、音乐上都有很高的造诣。他尤其是一位语言天才，各种方言、语言一学就通，被全国乃至世界各地的人都当做同乡。

金岳霖

与哲学和逻辑学的夙缘

金岳霖是中国第一个运用西方哲学的方法，并融会中国哲学的精神，而建立自己哲学体系的学者。他创办了清华大学哲学系，且有《逻辑》、《论道》、《知识论》等杰出专著传世，被贺麟称为"最有独创性的玄学著作"。冯友兰在《三松堂自序》中，曾回忆上世纪 20 年代逻辑教学的一些情况。他说："当时在中国，稍微懂得一点逻辑的人，实在是很少有。"漠视逻辑，对于逻辑学本身来讲并无多大的灾难，但对于一个急于要完成现代化大业的民族来说，却是致命的。

金岳霖自少年时代起，就显示出了一种敏锐的逻辑思维能力。中国有两句古谚："金钱如粪土"，"朋友值千金"。金岳霖在十多岁的时候，就用逻辑推理出这两句谚语有些问题：如果把这两句话当做前提，得出的结论应该是"朋友如粪土"，而它和谚语的本意是相反的。他还发现了二郎庙碑文和《世说新语》中传为美谈的孔融小时候对话中的逻辑毛病等等。金岳霖少年时代显示出的这种天赋的逻辑能力，为他后来对逻辑学的强烈兴趣打下了基础。

回国后的金岳霖

◎美国：因对政治失望而转入哲学

辛亥革命以后，西方的思想文化大量传入中国。金岳霖很快就剪去了头上的辫子,还仿照唐诗《黄鹤楼》写了一首打油诗:"辫子已随前清去,此地空余和尚头。辫子一去不复返,此头千载光溜溜。"当时,大多数都市知识青年都产生了这种想法:要吸收新思想、新知识,就要学习西学;要学习西学,就必须到西学的故乡去。1914年,金岳霖抱着这一理想,由公费派往美国的宾夕法尼亚大学学习。

老年金岳霖

金岳霖在赴美国留学之前,曾就如何选择专业向其兄长征询,其兄建议他学簿计学。金岳霖到美国后,开始按部就班地学习簿计学,后因没有兴趣,便决定转入哥伦比亚大学学政治学。就这次更改,金岳霖专门致信兄长,说:"簿计学,是雕虫小技。我堂堂七尺男儿,何必学这雕虫技艺。昔日项羽不学剑,就是因为剑乃一人敌,不能当万夫。"

1917年,金岳霖到纽约的哥伦比亚大学攻读政治思想史,他在研究院的同窗有胡适、张奚若、宋子文、孙科、蒋梦麟等。金岳霖最重点修的两门课,是比亚德教授的美国宪法和邓铃教授的政治学说史。渐渐地,金岳霖对政治学说史这门课产生了浓厚的兴趣。后来,他的博士论文《论格林的政治思想》,就是在邓铃教授的指导下完成的。直到晚年,金岳霖还能清晰地回忆起这位导师的音容笑貌以及衣冠、打扮等细节。

然而,就在他拿到政治学博士学位后,又意外地转学哲学了,以后竟然成了哲学和逻辑学大家。

金岳霖由学习政治思想史转而攻读起哲学,后来又走上分析哲学的道路,说起来颇富有戏剧性。1919年夏,正在研究政治思想史的他,接触到了T.H.格林的名字。格林不仅是一位政治思想家,而且是一位哲学家,属新黑格尔主义。金岳霖由读格林的政治思想而接触到他的哲学,由此触发了自己对哲学的兴趣。金岳霖说:"头一次感觉到理智上的欣赏就是在那个时候。而在一两年之内,如果我能够说有点子思想的话,我的思想似乎是徘徊于所谓'唯心论'的道旁。"

金岳霖虽然也许能够成为政治学理论的大家,但是他那质朴、天真的性格,并不适合搞政治。他的政治学理论根基还是非常深厚的,且有着自己独到的见

金岳霖（中）与朋友郊游

解。他的博士论文，直到半个世纪以后，仍有国外学者在引用。但是，对于现实的形而下的政治，他只有对异邦的零碎的认识。如他留学美国时所居住的美国式家庭，他以为那是"民主美国的脊梁骨"。在他的学位论文中，更亟叹州政府首长"不是暴君的代理人，而是人民的公仆"。

至于对中国本土的政治现实，他终究是懵懂的。"好人主义"的他曾以为，如果"好人"即优秀分子"成一个团体，费几十年的工夫，监督政府，改造社会，中国的事或者不至于无望"。即使他和张奚若等人发起成立了所谓的"中国自由主义者同盟"，也于中国现实无关痛痒。现实中的政治，充满了"厚黑学"的龌龊，特别是由于中国特色的政治，金岳霖"恨"屋及乌："无论哪国的政治——极觉得灰心"。也许，这才是他最后从事哲学的主要原因吧。

虽然金岳霖对政治不甚感冒，但是他也并非一直以置身事外的态度对待，他也是有着那个时代年轻人特有的爱国激情的。1922年，身在英国留学的金岳霖，在国内发表长文《优秀分子与今日的社会》。第一，他希望知识分子能成为"独立进款"的人。他说："我开剃头店的进款比交通部秘书的进款独立多了，所以与其做官，不如开剃头店，与其在部里拍马，不如在水果摊子上唱歌。"第二，他希望知识分子不做官，也就是"不做政客，不把官当做职业的意思。若是议定宪法修改关税的事都是特别的事，都是短期的事，事件完了以后，依然可以独立过自己的生活"。第三，他希望知识分子"不发财"。"如果把发财当做目的，自己变作一个折扣的机器，同时对于没有意味的人，要极力敷衍"。第四，他希望知识分子能有一个"独立的环境"，要与一群志同道合的人在一起。

那时，他是这么说的，也差不多是这么做的。后来蒋介石的《中国之命运》发表后，联大教授们非常反感，金岳霖甚至拒绝阅读这本每人必须阅读的书。

金岳霖在哈佛读书时，听到袁世凯复辟，曾悲愤不已地痛哭了一场。别的事情可以姑且将就，听到别人说抗日会亡国亡种，他就情绪激动得只差要打人。1948 年,为了抗议美国的扶日政策,金岳霖竟带头拒领其救济面粉。

◎欧洲:由分析哲学转为对逻辑学产生兴趣

但是,金岳霖迷上哲学以后,很快又和格林的新黑格尔主义分手了,甚至后来成为格林式的唯心主义的劲敌,主张分析哲学而反对抽象思辨,提倡外在关系论而反对内在关系论。他在哥伦比亚大学获得政治学博士学位以后,于 1922 年来到英国伦敦继续研究和进修。

英国是经验论哲学的故乡,是培根、霍布斯、贝克莱、洛克、休谟等经验论大师长期生活和讲学之地。虽说 19 世纪下半叶以来,由德国传入的新黑格尔主义一度在英国流行,出现了新黑格尔主义的牛津学派,但这种新黑格尔主义,仍与德国的新黑格尔主义有别。

而且,随着新黑格尔主义的流行,一场声势浩大、持续时间颇长的反新黑格尔主义运动发生了,其突出人物是罗素和摩尔。罗素将这场由他和摩尔发动的运动,称之为对新黑格尔主义的"反叛"。其实,与其说它是"反叛",不如说是英国经验论的重新觉醒。英国的经验论哲学传统,自近代以来一直是根深蒂固的。作为怀疑论的大师,休谟在英国更具有无与匹敌的影响。

金岳霖回忆说,真正促使他摆脱政治学或政治思想史的,还不是格林的哲学著作,而是休谟的哲学著作,尤其是《人性论》一书。他盛赞休谟"天才之高",此书给他以"洋洋大观的味道"。以后在西南联大给学生讲授哲学课时,他还经常一字一句地带着学生念《人性论》,可见此书给他留下了异常深刻的印象。

除休谟之外,罗素哲学也对金岳霖有重要影响。尽管罗素不是严格意义上的分析哲学运动的成员,但分析哲学运动同他的名字是分不开的。金岳霖读了罗素的《数学原理》之后,非常兴奋。他说,对罗素那部书,他那时虽然还不见得看得懂,"然而它使我想到哲理之为哲理不一定要靠大题目,就是日常生活中所常用的概念也可以有很精深的分析,而此精深的分析也就是哲学。"从此,金岳霖与格林的哲学分手,开始走上以逻辑分析为基本工具进行哲学研究的道路。

关于金岳霖对逻辑学产生兴趣的转变,有一个非常有意思的故事。有一次,他和他的美国女友秦丽莲、张奚若在巴黎圣米歇大街散步,遇到几个人不知为了什么事争吵起来的人。他们 3 个人居然也跟进去和那些人争论。金岳霖从此便对逻辑学产生了兴趣。然而,此时还只是简单的了解。真正进入这个领域,还是他回国后在清华任教时期开始的。

金岳霖回国后在清华大学任教。最初开设的课程，还是他在美国攻读的专业——政治学和西方政治思想史。一个偶然的机会，终于彻底改变了他以后的学术生涯。

当时，清华大学设立了国学研究所，开设逻辑课的是赵元任。后来赵元任不教了，要找人顶替，就找到了金岳霖。金岳霖并非学逻辑出身，但他欣然接受了这一安排，于是边学边教。

无论如何，逻辑不等于分析哲学。金岳霖承认，他那时候还未真正懂得逻辑学。1931 年，金岳霖到美国进修一年。他利用这次机会，到哈佛大学的谢非先生那里学习逻辑。在哈佛，他有更多机会接触到剑桥学派，他的哲学思想进一步向分析哲学的方向发展。

后来，金岳霖又到德、法、意等欧洲国家游学。这一时期，他几乎完全沉浸在西方哲学之中，从苏格拉底、柏拉图到亚里士多德，从洛克、休谟到康德，从布拉德雷、罗素、穆尔到维特根斯坦，他都进行了广泛而又深入的研究，并把他们的思想和理论融会贯通，变为自己丰富的思想营养和构建自己哲学、逻辑学体系的材料，为他以后写作《逻辑》、《论道》、《知识论》等打下了坚实的基础。

◎留学期间逸闻

金岳霖的性情近乎天真烂漫，在留学期间也经常出现一些趣事。

在美国留学时，有一次，金岳霖在回家路上遇到了房东故德太太。细心的房东太太立刻发现，金岳霖的脸色看起来不大愉快。房东太太很关心他，就问道："你怎么啦，有什么不高兴的事呢？"他便有点委屈地说："我在国内的女友来信要和我吹了。"然后头也不回地跑到湖边去了。这下吓坏了故德太太，生怕他一时意气做傻事，忙找人去劝他千万要想开。而他却正为自己所编的小恶作剧乐得哈哈大笑呢。

后来，金岳霖游学到了德国柏林。当时同在柏林的徐志摩，正为追求他心目中的圣女林徽因，而不惜与他的结发之妻张幼仪大闹离婚。因张幼仪并不愿离异，留德的中国学生便在好事者的带领下，纷纷围将上来，拉着徐志摩，要他到中国饭馆请客，以便献上锦囊妙计。

深感走投无路，欲以头撞墙的徐志摩信以为真，就咬牙大放血，拿出一笔款子来，请了七八个人，到饭馆里大吃大喝了一通。酒酣耳热之际，有一号称"鬼谷子"的留学生终于献出了一条"奇计"。他认为，最可行的办法，就是让徐志摩把张幼仪"捐献"出来，移交给未婚的金岳霖为妻，这样岂不是皆大欢喜？众人闻听，齐声喝彩。

想不到，金岳霖此时正在另一间用薄木板隔开的房中与朋友吃饭。他听到一帮中国学生在酒瓶、碗筷的碰撞声中大呼小叫地喊着自己的名字，忙走出来听个究竟。待弄清事情原委后，他突然冲进对方的房间，将头一伸，慢腾腾地喊了声"咦——"众人见状大惊，而徐志摩那白白的脸颊顿时红了半截。

由于金岳霖并不愿意接受徐氏的"捐赠"，此事最终未能谈拢。而张幼仪也避免了像熟透的柿子一样，在留学生圈子内被转来捏去，最后成为一堆令人厌恶的稀汤的羞辱与麻烦。但最终，她还是在好事的中国留学生与徐志摩本人的内外夹击之下，同意离婚了。金岳霖则以见证人的角色，在徐、张的离婚书上签字画押，以为凭证。

● ● ● ● ● 【人物小传】 ● ● ● ● ●

金岳霖（1895—1984），字龙荪，原籍浙江诸暨，生于湖南长沙。中国现代著名哲学家、逻辑学家、教育家。

11岁那年，金岳霖被送进教会创办的长沙雅礼学校念书。1911年考入北京清华学堂。1914年赴美国宾夕法尼亚大学、哥伦比亚大学学习政治学，1920年获哥伦比亚大学博士学位。之后在英、德、法等国留学和从事研究工作。1925年回国，次年在清华大学任教授，创办清华大学哲学系。以后任西南联大哲学系教授，清华大学哲学系主任和文学院院长，北京大学哲学系教授、系主任、文学院院长，中国科学院哲学研究所副所长、研究员。1953年加入中国民主同盟，曾任中央委员、中央常委。1954年被选为中国科学院哲学社会科学部学部委员，1979年被选为中国逻辑学会会长。1984年10月19日在北京寓所逝世。

金岳霖终生从事哲学和逻辑学的教学、研究和组织领导工作，是最早把现代逻辑系统地介绍到中国来的逻辑学家之一。他将西方哲学与中国哲学相结合，建立了自己独特的哲学体系，培养了一大批有较高素养的哲学和逻辑学专门人才。著有《逻辑》、《论道》和《知识论》，其中《论道》一书，其原创性思想之丰富，在中国现代哲学中罕有其匹。现设有金岳霖学术基金会。

茅以升

三年就拿下硕士、博士学位

　　提到茅以升，人们总是会联想到钱塘江大桥。他的一生都与桥有着解不开的缘，也许，他可以被称作"桥魂"吧。他主持的钱塘江大桥工程，前后达 14 年，经历了建桥、炸桥、修桥 3 个时期，这是古今中外建桥史上从未有过的先例。

◎儿时就开始的建桥梦想

　　茅以升中学毕业以后，以优异成绩考入了唐山路矿学堂（后改名为唐山工业专门学校）土木系。1916 年，他又以第一名的好成绩，考取了清华学堂的官费生。此年 9 月，他乘坐"中华"号远洋轮，起程前往美国康奈尔大学报到。

　　当茅以升行色匆匆地来到康奈尔大学时，却被告知要经过考试才能入学。康奈尔大学注册处的负责人表示，学校从未接收过来自中国唐山工业专门学校的学生，甚至都没有听说过唐山这个城市，不知道这些学生的水平如何，因此需要考试后再决定是否录取他们。

　　对考试向来无往不利的茅以升，因为是第一次来到美国参加考试，不免感到有

留学时期的茅以升

几分担心。但是他决定,不管为了自己还是为了自己的祖国和母校,都要考出个好成绩来。考试结束后,茅以升的成绩非常好。注册处的负责人高兴地说:"你的程度很好。唐山学校不错。"便给他注册为桥梁专业研究生。

从此以后,唐山工业专门学校(后又改名为交通大学唐山学校、交通部唐山大学、唐山交通大学、唐山工学院等名)毕业生去美国康奈尔大学读研究生,特许不用再经过考试就可直接入校。自此,唐校来康奈尔留学的中国学生越来越多,该校也因而同康奈尔大学的关系很好,唐校的一些教学、研究方法,甚至还受到康奈尔大学的影响,以至于唐校此后有"中国康奈尔"之称。

茅以升攻读的是康奈尔大学桥梁工程系。建造一座坚固的大桥,是他儿时的梦想。这个梦想,源自于他 10 岁那年的一场事故。他的家乡在端午节时举行龙舟比赛,看比赛的人都站在文德桥上,因为人太多,把桥压塌了,砸死、淹死了不少人。茅以升因为生病,没有去,而幸免于难。但是,这场事故让他难过了很久。此后,茅以升只要看到桥,总是从桥面到桥柱看个够。茅以升上学读书以后,从书本上看到有关桥的文章、段落,就把它抄在本子上;遇到有关桥的图画,就剪贴起来,积累了许多桥梁方面的知识。

茅以升的博士学位照

老年茅以升

后来他上了唐山路矿学堂。1912 年秋,孙中山先生亲临学堂,在演说中谆谆告诫同学们,中国革命的成功,绝不是仅仅需要一支武装大军,而是同时需要武装和建设这两路大军。从那以后,茅以升确定了自己要当中国桥梁专家的理想。

◎边工作边攻读博士

所以，来到美国后，茅以升把全部的精力都投入到了专业学习上。他所在的桥梁工程系主任贾柯贝，是美国建筑界著名的桥梁专家，也是茅以升的导师。贾柯贝看到茅以升在学习方面的禀赋和求学的执著，非常器重他，希望他能够成为桥梁专业的精英，于是花了很多心思培养他。贾柯贝常常把自己的著作赠送给茅以升，并给他讲述自己著作里的科学思想和方法。

贾柯贝还常常邀请茅以升到自己家里做客。茅以升怕耽误老师的宝贵时间，常常坐一会儿，便谦恭地起身告辞。

每当这时，贾柯贝总是亲切地再三挽留："密斯特茅，再坐一会儿，再坐一会儿，和你谈话，我感到非常愉快。你告诉我这些关于中国的事情，使我开阔了眼界。"

在这位优秀导师的带领下，茅以升仅花了一年时间，就获得了康奈尔大学研究院桥梁专业的硕士学位。贾柯贝邀请他留校做助教，茅以升却推辞了这个令人艳羡的机会。他告诉教授，他不想留校，只希望多掌握一些桥梁方面的知识，自己要回国为贫弱的祖国造桥。

茅以升的婉拒，却使贾柯贝教授更加喜欢这位学生了，也感动于他对梦想的执著。他以自己在桥梁方面的经验指导茅以升，想要真正建造大桥，光学习理论是不够的，实践是工程的基础。于是，他推荐茅以升到匹兹堡桥梁公司去实习。

茅以升喜出望外。这个公司，无论在桥梁工程的理论上还是实践上，实力都是当时世界一流的，自己在这里可以学到很多东西。

很快，茅以升开始了在匹兹堡桥梁公司的工作。他从绘图、设计学起，又到工厂做了一年半工。金工、木工、油漆工他都干过，只要是与造桥相关的技术，他都希望能够了解。他经常穿着工作服，在桥梁工地和工人们一起劳动，还结识了不少青年工人。就这样，他在理论的基础上，又练就了很强的动手能力。这些，为他后来修建钱塘江大桥打下了坚实的基础。他就像海绵一样，不知厌倦地在这里吸收着知识。

茅以升又发现，匹兹堡的加理基理工学院土木工程系有夜校，他便去申请读该校的博士学位，因其必修课程可以夜间上课。学校规定，若攻读博士学位，除论文外，还需要选修一个主科、两个副科。茅以升主科自然是读桥梁，副科自然科学选了高等数学，社会科学选了科学管理。此外，还要通过除英语外的两门外语，茅以升除了中文外，又选了法文。

面对如此繁多的工作和学业，茅以升只好充分利用每一点时间。他白天在桥梁公司的工厂实习，晚上又赶到加理基——梅隆理工学院桥梁系去上夜大，攻读博士学位。他每天很早就需要起床，赶火车去上班，并抓紧在火车上的时间来练习法语。中午，在匹兹堡桥梁公司短暂的工地休息时间，他刚放下工具，又马上拿起纸笔，演算夜大习题。为了可以随时把对学业的感受记下来，他甚至练习吃饭时改用左手拿饭勺，让右手可以随时拿笔记录。晚上从夜校回来，一直学习到深夜才休息。

他这样的勤奋学习，让房东太太很感动，觉得他学习和工作得太辛苦，就特意每天早上起来给他做早饭，还精心准备好午饭可以让他带到公司去。其实，茅以升每月的房租、伙食费并不多，可房东太太没有计较这些，热心地支持他的学习，甚至还常帮茅以升把放在房间外面的鞋子擦好。就连她家前后搬迁了 3 次，都带着茅以升一起。这个房客已经成为他们家庭的一员了。后来茅以升结束学业回国，房东一家人更是依依不舍地帮他收拾行装，一直把他送到火车上。

1919 年，茅以升以《桥梁框架之次应力》为题的博士论文顺利获得通过，他成了加理基——梅隆理工学院的首名工学博士。他在论文中提出的创见，被称为"茅氏定律"，对于建筑和桥梁工程有着重要意义。为此，康奈尔大学又授予他金质研究奖章——这是每年颁发给全校特别优秀的研究生的。

同年 12 月，茅以升登上远洋轮船，返回自己阔别多年的祖国。

● ● ● ● ● ● 【人物小传】 ● ● ● ● ● ●

茅以升（1896—1989），原名以昇，字唐臣，江苏镇江人。土木工程学家、桥梁专家、工程教育家。

茅以升从小好学上进，善于独立思考。1916 年毕业于唐山工业专门学校。后留学美国，入纽约州康奈尔大学，1917 年获硕士学位。1919 年成为匹兹堡加理基——梅隆理工学院首名工学博士，其博士论文创见被称为"茅氏定律"，获金质奖章。

茅以升学成回国后，先后任交通大学唐山学校教授、东南大学工科主任、河海工科大学校长、北洋工学院院长、交通大学唐山工学院院长、钱塘江大桥工程处处长、国民政府交通部桥梁设计工程处处长、北方交通大学校长等职。

1933 年，茅以升受命开始主持建造浙江杭州钱塘江大桥，这是我国第一座由中国人自己设计建造的铁路公路两用桥。1937 年 9 月 26 日，钱塘江大桥正式通车。1937 年 12

月 23 日,由于日军已经占领杭州,茅以升奉命被迫炸毁大桥。抗日战争胜利后,茅以升又受命组织修复钱塘江大桥。1948 年 3 月,全部修复工程完成。

1955 年至 1957 年,茅以升任武汉长江大桥技术顾问委员会主任委员,参与武汉长江大桥的建造。他主持我国铁道科学研究院工作 30 余年,为铁道科学技术进步作出了卓越的贡献。1955 年当选为中科院技术科学部委员。1982 年当选为美国全国科学院院士。

2007 年 1 月 9 日,我国科学家发现了一颗小行星,这一天恰好是茅以升的诞辰纪念日。中国科学院国家天文台宣布,将这颗小行星命名为"茅以升星"。

吴 宓

捍卫中国文学，却要以西方理论证明

在风行全盘西化的年代，他被人讽刺为孔子的门徒，而他却是不折不扣的西洋文学家，在西洋文学领域卓有建树。他的梦想，是要以西方的理论知识来证明，中国传统文学是世界上最完美的。那个年代的大师们，无一不是学贯中西。倡导西化的都有深厚的国学基础，守旧捍卫中国文化的却都对西方文学了如指掌。辜鸿铭如是，陈寅恪如是，吴宓亦如是。

◎良师与益友

吴宓是 1917 年由清华留美预备学校派往美国学习的。起初吴宓被分配到弗吉尼亚州立大学学习新闻学，插入文科二年级。在比较文学系获得学士学位后，1918 年暑假，他转入哈佛大学文学院，师从白璧德教授，攻研西洋文学和哲学。

白璧德是哈佛大学比较文学教授，美国著名批评家，新人文主义思想的代表人物，代表作有《卢梭与浪漫主义》等。他认为，西方自文艺复兴以来，过于强调"物的原则"而损害了人文艺术的"人的原则"。因此，他主张应回到人的本源立场上来，崇尚人的道德想象和人文理性，反对功利主义的审美观。他先后曾教授过梅光迪、汤用

留学时期的吴宓

哈佛大学校门

彤、吴宓、梁实秋等中国学生。他的思想通过《学衡》杂志传入中国,在20世纪二三十年代的中国思想界、文学界产生过一定的影响。

白壁德对吴宓的影响是极其深远的,影响了他一生的学术思想方向。正是由于恩师对中国传统文化可能会彻底消失的忧虑,吴宓之后才走上了在当时汹涌的西化浪潮中,艰难地捍卫中国传统文化的道路。

吴宓对白壁德的理论如痴如醉,他觉得自己找到了真理,就开始了认真的学习和钻研。良师益友兼得,实在是人生至幸,吴宓就是这样的幸运之人。刚刚有了白壁德这个良师,益友也随后出现了。他认识了来哈佛大学学习哲学的俞大维。正是俞大维,给他介绍了自己一生的挚友兼师长陈寅恪。

俞大维后来成为著名的数理逻辑学家、弹道学家,曾任国民政府军政部兵工署署长、军政部次长等要职。深厚的文学修养,是两人成为好友的媒介。很快两人就成了莫逆之交,于是吴宓就常常从俞大维口中,听他称道他的姑表兄长陈寅恪之博学多识非常人可比,以及陈寅恪游历各国求学的经历。在久闻陈寅恪的大名之后,吴宓也就对他产生了几分好奇。

很快就有了这个机会。1919年2月,陈寅恪也来到了哈佛大学,两人终于得以相见。于是,吴宓常常去拜访陈寅恪。两人的话题很广泛,中国文学、国际及国内的政治形势等。吴宓发现,陈寅恪果然名不虚传,其学识之渊博、洞察政治社会的实质,都远胜于自己。一直很自负的吴宓不得不甘拜下风,甚至把陈寅恪当做自己的师长看待,觉得自己从他那里获益匪浅。

其实吴宓有些妄自菲薄了,他的学识也并非等闲。当时在哈佛的留学生中,就以他和陈寅恪、汤用彤最为出色。因为三人的才华超群、成绩卓著，引起中国留学生的瞩目，一时有"哈佛三杰"的美称。可见，吴宓不仅才华横溢，心胸更是豁达，遇到比自己学识渊博的陈寅恪，并未有"文人相轻"的情况，反而推崇备至，诚挚地向他求教。

吴宓

1918 年 11 月，正留学哈佛的吴宓，突然接到清华留美同学陈烈勋的来信，欲将自己的妹妹陈心一介绍给吴宓为妻。信中说，陈心一毕业于杭州的浙江省女子师范学校完全科，现年 24 岁，为浙江定海县一位小学教员，心气很高，择婿特别苛严。陈烈勋在信中明确指出，其妹在家中曾多次听他谈及吴宓，后又阅读过《益智杂志》、《清华周刊》中吴宓的诗文，尤其是看到《清华周刊》上吴宓的照片，遂萌发爱慕之情，愿嫁吴宓，侍奉终身。

吴宓于是托另一位留学同学朱君毅的未婚妻毛彦文，帮自己打听一下陈心一的情况，因毛彦文与陈心一是同学兼好友。得到准确的消息以后，吴宓征求好友的意见，就答应了这门亲事。然而，这本来看似美好的姻缘，却埋下了诸多波折。吴宓后来虽然与陈心一结婚，却竟然爱上了毛彦文，并苦恋了她一生。

◎痴迷《红楼梦》

吴宓对《红楼梦》可以说痴迷到疯狂的程度，他认为此书是古今中外第一本好书。他对林妹妹尤其热爱得无以复加。有一次，一个餐馆老板给自己的餐馆取了"潇湘馆"的名字，吴宓认为一家餐馆竟然敢用林妹妹住所的名字，太过亵渎佳人了，劝说无效，他就用手杖到餐馆里一顿乱砸，吓得老板只好改为"潇湘食堂"。他在自己的生活中，也以宝玉对所有女孩的爱惜为榜样。

他从上学时期开始，就在关注和研究《红楼梦》了。在哈佛大学求学的时候，他还作过一次关于《红楼梦》的演讲。这次演讲还把他和陈寅恪的友情推进了一步，可以说是"林妹妹"拉近了他们的距离。

那是 1919 年 3 月，吴宓应哈佛大学中国学生会的邀请，作了一次关于《红楼梦》的演讲,题目是《红楼梦新谈》,主要是"用西洋小说法程(原理、技术)来衡量《红楼梦》"。论证的结果,是该书处处都无可挑剔。结论是:"《红楼梦》是一部完美的小说! 世界各国文学中没有可以与其比肩的!"

这篇演讲稿后来在《民心周报》第 1 卷第 17-18 期发表,并收入人民文学出版社出版的《红楼梦研究参考资料专辑》第 3 辑。此文可以算是第一次在西方系统地介绍《红楼梦》,并指出其在世界文学发展史上的地位。吴宓对《红楼梦》研究的进展,功不可没。

当吴宓正意气风发、慷慨激昂地在讲堂上演讲时,刚进哈佛大学一个月的陈寅恪,在俞大维的陪同下前往就听。他见吴宓摇头晃脑地沉醉其中,对《红楼梦》中的人物景象、隐语暗线、转承起合,皆说得有声有色、头头是道,故而对对方的才学留下了深刻印象并流露出钦佩之情。于是,他作了一首题为《红楼梦新谈》的诗送给吴宓,来表达自己对《红楼梦》的感想:

本是阎浮梦里身,梦中谈梦倍酸辛。

青天碧海能留命,赤县黄车更有人。

世外文章归自媚,灯前啼笑已成尘。

春宵絮语知何意,付与劳生一怆神。

吴宓收到这首诗后非常激动,在当天的日记里便记述了认识陈寅恪的庆幸,对陈寅恪的渊博学识和高洁品行钦佩不已,也为他对《红楼梦》的深刻理解而感到得遇知己。此后,两个人的友情就更加深厚了。

也正是得益于陈寅恪的鼓励与帮助,吴宓所学专业日渐精进,在红学的研究中深得神韵,终于成为开宗立派、独领风骚的一代宗师。为此,吴宓深为感激,并多次提及此事。

◎效法陈寅恪

许多年后,对于陈寅恪的学问与人品,吴宓仍不无感慨地说道:"1919 年 1 月底 2 月初,陈寅恪君由欧洲来到美国,先寓康桥区之街,由俞大维君介见。以后宓恒往访,聆其谈述。则寅恪不但学问渊博,且深悉中西政治、社会之内幕……其历年在中国文学、史学及诗之一道,所启迪、指教宓者,更多不胜记也。"纵观吴宓一生为人为学之品性,此说当为其郁结于心灵之感慨,发自肺腑之颤音。

吴宓极喜欢陈寅恪的诗作,见到必定抄录下来,细细欣赏、保存。而陈寅恪信服吴宓的文学鉴赏力,每有新作品,都拿给吴宓品读。之后,陈寅恪往往就把诗稿揉成一团扔掉了，自己并不保存。但是，吴宓记忆力非常好，可以说是过目不忘，很多陈寅恪的诗句，他看过之后都可以背诵下来。结果，后来整理陈寅恪的作品时，大多都是从吴宓处收集到的。

吴宓有写日记的习惯和毅力，也是日记高手，行文优美，议论独到，内中充满了真性情和对世事的深邃见解。在他的日记里有很多珍贵的资料，记录着大师们当年的风采。

陈寅恪的言行，潜移默化地影响着吴宓。这种影响，不只是人生、学问的大命题，还反映到一点一滴的日常生活之中。陈寅恪一到哈佛，就主张大购、多购、全购书籍。受其影响，也为了"我今学习世界史"这一志向，吴宓毫不犹豫地把英国剑桥出版的《剑桥近世史》十余巨册从书店搬回，后又续购《剑桥中古史》约十巨册，使成完璧。

1919 年 8 月 18 日《吴宓日记》载："哈佛中国学生，读书最多者，当推陈君寅恪及其表弟俞君大维，两君读书多，而购书亦多。到此不及半载，而新购之书籍，已充橱盈箧，得数百卷。陈君及梅君（即梅光迪），皆屡劝宓购书。回国之后，西文书籍，杳乎难得，非自购不可。而此时不零星随机购置，则将来恐亦无力及此。故宓决以每月膳宿杂费之余资，并节省所得者，不多为无益之事，而专用于购书。先购最精要之籍，以次类及，自本月起，即实行焉。"

感于陈寅恪的购书之多，吴宓欲加以仿效，并真的从书店搬回了许多书籍。只是有时未免学得太过，大有邯郸学步或东施效颦之慨。

据说吴宓因一时头脑冲动，也为了与陈寅恪、俞大维争胜，竟咬紧牙关，不惜血本，花费 60 美金（时官费生每月 100 美金），把摆在书店、连当地人都不敢问津的《莎士比亚全集》各家注释汇编本共 19 巨册拖出来，拂去上面的尘埃，一路喘着粗气扛回宿舍，放于床头当做镇室之宝。想不到归国之时，他费心尽力将这套书运回国内，日后却多年未用上。随着抗日战争爆发，吴宓携带此书历尽千山万水，每次搬迁居所，既费力又费钱，同时又无合适的存放之地，竟成为一件劳心耗力的累赘。抗战胜利后的 1947 年，吴宓再也不堪此书的重负，索性再一咬牙，来个放血大甩卖，忍痛售与清华 1925 级毕业生孙大雨，算是去了一个累赘和一桩心事。

◎加入中国国防会

吴宓一直是个关注爱国救亡的积极分子。他来到哈佛大学后不久，就加入了中国国防会(也叫救国会)。这是 1915 年由留美学生组织的爱国团体,会长是张贻志,副会长尹任先就住在吴宓隔壁。于是,吴宓等人居住的地方,就成了国防会办公和议事的地方。

吴宓提议要办一份杂志,作为大家宣传爱国精神的阵地。尹任先深表赞同,于是就和吴宓商议具体事宜。为此,1919 年春假期间,尹任先和吴宓特意来到张贻志就读的耶鲁大学,和大家商议。大家决定办报,并定于 6 月在康桥商议,细定办报的计划等。

此年 6 月 16 日,国防会诸人在康桥新池畔的树荫中聚会,讨论办报事宜。结果,因梅光迪和编辑部长薛志伊意见不一,双方辩论很久,没能达成协议。当年秋天,国防会正副会长张贻志、尹任先先后回国,而国防会总会也随之迁回上海。不久,国防会的报刊《民心周报》终于出版了。

吴宓得知消息后非常高兴,积极投稿,将不少自己留学时读书的心得、体会都发表了出来,包括前文提到的那篇著名的《红楼梦新谈》。

◎ 商议创办《学衡》

学衡派是当时名噪一时的著名派系,是由胡先骕和梅光迪等人发起,以《学衡》杂志为中心,在思想文化界形成的一个宣传复古主义、反对新文化运动的派别。该派一直与胡适等人倡导的"全盘西化"相互斗争,成为一个捍卫传统文化的标志。虽然梅光迪是学衡派的创立者,但实际上吴宓才是中流砥柱。

其实,早在 1915 年冬,吴宓就和汤用彤、黄华等人发起成立了天人学会,会员一度达三十余人。吴宓后来在《吴宓诗集》中追述天人学会的往事,附列了天人学会的会章。学衡派后来的思想主张,在此都可以找出端倪。天人学会与学衡派均以砥砺个人道德为起点,进而服务于社会,益国益群,以达改良群治的目的。同时,还显现出对于传统的珍重以及中西汇通的愿望。

吴宓结识梅光迪,是在 1918 年。正是由于他,吴宓才会拜在白壁德的门下。这次会面,成了吴宓一生命运的转折点。

梅光迪,字迪生,著名国学家、历史学家。1911 年考取清华官费留学,先入威斯康辛大学,后转入西北大学;1915 年毕业后又入哈佛大学学习,师从白壁德,专攻西洋文学。

当时,梅光迪已师从白壁德研习新人文主义达 3 年之久,而国内的新文化运动也已进行得如火如荼。新文化运动对于传统激烈的批判,深深地刺痛了梅光迪。1917 年,胡适因在国内倡导文学革命而"暴得大名",梅光迪则下决心维护自己的文化理想,反对新文化运动。他更为急切地寻求同道,联手反对新文化运动。于是在留学生中"招兵买马","到处搜求人才,联合同志,拟回国对胡适作一全盘之大战"。吴宓即为此时梅光迪搜求而得的同道之一。

1918 年 8 月,在同学的介绍下,梅光迪拜访了吴宓。梅光迪"慷慨流涕,极言我中国文化之可宝贵,历代圣贤、儒者思想之高深,中国旧礼俗、旧制度之优点,今彼胡适等所言所行之可痛恨。昔伍员自诩'我能覆楚',申包胥曰:'我必复之。'我辈今者但当勉为中国文化之申包胥而已"。吴宓听了这番话十分感动,即表示:"宓当勉力追随,愿效驰驱,如诸葛武侯之对刘先主'鞠躬尽瘁,死而后已'"。

吴宓接受了梅光迪"反对陈独秀、胡适新诗,白话文学,新文化运动之主张"。梅光迪则引见吴宓拜会了白壁德。吴宓对白壁德的学说大为信服,奉其为师,此后"受其教,读其书,明其学,传其业",成为白壁德最为忠实的弟子。

所以,学衡派的创立和发展,其实应该从梅光迪、吴宓的相识算起。正是由于他们此时共同约定的反对新文化运动的志向以及对于新人文主义的尊崇,在理论和行动层面确定了日后学衡派发展的方向。可是,此时几个人对该如何开展自己的保卫运动还没有明确的目标。

1919 年梅光迪回国,吴宓则继续在哈佛大学学习。梅光迪先任南开大学英文系主任,1920 年秋应聘于南京高等师范学校(后为中央大学、南京大学)。

吴宓曾经差点与《学衡》失之交臂。难以想象,没有吴宓的《学衡》会是什么样子。

◎因《学衡》而回国至南京

1919 年 2 月,吴宓尚在哈佛大学攻读本科学位时,即已被当时访美的北京高等师范学校校长陈宝泉聘为英语科主任教授,"月薪 300 元整,自到校之月起薪"。陈校长求才心切,面奉聘书,又允诺吴宓可继续在美深造 1 年、2 年或 3 年,"可随时自由抉择而行"。这位校长的诚恳、爽直以及办事干练、迅捷,给年轻的吴宓留下了深刻的印象。

但是,这年秋天,北高师骤起学潮,陈宝泉辞职而去,校内人事纷乱,令吴宓甚感担心。1920 年 10 月之后,吴宓多次去函,始终未见回复。他代北高师购书所垫之款,亦未见清还。这些曾令吴宓心中不快,且生"进退维谷"之感。但一直到 1921 年 5 月上旬,吴宓仍准备赴北高师就职,并已将自己的大书箱海运至京。

　　而戏剧性的突变,正是发生在 1921 年 5 月中旬。吴宓接到他的好友、南高师暨东南大学教授梅光迪的来函,说东南大学文理科主任刘伯明"贤明温雅,志同道合,今后决以此校为聚集同志知友、发展理想事业之地","望宓即毅然辞去北京高师校 1919 春之聘约,定来南京聚首"。其实,南高师、东南大学聘吴宓为英语兼英国文学教授,月薪仅 160 元,几乎只有北高师薪金的一半。然而梅光迪深知吴宓的个性及为人,因此在信中又说:"兄素能为理想与道德作勇敢之牺牲,此其时矣!"

　　梅光迪所说的"理想",也是有所指的。

　　一是编辑出版《学衡》杂志,以"昌明国粹,融化新知"为宗旨,别树一帜。此事梅光迪等人在 1920 年秋即已与中华书局有约,而该书局总编辑非常看重吴宓,宣称要办此杂志,非吴宓来不可。

　　二是当时南高师英语系主任张士一,重语言而轻文学,对梅光迪"汲引同志"来南高师之事颇不支持,意见不合,多生龃龉。梅光迪认为,南高师已停止招生,两三年后将并入东南大学,且他已向刘伯明、郭秉文(时任南高师兼东南大学校长)提议在东大增设一个西洋文学系,届时独立自主,即可为吴宓"增薪,不成问题"。

　　吴宓对于薪金的厚薄并不计较,但对张士一、梅光迪的不合颇有顾虑。他在日记中戏言:"然女未入宫,已遭嫉妒。卧榻之侧,强占一席。异日风波,正未知如何也。"可是,南高师与东大的办学理念和生机活力强烈吸引着他,与梅光迪等"同志知友"干一番事业的理想也强烈吸引着他。吴宓上午接到梅光迪的函,午餐时见到汤用彤,就告知了他的决定,下午即到邮局发出两份电报,一份致北高师新任校长,请辞去此前聘约,另一份致郭秉文,就其教授之聘。

　　1921 年 7 月 19 日,吴宓登乘海船"俄罗斯皇后"号回国,于 8 月 6 日抵达上海。他在上海时碰到清华学校斋务长郑之蕃,郑之蕃欲聘吴宓为清华教员,月薪 200 元,授英文,兼授财政、哲学、历史。吴宓"径即辞却之,并谓必须与梅光迪同在一处"。学成回国的吴宓,渴望在南高、东大一展身手!

● ● ● ● ● ●　**【人物小传】**　● ● ● ● ● ●

　　吴宓(1894—1978),字雨僧,又字雨生,陕西泾阳人。著名西洋文学家,中国比较文学奠基人,红学家,在新文化运动中是坚定的传统文化捍卫者。

　　吴宓早年就读于清华学校,1916 年毕业,1917 年(23 岁)赴美国哈佛大学留学,与陈寅恪、汤用彤并称为"哈佛三杰"。他先是攻读新闻学,次年改读西洋文学。留美 4 年间,吴宓对 19 世纪英国文学(尤其是浪漫诗人的作品)的研究下过相当的功夫,有过不少论著。1921 年获得哈佛大学文学硕士学位。同年回国。

吴宓回国后,曾任南京高师、东南大学英语兼英国文学教授,并与胡先骕、刘伯明、梅光迪、柳诒徵等人创办《学衡》杂志。1924 年 8 月离开南京,先后任东北大学、清华大学、西南联合大学、燕京大学、武汉大学、西南师范学院等校教授。1941 年当选为教育部部聘教授。

"文革"期间,吴宓成为西南师院批斗的对象。1971 年病重,就只好让他回重庆。1977 年已生活完全不能自理,只好让其胞妹吴须曼领回陕西老家,终于使他得到了一些兄妹深情的照顾和温馨。1978 年 1 月 17 日病逝。

李 济

由"啃青草"到"量中国人脑袋"

他是第一位挖掘考古遗址的中国学者，他让中国远古历史的标志——仰韶文化和龙山文化呈现于世人面前。他主持了震惊世界的河南安阳"殷墟"发掘，使殷商文化由虚无的传说成为确凿的历史，由此将中国的历史向前推移了数百年，这次发掘被视为人类文明史上最重大的发掘之一。

◎对心理学由喜欢到失落

上海黄浦江码头，一位年轻的留学生正在等待驶往美国的轮船，这个人就是后来成为中国第一位人类学博士的李济。刚刚从清华学校预科毕业的他，与同学一起准备前往当时被视为"人间天堂"、"花花世界"的美国留学。同行人当中，也不乏一些后来声名显赫的人，如徐志摩、董时（任坚）、张道宏、朱家骅、查良钊、刘叔和等。

"南京"号远洋轮船于 1918 年 8 月启程，经过 21 天的海上航行，于 9 月 4 日抵达旧金山。接着，这群惶惑的中国青年在美国大陆挥手泣别，各奔前程。最后，李济与董时、徐志摩等人一道，经芝加哥、纽约等城，

老年李济

来到马萨诸塞州乌斯特市的克拉克大学。

李济选择克拉克大学并不是偶然的。在他读清华高等科四年级时，学校请了美国教授华尔考为学生讲授心理学和伦理学。出于好奇心的驱使，李济选读了他的课。半年之后，李济觉得"人的智慧可以用科学的方法测量"是件很有意思的事。李济的智商测出来是128。华尔考还对他说过，要学心理学，就要去克拉克。李济记住了这句话，便选择了心理学作为自己的学习方向，报考了克拉克大学。他专心地在这儿攻读着自己的心理学专业。

李济在河南安阳殷墟现场

这所大学是1887年由美国百万富翁克拉克捐资创办的，它借鉴德国大学的模式，并深受世界第一所研究型大学霍布金斯大学的影响。办学之初，校长霍尔曾亲赴欧洲考察、学习，并延揽了一大批著名的教授、学者前来，几年间学校已颇有生机。

选择心理学专业的，还有李济的清华同学董时。董时又是徐志摩在杭州府一中的老同学。董时受徐志摩父亲的委托，负责照顾徐志摩。但徐志摩不服董时的照管，就跑去跟李济同住一个寝室。于是，他们三人在克拉克的第一年，关系颇近。李济在给父亲的信中，写到了对徐志摩的好感。第一学年，李济和徐志摩便分别以全年级第二和第一的成绩毕业，获得了学士学位。徐志摩转到哥伦比亚大学学习经济学，随后又到英国剑桥大学学习政治经济学。李济则留下来继续自己的学业。此后，虽然二人生活道路越来越远，但还经常有些书信往来。

虽然李济一直专心于学业，但是青年人特有的爱国热情，使他也一直关注着政治局势。国庆那天，克拉克的中国留学生们本来准备大肆庆祝一番，却被政府制止了。大家只好晚上开了个小型茶话座谈会，一起畅谈国际的时局和国内的形式。国内形势的混乱萎靡，加上第一次世界大战的硝烟弥漫，让这些爱国青年立志要做出一番事业以挽救自己的祖国。

座谈会之后，李济就行动起来了。他参加了克拉克大学的学生陆军训练团，跟美国同学一起跑步、射击、投弹、挖战壕等。还和同室的徐志摩等4位中国留学生订立章程：清晨6时起身，7时朝会；晚间高唱中国国歌。课余，他们还一道参

克拉克大学

加社会活动,如红十字会员大会等。

此年 12 月中旬,他们还前往波士顿,在哈佛游玩了 3 天,听王正廷演说,结识中国留学生吴宓、梅光迪、赵元任等,加入中国学生组织中国国防会(后在克拉克设分会)。关于国防会的性质,吴宓曾这样解释:"盖该会并非欲直接自办练兵购械之事,只欲唤醒国人,团结民众,共事抵抗外国之侵略与凌逼,以救亡图存而已。故国防会,实即'救国会'之别名。入会者,皆留美学生中之优秀分子,确实热心爱国者。"李济与徐志摩在国防会签名注册之后,即与吴宓等畅谈国事,为祖国的前途命运深感揪心。

一年时间过去了,李济已经将心理学的各派理论领略了一番,对心理学有了初步的认识,并顺利地拿到了心理学学士学位。但在这个时候,他开始对自己的选择产生怀疑,不知道自己走的这条路到底对不对。他觉得心理学并不像自己最初所想象的那样,故有些失落。而且在中国,心理学当时几乎没有什么用武之地。深思熟虑之后,李济决定改变专业方向。

◎"啃青草"与社会学

克拉克大学的老校长霍尔教授,常常提倡学生到图书馆去自由阅读。他教导学生:"读大学不必也不可把所有的时间都放在预备功课上,你们应该保留一小部分的读书时间,到图书馆去,像啃青的牛去到草原,东啃一嘴,西啃一嘴。新到的杂志、架上的书籍,随便浏览,高兴就多看一点,不愿意看的放下去,另换一本。

假如每礼拜能有一个早晨做这类的事,你不但可以发现你自己潜伏的兴趣,同时也可以发现你自己真正的长处。"学校的图书馆及书库,全部对学生开放和阅读。

李济在致父亲的信中,提到过在学校里的生活,尤其介绍了图书馆的藏书之丰富和舒适程度。克拉克的图书馆是全美第二大图书馆,关于心理学的最多,其次则为讨论欧战的,有 5000 余册。图书馆分为两部,其正部专供研究生之用,本科生图书间则另设一部,各有定位,不得互相侵犯。读书的时候,万籁寂然,恍惚有一种在空谷中神思缥缈的感觉。室内全部采用最新式的装修,阳光适度,冬不寒而夏不暖。

李济非常喜欢这里,于是他入学后就养成了一个习惯,课余时间就来到图书馆,把时间花在尽情浏览各种书刊上。李济往往是先浏览书籍,读序言及章节目录标题,了解全书梗概,然后再选择精读,这正是从他父亲那里学到的方法。他引起了社会学教授韩金斯的注意,韩金斯对李济这套读书方法很感兴趣。

因为韩金斯教授的欣赏,坚定了李济要转学社会学的念头。他把这个决定写信告诉了已在纽约的徐志摩。徐志摩很支持他的决定,认为李济更适合做学术研究。他的信里曾说过李济"刚毅木讷,强力努行,凡学者所需之品德,兄皆有之"。

因为自己下定了决心,又得到了好友的支持,李济于是开始了他的转型。

在克拉克大学的第二年(1919 年),李济开始跟随韩金斯教授念人口学和社会学的研究生课程。他想从经济与优生两方面来探讨中国的人口问题,并很快就写出了一篇社会学方面的文章。这篇短文中,他崇敬奥古斯脱·孔德,认为除此人之外,后起的社会学家还无人当得起"科学的社会学家"的称誉。

李济在一篇题为《僵化》的论文中,剖析了社会制度产生后逐步趋向僵化的原因:人们的惰性,对解决复杂问题的畏惧,缺乏评判自己生活的本领。许多空谈改良的人,只有言谈而畏惧实践。他还约请纽约大学历史教授戈文,把近世史中 10 余个开创及中兴时代的领袖人物的年龄进行了统计,结果发现:他们的年龄都在 35 岁至 46 岁之间;其政敌则在 54 岁以上,老的甚至到 66 岁。平均算起来,主张维新的总比守旧的年纪小 15 至 20 岁左右。这篇以"异文化"眼光观察分析的论文,受到韩金斯教授的赞赏。

为了准备自己的硕士论文《人口的质的演变研究》,李济在图书馆中大量阅读着与优生学有关的书籍。他渐渐认识到,这些问题虽可从不同角度考察,但最基本的训练还在数学。而自己虽对统计学有点入门,但若要走这条路,数学必须重新补起,而留学的时间未必能够允许。

慢慢地,他发现了一个新的学科让自己很感兴趣,这就是人类学。人类学是从生物和文化的角度对人类进行研究的学科，最早见于古希腊哲学家亚里士多德对具有高尚道德品质及行为的人的描述。1501年，德国学者亨德用这个词，作为其研究人体解剖结构和生理著作的书名。19世纪以前，人类学相当于今天所说的体质人类学，尤其是指对人体解剖学和生理学的研究。

那时候，人类学在美国还刚刚兴起。在克拉克大学的图书馆里，有一些著名人类学大师的著作，有间屋子专门用来陈列有关人类学的书籍。虽然当时人类学在美国尚处于起步的状态，克拉克大学还没有设立这门课，但提倡这门新学科的权威弗·博阿士教授，恰好在克拉克任教。所以，李济对这门学科还是有所了解的。于是，他在写论文的同时，也开始大量阅读起人类学的书籍来。

1920年6月，李济的硕士论文《人口的质的演变研究》得到好评，口试也轻松过关。他在获得硕士学位的同时，还被美国社会学会接纳为会员。

李济这时又有些迷茫了：自己是继续研究社会学，还是转而去学习人类学？他不知道何去何从。于是就去拜访老校长霍尔教授，希望他能给自己一些关于未来的建议。

老教授很看好这个勤奋好学的年轻人，便支持他改学人类学，并鼓励他"这个选择是根据一种深厚天性而作的决定，要相信自己的选择"。有了师长的支持，李济更加坚定了自己的想法。于是，暑假以后，李济就申请转至哈佛大学攻读人类学博士。

◎头盖骨与人类学

哈佛大学是一所享誉世界的美国私立综合性大学，坐落于马萨诸塞州的剑桥，其主要校园区位于波士顿以西数公里的查尔斯河沿岸，1920年的校长是研究英国政治的著名学者劳威尔。

李济对这所名校早就心驰神往。他后来说起自己当时的心情，有个很好的比喻："在我没有出国以前，我登过一次泰山，也游过一次西湖。当我决定从乌斯特到哈佛去的时候，因为事先震于哈佛的名声，所以预期着进哈佛大学，是一种登泰山的滋味。这自然只是一种情绪上的激动，也可能是对于哈佛大学的期望，差不多有点儿近乎宗教式的崇拜。不过在很短暂的时间里，我便搭乘火车，很容易地从乌斯特到了波士顿。好像经验了一次哲学家所讲的'顿觉'，忽然到达了一种似乎不能到达的境界。"也许正是如此激动的心情，让李济成为最早到校报名注册的研究生。

在美国留学期间，李济还保持着一个十分风雅的爱好——弹奏古琴。早在清华学堂读书的时候，他就跟近代著名古琴家黄勉之学习过古琴。来到哈佛读书后，他便把心爱的古琴也从国内带了过去，让清雅的琴声陪伴自己在异国他乡。他经常在学习之余抚琴一曲，以抒发自己的心情或慰藉思乡之苦。

乐器似乎是寄托感情，尤其是思乡之情的最佳物品。古琴又是最有中国风韵的乐器，也是中国文人风骨与情趣的象征。历代知名文人，几乎都弹得一手好琴。也许是因为古琴最能体现个人的情感吧，可以触摸到人们心底里最柔软的地方。甚至，著名语言学家、作曲家赵元任来哈佛读书时，还特意跟李济学了一阵古琴。

李济是当时哈佛大学人类学研究院唯一的外国留学生。他来到这所世界顶级大学以后，每门功课都学得津津有味。狄更生教授的大洋洲民族与文化，神学院莱斯纳教授的埃及考古学，虎藤教授的体质人类学、比较解剖学、史前考古学，还有哲学、梵文课程，以及麦独孤教授的心理学实验等。此外，他还选修了许多本可免修的一至三年级大学生的课。

研究院教务长柴斯教授的希腊考古学，采用博物馆实物教学法，常以看图为主。当时，哈佛大学收集了有关希腊遗迹与遗物的资料，尤其是建筑与雕刻方面的照片与图画，数量可观。上了这门课，李济对古希腊、爱琴海的文化艺术，以及西方文明的起源，有了较深的认识。正是这门课，指引他走上了考古学的道路。

年轻讲师虎藤原是学古文字学的，留学英国时兴趣转到了人类学，做了一些考古工作。他刚从英国回来，走上哈佛讲台不久，除讲授欧洲史前考古学外，还讲授一门最重要的课体质人类学。这门课是研究生的"铁门槛"，大家必须学会认识人的骨骼，且须懂得辨识碎骨片。考试时，虎藤就拿几块破骨头给学生认，认对了满分，认错了零分。这种近乎苛酷的训练，促使李济一步跨进了大门。

有一次，虎腾教授交给他一个任务，是让他暑假勤工俭学的，按钟点付工钱。那是一批尚未开箱的 500 件埃及人头骨，虎腾教授让他每天花半天来开箱、洗刷、整理头骨。李济没有处理这类事情的经验，只能边干边琢磨，花了大半个暑假，才总算完成了这项工作。不过，这对他有莫大的帮助，让他对人头骨有了非常深入的了解。他以后在做人体测量的实践以及处理安阳殷墟出土的人头骨等工作时，都能驾轻就熟。在多次考古工作中，李济亲自指导年轻的考古队员进行整理人头骨的训练，也是源于他当年的亲身体验。

通过这些学习，李济觉得，如果想了解中国文化的发展，必须要从人类学的角度入手。他早就产生过研究中国文化、中国人来源及发展的想法。他在《自传》里写道："志向是想把中国人的脑袋量清楚，来与世界人类的脑袋比较一下，寻出他所属的人种在天演路上的阶段来。""还想去新疆、青海、西藏、印度、波斯去刨坟掘墓,断碑寻古迹,找些人家不要的古董,来寻绎中国人的原始来。"

李济想出了一个从人类学入手的方法。他去波士顿、剑桥等地,拜访了大量留学生和华侨,采集他们体质人类学方面的数据。他采用测量的方法,一共获得了 111 人的身体数据,又加上当时各种报刊发表的有关测量中国人体质的材料,整理出了一篇论文,讨论中国人的体质问题。他的指导老师虎藤教授非常高兴,夸他这篇论文作得很好,是一个新的贡献。

但是,李济并没有因此而满意。他觉得,用这篇短文作为博士论文不够分量,而以 111 人来代表亿万中国人的数据,也未免有些偏颇。所以,他想再找一个课题研究,来作为博士论文的题目。最后,他锁定了中国历史上民族学的问题,也就是将中国历史上所指的华人与夷狄的说法来做一个分析。

◎哈佛人类学博士的诞生

初步的想法有了,但在着手收集资料的时候,却遇到了困难。因为,当时哈佛大学很少有人研究中国学的问题,相关书籍也寥寥无几。李济四处查找,终于在图书馆里翻出一本《钦定古今图书集成》。在这部中国的百科全书中,收录了全国各地的城墙,包括废弃的建筑记录。李济非常激动,俨然像发现了大宝藏,开始夜以继日地钻研这本书。他先分期归类,再将分区的界限、地名的演变、地望的确定、志书的纠谬、时代的考订等,一一完成。

指导老师狄更生教授看后,认为李济不管是分析材料所使用的方法还是得到的结果,都很完美,无可指摘。李济研究学问确实是严格要求自己,力求精益求精。他认为自己做得还不够完美,要继续深化。

李济又从传教士们关于现代少数民族的分布、沿革方面的著录入手,从儿时熟读过的西晋江统的《徙戎论》中,也获得了许多有关中国少数民族移动的重要资料。他结合城墙的兴废及人口增减的各种研究,终于得出了自己满意的结论:中国历史上两次大迁移,即永嘉时代的移民潮和靖康时代的移民潮,其演变的最后结果,形成了中国本土境内的五大族系,构成了现代"中国人"(这里就民国初年"中国本土"的 18 个行省而言)。这五大族系分别是:1.黄帝的后代——短头狭鼻;2.通古斯族——长头狭鼻;3.藏缅语族群——长头阔鼻;4.孟高棉语族群——短头阔鼻;5.掸语族群。此外还有 3 个次要成分:1.匈奴族系;2.蒙古族系;3.侏儒——即低头形族系。

　　终于完成了自己的课题，李济把其中的主要内容综合成一篇题为《中国的若干人类学问题》的英语短文，在美国巴尔德库出版的《中国留学生月刊》上发表。

　　几个月后，美国人类学会在波士顿举行年会，全美顶尖的人类学家云集一堂。李济把他进一步完善后的《中国的若干人类学问题》一文在会上公开宣读，震惊了全场，来参加会议的资深人类学家都为这位中国青年的见解报以掌声。《哈佛研究生》杂志不久后登载了这篇文章。

　　后来，著名哲学大师罗素在修订他的名著《中国问题》时，还引用了几段李济论文的内容，并说过从李济的论文中得到了不少启发。这件事使李济一下子声名鹊起。

　　李济的博士论文《中国民族的形成》终于完成了。它被著名历史学家吴相湘誉为"中国民族之科学研究第一部著作"。1923年，李济获得哈佛大学哲学人类学博士学位，他也是哈佛历史上第一位获得这个学位的中国人，是中国第一位人类学博士。

　　在李济留学生涯的最后阶段，他又意外地和心理学有了一次亲密接触。当时，英国著名行为心理学家麦独孤到哈佛访问、讲学。麦独孤很器重李济，想让李济跟着他做博士论文。可是，李济已经对人类学的研究投入了很大的精力，不想再放弃了，就答应只跟着麦独孤做心理学实验。

　　李济自创并记录了一种实验方法，以小白鼠做实验，题目叫《上代的习染是否可遗传到下代》。他的设计是，在一个镔铁做成的长方池子里造一个迷宫，注进清水，两端各置跳板；从一端把白鼠放进水中，使之学会游泳和认识迷宫道路，到达彼端。小白鼠学习过程中时间的长短、错误的次数等，都一一记录在案。学不会的小白鼠则被淘汰。小白鼠3个月成熟，即可产仔。按计划把同样的实验施于每一代新鼠，由此而研究上代的学习与遗传下代的关系。

　　实验进行了将近一年，最后李济把全部记录都无偿地交给了麦独孤。多年后，一位学心理学的朋友告诉李济：麦独孤曾在一次国际心理学的会议上，用他的材料作过讨论。对这次得意的心理学实验，李济在晚年还偶有提及。据他的学生许倬云说，李先生有时还好奇地自问：当时若继续在心理学上搞下去，是不是也可以弄出些成绩来？

　　此年夏，李济准备回国了。途中，他去拜访了美国国家博物馆馆长、体质人类学泰斗阿列士·赫德利奇卡教授。而这位人类学前辈，在得知李济只有哲学博士学位而没有医学博士学位以后，便劝其不要继续体质人类学的专业工作。也许正是这番忠告，再次改变了李济的人生。

　　李济返回祖国后,被清华大学国学研究院聘为第一位讲师,并慢慢走上了使他辉煌的考古之路。美籍华裔考古学家、哈佛大学人类学系教授张光直称李济为"中国考古学之父"。

● ● ● ● ●【人物小传】● ● ● ● ●

　　李济(1896—1979),字受之,后改济之,湖北钟祥人。著名人类学家、中国现代考古学家,"中国考古学之父"。

　　1911 年考入清华留美预科学校。1918 年获取官费留美,入克拉克大学攻读心理学,并于次年改读人口学专业;1920 年获得社会学硕士学位以后,转入哈佛大学,攻读人类学专业。1923 年获得哲学博士学位,同年返回祖国。

　　同年受聘于南开大学,任人类学和社会学教授。1924 年开始田野考古。1925 年任清华大学国学研究院人类学讲师。1926 年发掘山西夏县西阴村新石器时代遗址,此为中国学者最早独立进行的考古发掘。1929 年初应聘出任中央研究院历史语言研究所考古组主任,领导并参加安阳殷墟、章丘城子崖等田野考古发掘,使得中国发掘工作走上科学轨道,造就出本土第一批水平较高的考古学者。1936 年赴欧洲讲学。1938 年被推选为英国皇家人类学会名誉会员。1946 年参加中国政府驻日代表团工作,索回日本侵华期间掠去的中国文物。1948 年随考古组去台湾,被推选为"中央研究院"院士。1949 年至 1950 年兼任台湾大学教授,并主办考古人类学系。1955—1972 年任台湾历史语言研究所所长。

徐志摩

经济学博士被剑桥点燃文学激情

徐志摩,一个中国文坛上曾经璀璨、耀眼的名字。他满溢的才情和风采,大量的诗文,与几个女人的感情纠葛,再加上风华正茂却猝然戏剧般地逝去,使他的人生犹如一篇传奇,让人们有着说不完、道不尽的感慨。

◎立志救国,勤奋学习

1918 年 8 月 14 日,又有一批青年学子留学海外。朱家骅、李济、查良钊、徐志摩等,在未来的政坛、文坛都有着一番作为。大家的目的地,是崛起不久的新贵美国。

21 岁的徐志摩,怀揣着年轻人特有的激情和梦想,伫立在船头,感受着大海的气息。离别祖国亲人的不舍和求学救国的壮志,一起冲击着他。于是,他在远洋轮上写下《民国七年八月十四日启行赴美分致亲友书》,抒发自己"慨然以学,就读于历史系,学习政治学与社会学以强国"的志向。

此时的徐志摩,还没有成为之后那个为了追求爱情而不顾一切的浪漫诗人。他和当时的大部分青年留学生一样,是为了

留学时期的徐志摩

国家的强盛而求学的。祖国正处于风雨飘摇的"五四"前夕,内忧外患。父亲期望他学习西方先进的金融管理知识,继承并发展家业。于家于国,此行的学习都重任在肩。徐志摩坚信,只有实业才能救国,他立志要做一个中国的汉密尔顿(美国历史上著名的资产阶级政治家,曾任财政部长之职)。

在风浪中颠簸了半个多月,"南京"号抵达美国。徐志摩就读的是克拉克大学,位于马萨诸塞州的乌斯特市。初到美国,这里工业和经济的高度发达,就给他留下了深刻印象。然而最让他感慨的,还是美国人团结一致的爱国热情。此时正处在第一次世界大战的尾声,美国民众积极参与支持国家,这同仇敌忾的精神,让徐志摩想起了自己多灾多难的祖国。他在给恩师梁启超的信中,就写下了自己对美国社会及民众的这种初步的感受。

颇受鼓舞的徐志摩,更加坚定了自己认真学习、将来救国的念头。经过克拉克大学的入学考试以后,他被安排进历史系三年级学习。他非常严格地要求自己。选修的课程很广泛,有欧洲现代史、19世纪欧洲社会政治学、1789年后的国家主义、军国主义外交及国际组织、商业管理、劳工问题、社会学、心理学等,以及法语、西班牙语等语言课。他还在康奈尔大学的夏令班里选修了几门课,抓紧一切时间充实自己。

为了锻炼毅力,徐志摩在生活中也毫不放松,跟同住的中国同学李济等人约定:每天6点起床,7点朝会,晚上唱国歌,10点30分就寝,大家相互激励,以示中国留学生的气节。他还报名参加了在校学生陆军训练团,希望通过强化训练,让自己的意志更加坚定。

为了培养自强自立的精神,他还想过打工挣钱,自食其力。他尝试了一段时间,但富家出身、养尊处优的他总是手忙脚乱,时常会打碎所洗的碗碟,又忍受不了过度疲劳,便最终放弃了。

当时,在哈佛大学的中国留学生们,组织了一个爱国组织中国国防会。徐志摩到美国不久,就来到哈佛并加入了国防会。在这里,他结交了梅光迪、赵元任、吴宓等人,大家经常在一起探讨时局和救国之策。

大家面红耳赤地争论一番之后,就一起到餐馆小聚。却因为座位问题,让他们大伤脑筋。西方在饭店就餐时有个不成文的惯例,谁做东,便坐在靠背稍高的椅子上。本来,徐志摩是远来的客人,自然应该由主人梅光迪、吴宓等人付账。但他们几位都是靠官费生活的穷学生,生活捉襟见肘,根本没有多余的钱请客。几个人来到餐厅要入座时,便面露难色,踌躇不前。

幸好徐志摩生性慷慨大方、爱交朋友,又家境殷实,不用担心费用问题。见此情景,他就毫不客气地坐在了那张高靠背的椅子上,而免去了那些"主人"的尴尬之苦。

酒酣耳热之际,徐志摩端起酒杯一饮而尽,说道:"我记得尼采有这样一句话:'受苦的人没有悲观的权利。'这话就像是为我们说的一样。咱们应该向古人学习,卧薪尝胆,为中华儿女闯出一个新世界来。"这一番话,激起了在座一众热血青年的慷慨激情。

一年的时光,飞快过去了。徐志摩于1919年6月以优异的成绩从克拉克大学获得学士学位,并获得一等荣誉奖。他随即又转入纽约哥伦比亚大学研究院,攻读经济学。同年,五四运动在国内爆发,轰轰烈烈的革命浪潮,也影响到了大洋彼岸的中国留学生。留学生们纷纷组织起来,开展各项爱国活动。徐志摩便毫不例外地投身到了爱国的行动当中。

◎获得哥大经济学硕士

除了勤奋学习功课以外,徐志摩还非常关心祖国的时事,经常阅读进步报刊,如《新青年》《新潮》等。本来就思想活跃的他,受到新思潮的影响,便开始如饥似渴地学习各种新鲜的理论和知识,希望从中找到救国救民的方法。像爱因斯坦的相对论、羌德拉泊司在植物学中的发现、爱尔兰的民族复兴运动、塞尚的绘画、叔本华的唯意志论、尼采的超人哲学等,不断给他新的惊喜。后来,他又开始接触社会主义理论的书籍,大量阅读马克思、劳勃欧温(欧文)等人的著作。朋友笑他患上了"社会主义热",还送给他一个外号——"鲍尔雪维克"(现通译为布尔什维克)。

在这样广泛的阅读中,徐志摩的思想也逐渐出现了转变。他以前对实业救国的道路非常赞同,自己也在身体力行,他曾说过:"一直认为实业救国多开办工厂是唯一的出路,以至于自己一看到烟囱就有着崇敬油然而生"。但是在看了马克思和英国政治和艺术批评家的著作之后,他对实业,对烟囱的认识,有了很大转变。他的历史老师曾讲述过19世纪初期英国工人的悲惨情形,尤其是扫烟囱的童工为清扫烟囱而被熏焦的悲惨遭遇,使徐志摩开始痛恨烟囱。

他的实业救国的理想破灭了,对资本主义社会的美国,资产阶级疯狂、贪婪的掠夺,讲求物质利益,感到十分厌倦。他曾经说:"如其我到美国的时候是一个不含糊的草包,我离开自由女神的时候也还是原封没有动。"

就在他十分迷茫的时候,偶然间读到了罗素的著作,仿佛大海中迷途的船忽然看见了灯塔。他对罗素及其思想迷恋起来，而且随着了解的深入日渐狂热。

伯特兰·罗素出身英国贵族，著名哲学家、数理逻辑学家，分析学主要创始人，世界和平运动倡导者和组织者。罗素是一个具有强烈社会关怀的人道主义者、和平主义者，终其一生热衷于政治活动和社会事物，并撰写了大量关于政治和社会方向的著作。第一次世界大战来临之时，他大声疾呼要和平不要战争，并进行积极的反战宣传，却遭到英国政府及权贵的痛恨，被他任教的剑桥大学三一学院除名并取消研究员的资格。

徐志摩为罗素的精神所倾倒，开始研读他的所有著作，《战争中的公理问题》、《社会重建的原则》、《政治理想》、《往自由之路》、《我们对外在世界的认识》等。这时候，徐志摩的诗人的狂热和感性已经逐渐显露出来。他崇拜罗素，甚至爱屋及乌地开始向往英国的民主政治，而厌恶美国。

徐志摩在哥伦比亚大学一年的学习结束了，他以《论中国妇女的地位》为毕业论文通过了答辩，顺利取得了经济学硕士学位。论文中论述了中国妇女自古以来的文化修养，并强调了革命之后中国妇女得到解放的情形，展示了现代中国的新女性风采。此时本该在哥伦比亚大学继续攻读博士学位的徐志摩，竟作出了一个惊人的决定：放弃博士头衔的诱惑，义无反顾地远渡重洋，去英国追随罗素。

◎到伦敦实现"弃政从文"的转变

然而，1921年，当这位狂热的崇拜者赶到英国伦敦时，却与他的偶像擦肩而过。此时，罗素正应梁启超等人的邀请赴中国讲学。徐志摩扑了个空，满腔的热忱瞬间被冷冻了。但是，既然来到这里，就不能空手而归，至少可以在这里等待罗素的归来。于是，他申请进入伦敦大学政治经济学院，师从赖斯基攻读博士学位。

徐志摩除了对政治的关注，对文学、哲学的热爱也在蠢蠢欲动。天性浪漫活跃的他，忍受不了经济理论的枯燥乏味，开始把大部分时间用来参加伦敦的各种演讲会、报告会。徐志摩对社会活动极其热衷，使他结识了很多英国知名作家。他在写给家人的信里，就提到了自己在伦敦的学习、生活，广泛交友，尤其结交英国名士，使自己受益匪浅。

在陈源等人的介绍下，徐志摩认识了当时的英国著名作家威尔斯。威尔斯著有很多科幻作品，他把自己对现实的思考蕴含在科幻世界当中，抨击现实中不合理的社会制度，倡导人性。这很符合徐志摩的观点。他们在一起谈中国的古典文学,谈英国的现代文学。

由于威尔斯的影响,徐志摩内心中对文学的渴望和想象力,被激发了出来。威尔斯建议徐志摩把中国的优秀小说翻译出来,由他帮助出版。他还鼓励徐志摩进行文学创作。徐志摩的文学细胞被这个前辈唤醒了,他改变了自己的人生航线,由一个未来的金融家一步步成为了文学家。

威尔斯又把好友魏雷介绍给徐志摩。魏雷在大英博物馆专门从事中国文学研究,而徐志摩的中国文学素养又很深厚。两人一见如故,就共同喜欢的中国文学话题进行了很多次探讨,彼此都有很大的收获。魏雷在与徐志摩的交谈中得到了启发,因此一直感激于心。他在 1940 年写了《欠中国一笔债》一文(那时徐早已不在人世),说徐志摩是中国新知识分子的代表,让他更深刻地体会到了中国文化的博大精深。

通过与诸多英国文学家的交往,徐志摩背离原来的人生轨迹越来越远。他开始迷茫自己的选择,内心被文学和经济来回撕扯着。

随后,徐志摩又认识了一位重量级的作家,对他的影响更加深远,这就是狄更生。在美国留学期间,徐志摩就拜读过狄更生的作品《中国人约翰的来信》、《一个现代聚餐谈话》等。有幸相识后,他对狄更生的了解更加深入了。狄更生对中国,对中国人怀有深厚的感情。他尊崇中国的老子,还说过自己上一辈子就是中国人。正是这些,拉近了两个年龄相差 35 岁的人心灵之间的距离。

徐志摩非常敬爱狄更生,狄更生也很欣赏徐志摩的文采。他看到徐志摩的心思早已不在伦敦大学的经济学上了,就推荐徐志摩到自己任教的剑桥大学皇家学院做文科特别生。狄更生帮助徐志摩完成了"弃政从文"这个他生命中最重要转变。

◎文学的梦在康桥畔催生

转到剑桥大学皇家学院学习以后,徐志摩的生活变得很是惬意。他每天有很多时间可以做自己喜欢的事情:散步、闲谈、泛舟、看书等。当狄更生在皇家学院时,徐志摩就常在他的套房内闲坐,和他聊天;若是狄更生不

剑桥大学

在学院,徐志摩有时也会到他的套房门口坐上几个小时,任由思绪飘散。比起在美国的学习,这里更重视灵性的培养。

剑桥大学的生活,令徐志摩十分难忘。他的诗文中多次提到过"康桥",这是开启他诗人的性灵,令他缠绵、陶醉的地方。他最著名的诗篇便是《再别康桥》:"……悄悄的我走了,正如我悄悄的来;我挥一挥衣袖,不带走一片云彩。"

狄更生的大作《中国人约翰的来信》,更是被徐志摩奉为经典。他一遍又一遍地阅读,沉浸其中。徐志摩后来还说过:"英伦的日子永远不会使我有遗憾之情;将来有一天我会回思这一段时光,并会忆念到有幸结交了像狄更生……这种伟大的人物,也接受了启迪性的影响,那时候,我不知道自己是否会动情下泪。"

通过狄更生,徐志摩还与当时颇有名气的新派画家傅来义相识。傅来义也很热爱中国,尤其爱好中国的文学和艺术。通过傅来义,徐志摩了解了西方的现代艺术,了解了凡·高、塞尚、马蒂斯、毕加索等现代著名画家,使自己的艺术思想、艺术精神融汇了许多新东西。

徐志摩还认识了另一位著名作家嘉本特。这位老先生可谓是个自由战士,虽然已经80岁高龄,却仍拥有年轻人的心态,热爱自由、人性。他非常爱喝中国的茶。徐志摩后来的散文诗《毒药》、《白旗》、《婴儿》、《自然与人生》等,都有嘉本特的痕迹。

徐志摩他也几次拜访过著名作家萧伯纳,并和女作家曼殊斐尔有过一次见面。他对这个美丽而智慧的女作家一直十分着迷,喜欢她短篇小说的精致结构,以及细腻、哀婉的情感描写。他一直向往见到她。后来,他认识了曼殊斐尔的丈夫麦雪,因此终于有机会与曼殊斐尔会面了。

这次会面仅仅只有20分钟。但就是"那20分钟不死的时间",在徐志摩的情感记忆里留下了永久的非凡而纯粹的美感。1923年,年仅35岁的曼殊斐尔在法国去世,徐志摩听到消息悲痛万分,他难忘那"感美感恋最纯粹的一俄顷",他把一腔哀思化成了诗句。

徐志摩非常热衷于结交朋友,更热衷于参加各种艺术团体的活动。布鲁姆斯贝里社和邪学会的聚会和活动,就是他经常参与的。布鲁姆斯贝里社因成员大部分住在离大英博物馆不远的布鲁姆斯贝里区而得名,它的成员有小说家、传记作家、艺术评论家、经济学家等各种文化界名流,傅来义就是成员之一。他们希望能用理智和教育的办法来消灭战争。至于邪学会,徐志摩更是每周都参加这个团体的演讲、讨论和辩论,因为据说罗素等人经常会在邪学会上演讲。

虽然徐志摩久久没有见到自己的偶像罗素,但是他在这里明白了自己和文学是密不可分的,又得到了无数名家的指点,也是不小的收获。他时刻关注着罗素。于是,罗素在1920年6月访问苏联以后写下《布尔什维克主义之理论与实践》一书之后,徐志摩马上就买来并认真研读,还把自己的读后感写成《罗素游俄记书后》一文,寄回国内,在梁启超主编的《改造》杂志上发表。

当徐志摩听说罗素结束了近一年的访问,将要回到英国时,他兴奋得险些失眠。他连忙写信给罗素,表达了自己对他的敬仰,及盼望能拜访他的急切心情。

几天后的一个下午,他终于实现夙愿,见到了罗素。从此,他便成了罗素家的常客,罗素所有演讲、报告会的热心听众。从神交多年到现在的密切交往,徐志摩对罗素了解得越多,崇拜得就越发狂热。他觉得,罗素不仅是一个反对战争、主张和平的社会活动家,还是一个关注人类历史命运的思想家,更是一个反对旧道德的战士。而且,他极具人格魅力,亲切随和、幽默乐观、富于爱心和同情心。他很喜欢年轻人,并愿意培养、挖掘他们的价值。徐志摩说,听罗素说话,好比看焰火:"种种炫目的神奇,不可思议地在半空里爆发,一胎孕一胎的,一彩绾一彩的,不由不惊讶,不由不欢喜。"罗素成了他精神的标杆。他的思想和文字里,几乎无处不存在罗素的影子。

在这些文学、艺术和思想界的杰出前辈帮徐志摩推开了文学的大门之后,他开始写诗了。当第一首诗《草上的露珠儿》写完后,他兴奋异常,原来自己也可以写下这些诗意的语句! 从此,他的诗情就一发而不可收拾了。

◎心仪佳人,对妻绝情

此时,徐志摩的结发妻子张幼仪已经来到英国,陪在他的身边,照顾他的生活起居。他们住在沙士顿的小镇上,离剑桥大学仅有几里远。

张幼仪出身名门,是一位端庄含蓄、温柔贤淑的大家闺秀,1915年在父母的安排下与徐志摩结婚。但是,生性浪漫的徐志摩,对于这个妻子却吝于温存。从结婚开始,他们就几乎没有什么交流,到英国后依然如此。徐志摩总是认为这个女人守旧、落伍,完全没有沟通的可能。他宁愿在乡间漫步,享受宁静的田园风光,或是与好友一同出去谈天,也不愿在家里与妻子相对,甚至因此找来一位姓郭的朋友同住。

然而,徐志摩的浪漫和激情,很快就被人点燃了,而且燃烧得无比炽热,以至于让他的妻子没有了容身之地。

在伦敦,徐志摩认识了一位德高望重的老人——林长民,他是民国前教育总长，最近带着家人到欧洲游历。他是一位学识渊博且有着年轻心态的老人。徐志摩就是通过他，结识了大文豪狄更生。徐志摩很快跟这位前辈成为莫逆之交，两人经常在一起谈论政治，谈论文学艺术。有一段时间，徐志摩几乎每天下午到林家喝茶、聊天。

就是在这里，徐志摩遇到了让他痴迷一生的人，她就是林长民的女儿林徽因。此时的林徽因年方17岁，正是豆蔻年华。她又出落得清丽优美、亭亭玉立，既有江南女子的灵秀之气，又有新女性的知性典雅。徐志摩一见到她，就被她深深地吸引住

徐志摩（右）、泰戈尔（中）与林徽因（左）合影

了，顿时忘了自己已经娶妻生子。他的爱情之火被点燃，开始疯狂地蔓延。

于是，徐志摩借着和林长民畅谈的机会，尽力接近林徽因。刚开始，林徽因总是在一旁默默地听着，但徐志摩的聊天对象，逐渐就由林长民转至林徽因了。他与她的话题很快多了起来，文学、艺术、历史、国家等，甚至分手之后还通信以继续话题。为此，徐志摩特意在沙士顿住处旁安排了一个邮件转递箱，以便可以第一时间收到林徽因的来信。

徐志摩对林徽因的爱恋越来越狂热，这个灵慧的女孩也感觉到了。但是，年轻的她，对感情一事并没有驾驭的能力。她欣赏徐志摩的才华和学识，但是一直以长辈看待他；而徐志摩又是一个有妻有子的人，她从心里很难接受这种情感。何况，她还有了被父辈默许的恋人梁思成（梁启超之子）。

林长民也看出了徐志摩对自己女儿的特殊感情。他虽然没有明言反对，却将林徽因送往了苏格兰的一个海边城市去度假，以此来冷却徐志摩的热情。当然，这也明确地表达了他自己的态度，因为他早已与梁启超就儿女婚事有过协定。

　　但是收效甚微。不能见到佳人的徐志摩,因为分别而更加痴迷了。无奈之下,林长民只好带着林徽因速速回国,以避开徐志摩的纠缠。

　　谁也没想到,徐志摩对林徽因的执著和狂热,竟然愈挫愈勇。他决心要抛弃一切顾虑,倾注自己的全部感情,去追求自己的爱,去追求美——而林徽因就是一切美和爱的化身,就是自己要追逐的梦想。他觉得林家父女之所以拒绝他,只是由于自己的已婚身份,而自己也早就厌倦了这个没有感情、被父母操纵的婚姻,于是当即决定与妻子离婚。

　　徐志摩是如此的任性、自私,以至于他完全想不起自己作为一个丈夫和父亲的责任。他和张幼仪已经有了一个2岁的儿子,而此时张幼仪又怀有身孕了。徐志摩听到这个消息后,却只是冷冰冰地让她把孩子打掉。他还请一个女人到自己住处吃饭,让妻子烧菜招待她。张幼仪以为,这个姑娘就是徐志摩将要娶的二太太,便强压住悲伤附和着。而徐志摩就借着这个姑娘发挥,跟张幼仪提出了离婚。

　　但是,这个恪守着旧式道德的弱女子,竟不同意离婚。徐志摩此时已经被激情冲昏了头脑,为了离婚,他索性一走了之,将张幼仪一个人扔下了。怀有身孕的张幼仪举目无亲,语言又不通,想到过自杀,却又舍不得腹中的胎儿,这才坚持了下来。她只好求助于自己在法国和德国留学的兄弟。她先到巴黎待了一段时间,又转至柏林。在那里,她生下了和徐志摩的第二个孩子。

　　徐志摩对妻子的绝情,确实很让人心寒。他对妻子从怀孕到生产一直不闻不问,为了要和她离婚才赶至柏林勉强见了面。徐志摩到了柏林之后,又很快结识了不少在这里的中国留学生。他追求林徽因,想和妻子离婚却未果的事,很多人都知道了。

　　经过一番折腾,张幼仪的心冷了,也觉得自己应该有新的生活,就同意了离婚。徐志摩终于甩掉了束缚,感觉无比的轻松和兴奋,可以放手去追求自己想要的东西了。他顿时诗兴大发,写下了一首《笑解烦恼结——送幼仪》。于是,徐志摩成了中国离婚的"先驱"。

　　1922年8月,重获"自由"的徐志摩,按捺不住对林徽因的思念和眷恋,离开欧洲,启程回国,去追求他的"完美"了。

●　●　●　●　●　【人物小传】　●　●　●　●　●

　　徐志摩(1896—1931),原名章垿,字槱森,留学美国时才改名志摩,先后用过的笔名有南湖、诗哲、海谷、谷、大兵、云中鹤、仙鹤、删我、心手、黄狗、谔谔等。浙江省海宁硖石镇人。现代诗人、散文家。

　　1915 年毕业于杭州一中，先后就读于上海沪江大学、天津北洋大学和北京大学。1918 年赴美国留学，在克拉克大学学习经济学，后在哥伦比亚大学获得经济学硕士学位。1921 年赴英国留学，入伦敦大学攻读经济学博士，后转入剑桥大学皇家学院当文科特别生。在剑桥两年，深受西方教育的熏陶及欧美浪漫主义和唯美派诗人的影响。

　　1922 年回国后，在报刊上发表大量诗文。1923 年参与发起成立新月社，加入文学研究会。1924 年与胡适、陈西滢等创办《现代诗评》周刊。曾任北京大学、清华大学教授。印度大诗人泰戈尔访华时担任翻译。1925 年赴欧洲，游历苏、德、意、法等国。1926 年在北京主编《晨报》副刊"诗镌"，与闻一多、朱湘等人开展新诗格律化运动，影响了新诗艺术的发展。同年移居上海，任光华大学、大夏大学和南京中央大学教授。1927 年参加创办新月书店。次年《新月》月刊创刊后，任主编，并出国游历英、美、日、印等国。1930 年任中华文化基金委员会委员，被选为英国诗社社员。同年冬到北京大学与北京女子大学任教。1931 年初与陈梦家、方玮德创办《诗刊》季刊，被推选为笔会中国分会理事。同年 11 月 19 日，由南京乘飞机到北平，因飞机失事遇难。

冯友兰

从西方哲学来看中国哲学

1918 年,23 岁的冯友兰从北京大学哲学系毕业后,回到故乡河南第一工业学校任教。第二年,他考取了河南省官费留学生,并通过了教育部组织的复试。在去美国攻读哲学之前,他特地向年长自己 4 岁的小先生胡适征求意见。胡适认为,美国有两所大学的哲学系最好,一所是哈佛大学,一所是哥伦比亚大学。哈佛大学以旧哲学见长,哥伦比亚大学则以新哲学取胜。听了胡适的分析后,冯友兰决定去哥伦比亚大学,因为他更希望深入了解新哲学。

◎博采众家,大道为中

当时一部分在美国的华侨,办了一个中国邮船公司,这个公司以爱国主义作为招揽顾客的方式。冲着他们"中国人要坐中国船"的广告语,冯友兰一行人便选择了他们的邮船"南京"号,于 12 月抵达"西洋人的天堂"纽约。

冯友兰很顺利地进入了哥伦比亚大学研究院。当时在美国,中国留学生上研究院比上本科容易。上本科要经过各种考试,成绩合格才能入学。而上研究院不需要经过任何考试,因为美国的学校是承认

留美时期的冯友兰

北京大学文凭的，只要拿出北大的文凭经确认后，就可以报名入学了。

留美的中国学生，潜心学业的还是占绝大部分。不过，大家对于学位的态度却全然不同。有些人并不打算考取学位，他们随自己的兴趣和需要选课，觉得这样自由地学习，能够学到更多的东西。有些人则觉得，只要拿到一个硕士学位就够了，因为要想得到博士学位，就要

老年冯友兰

选一些学校要求选、而实际上并没有多大用处的功课。

冯友兰则属于另一种态度。他希望能拿到博士学位，毕竟这是自己学习知识达到一定程度的体现。虽然在美国取得博士学位很复杂，必须要学习两门外语。在美国，英语显然不能算是外语，而美国的学校，只有一部分承认中文也是一种外语。如果学校不承认，对于中国学生来说，除了英语就还要再学两种外语，这样必然就会花费很多的精力。

但是，冯友兰并不认为这是浪费时间。他觉得，学校既然规定要选择这些课程，也可以算是一个成型的学习方案，必定是有自己的道理的。照着方案学习，至少比没有计划、茫然无措地乱学要好得多。所以，很多留学生只要得到一个硕士学位就够了，他却是想要得个博士学位。出于这样的想法，冯友兰对于学业始终是全身心地投入。

在哲学的学习上，冯友兰是博采众家，广泛吸收。他的老师是实用主义大师杜威和新实在论鼻祖孟大格。实用主义和新实在论，本来是两个对立的哲学流派，而他却能同时接受这两个流派的观点。在他看来，实用主义讲的是发现真理的方法，而新实在论讲的则是真理本身。这两个流派，对他的研究来说都有价值。

而当时，柏格森的生命哲学，在中国思想界也曾风行一时，因此冯友兰对此派哲学也颇有心得。他甚至专门写了《柏格森的哲学方法》和《心力》两篇文章，向国内思想界介绍柏格森的哲学思想。他还运用柏格森的哲学观点，写成了《中国

为什么没有科学》一文,指出,中国之所以没有近代科学,并非是中国人愚笨,"非不能也,是不为也"。因为中国传统思想注重的是人"是"什么,即人的品性和修养;而不注重人"有"什么,即知识和权力。中国哲学向内追求,以达人性的完满为目的;而西方哲学则向外探寻,以认识自然、征服外在世界为最终目的。正是中西哲学思想的不同追求,造成了中西文化的差异,并导致中国无近代科学的落后状况。

1923年,冯友兰在杜威等一流导师的指导下,完成了博士论文《人生理想之比较研究》(又名《天人损益论》),顺利通过答辩,获得了哥伦比亚大学哲学博士学位。在这篇论文中,他将世界上的哲学分为三类:以中国道家思想为代表的崇拜天然、摒弃人为的损道派;以主张改造、征服自然的西方哲学为代表的益道派;以主张"天人合一"的儒家哲家为代表的中道派。虽然在这篇论文中,他主张对此三者都应采取宽容态度,但他个人对于儒家思想仍显示出更多的偏爱。此时已经显露出了他自己哲学思想的端倪。

由于他的博士论文还未正式出版,他还没有能够参加学位授予仪式,就起程回国了。直到1982年秋天,哥伦比亚大学重新邀请冯友兰回母校,去参加授予他名誉文学博士学位的特别会议,以补偿他当年没能参加正式学位授予仪式的遗憾。

◎勤工俭学与资本主义

冯友兰留学的最后一年,由于国内局势混乱,各省都不能如期寄款,留学生们的学费和生活费都出现了问题。在留学生监督和学校的交涉下,学费可以缓交,但是生活费他们无法解决,只能靠留学生们自行解决,各谋生路。于是,勤工俭学便成了留学生们解决自己生活费用的出路之一。他们之中比较普通的,是在附近的饭馆内做侍者。

对于美国的学生来说,勤工俭学是很平常的事情。有些人是因为父母不能供自己上大学;有些人是为了锻炼自己的独立意识,特意靠自己的力量上学。可这些想法和做法,让来自中国、一直在"唯有读书高"的文化氛围中成长的冯友兰觉得很稀奇。他觉得,这种做法正表示着资本主义和封建主义的不同。

为了解决自己的生活费,也为了证明自己是新时代的青年,不固守封建主义的等级思想,冯友兰也在学校附近的一家饭馆找了一份工作。他的职责,是把顾客用过的盘子收拾起来,送到洗盘子的地方。可以在饭馆里吃一顿"正餐",包括一汤一菜,一份咖啡,一份甜食,面包随意吃,当时的工资是每次5角美金。虽然算不上多,但也是一笔进账,可以缓解一下自己拮据的生活。

可惜没多久,冯友兰就丢掉了这份工作。他去给在纽约中国城的一个会议演讲,没留意时间,耽误了上班。等他匆匆赶到饭馆后,就被怒气冲冲的老板辞退了。不过,这次演讲虽然害他失去了这份工作,却给他带来了一份新的工作,也算是一种补偿了。

原来,演讲时的一个听众写信给冯友兰说,他很喜欢哲学,现在正在读哲学史教科书,可是,英文生字太多,查起来很费事。他想把每天的生字都写下来,标明书的页数,叫冯友兰填上相应的中文字,按字给报酬。算起来,这并不比冯友兰在饭馆工作挣的钱少。冯友兰喜出望外,这个工作对他来说并不算困难。很快,他又在另外一家饭馆找到了一份刷盘子的工作,比原来的工作还要轻松一些。

为了帮自己的学生冯友兰向哥伦比亚大学申请奖学金,杜威教授在推荐信中极力赞扬他,可惜始终没有得到回音。不过,学校出于照顾,给他安排了一个闲差,任务是管理图书馆里的中国报纸,工资每月8元。工作的内容,就是等图书馆订的中国报纸到了,由他到收发信件的地方把报纸取回来,送到图书馆的中文书籍阅览室里,将报纸放上夹子,摆在架子上,以供人们阅览。冯友兰有了这3份收入,每月就共有三十多元钱了,再加上断断续续的官费,坚持完成了学业。

● ● ● ● ● ● 【人物小传】● ● ● ● ● ●

冯友兰(1895—1990),字芝生,河南唐河人。中国当代著名哲学家、哲学史家、教育家。

1915年自中国公学考入北京大学文科中国哲学门,学习中国哲学。1919年赴美留学,1923年获哥伦比亚大学博士学位。回国后,历任中州大学、中山大学、燕京大学、清华大学教授。抗战期间,任西南联合大学哲学系教授兼文学院院长。1946年赴美任客座教授。1947年,任清华大学校务会议主席。曾获美国普林斯顿大学、印度德里大学、美国哥伦比亚大学名誉文学博士。1952年以后,一直任北京大学哲学系教授。他在人生最后的10年,完成了7卷本的《中国哲学史新编》。1990年11月26日逝世。

冯友兰创建了自己的哲学体系,从而完成了中国传统哲学向现代哲学的转化。他继承、发展了中国哲学中"极高明而道中庸"的优秀传统,建立了至今最好的人生境界论。他以复兴中华传统文化、弘扬儒家哲学思想为己任。他的《中国哲学史》(两卷本,旧称"大史")是中国近、现代第一部完整的哲学史著作,奠定了他作为大哲学史家和中国哲学史学科奠基人之一的学术地位。

林语堂

留学便是收获知识与幸福的旅程

林语堂的留学生涯,是和他的婚姻一起度过的。虽然这段婚姻是旧式的包办婚姻,却有着少见的和谐与幸福。或许,正是异国他乡的环境,让这段婚姻在相濡以沫中健康地成长起来。

◎爱情:从婚后与留学开始

林语堂的妻子廖翠凤,是厦门一个钱庄老板的女儿,是一位精明能干而又温柔贤惠的女子。当初,林语堂因为对初恋的姑娘旧情难忘,在心灰意冷时任由父母做主订婚, 并不十分情愿迎娶这位妻子。但是婚礼当天,林语堂忽然醒悟,不管怎样,既然已经结婚,那她就是自己的妻子。何况,这个富家小姐并没有嫌弃自己是个穷牧师的儿子, 自己就更应该对她好。他一想罢,便在婚礼当场撕掉了婚书,表示永远不会和妻子离婚,因为婚书只在离婚的时候有用。

婚礼结束后不久, 林语堂就带着新婚妻子登上了前往美国的"哥伦比亚"号轮船。林语堂在结婚之前,已在清华学校考取了哈佛大学的奖学金, 将在那里攻

林语堂夫妇留学期间

年轻英俊的林语堂

老年林语堂

读比较文学硕士。同船的,还有不少清华同学,如桂中枢、钱端生、郝更生等人。因为同校又同船的缘故,大家相处得很是融洽。

这段旅途,也可以算是林语堂夫妻的蜜月旅行。廖翠凤是个聪明、好强的女人,随丈夫来留学,她下定决心要尽快了解西方的生活,尤其是吃西餐的礼仪。在船上,她一直留心大家吃东西的方式和礼仪,并暗暗记在心里。"哥伦比亚"号还没抵达美国,廖翠凤就对这些已经完全精通了。

但是,生性随意不羁的林语堂却懒得理会这些,始终搞不明白该用哪个勺儿喝汤,用哪个叉子吃鱼,甚至经常会拿起别人的酒杯。廖翠凤看到这个可爱的糊涂丈夫一副笨手笨脚、不明所以的样子,就心里暗笑,只好不厌其烦地反复提醒他该怎么用。这让林语堂很是诧异,明明大家一起上的船,她怎么会对礼仪这么精通?

正当两个人的感情迅速升温,体会新婚的甜蜜时,廖翠凤却生病了。她患上了盲肠炎,疼得死去活来。船上的医生建议他们最好做手术。林语堂看到妻子如此痛苦,很是心疼,决定到了夏威夷就下船给廖翠凤做手术。但是,廖翠凤坚决不肯。她不像丈夫那样冲动而不计后果,生活上的事她要考虑清楚,要给丈夫做好后盾工作。因为,两个人的手里只剩下自己的嫁妆1000个银圆。丈夫的奖学金(只是半份),又只有很有限的每月40美元,连支持一个人的生活都很勉强。如果再下船去做手术,1000个银圆恐怕就所剩无几了。如果手术不是很急切,就缓缓再说。

在廖翠凤的坚持下,他们并没有去做手术,而是选择了在船上吃些药治疗。还好,廖翠凤的病情渐渐好转了。林语堂为了照顾、陪伴生病的妻子,夫妻二人常常整天都呆在船舱自己的房间里。同行的朋友还以为他们是新婚甜蜜、享受蜜月,就常常拿这事打趣他们。

他们终于顺利抵达美国东海岸,在波士顿市赭山街 51 号住了下来,开始在异国他乡的生活。

◎哈佛"既清苦又愉快"的日子

廖翠凤是个能干的妻子。她用这有限的钱,把两个人的生活打理得非常周全。她以出身钱庄家庭的精明,认真规划家庭支出,详细了解当地市场行情,尽量以最少的钱买到最好、最多的东西,以便让林语堂能够衣食无忧,专心读书。林语堂和廖翠凤是一对非常互补的夫妻,一个感性,一个理智;一个学识渊博,一个精明能干。廖翠凤确实是林语堂的好管家,甚至更像是姐姐或者母亲,照顾着丈夫这个大孩子。而林语堂则主要以哈佛的卫德诺(现在译为怀特纳)图书馆为家。

他们租了两间房子,与房东太太共用一个厨房。另外还有一个拳击教师、一个未嫁的小姐与他们同住,这二人都在和大学有关的一家饭馆里工作。有一次,林语堂负责清理厨房,从门后的一个口袋里,竟然倒出一只死老鼠来。他顿时吓得有点慌乱,匆忙中把那只死老鼠扫到地板的一角儿,没敢藏在垃圾桶里。因为这件事,他后来一直觉得很丢脸。

然而,幸福的生活并没过多久。廖翠凤的盲肠炎复发,而且这次是急性的,必须立刻动手术。林语堂毫不犹豫地把妻子送去了医院。主刀的医生是一位天主教徒。廖翠凤第一次动手术,多少有些惶恐不安。林语堂了解一些医学常识,知道盲肠炎并不是什么大问题。安慰完妻子以后,他就在外面等待。他趁机抓紧时间,翻看盎格鲁·撒克逊文字的语法。看书太过投入的他,根本没有注意到时间的流逝,等他想起来的时候,才发现手术已经过了 3 个小时。他正在担心是不是有什么

林语堂台北故居

问题的时候,得知手术已经成功做完。但不幸的是,没多久廖翠凤的伤口受了感染,要第二次开刀。

为了动手术,他们原本就有限的钱已花得所剩无几。林语堂从衣袋里翻出仅剩的13美元,只够勉强购买一罐"老人"牌麦片了。于是,林语堂就成天与麦片打起了交道,直到一周的时候,他已经对麦片完全"免疫",再也吃不下去了。廖翠凤后来知道这件事后,直夸他有英雄气概,每每谈起还得意一番。接着实在没有办法了,廖翠凤只好让林语堂给她家里打电报,请她二哥帮忙借来1000元美金。

钱很快寄到了,终于把林语堂从麦片的包围中救了出来。而接连两次手术,使廖翠凤的身体有些虚弱,在医院里休养了一段时间才出院。当时正是冬天,满街是雪。林语堂找来一辆雪橇,把妻子接回家来。夫妻终于走出了困境,团圆了,两人不禁好好庆祝了一番。

没过多久,哈佛的教授绥尔夫妇来看望他们,可能是得知廖翠凤的病情康复了吧。哈佛的教授夫妇们,都很懂得照顾留学生的生活。绥尔太太是被指定照顾林语堂夫妇的社交生活的,她的名字叫做翟茜·威尔逊,是威尔逊总统的女儿。她还常邀请林语堂夫妇到他们家里吃饭。他家客厅里,摆着北极熊巨大的牙,还有威尔逊总统很宝贵的画像,像上还有他3个女儿,围桌而坐。

有一次,林语堂和廖翠凤应邀到绥尔家吃饭,绥尔教授出来迎接他们。但是他们看到教授意外的表情,才意识到自己好像记错时间了,邀请的日期不是这一天。但是,现在留下也不是,立即回家也不是,夫妇俩尴尬得不知如何是好。热情的绥尔太太连忙安慰他们,又匆匆去准备晚饭款待他们。

在哈佛的时光过得很快,匆匆就过去了一年。夫妻俩相濡以沫,过得既清苦又愉快。他们平时没有什么娱乐,甚至正赶上哈佛大学和耶鲁大学的足球赛,也没舍得花钱去看一场。

这时又忽然传来了不好的消息,林语堂连那半份奖学金也被取消了。负责奖学金分发的,是清华的留美学生监督施秉元。他原是清华学校的校医,由于叔父是驻美大使施肇基的关系,才弄到这个不少人觊觎的美差。他没有任何解释和理由,就取消了林语堂的奖学金。此后传来他的死讯,使林语堂生平第一次为人死而高兴。据说,他是做股票生意失败而上吊死的。但是,林语堂的奖学金一事就此便了无音讯,再也无人理会了。

积蓄因为手术而用光,又失去了生活来源的林语堂夫妻,一时愁眉不展。廖翠凤不愿意再开口向自己家人要钱,因为她重男轻女的父亲向来并不喜欢她,如果不是二哥,上次的钱父亲恐怕都不会寄来。林语堂支持妻子的做法,很欣赏她的骨气,于是他们只好自己想办法筹钱。然而,林语堂自己家人是指望不上的,而在这儿相识的留学生各个生活都不富裕,很难借到钱。怎么办呢?

正垂头丧气的林语堂,忽然灵光一现,想起临走前北京大学教授胡适跟他说过,希望他回国以后能放弃清华,到北大任教,如此学校可以预付一部分津贴。

捞到救命稻草的林语堂,立刻给胡适写信,希望他记得这个约定,可以给自己汇点钱来。但他又听说胡适家境并不富裕,却依然资助学生的事,便在电报中特意注明,希望胡适给自己当担保,从学校预支点钱就可以了,不用他本人借。很快,胡适就给他寄来了1000美元。后来,他又一次在穷困潦倒时向胡适求助,胡适又寄来了1000美元。胡适还特意叮嘱,这钱是北大的津贴,要林语堂一定记得约定归国后来北大。

虽然林语堂偶尔也会抱怨北大有买人的嫌疑,但是跟清华学生监督的绝情比起来,北大在自己危难时能伸出援手,足见其诚意了。所以,他为了守信,学成后便谢绝了许多国外名校的邀约,回国去了北大。当时因胡适不在北京,林语堂便当面向北大校长蒋梦麟致谢。蒋梦麟很惊讶,忙说北大没有预付津贴资助留学生的政策,应该是胡适自己出钱资助的。这时候,林语堂才明白胡适对自己的器重和心意。

◎学业:在欧美之间往来

林语堂喜欢看书,而且看得非常驳杂,各类都会涉猎。他生性随意,讨厌受约束,读书更是如此。他觉得,大学就应给予学生完全的自由,他们会知道自己喜欢什么。用他的话来说,大学就应当像一个丛林,猴子应当在里头自由地活动,在各种树上随便找各种坚果,由枝干之间自由摆动、跳跃。凭它的本性,它就知道哪种坚果好吃,哪些坚果能够吃。

来到哈佛大学之后,林语堂做的第一件事,就是深深扎进卫德诺图书馆。卫德诺图书馆是校内最大的图书馆,其藏书有几百万册,在美国仅次于国会图书馆,它的创建,与闻名世界的"泰坦尼克"号海船失事有关。房东太太曾经跟林语堂说过,如果把其中的图书一本挨一本地排,可以排好几英里。这下他这只"猴子"应该可以美美地饱餐,慢慢地享受各种美味坚果了。

林语堂学的是比较语言学,授课老师是美国著名新人文主义大师白璧德,陈寅恪、吴宓等人也是他的弟子。其他课程还有某教授的歌德研究,某教授的莎士比亚研究,还有另外一位教授的意大利文。

其中,白璧德教授最受学生们的喜爱。他是哈佛大学里当时唯一持有硕士学位的教授。白璧德在文学批评方面曾引起轩然大波,因为他主张保持一个文学批评的水准,与另一派的主张正好相反。他常常把法国现代文学批评家圣柏孚和18世纪法国作家著作中的精彩部分读给学生听,还从另一位法国现代批评家的著作中引证文句。他用卢梭与浪漫主义这门课,探讨一切标准的消失,并把这种消失,归诸于卢梭的影响。这门课还论到德·斯达勒夫人以及其他早期的浪漫主义作家。

白璧德对中国现代文学评论的影响颇为深远。吴宓和娄光来后来把他的学说传到了中国。吴宓、娄光来二人的文学功底都很深厚,对文学持保守、正统观点,这与当时中国风头正劲的白话浪潮有些格格不入。他二人和林语堂在班上坐一条长凳。

有一次,林语堂毅然决然为另一派辩护。最后他发现,对于一切批评都是"表现"的缘由方面,自己与意大利哲学家克罗齐的看法完全吻合。林语堂也反对中国的文体观念,因为,这一连串章法、造句严格的"法规",只会把一篇好的作品捆绑得透不过气来——不论是"传",是"颂",或是"记",甚至小说("传奇")。苏东坡写作时,只是任性而为,如行云流水,"行于所当行,止于所不得不止",他在落笔前,恐怕不会考虑这个文体是否标准。

白璧德对林语堂的一篇文章很欣赏,题目是《批评论文中语汇的改变》。他还建议林语堂,可以把它写成硕士论文。但是,林语堂却没有机会完成那篇论文,因为他不久就离开了哈佛。

林语堂不太喜欢听讲莎士比亚的那位教授伊丽莎白时代的英文,只听了一两次课,倒是对他穿着灯笼裤,身子挺得笔直,在哈佛校园里漫步的情景,更感兴趣。该教授称得上是一部"活百科全书"了。

完成了一学年的学习后,系主任看到林语堂在圣约翰大学时的成绩单上各科都是 A,很是惊讶这个学生的学习能力,哈佛的课程他应该都已经掌握了,没必要留在这里了。于是他告诉林语堂:"你不必在哈佛上课了,只要到德国的殷内大学再去修一门莎士比亚戏剧,而且不必上课,就能获得硕士学位。"听到这个消息,林语堂高兴极了,因为这样就可以早点毕业回国了。他兴冲冲地回去告诉了妻子廖翠凤。

可惜没过多久,由于津贴停发,他们暂时无力去德国读书,只好先去法国的乐魁索城工作一段时间,以攒些积蓄。期间,夫妻二人都忙着学习,林语堂为了学业而学德文；廖翠凤也正好去一个法国朋友那里学法文，为了方便在当地生活。很快他们就攒了一些钱，于是离开乐魁索来到德国的殷内小镇，继续完成林语堂的学业。

殷内大学的学习生活相当宽松，可以

德国殷内大学

说是一种非常自主、灵活的学习方式。自由安排时间，不需要经常上课，什么时候觉得准备好了，随时申请考试就可以，甚至也没有时段限制，几年都可以，也完全没有什么请假的概念。虽然这样，上课的人数却并不少，大家都依然认真苦读，因为都是为求学而来，谁也不愿虚掷时光。

林语堂和廖翠凤很喜欢这里的生活，经常在街道上牵手漫步。看见歌德的房子时，林语堂很受感动，尤其想起歌德所收集的物种演化的资料和他自己的一些杂物。歌德所著的《少年维特的烦恼》和《诗与真理》，都是林语堂非常喜欢的作品。但更令他着迷的，还是海涅的诗以及一些政论杂文。

在殷内大学读了一个学期，历经波折，林语堂终于获得了哈佛大学的硕士学位。1922年，他转到以印欧比较语法学驰名的莱比锡大学，攻读博士学位。

他一开始，就想用两位教授新的语音学方法，重新梳理、研究古代汉语的音韵。因此，他选择了跟孔好古教授学习，写一篇以《论古汉语之语音学》为题的博士论文。孔好古教授是德国知名的汉学家，著名的莱比锡学派创始人。他见到林语堂这个从北京知名大学来的教授（虽然当前是留学生身份），很是高兴，对他表示欢迎。

林语堂定下目标以后，就开始大量搜集相关资料，为论文做准备。本来莱比锡中国研究室里的中文书馆藏就非常丰富，他又从柏林借了不少中文书，开始认真研究中国的音韵学。不久，他就沉迷在《汉学师承记》、《皇清经解》、《皇清经解续编》（这些书都是满清末叶体仁阁大学士阮元刻的）等书中了，也才熟悉了考证、注释诸名家的著作。

忙碌了快一年时间，第二年4月，林语堂终于完成了这篇论文。但是，他的导师孔好古对论文的评价并不高。孔好古在鉴定中认为，基于林语堂在论文中使用德语的错误以及各种疏漏，只能给他的论文 2 分的成绩。传统的德国大学规定，及格以上的论文分为 4 等：0.5= 优秀，1= 良好，2= 好，3= 勉强通过。林语堂的论文，仅仅得到了第三等成绩。

孔好古是个典型的德国学者，遇事讲求彻底、认真。一向懒散、随意的林语堂，恐怕很少去注意细枝末节，碰上这位严谨的德国老师，他就要吃些苦头了。也或许是林语堂最后作为参考依据的文献，都是中国清代学者的著作，而忽略了西方汉学界发表的有关古汉语语音方面的专著和论文，让一向为西方汉学自傲的教授不快，犯了在德国做论文的"大忌"。

不过，不管怎样，林语堂最后还是成功拿到了博士学位，带着妻子顺利返回祖国，担任北京大学教授。他后来在美国成为著名作家之后，英文作品被译为德文介绍到了德国。

◎在法国教中国劳工

需要说明的是，1922 年，林语堂前往德国前，由于担心花费太大，他决定想办法先找个工作，有了一定的收入后再继续读书。于是他向中国劳工青年会申请工作职位，没过多久就被聘用了，让他到法国的乐魁索城教中国劳工读书识字，并且青年会还负担他们夫妻俩从美国到法国的旅费。

中国当时参加了协约国，派了 10 万劳工到欧洲去。这些劳工的主要工作，是运送并埋葬在一战时期阵亡的大量士兵的尸体。因为第一次世界大战的缘故，当时法国男人的数量很少。青年会里的中国男人，便有不少与法国小姐喜结良缘。林语堂就是去教这些劳工的。夫妻俩接到这个好消息后，非常激动，赶忙打点好行装出发了。

他们来到乐魁索后，住在青年会外的一栋房子里。住的还算舒服，床很高，垫子也很厚。唯一不方便的，就是厕所离得比较远，在花园的外面。吃饭的时候，常常是四五个人围在一张桌子上。这些人里还有一个厨师，他的一只手老是打哆嗦。所以，每一次他手里端着一碟子菜送过来时，总是颤颤巍巍，让人看不出他是要给你还是从你手里抢回去。

为了给劳工们上课，林语堂自己编写了一本千字文教材。但这时候他既不会法文，也不会德文。上课之余，他为了学业，开始下功夫自修德文，一段时间后也算小有所成，可以自己用德文给殷内大学写入学申请了。廖翠凤则在这里结交了一个好朋友,是一位法国太太,她经常跟着对方学法语。

林语堂带廖翠凤在乐魁索城照相留念的时候,廖翠凤穿了一件看起来很神气的浅褐色大衣,是她还在波士顿的时候买的,很喜欢,一直舍不得穿。

后来,他们又到附近的凡尔登战场参观。法、德在那里打了三四年的壕沟战,满目疮痍,四周连一棵树都没有,非常荒凉,到处散布着弹壳、刺刀、断成两截的枪支。一向感性的林语堂,伫立在曾经的战场上,想想战争的残酷,难免思绪如潮,感慨万千。

在这里,林语堂还有一点自己的小秘密。他想在法国找人,这个人是他的祖父。早在咸丰十年(1860)太平天国之乱时,漳州发生大屠杀,林语堂的祖父被太平军拉走扛东西当脚夫,后来便音信全无。林语堂的父亲林至诚当时藏身在床下,没有被人发现。林语堂的祖母便带着林至诚和另外一个一两岁的婴儿,逃到鼓浪屿居住了下来。林语堂总觉得,自己也许有机会还能找到祖父,便在劳工里认真搜寻起来。虽然可能性很小,他也想试试看,至少是一件有意思的事情。

在乐魁索城的一段日子里,林语堂已经攒下了一部分积蓄,德国殷内大学也通过了他的申请。他终于可以动身去德国继续学业了。

● ● ● ● ● 【人物小传】 ● ● ● ● ●

林语堂(1895—1976),原名和乐,后改玉堂,又改语堂,笔名毛驴、宰予、岂青等,福建龙溪(今龙海)人。中国当代著名学者、文学家、语言学家。

林语堂出生于闽南的一个基督教家庭,父亲为教会牧师。1912年入上海圣约翰大学学习,毕业后在清华任教。1919年秋赴美国哈佛大学文学系留学,1922年获得文学硕士学位。同年转赴德国,先后入殷内大学、莱比锡大学学习,专攻语言学,1923年获博士学位。

同年回国后,先后任北京大学教授、北京女子师范大学教务长和英文系主任。1924年成为《语丝》的主要撰稿人之一。1926年以后到厦门大学任文学院长,研究语言,并写杂文。1927年任外交部秘书。1932年主编《论语》半月刊。1934年创办《人间世》。1935年创办《宇宙风》,提倡"以自我为中心,以闲适为格凋"的小品文,成为论语派主要人物。同年出国,在美国用英文写《吾国与吾民》、《风声鹤唳》,在法国写《京华烟云》等长篇小说和文化著作。1944年曾一度回国到重庆讲学。1945年赴新加坡,筹建南洋大学并任校长。1947年任联合国教科文组织美术与文学主任。1952年在美国与人创办《天风》杂志。1966年定居台湾。翌年受聘为香港中文大学研究教授。1975年被推举为国际笔会副会长。1976年3月26日去世于香港,4月移灵台北,长眠于故居后园中。

吴文藻

学业、爱情双丰收

由于吴文藻的夫人冰心的声名过于显赫,遮盖了他的不少光芒。他们的爱情一直被人津津乐道,却忽略了他也是一位真正的学术大家。他是我国著名的社会学家、人类学家和民族学家,也是这些学科在我国的重要奠基人之一。而他的学生费孝通等人,后来也成了中国社会学、人类学、民族学界的泰斗级人物。

◎学习社会学,谋求强国路

1923 年夏,吴文藻离开祖国,赴美留学。吴文藻最初的想法,是学习自然科学。但是,当时中国的贫弱状况与危难形势,使得他放弃了科学之梦,而毅然转向社会科学。于是,他进入新罕布希尔州达特默思学院学习社会学。

1925 年秋,吴文藻在达特默思学院社会学系毕业后,顺利获得学士学位。不久进入纽约著名的哥伦比亚大学研究院社会学系,攻读硕士学位和博士学位。在该校历史特殊论学派宗师博厄斯与著名女人类学家本尼·迪克特的影响下,他对

吴文藻与冰心

人类学产生了浓厚的兴趣，后来就一直尝试将人类学与社会学结合起来进行研究。

吴文藻与好友潘光旦同处一室。潘光旦致力于优生学，吴文藻则侧重于从文化与环境方面研究社会学。两人虽然专业不同，但钟情于学问、欲献身学术的热忱是一样的。他们时常相互切磋、讨论。随着学业的日益精进，两人的友谊更是越来越深厚。

1928 年末，吴文藻成功完成专业必修课的笔试，论文通过，获得博士学位，并获得哥伦比亚大学"最近十年内最优秀的外国留学生"奖。

1919 年的五四运动，对吴文藻的思想产生了很大的震动。他积极投身其中，写了许多热爱祖国和反对帝国主义侵略的文章。五四运动以后，吴文藻又阅读了孙中山、廖仲恺、陈独秀、李大钊等人的大量文章，从而更加树立了爱国主义和民主主义的高尚情操。他后来大力提倡和推行将社会学引进中国，也是源于他深切的爱国主义思想。他对当时中国贫穷落后和任人欺凌、宰割的局面十分痛心，认为究其原因，主要在于中国的文化教育和科学技术落后；而要改变这种落后状况，首先便应该学习西方比较先进的科学与文化。

于是，吴文藻到了美国之后，即如饥似渴地学习现代的社会科学和自然科学知识，全身心地投入到了学习和研究之中。他先后学习了社会学、经济学、人类学、历史学、人口学、逻辑学、伦理学等众多课程，还学习了法文和德文。

吴文藻关于中国社会问题产生的历史根源的思考，在他的博士论文《见于英国舆论与行动中的中国鸦片问题》里，有着深刻的展现。他决心以社会学和民族学为终身专业，想通过对中国这两方面情况的研究，找到改变中国社会落后状态的合适方案。正是在这一信念的支持下，吴文藻刚刚拿到博士学位，就回到了祖国参加工作。

◎留学路上，邂逅佳人

留学期间的吴文藻，可谓学业、爱情双丰收。他意外地收获了一份真挚而持久的爱情。

1923 年 8 月 17 日下午，吴文藻登上了"杰克逊"号邮船。迎着海风，他凝望着眼前辽阔的海面，思绪万千。祖国的未来、自己的方向……这些问题困扰着他，却唯独没有想到，自己在这艘开往异域的船上，会遇到一个情投意合的爱人。

和他同船的，有一百多名中国留美学生。其中，在燕京大学的留学生里，有一位知名的才女冰心。

出国前夕，冰心接到昔日贝满中学老同学吴搂梅从美国的来信，说她弟弟吴卓是这一届的清华毕业生，也要与冰心同船前往美国留学，嘱咐她在船上予以关照。冰心叫她的朋友许地山去清华男同学的船舱里找吴卓，不一会，许地山就将吴文藻误认为是吴卓带到了冰心的面前。

冰心看到面前是一个高高瘦瘦的青年，有一副方正的面庞，粗黑的眉，细长的双目，大小适中的嘴，笔直的鼻梁上架着一副眼镜。冰心一见面就对他说，他姐姐来信，托自己路上照顾他。

吴文藻、冰心及冰心父母

吴文藻听了这番话，感到十分奇怪。自己姐姐远在江阴家乡，因家庭贫寒，无力供她读书，她怎么会结识这位燕京大学的留学生呢？他忙说："家姐读书很少，不知道她还会写信。"

详谈之后才搞明白，原来是认错人了。吴文藻告诉冰心，自己不是吴卓，但也是清华的学生，刚被选送至纽约达特默思学院深造。

吴文藻与冰心在燕京大学的结婚照（后排居中是燕大校长司徒雷登先生）

此吴非彼吴，这个书生气十足的青年，竟然不是同学的弟弟，冰心感到格外尴尬。为缓解气氛，冰心便邀请吴文藻加入几个燕大同学正在玩的丢沙袋游戏。

游戏结束以后，两人就倚在船栏上闲谈起来。交谈中，他们得知了彼此的求学方向。吴文藻想学社会学，冰心则打算学文学，想选修一些关于英国 19 世纪诗人的功课。吴文藻平日也非常喜欢阅读各种文学著作，便询问冰心是否读过拜伦和雪莱的书。冰心回答没有。颇有几分书呆气的吴文藻，就毫不客气地说："你作为学文学的人，怎么连这些书都还没看过呢？"甚至还叮嘱冰心这次到美国后，一定要多读一些书,否则就是白来了。

这句话深深地刺痛了冰心。这时她的名气已经很大了,她的诗被称为"繁星"格、"春水"体,几乎人人见了都要恭维一番。然而,吴文藻却对这位才女没有例行的奉承,反而直率地指出她读书少。冰心听过太多赞美,对逆耳的忠言一时难以承受,但也让她对吴文藻的印象十分深刻。她暗暗在心里把这个略显憨直的清华学生定位在了一个诤友、畏友的位置上。

冰心偶尔听到清华的一位学生说,吴文藻这人极傻,有个女生一直追他,出国前送他礼物,而他却因为不知道自己什么时候才能回来,轻易拒绝了人家,简直是傻子。

几天以后,冰心在甲板上偶遇吴文藻,同他谈起了这件事。吴文藻说出了自己和那个姑娘之间的原委。原来,那个姑娘是吴文藻乘火车回江阴时,在车上给她让座而结识的。她觉得,吴文藻是个善良、实在的人,知道他要出国,就送了他一枚心形领带夹作为礼物。吴文藻怕耽误人家,才说出那番话的。同学们都笑他傻,觉得把那个姑娘作为后备也无妨。善良的吴文藻却不愿意这样做。冰心不由得对吴文藻产生了好感。

吴文藻虽然是攻读社会学与民族学的,文学修养却也非常高,和冰心谈论文学毫不逊色。在船上,两个人就成了非常要好的朋友。

◎爱情在学习中成熟

半个月后,大家抵达了美国,起程去各自的学校。吴文藻前往新罕布希尔州。冰心一到波士顿,就收到很多的来信,一时难以应付,只好都以威尔斯利学院的明信片附上几句简短的话回复了。可她独独给吴文藻回了一封信。可以看出,这时的她就已经给吴文藻特别的待遇了。

同样刚到美国的吴文藻,接到冰心的第一封信后,感到有些意外。他对冰心的第一印象非常好,想起自己在船上跟冰心说过的话,便用平时节省下来的钱,给她买了几本书,然后寄到波士顿,作为对她第一封信的回应。

波士顿与新罕布希尔州相隔很远,两人很少有见面的机会。虽然常有书信往来,对彼此也有了更深的了解,但一开始,他们还只是保持着普通文友的关系。

从江阴夏港走出来的吴文藻,是抱着改造中国社会的理想而前往美国求学的。他一到达特默思学院,就沉浸在知识的海洋里了。虽然冰心出于礼节的亲笔回信,给他带来了一些浪漫的幻想,却也仅此而已,赴美的求学使命感使他不敢倦怠。

然而，吴文藻酷爱读书和买书。每逢他买到一本有关文学的书，看过觉得很好，就寄给冰心，还把其中比较精彩的部分标出来，在给冰心的信中，提醒她应该注意这些有标注的地方。冰心一收到书，就赶紧看，然后写信"报告"自己的体会和心得，像看老师指定的参考书一样认真。

有一次，冰心的教授得知她广泛的课外阅读是缘于朋友的指点时，连声赞赏她的这个朋友是个渊博的学者。就这样，吴文藻以他自己的独特方式和本真色彩，赢得了冰心的好感。

不久，冰心在学校里得了很严重的肺病，只能休学去疗养院疗养。她生病的时候，吴文藻并不知情。当他去纽约度假，途经波士顿与清华同学聚会时，才从同学的口中得知冰心生病住院的消息。吴文藻立刻改变了行程，与顾一樵等几位朋友专程去疗养院看望冰心。病中的冰心见到突然出现的吴文藻，十分欣喜。但她因身体虚弱而显得面色苍白，让吴文藻非常担心。

但是，吴文藻也只能说些让她好好养病之类的客套话。因为他是路过波士顿特地来看她的，所以冰心心里还是很有感触的。这次探访对他们的关系来说，迈出了很重要的一步。少女的敏感，让冰心感觉到彼此已不是普通同学或朋友这么简单了。

1925 年春天，波士顿的中国留学生要在该市美术剧院公演改编的英文版《琵琶记》。这是当时波士顿留学生中的一件盛事。已经康复出院的冰心也参与了演出。她给吴文藻写了一封信，邀请他来波士顿看自己的演出。此时，冰心与吴文藻已有一年多未曾谋面了。随着书信往来日益增多，吴文藻的憨厚、细心与整洁，连同他对自己专业的执著，已经深深地印在了冰心的心里。

而吴文藻方面，冰心的高雅与文静，尤其是对自己态度的"异样"，也时时撞击着他青春的心。可冰心的名气和自己清贫的鲜明对比，又使他不敢走近。如今接到冰心的邀请信和入场券，他很是犹豫，思索了良久，还是回信冰心，说自己学业太忙，不能前来捧场，为此抱歉。

然而信刚一发出，他就后悔了。在经过强烈的思想斗争后，他还是前往波士顿了。于是，演出后的第二天，冰心在前来看望她的几个男同学之中，意外见到了吴文藻。这让她芳心窃喜了很久，悄悄告诉他，他这次能来看望她，她非常高兴。

此时，他们的感情还处在朦胧、暧昧的阶段。真正让恋情成长起来，还是两个人在绮色佳学习期间的朝夕相处。

按照惯例，在美国若要获得硕士学位，还需掌握两门外语。因此，1925 年夏天,在纽约东部小城绮色佳的康乃尔大学暑期补习班中,两个人意外相逢了。吴文藻来这里补习法文,事前并没有向冰心透露。学校里暑期没有别的中国学生,大家都去别处度假去了。于是,在这个美丽的小城里,两个人的爱情种子开始生根发芽,很快就一发不可收拾了。

他们每当求学之余,便结伴在林中散步,一起游山玩水。晚上各自学习完毕,还一起并肩坐在石阶上谈天。他们的感情,就这样越来越深厚了。

有一天,两个人在湖上泛舟,山明水秀,微风熏人,畅游其中,不禁都沉醉了。吴文藻看准这个难得的机会,在如此浪漫、优美的氛围中,终于向冰心表白,表达了自己想与她结为百年之好的意愿。

或许是出于矜持,抑或是有意考验吴文藻,冰心并没有当即答复他。第二天,冰心才告诉吴文藻,她本人没有意见,但最终的决定权取决于她的父母。其实冰心知道,只要自己愿意,父母是不会反对的。

恋爱中的时间总是短暂的,两人的暑假补习在不经意间结束了。他们各自又回到自己的学校就读。吴文藻进入纽约哥伦比亚大学以后,离波士顿近了许多。两人的恋爱关系明确了,通信和来往便更加频繁。吴文藻送给冰心一支"理想"牌钢笔和一大盒印着她原名谢婉莹英文缩写的精致信纸。他几乎天天写信给冰心,到星期日就写快递,因为美国邮局星期天是不送平信的。

热恋中的情人们,感情总是无比炽热,忍受不了片刻的分离。冰心唯一的一首情诗《相思》,就是在那时写下的:

> 躲开相思,
>
> 披上裳儿,
>
> 走出灯明人静的屋子。
>
> 小径里冷月相窥,
>
> 枯枝——
>
> 在雪地上,
>
> 又纵横的写遍了相思!

那是在 1925 年 12 月 12 日的夜晚,她收到了吴文藻一封充满怀念之情的来信,顿时觉得自己在孤寂的宿舍里已经无法再读下书去,于是出门漫步。在楼外的雪地上,她猛然发现,那纵横交错的枯枝,竟然摆出了满地的"相思"。她回屋后,就写下了这首诗。

1926 年,冰心以优异的成绩获得威尔斯利女子大学文学硕士学位,于当年回国,在母校燕京大学担任助教。吴文藻则在美国哥伦比亚大学继续攻读社会学博士学位。在冰心临行前夕,吴文藻给她父母写了一封长信,并附上了自己的相片,交给冰心,叫她带回国内给她父母。他希望通过这封信说服冰心父母,使他们同意将冰心许配给他。

1928 年,吴文藻获得博士学位回国后,马上到上海拜见了冰心父母。两位开明的老人非常尊重女儿的选择,也很喜欢吴文藻的博学和朴实,便欣然同意了两人的婚事。

● ● ● ● ● ●【人物小传】● ● ● ● ●

吴文藻(1901—1985),江苏省江阴县夏港镇人。中国著名社会学家、人类学家、民族学家。主要从事社会学、人类学、民族学的研究与教学工作。

1923 年赴美国留学,途中邂逅冰心(1901—1999,原名谢婉莹,今福建福州人,中国现代著名女作家)并逐渐产生爱情。到达美国后进入达特默思学院社会学系学习,1925 年获学士学位。同年进入纽约哥伦比亚大学研究院,1928 年获博士学位,并获该校"最近十年内最优秀的外国留学生"奖。1929 年任燕京大学教授,6 月 15 日与冰心在燕大临湖轩举行婚礼。1937 年后在云南大学任教。1939 年创立云大社会学系,并建立燕大和云大合作的实地调查站。1940 年在国防最高委员会参事室工作,对边疆民族、宗教和教育问题进行研究,同时兼任蒙藏委员会顾问和边政学会常务理事。1946 年担任中国驻日代表团政治组长,兼任盟国对日委员会中国代表顾问。1951 年回国,任全国政协委员。1953 年起历任中央民族学院教授、图书馆馆长、顾问。1959 年后从事编译工作。1979 年被聘为中国社会学研究会顾问。

1985 年 9 月 24 日在北京逝世。1999 年 2 月 28 日冰心逝世,两人骨灰合葬。他们美满的爱情故事,成为中国现代文学史上的佳话。

梁实秋

"白壁德的门徒"

梁实秋虽然在文坛上颇负盛名,却一直被鲁迅等激进文人斥为"丧家的资产阶级的乏走狗"。他不同意鲁迅翻译和主张的苏俄"文艺政策";提倡"文学无阶级",不希望文学成为政治的工具。他也是积极的爱国青年,在异国他乡为祖国的荣誉而努力着。也许,他只是渴望思想能够自由翱翔,文学能成为一片净土而已。

◎海上的日子

对于留学,每个人的认识都不太相同,有的人是为了学习知识,救国强国;有的人是为了以后的工作或从政之路做铺垫,"镀金"一词由此而来;也有的人不知道作何选择,迷茫中踏上了异乡寻觅之路。但大抵还都是新奇、喜悦的。梁实秋却不尽相同,似乎不是很热衷的样子。

他站在远洋的船上,心却早飞到身在祖国的未婚妻程季淑身边。这一离开就是几年时光,想到这么久不能见到她,他心里就一阵阵地疼。而多愁善感的他,也有些畏惧即将到达的那个全然陌生的世界。完全不同的语言,完全不同的生活,甚至

留学时期的梁实秋

连人的样子都是不同的,他一时不知如何是好。

想起在老友闻一多出国前夕,两个人还讨论过:像他们这样的人,到美国那样的"汽车王国"去,会不会被汽车撞死?闻一多到美国后写给梁实秋的信,第一句竟然就说自己尚未被车撞死。梁实秋不禁一笑,这个倔脾气的人还是这样。不过,闻一多劝梁实秋出来开开眼界的话,倒是有几分

梁实秋在看报纸

触动梁实秋。或许,这个陌生的世界,总有它的几分特别之处吧。

离情稍稍消散了一些后,梁实秋开始关注起同船的人们来。在交谈中,他结识了燕京大学的许地山。对这个人梁实秋可是闻名已久,早就拜读过他的《缀网劳蛛》、《空山灵雨》等作品,一直很喜欢他的文章。今天居然和他同船前往美国,梁实秋不禁又增加了几分好感。

在梁实秋的眼中,许地山仪表"颇不平凡,蓬松着头发,凸出的大眼睛,一小撮山羊胡子,八字脚,未开言先格格的笑。和他接近之后,发觉他为人敦厚,富热情与想象,是极有风趣的,许多小动作特别令人发噱"。

许地山把自己的校友——著名才女冰心也介绍给了梁实秋。听到冰心的大名,梁实秋未免有些惴惴不安。他前不久还在《创造周报》上发表了对冰心诗集的评论。作家和批评家在开往异国的同一艘船上相遇,尴尬在所难免。两个人客套性地询问了对方赴美留学的专业以后,就再也无话可说了。

但是,经过几天的相处,大家都熟稔起来,也就一扫初见时的尴尬。梁实秋发觉,冰心实在是个面冷心热的人,内心宽厚、与人为善。加上许地山,3个人很快就成了好朋友,友谊延续了一生。

旅途漫漫,几个文学青年便饶有兴致地办起了名为《海啸》的壁报,张贴在客厅的入口处,3天一换。报头是由梁实秋动手设计的,冰心著名的《乡愁》、《惆怅》、《纸船》都是在这时候写的。

梁实秋也是文思泉涌,他翻译外国作品,还写诗。为了表达对祖国和亲人们的思念,他作了一首名为《海啸》的诗:"祖国?若是怀想远道相思的情侣——明月

有圆有缺,海潮有涨有落。请在这海上的月夜,把你的诗心捧出来,投入这水晶般的通彻玲珑的无边天海! ”

◎美丽的科罗拉多

离愁虽然难耐,但因为有几位志趣相投的好友做伴,时间便过得快了很多。他们乘坐的轮船横渡太平洋,停泊在美国西北角的西雅图市。一众青年踏上了异国的土地。从西雅图市开始,大家就要踏上各自的征程了,大部分同学登上了东行的火车。

梁实秋则是其中少数几个前往西南部内陆的科罗拉多泉的人之一。看着满街与自己不同肤色的人,刚刚感觉到自己的孤单,与梁实秋同行的赵敏恒竟不禁放声大哭起来,梁实秋也很茫然。他们在郁郁中前往科罗拉多,途中竟然在一个餐馆里碰到了自己的同胞,一位从广东台山来的老华侨。

看到似曾相识的面孔,彼此不禁亲近起来。这位老华侨的汉语不是很好,只会写不会说,大家只好以纸笔交流。老华侨免去了他们的餐费,还送给他们每人一支雪茄。他看到自己祖国的年轻学子,非常骄傲,以自己的方式表达了同胞之爱。这群初次来到异国土地的年轻人,心里也不禁温暖起来。这个情景,可能会终身难忘的。

梁实秋他们终于抵达了此程的终点——科罗拉多泉。令他高兴的是,这是一个风景秀美、气候宜人的地方,有着闻名世界的名山。学校及寓所都颇幽静,远离城市的喧嚣。居民都极和蔼可亲,即使不相识,见面也会问声好,对中国留学生也极热情。这是去美国的其他留学生很少遇到的情景。

他们即将就读的科罗拉多大学,是个规模很小而精致的学校。学生极少,只有 500 人左右。却颇有名气,是哈佛大学属下的 7 所小大学之一,以商业管理专业尤其优秀。和梁实秋一起到科罗拉多大学的,还有 8 名清华的同学。他们很快成立了“科泉清华同学支部”,推举学习经济的陈肇影为干事,学习英文的梁实秋为书记。

梁实秋安顿好自己的事情后,第一件事就是给好友闻一多写信。此时闻一多正在中北部的芝加哥大学攻读西洋绘画,他已经在美国学习一年多了。梁实秋的信中,附了几张科罗拉多的风景图片,在图片背面写上“你看看这个地方,比芝加哥如何?”他写信知会一下闻一多,自己已经到了美国,又知道闻一多素来喜欢美景,顺便以此撩拨他一下。

没想到，几天之后等到的不是回信，而是风尘仆仆的闻一多。他很佩服这位老友，竟如此受不得美景的诱惑，而老友的果断作风，不能不让梁实秋感动。

闻一多正式转入科罗拉多大学美术系，而梁实秋则学文学评论。两个人虽然专业不同，但都二者皆通，梁实秋也擅绘画，闻一多兼擅文墨。这样的朋友，在这样如画的地方，自然少不了切磋诗文画作，体会"西窗剪烛、杯酒论文"的乐趣。闲暇时更是携手同游，一同指点美利坚的美好河山。

梁实秋在写作

有一次，梁实秋刚学会开汽车，竟然租了一辆车载闻一多出游。在前往曼尼图公园的路上，两个人边谈笑边看风景，猛然发现好像迷路了，只好返回。梁实秋倒车时，竟然一时失去控制，向路旁的斜坡滑了下去。两人吓得面色惨白，连声大叫。车忽然停了下来，原来被两棵松树给夹住了。

两个人惊神甫定，又发起愁来。因为坡太陡，汽车根本没办法开上去。他们只好爬上山，找人求救。终于看到一个西班牙人，戴着宽边大帽，腰上挂着一圈绳。彼此语言不通，费了很大力气，才用手势说明情况。西班牙人看到他们车子的情况，笑了，解下绳子，一端系在车头，一端系在山中一棵大树上。梁实秋开车，西班牙人和闻一多攀住绳子向上拉，终于把车子拉到了路上。

这次之后，两人就再也不敢如此胆大妄为了。

◎科大的生活与学习

他们的房东，是一个报馆的排字工人，房东太太密契尔夫人，是个 60 岁左右的妇人，有 3 个活泼可爱的女儿。她像大多数上了年纪的西方妇女一样，有些肥胖，身上总系着一条围裙，头戴荷叶边的纱帽，人很和气，对梁实秋他们也很照顾。

唯一美中不足的是，吃饭一直很不适应。除了不习惯美国人的饮食，这位太太的厨艺也确实不好，做的东西很难吃、数量又少，这让梁实秋很是痛苦。早餐还能将就，中国人一般早餐也不会吃很多。她家的早餐，是每天两片烤面包，一枚煎鸡蛋，半个橘子或葡萄柚，还有一杯咖啡。可是，午饭和晚饭都很可怜。午饭只有两片冷面包，外加一点点肉菜；晚饭比午饭只多了一道点心，有时候会有一盆汤，仅此而已。20岁出头的梁实秋，正是胃口好、饭量大的年纪。到美国后，他几乎餐餐都觉得吃不饱，没办法，只好溜出去买汉堡包充饥。

餐前祈祷，是梁实秋的另一个痛苦之源。密契尔夫人很虔诚，每餐之前都要带领全家向上帝做祈祷。饭菜准备完毕，大家就座之后，便要举起双手，闭上眼睛说"感谢上帝赐予我们食物"。饥肠辘辘、对基督教毫无兴趣的梁实秋，看着热乎乎的饭菜却不能大快朵颐，无疑是一种折磨。他经常趁密契尔夫人闭上眼睛的时候，看看闻一多无奈的苦笑，再看看房东精灵古怪的女儿们背着母亲做鬼脸、打闹，以此来忽略饭菜的诱惑。

但他们的学习一直很顺利，导师也喜欢他们。由于梁实秋也常常去艺术系旁听，结识了艺术系主任利明斯女士和她的妹妹。她们对中国人都很友善。姐妹俩一个教绘画，一个教理论。她们对闻一多和梁实秋的评价极高，认为是这些学生当中最有希望的。利明斯女士曾当着梁实秋的面夸闻一多："密斯特闻，真是少有的艺术家。他的作品先不论，他这个人就是一件艺术品。你看他脸上的纹路、嘴角上的笑，有极完美的节奏！"

梁实秋和闻一多曾就事此讨论过，并一致认为，从艺术角度来说，西方人的面部轮廓鲜明，东方人则相对比较柔和甚至模糊，像"翻版的次数太多"。

有一次，二人应利明斯姊妹俩的邀请，到她们家里做客。因为姊妹俩都是独身主义者，所以一直住在一起。梁实秋翻出一块清朝官服袍褂上的"黻子"，放在一个精致的画框里，作为礼物送给两位女教师。两位美国女士对这个"有海波浪，有白鸟，有旭日，居然像是一幅美丽的刺绣画"的礼物非常赞叹。她们很热情地款待，可惜厨艺欠佳，两个人忙成一团，也实在没做出什么可口的饭菜。感激于主人的盛情，两个人也吃得很开心。

餐罢，总要找些活动娱乐一下，利明斯女士居然拿出了一副麻将牌。麻将是20世纪20年代才由中国传入美国的，在当时风靡一时。还传过来一句俗语："一个中国人，闷得发慌；两个中国人，就好商量；三个中国人，做不成事；四个中国人，麻将一场。"所以，利明斯女士安排了这个消遣活动。这可难为了两个中国小伙，他们业余时间大部分都用来读书，对麻将实在一窍不通。不管他们怎么解释，利明斯姊妹也不相信中国人不会玩麻将。最后，4个人竟然找出了麻将规则，参照着玩起来。一晚上的时光，就在糊里糊涂的麻将中消磨掉了。

但是，偶尔还是会有一些不愉快的事情发生，让身在异国的他们，感受到祖国病弱的悲哀。

在科罗拉多大学，有一份学生自己办的报纸，上面刊登了一个美国学生写的诗，大意是说"中国人的面孔，活像人首狮身谜一般的怪物，整天板着脸，面部无表情，不知在心里想的是一些什么事"。有个学生把报纸寄给了梁实秋和闻一多，指名要他们回答到底每天"在想些什么？"

他们虽然认为这个作者并不是很有恶意，但还是各写了一首诗作为回答，以高傲的口吻"历数我们中国足以睥睨一世的历代宝藏，我们祖宗的丰功伟绩"。发表在校刊上之后，一下子让他们在科罗拉多大学闻名遐迩，成了知名的人物。

但是，事后梁实秋却并没有扬眉吐气的感觉，反而心里涌起一阵悲哀。除了祖先们的英雄事迹，中国人实在是没有别的东西可以夸耀了。

另一件更让梁实秋觉得耻辱的事，发生在他们的毕业典礼上。按照科罗拉多大学的传统做法，毕业生上台领取毕业文凭时，要排成并排的两队，一队男生，一队女生。但是在排队的时候，美国女生竟然都不愿意和中国学生排在一起。学校劝说无效，只好让中国学生自己排成两队，排在整个队伍的前面。美国学生都是一男一女排在一起，6 个中国男学生却只能自己配对。这种情景无疑是让他们很难受的。幸好当时在科罗拉多大学的中国毕业生是 6 个，如果是单数，尴尬的程度就更加难以想象了。

梁实秋这个时候更加深切地体会到了"一个人或一个国家，在失掉自由的时候才最能知道自由之可贵，在得不到平等待遇的时候才最能体会到平等之重要"的道理。

◎哈佛大学与恩师白璧德

在科罗拉多大学一年的学习终于结束了。之前的欢乐也罢，耻辱也罢，都成了过去时。梁实秋和闻一多也该踏上自己的路程了。他们抹去了对学校，对可爱的房东一家的不舍，梁实秋转入哈佛大学继续深造，闻一多则前往纽约继续绘画事业。一对志趣相投的好友，也不得不分道扬镳了。

梁实秋非常庆幸自己能来哈佛大学。这是一所世界级名校，培养出了无数精英。来到这样的学府，收获是难以计算的。梁实秋的目标，是致力于西方文学和文学理论的学习与研究。他最喜欢的，也是对他影响最大的，是著名教授白璧德。白壁德是哈佛比较文学方面的权威，美国杰出批评家，新人文主义思想的代表人物，代表作有《卢梭与浪漫主义》等。中国留学生梅光迪、汤用彤、吴宓、陈寅恪、林语堂等人都先后成为他的学生。

梁实秋是从白壁德主讲的英国 16 世纪以后的文学批评一课中认识他的。在梁实秋看来，白壁德虽然喜欢引经据典，一直被人贬为保守派，但是，他渊博的学识，是同时代中出类拔萃的。在他的文学批评中，还常常涉及整个人生哲学的课题。他质朴、随和、亲切，更不像有些讥讽他的人所说的，是一个被奉为教主一般的

梁实秋恩师白壁德

教师和道德家。他敏捷的想象力和丰富的幽默意识，足以与任何大师比肩。

更何况，白壁德对中国学生的偏爱，与他对中国传统文化的深入了解，通晓梵文经典、孔孟儒家及老庄道家的著作，更让梁实秋对他有着异常的崇敬和亲近感。以至于梁实秋后来经常被以鲁迅为代表的左翼作家批评为"白壁德的门徒"。

这就可以看出，梁实秋受白壁德影响的深远程度。白壁德推崇近似儒家的理性与自制，这和梁实秋的天性有些相似，对"秩序"、"理性"、"稳健"有着天然的偏爱，而抵触那些偏激的、冲动而非理智的言行。这就与激进的左翼作家们有着本质上的冲突。

在师从白壁德之前，梁实秋同大多数的中国热血青年一样，有着天真、纯洁的追求，以无尽的革命热情，积极投身于"五四"新文化运动之中。他也曾奋力呐喊过，也曾努力创作过炽烈的新文学作品。当"五四"的热潮渐渐冷却后，大多数人也就趋于冷静了。梁实秋开始慢慢转变，越来越趋于理性，遇到白壁德之后，更强化了他内心里这种真正的性格特质。

梁实秋的信念发生了改变，对此，他直言不讳地说过："自从听过白壁德的演讲，对于整个的近代文学批评的大势约略有了一点了解，就不再对于过度浪漫以至于颓废的主张像从前那样心悦诚服了。""觉得他很有见解，不但有我们前所未

闻的见解,而且是和我自己的见解背道而驰。"他开始用怀疑的眼光审视刚刚经历过的新文化运动,认为对"五四"应该以历史的眼光来重新看待。

◎哈佛版的《琵琶记》

梁实秋到哈佛之后的生活,并不寂寞。虽然老友闻一多远在纽约,但是由于哈佛的中国留学生数量远比科大多,包括清华时代的老朋友、老同学顾一樵、时昭涵、徐宗涑等一批人,极为热闹。他们索性租下汉考克街的一所公寓,大家过起了"初级共产主义生活"。在其他地区、其他学校的同学也常常前来相聚,使这里俨然成了一个中国留学生俱乐部,以至于要准备专门的"客床",以备不时远来的同学、朋友在这里借宿。

大家在一起打打闹闹,轮流烧饭、洗碗,其乐融融。也许是因为大家都远在异国他乡,对祖国与故乡思念的迫切,再加上美国人普遍的优越感,使同胞之间显得更为亲切与和睦。

有一天,轮到梁实秋主厨,他正在厨房里忙碌着做炸酱面,锅里熬着酱,香气四溢。正在纽约哥伦比亚大学读书的潘光旦等几个人前来做客。他们一进门,就闻到了炸酱的香味,赖着不走,一定要讨一碗炸酱面吃。但是人多面少,梁秋实没有办法,只好在炸酱里加了 4 勺盐,结果把所有人都咸得拼命喝水。

人多了,聚在一起肯定就闲不住,大家一起商量搞些事情。梁实秋进入哈佛大学的第二年春天,剑桥中国学生会主席沈宗濂提议,演一出英语的中国戏给外国师生看。这个倡议,得到了大家的积极响应。于是,梁实秋和顾一樵就被任命主管这次演出。消息传出,这次的演出活动顿时成为中国留学生中的一件大事,不少人从纽约闻讯,纷纷赶来帮忙。大家群策群力,各司其职。

顾一樵负责编剧。他把南戏剧本《琵琶记》改编成话剧,把 24 出戏压缩为 3幕,按照脉络的发展,把几个重要部分"高堂称庆"、"南浦嘱别"、"奉旨招赘"、"再报佳期"、"强就鸾凤"和"书馆悲逢"串联起来。

梁实秋则负责把剧本翻译成英文。号称"南曲之祖"的《琵琶记》,词曲十分精彩,在翻译过程中,想完整地保存其中精髓,困难很多,需要非常高超的中、英文功底以及文学素养。梁实秋费尽心力,终于完成了。

闻一多也远道而来,给他们的演出画了布景、设计了服装。

最有意思的是从纽约赶过来的赵太侔,他性格古怪、内向,很是沉闷,通常都一言不发。他到现场之后,一声不吭,直接挽起袖子就动手锯木头,帮忙做起道具来。

而在演员的问题上,却是大费了一番波折。有两个人为了争主人公蔡伯喈的角色,竟吵得不可开交。最后只好让梁实秋来担此大任,因为他在清华的时候就有演出的经验。演员名单最终定了下来:男主角蔡伯喈——梁实秋,女主角赵五娘——谢文秋,丞相之女——冰心(谢婉莹),牛丞相——顾一樵,丞相夫人——王国秀,邻人——徐宗涑,疯子——沈宗濂。

他们在彩排时,邀请了波士顿音乐学院专任导演的一位教授前来临场指导。老先生非常认真,一一纠正了他们的不足之处。当快剧终时,有一场蔡伯喈和赵五娘夫妻团圆的场景。这位教授指着男、女主角两人,很大声地让梁实秋走过去拥抱并亲吻谢文秋。原来他不太了解中国人的习俗。

梁实秋非常窘迫,面红耳赤地站在那里没有动作。谢文秋则好笑地静立一旁。教授一再催促,梁实秋只好红着脸向导演解释,中国自古以来并没有这样的规矩。洋导演不再坚持,却不太认可地摇了摇头。

预演结束后,老先生特地把梁实秋拉到了一个角落里,非常严肃地建议他以后演戏最好选一出喜剧,因为觉得他不适于演悲剧。

演出当天观众达一千余人,不少美国大学教授及文化界人士都前来观看。演出过程异常顺利,演员们发挥得很好,没有出现什么错误。观众们也看得很投入,报以热烈的掌声。看到演出这样成功,所有参与人员都非常激动。当地的《基督教箴言报》,第二天就专门报道了这次演出,还刊登了扮演主角的梁实秋的照片。

有了这么好的一个结果,大家自然非常兴奋,演出完毕,就举行了一场庆功宴。就在大家高声畅谈、推杯换盏的时候,忽然来了一位"不速之客",这个人就是麻省理工学院负责学生管理的丁绪宝先生。

在演出之前,丁绪宝先生就来过剧场,斥责梁实秋他们的这出戏是宣扬一夫多妻的封建糟粕,尤其要演给外国师生看,有损国家形象,要求他们停止演出,否则就要采取措施阻止。梁实秋等人解释了好一阵,也没能说服他。

这个时候大家看见他来,都有些担心。没想到,丁绪宝先生这次居然是来给剧组人员道歉的。他看过演出后,发现并不像他想象的那样,所以觉得很是过意不去,特地赶来道歉。大家虚惊一场,这次演出终于圆满收场了。

这出戏的余韵,还有两件趣事。

一件是闻一多赋诗一首《实秋饰蔡中郎演琵琶记戏作柬之》寄给梁实秋,道:"一代风流薄幸哉,钟情何处不优俳?琵琶要作诛心论,骂死他年蔡伯喈。"

另一件是在戏中与梁实秋扮演夫妻的谢文秋和一个姓朱的同学订婚了,好友冰心便写诗调侃梁实秋："朱门一入深似海，从此秋郎是路人。""秋郎"便成了梁实秋很喜欢使用的笔名之一。

这次的成功，给大家的鼓舞很大。于是，梁实秋等人发起、成立了一个中华戏剧改进社。这个团体网罗了当时在美国的诸多留学生，也是后来中国各界的知名人士，除了闻一多、余上沅、赵太侔、张嘉铸、熊佛西、梁实秋、顾一樵、冰心之外，还有梁思成、林徽因、熊正瑾、瞿士英等人。他们决心用戏剧的形式进行中华文化的改革。

◎大江会和"国家主义"

在芝加哥大学附近的一条街道上，一个陈旧、简陋的小旅馆里，一群年轻的中国留学生一连十几天讨论着。大家慷慨激昂，神情激动，好像作出了什么重大的决定。这正是"大江会"诞生的场面。

梁实秋和闻一多从科罗拉多大学毕业以后，一起来到芝加哥参加这个中国留学生的盛会。

早在国内清华的时候，这其中的很多人就已经相互熟识，经常在一起讨论国家前途、世界大势。来到大洋彼岸之后，对家乡、祖国的思念，以及遭受到美国人的歧视等，让这些青年学子了解到了国家强大的重要性，也让他们更加团结了，大家之间的联系更加密切了。于是，他们就有了一个共同的想法，希望能组建一个中国留学生自己的组织。梁实秋和闻一多都是发起人之一。

经过两周的讨论，他们在原则问题上达成了统一。大江会的使命，是"本大江的国家主义，对内实行改造运动，对外反对列强侵略"；而目前首要的任务，为"暂时偏重反对列强侵略与鼓励民气"。

组织的精神确定了，名字却还在讨论当中。争吵了半日没有结果，最后只得沿用以前一个组织大江学会的名字，确定为大江会。这次勉强通过。梁实秋解释说，是利用中国现成专名象征中国之伟大悠久，并没有什么特殊意义。

一切讨论完成后，就要举行"成立典礼"了。地点是在旅店客厅，典礼的仪式简单而庄重。会场悬挂一面绸质的五色旗，长约一丈，是梁实秋出国之前特意定制的。会员们在这面代表国家利益的旗帜下宣誓："余以至诚宣誓，信仰大江的国家主义，遵守大江会章，服从多数，如有违反，愿受最严厉之处分。"大江会的成员很快增加到三五十人，成了海外学生团体中很有势力的一个。

梁实秋为大江会作出的最大贡献，应该是主办《大江》季刊了。梁实秋并不喜欢出风头，总以多做些实际工作为满足，并不愿意参与那些组织、联谊、聚会一类的工作，就担当了《大江》季刊的主编。从与国内联系出版、发行事宜，到组稿、编稿、发排、校对等各道工序，他都做得尽心尽力，而且完成得十分出色。

在第一期上，梁实秋撰写了一篇情词并茂、言简意赅的《发刊词》，对大江会的思想原则作了精确的概括说明。据说，《大江》季刊

梁实秋与妻子程季淑

在国内发行后，梁实秋主笔的这篇《发刊词》影响极大。有人把它剪下来贴在墙上，以便时常阅读；有的学生在课业的文章里，整段地剽窃它；甚至有人见到，连北大的校役（校工）也在传抄此文。

梁实秋和闻一多还为大江会策划了另一份刊物《河图》，以宣扬中华文化的国家主义。两人除了自己积极创作外，还四处筹集稿件。可惜的是，这份内容集中了各方面精华的文化刊物，却因各种原因而没能问世。

梁实秋的政治与文艺事业干得踌躇满志、风风光光；学习也一帆风顺，得遇令他终身敬仰的恩师白璧德教授。但此时却传来了令他紧张兮兮的消息——留在国内的未婚妻程季淑在来信里说，她的叔叔正在给她物色结婚的对象。这让梁实秋一时不知如何是好。

程季淑自幼丧父，由她的叔叔抚养长大。当时，很多人对自由恋爱并不认可，长辈大多数还是倾向于父母之命、媒妁之言。梁实秋与程季淑虽然是经人介绍相识的，但只能算是自由恋爱。到了梁实秋出国时，两人的感情已经非常深厚了。临行前夕，程季淑送给梁实秋一块自己亲手绣的"平湖秋月图"丝帕。梁实秋一直珍藏着，甚至用一个极其精致的画框装裱起来。每当想念程季淑时，他便拿出丝帕来，仿佛见到了伊人。3年以来，两人也一直鸿雁传书，慰藉彼此的相思之苦。

得知这个消息，梁实秋再也待不下去了。幸好他的学业已经完成，虽然奖学金可以用5年，而他现在才待了3年。但为了不让心爱的未婚妻嫁为他人妇，梁实秋把学业的问题一处理完，即匆匆打点好行装，踏上了回国的路途。

● ● ● ● ●【人物小传】● ● ● ● ●

梁实秋(1902—1987),号均默,原名梁治华,字实秋,笔名子佳、秋郎、程淑等,祖籍浙江杭州,出生于北京。著名文学评论家、现代作家、翻译家。

1915 年考入清华学校。1919 年与闻一多等人成立清华文学社。1923 年赴美国科罗拉多大学、哈佛大学留学,参与创立大江会。1926 年回国。曾在暨南大学等校任教,同时兼任上海《时事新报》副刊《青光》编辑。是新月社主要成员,与徐志摩、闻一多等人创办新月书店,主编《新月》月刊。1931 年执教于青岛大学。1934 年任北京大学教授。1948 年移居香港。次年到台湾,曾任台湾省立师范大学文学院院长等职。1987 年 11 月 3 日在台北病逝。

著有文集《雅舍小品》、《雅舍谈吃》、《看云集》、《偏见集》、《秋室杂文》,长篇散文《槐园梦忆》,学术著作《英国文学史》,主编《远东英汉大辞典》等。是国内第一个研究莎士比亚的权威,终其一生译出巨著《莎士比亚全集》。

梁思成

建筑"凝固的美"与爱人"灵动的美"

梁思成一手开创了中国古代建筑学,为挽救祖国几千年文明所留下的丰富古建筑遗产,耗尽了一生的心血。他和妻子林徽因,对山西古建筑所做的调查和实测工作,不仅有着重大的学术贡献,也使这些埋没在荒野里的众多国宝开始走向世界。他甚至在祖国被日本侵略、亲人在战场牺牲的情况下,为保护日本京都和奈良的古建筑,说服美国将军,拯救下了这些世界人类文明的结晶。他是一个纯粹的学者,永远为着建筑的凝固艺术之美而沉醉。

◎与意中人一同留学

1923 年,梁思成考取"庚子赔款"的奖学金,准备留学美国。然而,一场意外让他的留学时间延迟了,却促成了他和未婚妻林徽因一同留学。第二年,他和刚刚考取半官费的林徽因一起,准备到美国宾夕法尼亚大学学习建筑。这个选择很大程度是受了林徽因的影响,因为林徽因早在多年前随父亲游历欧洲时,就定下了学建筑学的目标。梁思成一向热爱绘画,并模糊地感觉自己是个职业美术家。学建筑很合他的心意,因

梁思成

为建筑也是一门艺术嘛!

　　于是，他们很快就起程到了美国，于 1924 年秋季注册入学。梁思成在清华的密友陈植，与他俩同时注册。他们 3 人一起由中国来美，同在纽约州绮色佳镇的康奈尔大学度过了夏天的几个月，在预备班学习和调整自己来适应新环境。

　　就在这年夏天，梁思成的母亲患癌症已到晚期。8 月中旬，梁思成的父亲梁启超在给一个朋友的信中说，他已决定让梁思成回中国"以尽他应尽的孝道……这病是很痛苦的，她离不开别人的照顾……梁思成的庶母怀孕了，需要他回来帮助"。整整一个月以后，9 月 13 日，他的母亲去世了。然而，梁启超为了儿子的学业，最终还是没有把他叫回家。那时候，即使梁思成坐 3 天横贯大陆的火车，赶上最早一班轮船，进行跨越太平洋的长时间的海上航行，也是无法及时赶到的——除非能像今天一样乘飞机回去。

梁思成与林徽因

　　两个月之后，他们按出国前的安排，进入费城的宾夕法尼亚大学建筑系深造。宾夕法尼亚大学创立于 18 世纪，属于常春藤大学联盟。这所大学的学术风气十分浓厚，历任校长思想活跃，研究院办得也很出色。梁思成等人就读的建筑学研究院，是尤其出色的一所。宾夕法尼亚大学与德克莱赛尔大学毗邻，与哈佛和斯坦福大学被认为是全美最好的 3 所大学。

　　宾大建筑系在 1924 年时是由著名的法国建筑师保尔.P.克雷主持的美术传统的堡垒。克雷本人 1896 年入巴黎美术学校，接受了不仅包括建筑设计和建造的各个方面，也包括深入研究建筑史及简洁漂亮的透视图（及必要的美术字制作）的强化训练。克雷作为巴黎美术学校毕业的高才生，已在建筑和教学两个方面都崭露头角。后来，当他设计的华盛顿泛美联盟大厦、联邦储备局大厦和底特律美术学校这些漂亮建筑物在竞赛中获奖时，他早年的才华得到了充分证明。克雷作为宾大建筑系的教师继续发挥着重大影响，直到 1937 年退休。

　　然而，与梁思成及陈植一道从康奈尔大学来宾大读书的林徽因，却不能进入建筑系，因为建筑系只收男生。好强的林徽因，并没有因此放弃自己学建筑学的梦想,她主修美术系,选修建筑系,最终还是和梁思成在一起学习了。

美国宾夕法尼亚大学

上大学的头一年,林徽因和梁思成之间经历了感情的斗争,有时竟爆发为激烈的争吵。他们二人的脾气、秉性很不相同,在结婚之前的这段时间里,需要好好进行调整。林徽因是一个活泼、开朗的女生;梁思成却是一个严肃、用功的学生,他一辈子都是这样的,这是他的天性。他对他们之间关系的理解,是和他们"没有正式订婚"的状态相符的,也许和林徽因相去甚远。

林徽因正在充分欣赏美国的自由,而她在两性当中受到的欢迎,也是令人陶醉。她已摆脱了她的传统家庭和东方文化的抑制,在新大陆旗开得胜。所以,当梁思成觉得不仅爱她而且还对她负有责任,因而企图控制她的活动的时候,她当然要坚决予以反击了。

梁思成把这种相互斗争,用强烈的措辞描绘给大姐听:"今年梁思成和林徽因已在佛家的地狱里呆了好几个月。他们要闯过刀山剑林,这种人间地狱比真正地狱里的十三拷问室还要可怕。但是如果能改过自新,惩罚之后便是天堂。"他又评说道,"其实我们大家都是在不断再生的循环之中。我们谁也不知道自己一生中要经过几次天堂和几次地狱。"

在大学时代,他们性格上的差异和互补,已经在工作作风上表现出来了。富有文学细胞、满脑子创造性的林徽因,常常先画出一张草图或建筑图样,随着工作的进展,就会提出并采纳各种修正或改进的建议,这些建议又由于提出了更好的意见而被丢弃。当交图的最后期限快到的时候,就是在画图板前加班加点拼命赶工,也交不上所要求的齐齐整整的设计图定稿了。这时候梁思成就会参加进来,以他那准确而漂亮的绘图功夫,把那些乱七八糟的草图变成一张清楚整齐、能够交卷的成品。

他们的这种合作,每个人都向建筑事业贡献出特殊的天赋,在他们日后共同的专业生涯中一直坚持着。

◎潜心于建筑学科

1924 年，梁思成刚刚就读宾大后不久，建筑史教授阿尔弗莱德·古米尔为二年级学生开了一门课，梁思成也参加了。上过几堂课以后，梁思成就跑去找古米尔，说他非常喜欢建筑史，从来不知道世上还有这么有意思的学问。古米尔在回答中，又问了他中国建筑史的情况。梁思成说，据他所知，在中国至今还没有关于这门学问在文字上的东西，中国人从来就不认为建筑是一门艺术，也不重视它，但他本人是怀疑的。

当时，学建筑的都是学断代建筑学。梁思成根据恩斯特·彪胥曼教授的中国特色建筑类型摄影集，做了几次中国建筑方面的习题。这件事深深地刺痛了他，让他多年以后仍然印象深刻。他希望自己能为中国的建筑做些事情。这就可以理解，后来他们夫妻为保护古建筑而所做的那些牺牲了。

在后来的 20 世纪 30 年代和 40 年代，梁思成还不时表示他的遗憾，说自己刚好错过建筑学走向现代的大门口。然而，对于这位注定要领导恢复中国建筑史传统的学院派唯一建筑学家来说，他在美术上训练的某些方面，对他日后的成功非常重要。

梁思成自己就曾提到过，当年宾夕法尼亚大学给建筑史学生出的习题里，有一些对他以后在中国工作中非常有用的例子。典型的习作，是根据适当的风格，完成一座尚未完成的教堂的设计，或重新设计一座凯旋门而在创意上不能背离当时环境，或修复曾被毁坏了的建筑物。另外，他在一些展览会上看到的学生们按比例缩小的罗马建筑图样(曾获罗马奖学金)，也很有用。

梁思成在宾大就读的最后一年中，对意大利文艺复兴时代的建筑进行了广泛研究。从比较草图、正面图及其他建筑特色入手，他追溯了整个时期建筑的发展道路。这种训练的重要性，是怎样强调也不过分的。梁思成当初绘制的文艺复兴时期的建筑图纸，已经很难找到了，但是，他此后 15 年间制作的，表明他对于中国建筑演化历史的理解的一批重要的模拟图，现在还保存着。他的制图本领，在他完成这些作业中无疑是很重要的；至于绘画，他一直是情有独钟。

梁思成虽然学的是建筑专业，但他在音乐和美术方面都有很好的修养。宾大要求学生自己设计作品。他的第一件作品，便是给林徽因做了一面仿古铜镜。那是用一个现代的圆玻璃镜面，镶嵌在仿古铜镜里合成的。铜镜正中刻着两个云冈石窟中的飞天浮雕，飞天的外围是一圈卷草花纹，花环与飞天组合成完美的圆形图案，图案中间刻着"林徽因自鉴之用，梁思成自镌并铸喻其晶莹不疵也"。

梁思成说："做好以后，我拿去让美术系研究东方美术史的教授，鉴定这个镜子的年代。他不懂中文，翻过来正过去看了半天，说从来没见过这么厚的铜镜。从图案看，好像是北魏的，可这上面的文字又不像。最后我告诉教授，这是我的手艺。教授大笑，连说：'Hey！淘气包。'"林徽因也笑得前仰后合。

梁思成在大学时代的卓越才能，可由设计方面的两枚金奖及其他奖励得到证实。尽管如此，有时候他还是感到不满足，并且写信告诉了他父亲。梁启超给他的格言式的忠告是："你觉得自己天才不能负你的理想，又觉得这几年专做呆板工夫生怕会变成画匠。你有这种感觉，便是你的学问在这时期将发生进步的特征，我听见倒喜欢极了。孟子说，'能与人规矩，不能使人巧。'凡学校所教与所学总不外规矩方面的事，若巧则要离了学校方能发现。……至于将来能否大成，大成到怎么程度，当然还是以天才为之分限。我生平最服膺曾文正两句话：'莫问收获，但问耕耘。'……尽自己能力做去，做到那里是那里。如此则可以无入而不自得，而于社会亦总有多少贡献。"

◎学业与婚姻一同圆满

林徽因在宾大期间，遭受了她亲爱的父亲猝然去世的伤痛。在梁思成及他的父亲梁启超的安慰下，才度过了这一痛苦的时刻。为了赡养林徽因那失去依靠的母亲，梁思成必须很快找到工作。从这时起，梁思成的父亲更多考虑的是他的未来，特别是在他回国时给他找一个好的职位。

1927年，梁思成和林徽因都从宾大毕业了。梁思成在2月间被授予建筑学士的学位，7月得到硕士学位。林徽因也在2月以高分得到美术学士的学位，原本4年学业，她用3年就完成了。也许他们最珍视的奖励，莫过于克雷这年夏天请他们当助手。

学业既已完成，一直拖延着的正式订婚的时间也到了。梁启超从天津的来信说得很清楚，他要求严格遵守所有的传统习俗。他请了一位朋友来给两个人对"八字"，找出两人的出生地点和时间以及上三代的名字。作为订婚典礼的信物，他买了两块名贵的玉佩和一对玉印。而当事人远在地球的另一面这个事实，并没有减弱礼仪的隆重。"因婚礼十有八九是在美举行，"梁启超写道，"所以此次文定礼特别庄严、慎重些。晨起谒祖告聘，男女两家皆用全帖遍拜长亲，午间宴大宾，晚间家族欢宴。"并将一份祭告祖先的帖子寄给了梁思成，让他去保管。

　　年轻的梁思成关心自己的前途,丝毫不亚于他的父亲。宾大已经给了他建筑师的资格,但他还想在美国再呆上几个月,以便学会怎样教书。当时他可能已经知道,他父亲正在拼命地让清华要他,尽管清华当时还没有建筑系。不管怎样,他明白,要教书就得对学术文献有更广泛的了解。他尤其想知道的是,关于他特别感兴趣的中国建筑,西方都出版过什么图书。因此,他在 1927 年 8 月向哈佛大学的科学和艺术研究生院提出入学申请,说他的目的是"研究东方建筑","对于那些大厦的研究及其保护的极端重要性,促使我作此选择"。他的申请被接受了。此年 9 月,他就离开费城到剑桥去了。而早已向往着演艺界的林徽因,则决定去耶鲁大学戏剧学院学习舞台设计。

　　梁思成在宾夕法尼亚大学学习期间的某个时候,他的父亲寄给他了一本新近发现的书——《营造法式》(建筑标准)。这本书是宋徽宗的工部侍郎李诫于公元 1100 年所著,于 1103 年出版,是北宋京城宫殿建筑的营造手册。梁启超在寄给儿子以前,曾仔细地阅读了这本书。他在所附的信中评论道:"一千年前有此杰作,可为吾族文化之光宠也已。"梁思成立即读了这本书。他后来承认,自己当时虽然还没有完全读懂,然而已看到,父亲已经给自己打开了一扇研究中国建筑史的重要的大门。

　　与此同时,他想通过哈佛图书馆的藏书,来熟悉用东西方文字写成的其他有关文献。他把 1927—1928 学年的第一学期用来精读。哈佛的东方艺术讲师兰登·华尔纳帮助他找到了主要的参考书,使他懂得了西方人是怎样看待中国艺术和建筑的。

　　这里边的许多材料他都是熟悉的;但这些方面的学科和书籍是如何组织的,却使他很感兴趣——亚瑟·瓦莱和恩奈斯特·芬奈罗萨研究中国绘画,R.L.霍布逊和 A.L.赫瑟林顿研究中国陶瓷,贝尔托尔德·劳福尔研究玉石,奥斯瓦尔德·喜仁龙研究雕刻。当时,西方有两位研究中国建筑史的先行者,一位就是喜仁龙,写过《北京的城墙和城门》(1924 年伦敦版)和《北京的皇家宫殿》(1923 年纽约版);另一位是恩斯特·彪胥曼,他出的书有《图画中国》(1923 年纽约版)和《中国建筑》(1-2 卷,1925 年柏林版)。梁思成在 1947 年对他们作了这样的评论:"他们谁也不懂中国建筑的规律。他们描述中国建筑物,不懂就瞎写。但是两人中喜仁龙稍好一些,他运用了《营造法式》,不过并不经心。"

　　梁思成还在哈佛图书馆里搜求有关建筑的中文书籍,可是藏书很少。他在文章中说,自己除了找到一些散页以外,几乎一无所获。那些散页,有的见于《古今图书集成》,有的是关于寺庙的详细记载。而在日本学者的著作中,有常盘大定和关野贞的几卷关于中国佛教碑刻的书,当时拓片已经印行,而文字尚未出版。

梁思成在哈佛读书的那几个月里,做了一大堆卡片,上面写满了将来可能用得着的注解。但是他也发现,就中国建筑史来说,他学到的东西很少。

1928 年 2 月,梁思成已经学完了他原来想到哈佛学的东西。梁思成要说服林徽因缩短她的舞台设计课程并离开她的新朋友们,可能是困难的。但他现在可以提议结婚。林徽因接受了。他们就去了加拿大渥太华,梁思成大姐的丈夫在那里当总领事。他们于此年 3 月 21 日在总领事馆结婚。这天是宋代为李诫立的碑上的唯一日期,他们选择这个日子,就是为了纪念这位伟大的先辈建筑师。

◎建筑之旅也是幸福之旅

1928 年春夏,两个人离开留学了 4 年的美国,前往欧洲欢度蜜月。

他们的第一站是英国。林徽因是旧地重游,对丝风片云都感到亲切、欢喜;而对于梁思成,这里的一切都是陌生、新鲜的。遵照父亲梁启超的安排,他们蜜月后的旅行主要是考察古建筑。圣保罗大教堂便是他们的第一个目标。

随后是德国。他们在雨中看因斯坦天文台、希腊雅典风格的慕尼黑城门、历时 632 年才建成的北欧最大的哥特式教堂——科隆主教堂。

结束了德国之旅,他们立刻融入了"世界公园之国"瑞士的湖光山色里。

随后他们动身前往意大利。他们很幸运,刚到罗马,就结识了一个名叫塔诺西的姑娘。刚满 20 岁的塔诺西,是大学建筑系三年级的学生,一头金色的柔发,蓝宝石色的眼睛闪着纯情的光。塔诺西能讲一口漂亮的英语。听说林徽因和梁思成是来考察文艺复兴时期古建筑的,她便热情地提出给他们当向导。

梁思成坚持从拜占庭艺术之前的建筑看起,这个建议得到了塔诺西的响应。他们决定先去庞贝古城遗址和古罗马角斗场。

塔诺西是个很合格的向导,她带着他们几乎跑遍了罗马全城。他们看了卡必多山上的建筑群、马西米府邸和维晋察的圆厅别墅。圣彼德大教堂建于 17 世纪初,全部工期曾历时 120 年,是整个文艺复兴建筑中最辉煌的作品。

塔诺西是个十分热情的姑娘,她建议林徽因和梁思成到米兰去,因为那里有一座全世界最大、最有气魄的教堂。他们乘火车赶到米兰。米兰是意大利北部的一座小城市,因米兰大教堂而闻名全球。

他们又一起来到"水城"威尼斯,在这里逗留了两天。他们同塔诺西依依惜别。塔诺西买了一只刻花皮夹和一个大理石小雕像,送给林徽因和梁思成作为纪念。这些都是威尼斯的著名产品。

和他们可爱的向导分别后,两人又来到法国巴黎。在这里,他们参观了枫丹白露宫、罗浮宫、凡尔赛宫等众多美轮美奂的建筑。

由于梁启超发电报来催促儿子尽早做好前赴东北大学任教的准备,他们决定放弃考察其他国家的旅行计划,由水路改道旱路,从巴黎乘火车横穿中欧大陆和苏联茫茫西伯利亚地区回国。

● ● ● ● ● 【人物小传】 ● ● ● ● ●

梁思成(1901—1972),原籍广东新会,出生于日本东京。中国著名建筑史学家、建筑师、城市规划师和教育家。

1924 年入美国宾夕法尼亚大学建筑系、研究院,先后获学士、硕士学位。1927 年在美国哈佛大学研究院肄业。1928 年回国,先后在东北大学、清华大学等校任教。1931 年任中国营造学社法式组主任、中央研究院历史语言研究所通讯研究员。1944 年任教育部战区文物保存委员会副主任。1946 年任美国耶鲁大学聘问教授、联合国大厦设计顾问建筑师,美国普林斯顿大学赠授文学博士。新中国成立后,任中国科学院哲学社会科学学部委员。

梁思成一生从事中国古代建筑的研究和建筑教育事业,致力于保护中国古代建筑和文化遗产,系统地调查、研究了中国古代建筑的历史,是这一学科的开拓者和奠基者。新中国成立后,是国旗、国徽评选委员会顾问,曾参加人民英雄纪念碑等的设计,是首都城市规划工作的推动者,建国以来几项重大设计方案的主持者。与吕彦直、刘敦桢、童寯、杨廷宝合称中国"建筑五宗师"。

林徽因

"嫁"给了建筑学

作为中国现代第一位杰出的女建筑学家,林徽因更为人所津津乐道的,似乎还是她的美貌与文采,以及与徐志摩、金岳霖、梁思成等人之间的感情纠葛,而很少有人注意到她在中国建筑学科上的巨大贡献。其实,她是民国时期才色冠绝、学问不凡的奇女子。

◎美术学与建筑学同修

1924 年,林徽因考取半官费留学,与因车祸耽搁一年的准夫婿梁思成,双双在6 月起程前往美国就读宾夕法尼亚大学,同行的还有陈植。陈植是近代社会名流贤达陈叔通的侄儿,也是去学建筑,后来成为梁思成、林徽因的终生挚友。

海船一路风浪,7 月 6 日他们即抵达北美洲大陆彼岸纽约市绮色佳城的康乃尔大学。他们先在这里利用暑假补习了几门课程。两个月的补习生活,是既快乐又紧张的。他们在这里上预备班,以调整自己来适应新环境。在校友会上,他们结识了许多新朋友。大家畅谈理想,讨论人

林徽因在演出

生意义,唱歌,举办化妆舞会,生活得非常充实而愉悦。

　　两个月之后,梁思成顺利地进入了宾夕法尼亚大学建筑系。林徽因却没能如愿。那时的建筑系不收女学生,因为她们学此专业有诸多不便。幸好,美术系和建筑系同属美术学院,林徽因只好进入美术系,另外选修建筑课程。她一入学,就被安排在三年级,她的注册英文名字叫菲莉斯。

　　宾大美术学院的教学方式独特。学院有一个设备齐全的工作室,学生随时可以进去设计自己的作品。大学的档案表明,从 1926 学年春季开始,林徽因就是建筑设计的业余助教了;而1926—1927 学年她就是建筑设计的业余教师了。不知道她是怎样打破大学规定的,反正从第一年开始,她就和梁思成一起上课了。建筑系一位年轻的教师约翰·哈贝孙,后来是一位著名建筑师,说他们的建筑图作业做得"棒极了"。

　　大学时代,美国学生戏称中国来的是"拳匪学生",非常刻板和死硬。林徽因却是个例外。她活泼、开朗的天性,以及此前有过的一年多的英国生活,使她很快便融入了异国的校园之中,还成了中国留学生学生会里社会委员会的委员。

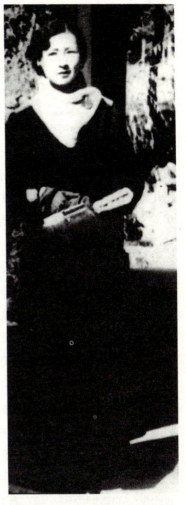

林徽因

林徽因异乎寻常的美丽,聪明活泼,加上一口流利的英语,便于和周围的人搞好关系。

　　美术系三年级共有 4 名学生,林徽因与伊丽莎白·苏特罗的友谊最深。她经常到苏特罗父母的家里做客。苏特罗晚年还依然清晰地记得,林徽因"是一位高雅的、可爱的姑娘,像一件精美的瓷器……而且她具有一种优雅的幽默感"。

　　而她的另一个美国同学比林斯,在 1926 年 1 月 17 日给她的家乡《蒙塔纳报》写了一篇访问记,记述了林徽因在宾大时期的学生生活:"她坐在靠近窗户能够俯视校园中一条小径的椅子上,俯身向一张绘图桌。她那瘦削的身影匍匐在那巨大的建筑习题上,当它同其他 30 到 40 张习题一起挂在巨大的判分室的墙上

时,将会获得很高的奖赏。这样说
并非捕风捉影,因为她的作业总是
得到最高的分数或偶尔得第二。她
不苟言笑,幽默而谦逊,从不把自
己的成就挂在嘴边。"

　　林徽因聪明绝伦,在大学生的
圣诞卡设计竞赛中获了奖。那是用
点彩技法画的一幅圣母像,大有中
世纪欧洲圣母像的苍古感。这件珍
贵的文物,至今保存在该校的档案
馆中。

　　当时中国留学生非常流行自
己演出一些戏剧、话剧。曾经饰演
过齐特拉公主的林徽因,自然是大
家重点发展入社的目标。余上沅在
给胡适的信里提到:"近来在美国
的戏剧同志,已经组织了一个中华
戏剧改进社,社员有林徽音(林徽
因原名)、梁思成、梁实秋、顾一樵、

少女时代的林徽因

瞿士英、张嘉铸、熊佛西、熊正瑾等十余人,分头用功,希望将来有一些贡献。"

　　林徽因留学时期的业余戏剧活动,显然是她获得学士证书后进入耶鲁大学
戏剧学院的重要原因。她在著名的 G.P.帕克教授工作室学习,成为我国第一个
在国外学习现代舞台美术的学生。她的天赋及美术和建筑的基础,使得她得以在
这个专业里同样出类拔萃。那时,常有同学临到交作业时请她救急。其中的一个,
后来成了百老汇有名的舞美设计师。可惜,林徽因由于将主要精力投入到了建筑
研究上,没有能够在这一领域大放光华。她终生只留下了一篇探讨舞台美术的文
章《设计和幕后困难问题》(1931 年 8 月 2 日《北平晨报》"剧刊"22 期)。

　　林徽因用两年时间,如期取得了美术学士学位;又作为建筑系旁听生,竟然
不到两年就受聘担任建筑设计教师助理,不久更成为这门课程的辅导教师。

　　林徽因的公公梁启超在祖国时刻关注着梁思成和林徽因,为孩子们寄来了
国内新发现的古籍《营造法式》,是宋代李诫所著。父亲的关怀,对两个年轻人树
立起献身中国建筑史研究的决心,无疑起到了不小的促进作用。林徽因说过自己

选择建筑学的原因："我曾跟着父亲走遍了欧洲。在旅途中,我第一次产生了学习建筑的梦想。现代西方的古典建筑启发了我,使我充满了要带一些回国的欲望。我们需要一种能使建筑物数百年不朽的良好建筑理论。"

◎有情人终成眷属

梁思成每去女生宿舍约会,总是心情急切;而喜爱打扮的林徽因,对面容、发式、衣袜……哪处都不肯草率,迟迟下不得楼来,经常叫梁思成等个二三十分钟。梁思成的弟弟梁思永为此写了一副对子调侃他们:"林小姐千装万扮始出来;梁公子一等再等终成配",横批是"诚心诚意"。

然而,梁思成的母亲李夫人和梁思成的姐姐,却一直很不喜欢林徽因。她们在给梁思成的信中,对林徽因责难有加。尤其是后来的一封,姐姐谈到母亲已病情加重,称母亲至死也不可能接受林徽因。

林徽因知道后非常伤心。梁思成也左右为难,不知道如何安慰她。林徽因不堪忍受梁家母女的种种非难,更不能忍受他人对自己人格与精神独立的干预,于是告诉梁思成,暑校以后,自己将不再随他去宾夕法尼亚了。她坚持要留在康奈尔大学,她需要这里的湖光山色以医治自己心灵上的创伤。

她甚至开始给狂热追求自己的徐志摩写信,以寻找心理上的慰藉。不久,林徽因病倒了,躺在医院的病床上了,一连几天发着高烧。梁思成对她无微不至的照顾和难以掩饰的焦虑抚慰了她,她最终决定要坚守两人的幸福。

就在他们进入宾夕法尼亚大学不到一个月时,李夫人病逝了。因为他们刚刚入校,一切尚未就绪,梁启超再三致电不让梁思成回国奔丧,只让梁思永一人回去了。

梁思成悲痛欲绝,林徽因便同他在校园后面的山坡上搞了一次小小的祭奠。梁思成焚烧了自己写给母亲的祭文。林徽因采来鲜花绿草,编织了一只花环,挂在松枝上,朝着家乡的方向。

林徽因留学期间,胡适到美国访问过一次。此时的林徽因非常思念故国与亲人,所以经常十分烦恼、苦痛,她把自己说成是"精神充军"。林徽因替费城教育会写信请胡适来讲演,主要意图还是借机与老大哥说说话。此前林徽因虽和胡适有过接触,但未必是能够对话的朋友。胡适眼里的林徽因,除了是徐志摩的追求对象和梁思成的定局佳偶,更多的还是个聪慧的中学生、年幼的小妹妹。

林徽因摊开信纸真要下笔时,却感到有点唐突,甚至刚见胡适时,她还有些不自在。幸亏胡适有绅士气度，最终消解了她的忐忑。如愿的交谈，对林徽因来说无异于久旱逢甘霖，也引起了她的万千感触。他们的话题很广，从宗教、政治到教育，特别是人事，人事里又少不了谈徐志摩。

林徽因与梁思成离开北京后，徐志摩又与陆小曼陷入热恋，3 年来发生的许多事情，万里迢迢，不免误会。经胡适排解，她的那些疑窦，一一都清楚了。她往日里还以为深知的徐志摩，其实并未真正了解他，或许还误伤过他。

林徽因与胡适交谈之后，便检出徐志摩所有的来信又翻阅了一遍，这才逐渐看清楚了这位浪漫诗人。她请老大哥转告徐志摩，希求彼此谅解，用徐志摩常说的话就是，"让过去的算过去的"，"不必重提了，永远纪念着"。

而林徽因与梁思成，这一对朝夕相伴的年轻人，彼此日益依恋，感情弥笃。不幸的是，林徽因的父亲林长民，在 1925 年猝然身亡。这对林徽因来说，不异于晴天霹雳，因为她和父亲的感情非常深厚。她又担心家里失去经济来源，故难以专心在美国的学业，渴望立即回国，却遭到母亲和梁启超的劝阻。梁启超在给梁思成的信中说："徽音留学总要以和你同时归国为度。学费不成问题，只算我多一个女儿在外留学便了。"

林徽因又考虑到先在美国打工一年，自己解决留美经费，结果仍然未能得到梁启超的同意。林徽因具有独立的性格，如此受到梁家恩惠，她不能不产生寄人篱下的懊丧之感。此前她从未有过忧患和屈辱的意识，现在才真切感受到了立足社会的压力。

几天后梁启超就着手兑现，致信问梁思成："林徽因留学费用还能支撑多少时间？"嘱他立刻回告，以便筹款及时寄到。当时，梁家的经济也并不宽裕。梁启超准备动用股票利息解难，甚至说了这样的话："只好对付一天是一天，明年再说明年的话。"

由此可见，梁启超早已把林徽因提前纳入为家庭的一员了，对林徽因多了一份舐犊之情。在给海外子女的信中，他牵挂着孩子们："思成、徽音性情皆近狷急，我深怕他们受此刺激后，于身体上、精神上皆生不良的影响。他们总要努力震摄自己，免令老人担心才好。"在梁家一家人的支持和鼓励下，林徽因终于走出了痛苦和困境。

1927 年 9 月，林徽因结束了在宾夕法尼亚大学的学业，获得了美术学士学位，4 年学业 3 年完成；同时转入耶鲁大学戏剧学院，在 G.P.帕克教授的工作室学习舞台美术半年，成为我国第一位在国外学习舞美的学生。这年 2 月，梁思成也完成了宾大课程，获得建筑学士学位，为研究东方建筑，转入哈佛大学研究生院，半年之后获得建筑学硕士学位。翌年 2 月,他们各自完成了学业,便开始了蜜月之旅。

早在 1927 年底,梁启超就在国内为海外的梁思成、林徽因举行了隆重的订婚仪式。遵照梁启超的吩咐,林徽因和梁思成的结婚大礼,3 个月后在加拿大首都渥太华举办。他们选定 3 月 21 日,为的是纪念宋代建筑家李诚——这一天是宋代李诚碑刻上留存的日期,也是关于李诚资料中唯一的日期。几年后,他们的新生男孩又取名为"从诫"。曾经阻挠他们婚姻的大姐梁思顺倒成了婚礼的操办人,她丈夫周国贤此时正担任中国驻加拿大总领事。他们没有按照梁启超的意思在教堂里举行仪式,而是将婚礼改到了总领事馆。

林徽因纵然受了近 4 年的美国文明的熏陶,看上去似乎相当洋气,可她的骨子里仍流淌着中国的血脉。在人生的这一重大时刻,她的思绪还在遥远的故国。因此,她不愿穿一身白纱,照行完全西化的婚礼。渥太华找不到鲜红的凤冠霞帔,她便自己缝制了一套东方色彩的婚服,领口、袖口都配上宽条彩边。在婚礼上,她就穿着这套衣服,戴着饰有嵌珠的头饰,左右垂下两条彩缎。参加婚礼的记者,把梁思成、林徽因的结婚照登上报纸,引起了当地的一阵轰动。

●　●　●　●　●　●【人物小传】●　●　●　●　●　●

林徽因(1904—1955),原名林徽音,福建闽侯(今属福州)人。中国现代著名建筑师、建筑学家、作家,新月派诗人之一。

她出生于一个官僚知识分子家庭。父亲林长民早年留学日本,是新派人物。1916 年,因其父在北洋政府任职,举家迁往北京,她就读于英国教会办的北京培华女中。1920 年 4 月随其父游历欧洲,在伦敦受到房东女建筑师影响,立下攻读建筑学的志向。1924 年 6 月与梁启超长子梁思成一同赴美攻读建筑学。1927 年夏从宾夕法尼亚大学美术学院毕业后,又入耶鲁大学戏剧学院学习舞台美术设计半年。1928 年春同梁思成结婚。同年 8 月夫妻偕同回国,一起受聘于东北大学建筑系。

1949 年 9 月到 1950 年 6 月,他们夫妻与清华大学建筑系的另几位教师,一起完成了中华人民共和国国徽图案的设计任务,并参加天安门人民英雄纪念碑的设计。1950 年被任命为北京计划委员会委员,对首都城建总体规划提出了有远见的意见。1955 年 4 月 1 日清晨去世,年仅 51 岁。

林徽因是中国第一位女性建筑学家,新中国成立后第一代桥梁建筑专家。上世纪 30 年代初,她与夫婿梁思成一道,用现代科学方法研究中国古代建筑,而成为这个学术领域的开拓者。同时,她也被胡适誉为中国一代才女。她的文学著作包括散文、诗歌、小说、剧本、译文和书信等,其中代表作为小说《你是人间四月天》、《九十九度中》等。

贺 麟

"读最好的书,领会最好的思想"

"要读世界上最好的书,以古人为友,领会最好的思想。"这是贺麟一直以来立下的志愿。那时他还只有13岁,虽然身材矮小、身体瘦弱,心中却有了如此宏大的理想。因为从儿时起,他就对儒学尤其是宋明理学,有着不同寻常的兴趣,虽只是一知半解、浅尝粗义,却为他后来研习国学打下了基础。

◎走入哲学和翻译之门

1919年,18岁的贺麟考入北京清华学堂,在这里遇到了名师梁启超。此时,著名学者梁漱溟亦正客居清华园讲学。贺麟不光听他们讲学,还经常拜访他们,当面求教。在梁启超和梁漱溟的讲授中,他们对王阳明哲学的充分推崇与精深讲解,更给贺麟以深刻的影响。几十年以后,他所创立的"新心学",显然与王阳明哲学有着不可分割的联系。可以说,是梁启超、梁漱溟这两位国学大师,将他引进了国学研究的大门。

贺麟后来之所以走上翻译、介绍西方学术思想之路,尚得力于另一位良师。1924年,著名翻译家、《学衡》杂志主编吴宓,到清华大学任国学研究所主任。吴宓

贺麟

在清华首次开设翻译课。贺麟与另两位好友张荫麟、陈铨3人最得吴宓赏识,人称"吴门三杰"。

在吴宓的影响和帮助下,贺麟不仅对翻译产生了浓厚的兴趣,在翻译理论的研究上也开始有了自己的见解。他还打算"步吴宓先生介绍西方古典文学的后尘,以介绍和传播西方古典哲学为自己终生的'志业'"。在清华期间,"二梁"将他领进中国古典殿堂,吴宓则是将其引进翻译领域,并使其初步确立以翻译、介绍西方思想文化为自己的终身事业。

1926 年夏,贺麟毕业于清华大学。他在清华时,正好是五四运动到北伐战争期间。也许是受到时代的浸染和文化的熏陶,他在此年便树立了"学术救国"的信念,决定远涉重洋,赴美求学,希望学得欧洲古典哲学这个西方文化的正宗,并把它介绍到中国来,借以帮助解决中国的根本问题。

出国前,贺麟与同学张荫麟握别时曾互相勉励:一个人没有学问要受人歧视,一个民族没有学问同样也要受人歧视。

◎获得奥柏林大学文学学士学位

1926 年 8 月,贺麟乘一艘美国客轮离开祖国,踏上了"取经"之路。9 月,他来到美国,插入俄亥俄州的奥柏林大学哲学系三年级,开始学习西方古典哲学。在奥柏林大学,贺麟选修了拉丁文、心理学、哲学史、宗教哲学、伦理学以及圣经等课程。

贺麟在奥柏林大学两年的求学中,最大的收获就是接受了斯宾诺莎的"实体"学说,并由此跨进了德国古典哲学的大门。在奥柏林大学老师的引导下,他对斯宾诺莎哲学产生了浓厚的兴趣。在认真研读其代表作《伦理学》的过程中,他惊异地发现,隐藏在著作中那些枯燥、晦涩的"公理"、"定理"、"证明"后面的,是一个伟大的灵魂对世界人生的玄鉴深思,如同大自然一样宁静自在而又内蕴丰富。

追求"情理合一"的贺麟,对斯宾诺莎的学说一见倾心,并在纪念斯宾诺莎逝世 250 周年之际,专门写了一篇研究其思想的文章。他认为:斯宾诺莎所说的人们受到利欲、情感的奴役,要解除它就需求助于理性,于是产生自觉的道德的思想,与中国宋儒"存天理,灭人欲"的思想倾向很相似;而斯宾诺莎所说的"实体"或"上帝"其实就是自然,理性所要认识的就是这不生不灭的"实体",这与主张"齐物我,一天地"的庄周思想也颇为接近。

正是由于受到斯宾诺莎哲学和人品的影响,贺麟遂立志要把斯宾诺莎哲学思想翻译介绍到中国来。而这一工作,成了他后来一生治学的重要内容之一。

1927年,为纪念斯宾诺莎逝世250周年,耶顿夫人在家组办了读书会。贺麟是该读书会的7位成员之一。耶顿夫人原本教授伦理学,但在课外还给贺麟等几位同学讲黑格尔和斯宾诺莎哲学。"由于她的启发,奠定了我后来研究黑格尔和斯宾诺莎哲学的方向和基础,所以她是我永生难忘、终身受益的老师。"贺麟后来这样深情回忆说。

此年暑假,贺麟加入设在芝加哥泰勒沙龙的东方学生会(3年后,贺麟成为东方学生会的主席)。当时,北伐胜利挺进的消息传到了美国。贺麟极其兴奋,在东方学生会举办的学术会议上,宣读了论文《中国革命的哲学基础》(所谓"中国革命",指的是广东革命军挥师北伐)。该文后来发表于《清华周刊》英文版。

此年10月,贺麟又在著名的《东方杂志》第24卷第19期发表《西洋机械人生观最近之论战》,该文后收入《近代唯心论简释》。

在学习期间,贺麟先后撰写了《神话的本质和理论》、《魔术》、《村社制度研究》、《结婚、离婚的历史和伦理》、《论述吉伍勒的伦理思想》等论文,后来皆收入其《哲学与哲学史论文集》。

1928年2月,贺麟以优异的成绩从奥柏林大学毕业,以《斯宾诺莎哲学的宗教方面》为论文题目,获得文学学士学位。

◎获得哈佛大学哲学硕士学位

同年,贺麟转入芝加哥大学专攻哲学。在该校,他选习了米德教授的黑格尔精神现象学、柏格森生命哲学课程,斯密士教授的格林、布拉德雷、西吉微克、摩尔的伦理学课程,以及塔尔兹教授的政治伦理课程。贺麟十分推崇格林哲学,并开始接受新黑格尔主义思想,写成《托马斯·希·格林》一文。另外,他还在《芝加哥道德论坛》上发表了《中国革命胜利的主导思想》。

但他很快就因为不满于在芝加哥大学偶尔碰见的那种课上空谈经验的实用主义者,在下半年转往哈佛大学,"目的在进一步学习古典哲学家的哲学"。因哈佛极重欧洲古典哲学,而这正合了贺麟对古典哲学的兴趣。贺麟在哈佛大学选听了康德哲学、斯宾诺莎哲学等课程,及英国著名哲学家罗素的学术演讲。

在哈佛,贺麟通过刻苦努力,终于攻下了欧洲古典哲学中康德哲学这一大难关,为其进一步深入理解和研究古典哲学打下了坚实的基础。此间,他还有幸听

哈佛大学

过大哲学家怀特海的几门课,并曾与同学沈有鼎、谢幼伟到怀特海家里做客,共同探讨中西哲学问题。

在贺麟的印象中,怀特海的风貌很像宋儒程颢,光风霁月般潇洒而又自然朴真,其对世界、人生的看法与感受,既深刻独到而又丰富生动。

直到多年以后,贺麟还牢记着当年怀特海教授对他的教诲:"我们不要以学习的态度去研究哲学史,要如同研究现在的实实在在的事情一样去研究。"

贺麟在听了霍金教授的形而上学一课后,写成论文《斯宾诺莎身心平行论的意义及其批评者》。霍金教授认为他的论文有创新思想,即给评以满分。随后,贺麟根据霍金教授的意见,又对论文加以了补充、修改。

贺麟一直都有日记的习惯,他把在哈佛大学的学习情况和一些读书感悟,都一一写进了日记里:"哈佛大学的环境和心境都寂静得有些孤闷,唯一可做想做的便是看书。每天都很有规律地到哈佛—燕京图书馆,左翻右翻的看一大堆书。草草用过午饭,又回到图书馆看书。5时正,图书馆关门,才收拾好当天抄下的笔记,数数看,书翻得不少,蛮满足的,就着带这一点满足感,洋溢而喜气缓慢地走回寄寓的 Friend Inn。这样的生活,说实话,虽然孤闷,却又使我第一次真正地感到自己像一位学者。"

在他的日记中,还常常记述自己论文的摘要。他写好《道德和审美的价值》一文后,即将此文的大意总结在日记之中。其中更多的还是读书笔记,是他看过一本书以后对人物、事件的理解和看法。如他读过蒋荫麟评胡适《白话文学史》之后,便深感荫麟"对于李白人格之了解,远胜胡适"。蒋荫麟如何了解李白呢?贺麟精辟地指出:"荫麟谓李白一生实一无穷之冲突,卑抑与高傲的冲突,入世与出世的冲突。"其识见确实是目光如炬。

贺麟在读毕《孙中山与中华民国》一书后,对"中山一生艰苦卓绝之精神,实令贪夫廉,懦夫立"一句表示了不同的看法。他认为:今日的社会,贪夫、懦夫处处充斥,什么样的中山精神,也实在难以令这些贪夫、懦夫有所改变。

他也在日记中表达过自己对国家和民族的关切。他写道:"还仍在作出点点的努力,一方面讲授中国文化的厚德观念,一方面教导学生爱己爱人。不过以一个渺小的读书人的力量,去承担一个知识学人的使命,能作出的贡献,到底有多少,这恐怕不能去计数了。"

1929 年,贺麟完成了他在哈佛大学的学业,以两篇论文《道德价值与美学价值》、《自然的目的论》,获得哲学硕士学位。次年,本该留在哈佛继续攻读博士的他,却做出了一个令人意外的决定——要去德国学习。

◎来到黑格尔故乡继续学习

在美国求学期间,贺麟通过听课、看书,对黑格尔哲学有了一定的了解。哲学方面的相关课程,一是芝加哥大学实用主义者米德开的哲学史;二是哈佛大学新黑格尔主义者霍金开的形而上学;三是在波士顿大学旁听人格主义领袖布莱特曼开的黑格尔逻辑学。另外,美国新黑格尔主义领袖鲁一士的《近代唯心论演讲集》和《近代哲学的精神》这两本著作,也给贺麟理解黑格尔哲学以很大的启发和帮助。

但他总有一种众说纷纭、莫衷一是的感觉,总感到对黑格尔学说的了解犹如隔靴搔痒,并没有真正深入到里面去。随着自己对以康德、黑格尔为代表的德国古典哲学兴趣的日益浓厚,贺麟越来越深感在美国难以学到其精髓。

于是,贺麟谢绝了哈佛大学教授乌尔夫要他继续攻读博士学位的挽留,于1930 年夏从纽约乘船横跨大西洋,远赴康德、黑格尔的故乡——德国。他在经过短期的德文和拉丁文补习后,即进入柏林大学。

贺麟立刻感受到,德国人对纯粹哲学的兴趣与爱好远远胜过美国人。柏林大学最大的课便是哲学概论,能容纳2000 人的大课堂总是挤得满满的,主讲人经常是那些学问与口才都甚佳的老教授。"那样隆重,我像是在参加教堂的礼拜。"他这样形容当时的情形。

他选修了迈尔教授的哲学史、著名哲学家哈特曼教授的历史哲学,还研读了有关黑格尔生平及其学说的德文论著,如克朗纳的《从康德到黑格尔》、格罗克纳的《黑格尔》、哈特曼的《黑格尔》、狄尔泰的《青年黑格尔的历史》等。

在这些学者中,以哈特曼教授对贺麟的影响最大。他使贺麟认识到,辩证法在黑格尔哲学体系中的核心作用。贺麟先后听过 3 位教授讲黑格尔、历史哲学课程,并对哈特曼对黑格尔辩证法的独到见解深为膺服。

哈特曼认为,黑格尔的辩证法,是一天才的直观的整体,是一种艺术,有其必然性。但这个必然性的规律,与普通的规律很不相同。它不是一般的抽象的理智方法,没有通常所说的 3 个规律,而是一种体验精神生活的方法。

贺麟以为哈特曼教授真正抓住了黑格尔辩证法的真谛,并在回国后发表的《辩证法与辩证观》一文中,引证和发挥了哈特曼的观点,反对把辩证法简单地归结为 3 个规律的做法。

1930 年 8 月,贺麟完成了其留学和科研生涯中具有里程碑意义的论文——《朱熹与黑格尔太极说之比较观》。贺麟试图把儒家传统哲学同西方哲学融合起来,以推进儒家哲学的现代化,这是他开始从事中西哲学比较的标志。贺麟说:"我是想从对勘比较朱熹的太极和黑格尔的绝对理念的异同,来阐发两家的学说。这篇文章表现了我的一个研究方向或特点,就是要走中西哲学比较参证、融会贯通的道路。"

此前,为纪念黑格尔逝世 100 周年,贺麟还在《国风》半月刊上发表了一篇《黑格尔学述》译序。

贺麟结识了著名的斯宾诺莎专家、国际斯宾诺莎学会秘书长犹太人格希哈特,并被邀请到法兰克福附近的"金溪村舍"做客。由格希哈特介绍,贺麟加入了国际斯宾诺莎学会。

通过整整一年的紧张学习,贺麟的学业也在此时圆满完成了。

翌年 8 月,贺麟结束了 5 年的欧美求学生涯,自柏林出发,经欧亚铁路回到祖国,受聘于北京大学,主讲哲学问题、西方现代哲学、伦理学等课程。

● ● ● ● ● ●【人物小传】● ● ● ● ● ●

贺麟(1902—1991),字子诏,四川省金堂县杨柳沟村人。我国著名的思想家、西方哲学史家和翻译家。

贺麟出生于一个乡绅家庭,父亲是一位旧式秀才,曾主持乡里和县里的教育事务。贺麟 8 岁入私塾读书,虽然所学仍不外四书、五经,且重在记诵而轻视理解,但他却凭其聪慧,亦稍能领悟儒家思想之奥义而深受其熏陶,终生热爱上了中华国学。1917 年考入省立联中——石室中学学习。1919 年以优秀成绩考入清华学堂。1926 年赴美国留学,先在奥柏林大学获文学学士学位,后入芝加哥大学、哈佛大学,获哲学硕士学位。1930 年转赴德国柏林大学,专攻德国古典哲学。回国后,长期任教于北京大学哲学系,并在清华大学兼课。1955 年起任中国科学院哲学所研究员。著有《近代唯心主义简释》、《文化与人生》、《当代中国哲学》、《现代西方哲学讲演集》等。

赵忠尧

本应在留学期间就获得诺贝尔奖

1927年，清华大学教员赵忠尧，告别70岁高龄的老母和新婚不久的妻子郑统英，靠自筹经费赴美国留学，攻读博士学位。

到大洋彼岸之后，他考入著名的加州理工学院研究院，师从该校校长、1923年诺贝尔奖获得者密立根教授。密立根教授起初给赵忠尧一个利用光学干涉仪的论文题目，并直接指导他的研究员告诉他："你只要测量这个光学干涉仪上花纹的周年变化，就可以在两年以内得出结果，获得学位。"

◎"不知天高地厚"

听了密立根教授的话以后，赵忠尧沉默了。他觉得，这样的研究过于简单。他只身远涉重洋来到美国，并不只是为了一张博士文凭，而是要学到真本事，回国后能派上用场，圆自己的科学救国梦。他请求密立根教授，能否可以更换一个可以学到更多东西的题目。

当时学校有个惯例，导师给什么题目，学生就得做什么。密立根教授尽管感到意外，显得不高兴，但过了一段时间，还是给赵忠尧换了一个"硬 γ 射线

中年时代的赵忠尧

赵忠尧(二排右二)在美国加州理工学院与师生们合影

通过物质时的吸收系数"的题目,并说:"这个题目你考虑一下。"

从1916年开始就担任美国物理学会主席的密立根,说惯了官场的客套话,实际上是不容赵忠尧再考虑的。偏偏赵忠尧又过分老实,再加上心高,还嫌这个题目简单,竟回答说:"好,我考虑一下。"

密立根教授一听,不禁火冒三丈,毫不客气地嚷道:"这个题目很有意思,相当重要。我们看了你的成绩,觉得你比较合适。你要是不做,告诉我就是了,不必再考虑。"

看见导师严厉的目光,赵忠尧连忙表示愿意接受这个题目。

多年后,赵忠尧在谈起这件事时说:"回想起来,密立根教授为我选择的这个题目,不仅能学到实验技术,物理上也是极有意义的。这一点,我在以后才逐渐有深刻体会。"

说来有趣,过了许多日子,在赵忠尧的博士论文交教授们评议时,密立根还翻出旧账来当笑话讲:"这个人不知天高地厚,我那时给他这个题目,他还说要考虑考虑。"惹得教授们哈哈大笑。

不过,这笑声是善意的,赵忠尧的论文在评分时得了优等。

◎埋没了 60 年的伟大成就

接受了密立根教授安排的题目后,赵忠尧便开始全身心地投入到研究当中。实验室里工作异常紧张,他常常上午上课,下午准备仪器,晚上则熬夜取数据。夜间,必须每隔半小时测一次数据,只能让闹钟半小时闹一次,以获得断断续续的短暂睡眠。

留学并没有使赵忠尧洋派起来,他衣着朴素,没有任何不良嗜好,甚至连跳舞也不会,只是一门心思学习和研究。

日子一天天地过去,赵忠尧终于从实验中发现了奇迹:当选定的硬 Y 射线通过重元素时,那个用于吸收系数的克莱因·仁科公式出现了偏差,也就是人们常说的"反常现象"。赵忠尧将研究结果整理成文。但由于实验结果与密立根的预期不符,密立根不敢相信。3 个月后,密立根还不表态。

无奈中,赵忠尧只好求助于直接辅导他的鲍恩教授。了解实验全过程的鲍恩,终于说服了密立根。赵忠尧的论文,在 1930 年 5 月 15 日的美国《国家科学院院报》上发表。

接着,赵忠尧取消了渴望已久的暑假旅行,又一头钻进实验之中。此年 9 月,赵忠尧发现,与"异常吸收"同时存在的还有"额外散辐射",故又写出题为《硬 Y 射线的散射》的论文,发表在美国《物理评论》杂志上。

与赵忠尧同为密立根教授博士研究生的安德逊,此时正在赵忠尧的隔壁做论文,他对赵忠尧的实验表现出了极大的兴趣和关注。1932 年,安德逊因发现正电子径迹而获得诺贝尔奖。这时,人们才认识到:赵忠尧才是最早的发现者。

然而,由于历史等原因,西方某些学者肆意抹杀赵忠尧的贡献,歪曲这个结果长达 60 年之久。

直到上世纪 80 年代末,杨振宁教授花了大量精力收集分析资料,于 1990 年在《国际现代物理杂志》上著文,才恢复了

青年时代的赵忠尧

历史的真相。杨振宁在列举史实后,非常愤慨地说:"这就太不公平了!""所以我要写文章纠正这一令人遗憾的事,澄清事实,以正视听。"

丁肇中教授也曾动情地说:"要不是赵教授在 30 年代对正负电子湮没发现作出的巨大贡献,我们就不可能有正负电子对撞机,也就没有今天的物理研究。"

诺贝尔物理学奖委员会前主任爱克斯朋,在 1997 年撰写的一篇文章中,坦诚地写道:"……书中有一处令人不安的遗漏。在谈到有关在重靶上高能(2.65 兆伏)伽马射线的反常吸收和辐射这个研究成果时,书中没有提到中国的物理学家赵忠尧,尽管他是最早发现硬伽马射线反常吸收者之一。赵忠尧在世界物理学家心中,是实实在在的诺贝尔奖得主! "

◎ 中国第一台加速器的诞生

在中国科技大学, 至今仍保存着由赵忠尧主持建造的中国最早的加速器——70 万伏质子静电加速器。这台加速器,为我国原子核科学事业的起步及培养核物理研究人才,作出过重大贡献。被周培源教授称为"我国核物理的鼻祖"的赵忠尧,为建成中国的加速器历尽艰辛。

早在上世纪 30 年代,赵忠尧学成归国之后,任教于西南联合大学。他和张文裕教授合计,要在国内开展核物理研究,刚开始时起码要有一台加速器。于是,他们跑了两年杂货摊,但除了找敲水壶的工匠制作了一只铜球,搞到一点输送带,建了一个架子外,其他一无所获。最后,在战乱中他们不得不放弃了这个多少有些天真的计划。

1946 年夏,美国在太平洋进行原子弹试验。赵忠尧受中央研究院推荐,作为中国唯一的科学家代表前去参观。此后,他再去美国,便利用中央研究院汇去的少量经费,购买国内难以买到的加速器部件,连同几年来先后采购的实验器材,准备运回祖国,以实现他 20 年前的那个梦想——正负电子对撞。

不久以后,新中国成立的消息传到美国,加速了赵忠尧回国的进程。赵忠尧利用 1949—1950 年中美之间短暂的通航时期,设法将三十多箱器材从与国民党当局有联系的仓库中取出,办理了托运回国的手续。1950 年 6 月,赵忠尧设法登上"威尔逊总统"号,从洛杉矶起程回国。可一上舰,美国联邦调查局的人就来找麻烦,扣留了他最宝贵的物理书籍和期刊。

船到日本横滨,他和另外两个从美国回来的人,被美军便衣叫去搜查,说他携带"原子秘密"回国,工作笔记等物品被抄走,连一块普通肥皂也要拿去检查。

尽管什么也没查到,赵忠尧等3人还是被戴上手铐,投进了日本的巢鸭监狱。

此时,蒋介石的驻日代表前去充当说客,台湾大学校长傅斯年也来电邀他前往教书,但都被赵忠尧严词拒绝。无论多少次审讯,赵忠尧对所谓携"原子秘密"回国的罪名一概否认。后来,美国军警把赵忠尧带向刑场"陪斩"。赵忠尧宁死不屈,坚信谎言终将破产。1950年10月,美国政府慑于世界舆论的巨大压力,只好退让收场。

赵忠尧终于恢复自由,并于1951年初回到北京,任职于中国科学院近代物理研究所。从此,他肩负开创中国核科学研究的使命,利用千辛万苦从美国运回来的器材,建立了我国第一个核物理实验室,并于1955年终于建成我国第一台加速器。赵忠尧多年来的科学梦想,终于在祖国实现了。

1958年,赵忠尧负责筹建中国科技大学近代物理系,并担任系主任。他精心挑选师资,具体落实课程设置、教学大纲和专业教材,亲自编写讲义,讲授《原子核反应》课程,并将1955年建成的加速器运到学校,进行实验和培养人才。他悉心培养的我国几代科技人才中,许多人后来成了我国核物理研究和北京正负电子对撞机、合肥国家同步辐射实验室等国家大科学工程的开拓者与骨干。

●　●　●　●　●　●　【人物小传】　●　●　●　●　●

赵忠尧(1902—1998),浙江诸暨人。著名科学家、教育家,被周培源称为"我国核物理的鼻祖"。1925年毕业于东南大学,并进入清华大学任教。1927年赴美国加利福尼亚州理工学院留学,1930年获理学博士学位。1931年赴英国剑桥大学卡文迪什实验室访问。同年回国,先后任清华大学、云南大学、西南联合大学、中央大学教授。1946年赴美国一些核物理实验室访问,并进行研究工作。1951年回国,历任中国科学院近代物理研究所、原子能研究所、高能物理研究所研究员,高能物理研究所副所长,中国科技大学近代物理系教授、系主任,中国核学会副理事长。1955年当选为中国科学院学部委员。

吴大猷

爱情多磨难，学业创辉煌

吴大猷被誉为"中国物理学之父"，是著名物理学家饶毓泰的得意门生。他毕生献身于科学研究和教育事业，为中国科学的发展作出了重大贡献，在世界物理学界也享有盛誉。而他与阮冠世在留学期间的爱情故事，也被人们传为美谈。

◎历尽千般苦，伉俪同留学

1929年，23岁的吴大猷从南开大学研究院毕业，因为成绩优异留校任教。当时他的导师饶毓泰教授在德国留学，还惦记着这个优秀的学生，希望他能够继续深造，并一直为他寻找机会。终于在两年后，饶毓泰与清华大学叶企孙教授联合推荐吴大猷获得中华教育文化基金会奖学金，赴美国留学。

吴大猷兴冲冲地跑去女友阮冠世那里，告诉她这个好消息。很快，阮冠世也拿到了纽约州一所女子学院的奖学金。一对恋人终于一起踏上了前往异国的轮船。他们想起之前的那些磨难和曲折，不禁感慨万分。

那是吴大猷上大四的时候，他对初入校门的阮冠世一见钟情，喜欢上了这位秀外慧

吴大猷教授

中的姑娘，但是苦于无法表达。过了一段时间，正巧吴大猷受聘给一年级新生上实验课，终于给了他一亲芳泽的机会。阮冠世也对这个才华横溢的师兄和年轻教员很有好感，两人很快就情投意合了。

吴大猷即将毕业，对自己的未来有些迷茫。他的才华是有目共睹的，学校希望他能够留校当助教。而他自己则觉得，留学深造对他的发展更有帮助。但是留校的机会也很难得，他不想放弃，毕竟深爱的女友阮冠世还在这里。

对吴大猷了解颇深的阮冠世，知道他的顾虑，支持他留学的想法，并鼓励他报考清华公费留美。可惜吴大猷落选

吴大猷与阮冠世结婚照

了。旁人都为他感到惋惜，可吴大猷并不觉得遗憾。虽然不能出国，但是能留校教书，与阮冠世在一起，他也很满足了。

这时，阮冠世被诊断出了患有肺病。吴大猷悉心照料她，想起自己老家母亲常做的一种广东民间滋补品隔水文火炖牛肉汤，味道好，又补身子，就去菜市场买好了材料，自己回忆着母亲的做法炖熬起来。炖好以后，托工友送进了女生宿舍。阮冠世接过香喷喷的牛肉汤，非常感动，也总让同室好友们一起品尝。谁尝了都夸味道好，说吴老师不仅学问大，厨艺也高。当然，女孩们又要和她开玩笑了。

但是，阮冠世的病总是时好时坏，缠绵不去，使她的身体十分羸弱。阮冠世才貌出众，和吴大猷堪称一对璧人，一直被无数人所艳羡。但是，因为她的身体情况，有些亲友开始劝吴大猷慎重考虑。看好吴大猷的师长，也担心他为照顾阮冠世而影响到前途。

渐渐地，阮冠世自己也觉得不能耽误吴大猷，忍痛想和他分手，甚至决定答应另一追求者。吴大猷当即拒绝了阮冠世分手的要求，并且对关心自己的亲友们说："生活里如果没有她，我就不会幸福！"

吴大猷在南开任教了两年，终于在恩师饶毓泰的帮助下，与爱人一起留学了。但他自幼丧父，家里经济条件很不宽裕，申请的助学金要负担两个人的生活，有些困难。他只得找远在河南的四姑妈借了3500元钱。四姑妈心疼他，又送了他

美国密歇根大学

500 元钱。他带着这 4000 元钱,与阮冠世于 1931 年 9 月起程奔赴美国。

在前途上依然有许多磨难等待着这对恋人,但是他们彼此都相信,无论什么困难都可以度过。

本来,吴大猷在申请留学补助时,想选择去德国。但是由于语言问题,他只得改成了去美国。助学金申请成功之后,在正式择校的时候却遇到了问题。吴大猷不知道自己该选哪个学校,没有明确的方向,对未来的工作也没有什么打算。而且,他对美国大学的情况不甚了解,更不用说每个学校的物理研究方向及特长了,可以说毫无所知。

所以,他在择校的时候闹了一个大笑话。他从密密麻麻的学校一览表中挑了加州大学、芝加哥大学、密歇根大学和另一所学校。结果收到最后一个所选学校的信函时被称为"女士",他才醒悟,原来这是一所女子大学。

最后他选定了密歇根大学。决定的原因很简单,因为那个学校收费最低。后来他才知道,自己竟然歪打正着,选到了一个非常适合的学校。密歇根大学物理系是美国发展量子力学的中心,仅次于加州大学伯克莱分院和加州理工学院。

在世界物理学,尤其是美国物理学处在快速发展的时候,中国留学生成就的大小,与他们所选择的留学机构的状态有很大的关系。机遇好,选择一个一流的研究中心,师从在前沿领域工作的导师,取得重大成果的可能性就会大许多。所以吴大猷的运气很好,冥冥之中注定了他必定要成为物理学大师。

◎学业创造记录，夫妻相濡以沫

吴大猷一入校，就给导师留下了非常深刻的印象。密歇根大学规定，一年级新生入学后，要修一部分基础课程。吴大猷把自己在南开教授高等力学时编写的讲义拿给导师看，导师发现他已经很好地掌握了基础课的知识，可以不必再修那些课程了。

当初在南开时，因为学校实在找不到合适的人来教授高等力学和现代物理两门高年级课程，只好让吴大猷这个刚刚毕业的年轻教员来教。他受宠若惊之余，也担心自己难以胜任，只好借此机会拼命提升自己，研读了《古典力学》、《热力学》和《量子论》等许多物理学著作。没想到，自己为了胜任工作而自学的那些知识，现在却有了意料之外的大用处。

在密歇根大学求学期间，吴大猷认识了自己人生中的第二位恩师雷道尔。雷道尔是物理系主任，是红外分子光谱研究的鼻祖，还在密歇根组织了著名的暑期理论物理讨论会，几乎欧美所有重要理论物理学家都到会作过报告。每年夏季，美国各地的相关学者和研究生纷纷赴会，密歇根大学物理系一时有美国理论物理的"麦加"之誉。雷道尔在物理学上的研究和理论，甚至在思想、行为上，都对吴大猷有着深远的影响。

吴大猷后来在自己的《回忆》中写道："我知道的、认识的物理学家及其他科学家不少，但是未见有为人简朴、诚实如他（雷道尔）的……十余年我在台湾的发展科学工作中，对若干事的政策及学术之支持态度，可追溯于他的影响，但是我所犯直言之病，辄非由他学来的。"

这位声名卓著的老师，很快就看出吴大猷在物理学方面的过人才华，即毫无顾虑地邀请才入学不久的他参加自己的红外线光谱实验，试着寻觅某些原子的红外光谱。

吴大猷也确实没有辜负雷道尔的信任。他虽然没在光谱上有所突破，却打起了光谱仪的主意。他对红外光谱仪进行了一下改进，设计出了一套分光仪上弯形的狭缝，使光谱仪的性能提升了很多。生产光谱仪的厂家知道后，赶紧采用了这个设计。多年后，吴大猷想起这件事，不无遗憾地笑谈："可惜当时没想到申请专利！"

出众的天资再加上刻苦钻研积累，使吴大猷用了不到一年时间就修完了硕士课程。

　　阮冠世的学业却一直不太顺利。身体羸弱的她总是生病,医药费成了很大的一笔开支。她的奖学金根本不够用,还得靠吴大猷的助学金,这让本来经济就不宽裕的吴大猷生活更加艰难。于是,吴大猷想利用课余时间打工。但是,当时正值美国经济大萧条,找份工作非常困难,即使有报酬也极低,在餐厅里洗一个小时的盘子,也就能换来一顿饭而已。

　　这时,正好有个单位要突击完成一项工程研究,需要找人帮忙,每晚工作10小时,每小时的报酬是50美分,3天下来就是15美元的收入。这对当时的他而言,是不小的一笔收入了。有个朋友告诉了吴大猷这个消息,他毫不犹豫就一口答应下来,很快就开始了工作。

　　吴大猷每天从晚上8点一直干到第二天早晨6点,走出实验室就去上课;下午回到住处,随便休息一会儿,可是屋里闷热难耐,根本无法成眠;吃过晚饭,又要匆匆去实验室。一连3天几乎都没有合过眼,实在把吴大猷累得不轻。不过,为了能有足够的钱给阮冠世治病,再苦再累也值得。毕竟,身边有温柔的她相伴,他心里的满足是难以言表的。

　　等到假期,身边的同学们大多去度假、旅游了,吴大猷依然要继续打工,来支持生活用度。吴大猷是个很乐观的人,常调侃自己是"无钱一身轻",不用担心银行倒闭,就几十块钱在身边。他和阮冠世两个人,平时很少有娱乐的机会,唯一的奢侈消遣就是去看一场电影,还是很久才偶尔去一次。但艰难的生活并没有影响两个人的感情,反而使他们的感情在相濡以沫中更加深厚了。

　　而吴大猷的学业,不但没有因为生活的辛苦而耽误,反而以惊人的速度顺利完成了。他一年时间就修完了硕士课程,再一年就拿到了博士学位,创下了中国留学生获取博士学位的最快记录。他的博士论文,对当时的科学界具有非常重要的意义。

　　他在论文中提出了"铀元素之后是否有一系列14个化学性质相同的元素存在的问题"的理论。这个理论,给因发现9种以上的超铀元素而获得诺贝尔化学奖的西格博士以很大的启发,他在吴大猷的博士论文发表18年后拿到了诺贝尔奖。多年后,西格初次见到吴大猷,高兴地说:"我当年能获奖,应该归功于你的论文。"

　　吴大猷获得博士学位以后,又得到了助学金,可在国外延长一年。他留在密歇根大学,继续跟随雷道尔教授从事光谱学、原子和原子核物理方面的研究。阮冠世则继续攻读硕士学位。这时候,阮冠世因肺病发作,住进医院进行手术,但术后并没有什么效果。1933年冬天,她的病情加重了。学校医院无能为力,只好把她送到纽约市以北的一所疗养院里慢慢休养。吴大猷一有时间就乘火车去看她。

饶毓泰教授于 1932 年回国，任北京大学物理系主任。当他得知吴大猷已获得博士学位即将回国时，便发去聘书，聘请他到北大任教。得知此消息，吴大猷当然非常高兴，不但马上能见到对自己恩同再造的老师了，还能在北大这样的高等学府任教。

但此时，阮冠世的病情虽然稳定了，却还需要疗养一段时间，她的身体状况受不了长途奔波。吴大猷对是否马上回国有些犹豫了。

这时候，善解人意的阮冠世坚决支持他先回国，毕竟机会难得，待自己身体调养好后，也很快就回去。吴大猷考虑再三，为了能如期归国，只好依依不舍地辞别爱人，踏上归途。

阮冠世虽然劝走了吴大猷，但他走后，她在疗养院里已经无法待下去了。第二年春天，她毅然出院，拖着病弱之躯，独自回到了国内，与吴大猷会聚。

● ● ● ● ● ●【人物小传】● ● ● ● ●

吴大猷(1907—2000)，广东高要人。著名物理学家，被誉为"中国物理学之父"。

吴大猷早年毕业于私立南开大学，并留校任教。1931 年赴美国留学，1933 年在密歇根大学获博士学位。1934 年应饶毓泰(时任北京大学物理系主任)之邀，自美回国，任北大物理系教授，从此与北大结下不解之缘。1946 年受当时政府之托出国考察，因国内形势变化而滞留美国，先后任美国哥伦比亚大学研究员、加拿大国家研究院理论物理部主任、美国纽约布鲁克林理工学院教授、美国水牛城纽约州立大学教授兼物理系主任。1962 年受聘兼任台湾"中央研究院"物理所所长。1967 年起兼任台湾"国家科学发展指导委员会"主任委员。1983 年起任台湾"中央研究院"院长。1992 年率台湾物理学家代表团，回到阔别 46 年的北京，北大授予其"名誉教授"称号。著有《科学和教育》、《科学与科学发展》、《吴大猷科学哲学集》、《物理学的历史和哲学》等。

钱学森

他"抵得上 5 个师的兵力"

1935 年 8 月的一天,钱学森从上海滩乘坐美国公司的邮船离开了祖国。黄浦江浊浪翻滚,望着渐渐模糊的上海城,他在心中默默地说:"再见了,祖国。你现在豺狼当道,混乱不堪,我要到美国去学习技术,早日归来为你的复兴效劳。"

类似同时期其他中国留学生,钱学森当年的志愿也是几次更改。

那时,"实业救国"的浪潮正席卷全国,无数年轻人以此制定了自己未来的奋斗目标。高中毕业的钱学森便锁定了火车作为自己的目标,于是,他考入了直属铁道部的(上海)交通大学。正在他埋头苦学、立志以建设中国铁路事业为己任的时候,盘旋在上海上空的日本轰炸机,粉碎了他的梦想。日本绝对优势的制空权,让不少爱国青年警醒了。顿时,很多人投入了航空事业的研究,想造出中国自己的轰炸机、战斗机……

◎来到麻省:研究从地上转到空中

也是在此时,钱学森彻底改变了自己建设铁路的梦想,转而把目光投向高新技术领域的航空业。他开始大量阅读相关书籍,选修了一个外籍教师教授的航空工程

老年钱学森

课。他深知,如果想真正学习到更深的东西,就必须出国,到那些发达国家去学习他们的先进知识。于是,他打定主意一定要出去。

从交通大学毕业以后,钱学森便报考了清华学校的公费留美生。公费就是"庚子赔款"奖学金。

很快,钱学森得到了自己已被录取的好消息。他报考的专业是航空机架,只有一个录取名额,这个专业是在他报考前一年才设立的。钱学森在清华航空工程专业学习了一年时间,成为"波音之父"王助以及另一位航空业专家王士倬的得意弟子。

留学时期的钱学森

1935 年 8 月,钱学森乘坐邮轮横渡太平洋前往美国,接着又转至波士顿这个著名的大学城。美国一文一理的顶级学校——哈佛大学和麻省理工学院都在这里,成为波士顿的骄傲。

钱学森的目的地,是他两位导师的母校麻省理工学院,他选择的专业是航空系飞机机械工程。麻省理工学院精英云集,被誉为"世界理工大学之最",曾有 78 位诺贝尔奖得主在这里学习或工作。作为首屈一指的学校,虽然功课十分繁重,但是钱学森并不觉得辛苦,想学的知识自然多多益善。加上他的数学基础扎实,在交通大学和清华时,理论知识和演算都掌握得很好;而他的母校交通大学,又几乎是全套模仿麻省理工模式,连课程设置、教科书都一样。所以他很快就适应了这里的学习生活。只花了一年时间,他就完成了航空工程硕士的学习,成绩名列前茅。

但有些美国人瞧不起中国人的傲慢态度,让他很恼火。一次,一个美国学生当着钱学森的面,说中国人愚昧无知,男人抽鸦片,女人裹脚。钱学森立刻火了,掷下挑战书:"我们中国作为一个国家,是比你们美国落后,但作为个人,你们谁敢和我比,到期末比谁的成绩好?"美国学生当然清楚钱学森的学习能力,听了伸伸舌头,再也不敢说中国人坏话了。

学工程就要到工厂去实践。当同学们都进入飞机制造厂实习的时候,钱学森却不能参加,因为当时美方规定,美国的飞机制造厂只准许美国学生去实习,不接纳外国学生,以防偷学美国最高航空技术。钱学森在清华的导师王助,当年曾担任著名的波音公司第一任总设计师,由他主持设计出了乙型水上飞机,却竟然不被允许进入测试场地。他受不了这种歧视,于是愤然回国。

麻省理工学院

遇到这种情况,钱学森虽然无比气愤,但是为了能学到更多东西,他忍了下来。不能进飞机工厂学习,就只能继续研究航空工程理论(即应用力学)了,而这也正是他的专长。他知道加州理工学院的冯·卡门教授是航空理论研究的权威,故决定去他所在的加州理工学习。

加州理工学院

在继续深造的问题上,钱学森还与父亲钱均夫发生过争论,钱学森打算下一步攻读航空理论,但父亲回信说中国航天工业落后,落后就要挨打,还是研究飞机制造技术为好。钱学森则告诉父亲,中国在飞机制造领域与西方差得太多,如果掌握了航空理论,就有超越西方的可能。父子俩赌气争执不下。钱均夫老友、钱学森未来岳父蒋百里知道钱家父子的分歧后,对老友说:"你的想法落伍了。"蒋百里说,欧美各国的航空研究已趋向工程、理论一元化,工程是跟着理论走的。钱均夫听了这番话,才应允儿子继续学航天理论。钱学森如释重负,从此对蒋百里感激不尽。

◎转学加州:师从航空科学泰斗

1936 年 10 月,钱学森从波士顿起程,前往西海岸的洛杉矶。他以一贯执著的精神,毫不犹豫的千里迢迢来到洛杉矶市郊帕萨迪纳的加州理工学院,写信求见冯·卡门教授。后来的事,钱学森自己可能都没有想到,他成为了冯·卡门教授的得意弟子,并且成为其中的佼佼者,提升至他的最得力助手之位。

　　钱学森很快就见到了这位闻名遐迩的科学家。他向冯·卡门教授简单介绍了一下自己的情况,请这位泰斗给自己未来的学术研究方向一些指点。冯·卡门看到这个中等个子、仪表庄重、神情严肃的中国年轻人,随口问了他一些问题。令冯·卡门惊讶的是,这个年轻人思维异常敏捷,而且很有智慧,对自己提出的所有问题稍加思索便都迅速、准确地回答了出来。他很喜欢这个小伙子,于是决定把他收入自己门下。

　　冯·卡门是美国工程力学大师、空气动力学权威、航天技术理论开拓者。他是匈牙利籍的犹太人,数学天赋极高,6岁就能心算5位数的乘法,在德国哥廷根大学获得博士学位。1911年发现"卡门涡街",成为飞机、船舶和赛车设计的理论基础,后担任德国亚琛工业大学航空系教授。希特勒上台后,德国法西斯迫害犹太人,他被迫逃往美国,在加州理工学院任教。

　　20世纪30年代初,人类航空科学还处在襁褓之中。冯·卡门是当时这一领域的顶尖人物,后来被誉为"超音速飞行之父"。他使美国的航空事业和宇航事业取得了长足的进步,处于世界领先的地位。81岁时,他被肯尼迪总统授予美国第一枚科学勋章。1970年,月亮上的某一陨石坑被冠以他的名字。

　　钱学森得到了这位大师的肯定,即进入加州理工学院开始正式的学习。他很快就觉得这里很不一样,到处弥漫着创新的气息,整个学校的精神主旨就是创新。学院的民主氛围也非常浓厚,给所有人以充分的自由,可以去听任何科系的课程,导师也欢迎其他专业的学生来听课。召开学术研讨会时,气氛也很活跃,总会有不同的观点针锋相对,一直辩论到最后。

　　加州理工学院对钱学森的影响非常大。他后来很关注国内的教育情况,于是经常谈起自己在加州读书的情景。有一次回忆说:"在这里,拔尖的人才很多,我得和他们竞赛,才能跑到前沿。这里的创新还不能局限于迈小步,那样很快就会被别人超过。你所想的、做的要比别人高出一大截才行。你必须想别人没有想到的东西,说别人没有说过的话。"

　　除了创新,这里还特别注重学生的全面发展,导师们都鼓励理工科的学生提高自身的艺术素养。钱学森受到父亲的影响,从小就学习过音乐和绘画。冯·卡门教授很肯定钱学森在艺术方面的爱好,认为有这些才华很重要。

　　钱学森的学习面很宽,不光专攻航空理论,还选修了物理、生物、化学和数学等各种基础理论课程。还因此跟教授量子化学的鲍林大师(曾获得1954年诺贝尔化学奖和1962年诺贝尔和平奖)成了好朋友,并且一同探讨未来化学的发展。

物理系的保罗.S.爱泼斯坦教授也非常喜欢钱学森。他有一次对冯·卡门教授说，钱学森在他的一个班上听量子力学、相对论等选修课，很出色。他甚至怀疑，钱学森如此聪明是不是有犹太血统。在爱泼斯坦的心目中，只有犹太学生才是最勤奋、最聪明的。

钱学森来到加州理工学院之后，深受这里的气氛感染，思想变得非常活跃，仿佛"一下子脑子就开了窍"。在课堂上和学术研讨会上，他总能机敏地提出一些深刻而复杂的问题，让同学赞叹，让老师骄傲。他敢于构想，更敢于坚持自己的想法，跟学术专家甚至自己的老师都时常辩论得面红耳赤。

有一次，钱学森正在发表自己的学术见解，有一个老人提出了一些不同的观点，钱学森不假思索就用一句话回答了他，当即让这个老人哑口无言。会后，钱学森才听冯·卡门教授说，那个老人原来是航空界鼎鼎有名冯·米赛斯教授。冯·卡门非常为自己的学生得意，认为钱学森那句话回答得好极了。

另一次是钱学森跟冯·卡门教授也因为学术见解的不同而辩论起来。两个人越说越激动，最后冯·卡门很恼火，索性开始摔东西、发脾气。钱学森看到这个情形，知道老师被气坏了，便悄悄地退了出去。没想到，第二天下午冯·卡门竟然来向钱学森道歉，说后来自己考虑了很久，觉得钱学森的见解是对的。正是有这样的学习氛围，有冯·卡门这样胸襟宽广的导师，钱学森的智慧和潜能才被完全激发出来。

就在钱学森进入加州理工的第二年，冯·卡门教授去中国访问，受到当时蒋介石政府的热情欢迎。因此，他也了解了钱学森之所以那么迫切学习航空知识的原因。他对中国受到日本军国主义的侵略非常同情，因为这让他联想到犹太人被德国纳粹迫害的悲惨遭遇。因此冯·卡门教授说过：世界上最聪明的民族有两个，一个是犹太，另一个就是中华。这句话或许就是他认识钱学森和中国之后有感而发的。

钱学森跟随冯·卡门研究的是空气动力学，是航空工程的基础理论，力学的一个分支。钱学森进入空气动力学研究领域的时候，正值从老式的螺旋桨飞机向喷气式飞机发展，追赶甚至超过音速的时代。

这个时候，就碰到了两大科技难题：1.当飞机的速度接近音速时，空气的压缩对飞行器的性能有什么影响；2.寻求超音速飞行器的理论指导与技术设计。

美国当时的航空工业，与欧洲(尤其德国)相比是处于落后阶段的。为了赢得战争，美国解决这两大学术难题已迫在眉睫。而这两个全新的课题，也是冯·卡门教授给钱学森博士论文选择的研究方向。如此重要的课题，没有深厚的理论基础和灵活的科学头脑,是难以完成的。而一旦研究成功,随之而来的荣誉和学术地位,也不是一般简单课题可以相比的。这就可以看出,冯·卡门对钱学森的欣赏和信任,以及真诚为他的未来打算的苦心。

钱学森果然没有辜负这位杰出导师的希望。他把当时全球科学界关于空气动力学方面英文、法文、德文、意大利文的二百多篇文献全都看了,还进行了仔细的分析,以求理清空气动力学的来龙去脉。1939 年,他以《高速气体动力学问题的研究》等 4 篇博士论文,获得加州理工学院航空和数学的双博士学位。这 4 篇论文,解决了上面所述的两大难题,还产生了两个重大的成果——"热障"理论和"卡门 - 钱近似"公式,一举确定了他在世界空气动力学上的重要地位。

1945 年初,钱学森成为以冯·卡门为团长的空军科学咨询团的成员。德国投降后,他随该团的考察小组,到欧洲考察航空和火箭技术。1947 年初,36 岁的钱学森成为麻省理工学院正教授。

钱学森后来在被美国政府监控期间,除了教学受到阻挠以外,并未放弃学术研究。1953 年发表《从地球卫星轨道上起飞》,为低推力飞行力学奠定了基础。次年出版著名的《工程控制论》一书。1955 年回国前夕,他去向冯·卡门告别时,冯·卡门激动地说:"你现在在学术上已经超过了我!"

◎参加"火箭小组",成为火箭先驱

钱学森在学校的出色表现,也赢得了同学们的欣赏和喜爱。因为具有深厚的数学功底和坚实的理论基础,他被同学们拉进一个课外兴趣小组"火箭俱乐部"或称"火箭小组"。谁也没有想到,这个只有 5 个成员的小组,会成为美国历史上最早研制火箭的组织,这 5 个人后来被推崇为美国研制火箭的先驱。

钱学森最早结识的火箭俱乐部成员是史密斯,他和钱学森都是冯·卡门的助手,两个人共用一间实验室。在接触中,史密斯觉得火箭俱乐部里缺少像钱学森这样的理论和计算高手,就把情况告诉了他。钱学森受宠若惊,对这个课题也非常感兴趣,就加入进来了。

火箭小组起初有 4 个人。马林纳是这个小组的发起人和负责人,他是个头脑聪明的年轻人。小组成员的动手能力都很强,大家各有专擅:马林纳、史密斯是航空工程研究生,负责总体设计;帕森是化学专业研究生,负责制造火箭燃料;而福尔曼擅长机械制造;后来加入的钱学森,则负责理论和计算。

人员基本就位了,但是一个关键问题没有解决——资金。因为大家不光是想研究火箭,而是想制造出一个真正的火箭来。5 个人都是穷学生,没有多余的财力投入进去。直到一年之后,小组又吸收了一名专门负责筹款的编外人员——气象系的研究生阿诺德,他帮小组筹集到了 1000 美元的启动资金,这笔钱在当时也算是不小的数目了。

于是,几个人就开始进行设计、制造火箭的伟大工作了。钱学森首先对火箭进行了理论上的分析计算,之后他整理出了一份研究报告,解决了火箭设计中遇到的几个理论问题。这份报告的题目很长《喷嘴发散角度变化对火箭推力的影响;火箭引擎的理想周期;理想效率与理想推力;考虑分子解离效应之燃烧室温度计算》,包括了相关的诸多内容。这份报告被收进他们的《火箭研究课题选集》,该选集被小组成员称为他们的"圣经"。

大家都是利用业余时间。在完成学校的功课之后,马林纳、史密斯几个人就马上跑到工厂的废料库、垃圾场之类的地方,搜寻一切可以利用的材料,再把这些材料修理、拼接、组装,用来制造火箭模型。钱学森为了进行火箭各种参数的计算,常常吃完晚饭后就直奔马林纳家。

虽然大家干劲十足,但因为没有经验,还是出了不少状况,有的甚至很危险。一次是一瓶四氯化碳不小心被碰翻,由于挥发得很快,弥漫了办公楼里的许多房间,呛得人喘不过气来。大家担心中毒,纷纷指责他们的危险行为。

另一次是模拟火箭试验的时候,他们做了一只 8 英寸长的小火箭,用四氯化碳与酒精混合作为燃料。小火箭被吊在实验室的顶棚下面,没想到刚一点燃,火箭尾部就喷出了很多红褐色的气体和泡沫,弄得地上、墙上到处都是,甚至连仪器上都有,使许多仪器的金属表面都被氧化。这两件事让火箭俱乐部从此就有了"自杀俱乐部"、"敢死队"等称号,被全校学生传为笑谈。

然而,最可怕的一次事故出现了,"自杀俱乐部"真的差点自杀。

那是火箭俱乐部成立后第三年。当时他们已经被"收编",他们的研究得到了冯·卡门教授的认可,正式接纳他们为加州理工学院古根海姆航空实验室属下的一个课题组,并且允许他们使用该实验室的设备进行研究。该小组从原本几个学生自发组织的"游击队",变成了"正规军"。

1939 年 3 月的一天,一声巨响惊动了全校。原来,火箭俱乐部的实验又出了状况。这次情况非常危险,他们的火箭忽然爆炸了,还有一块金属碎片飞向了马林纳的座位。幸亏马林纳当时没有坐在那里,未遭厄运,其他几个人也都没有受伤。

因为发生了这起严重的事故,校方为了学生的安全,禁止火箭俱乐部在校园内进行实验。他们只好转换战场,最后选定离学校几公里的阿洛约·塞科山谷,那里有一块干涸的河床。他们就在这里竖立起了火箭发射架。在这个四顾无人的山谷里,他们的实验第一次成功了,一枚小小的探究火箭腾空而起,飞行了一分多钟的时间。

火箭俱乐部发展到这时候,背后已经有了强大的支持,就是美国科学院所属的空军研究委员会。这是冯·卡门教授去华盛顿参加该委员会召开的会议时,接下了为军方重型轰炸机研究助推火箭的任务。

冯·卡门喜欢这个挑战,也希望能为他旗下的火箭小组带来更多的帮助。此后,他亲自主持火箭小组的每周研讨会,指导他们解决各种技术上的难题。终于,在大家齐心合力的努力下,这个代号为"JATO"计划、关系到美国国防的项目终于成功了。作为火箭俱乐部理论支持的钱学森,自然功不可没。

◎与美国共产党的亲密接触

火箭俱乐部的成员们在通力合作科研、整日埋头苦干的同时,也成了非常要好的朋友。钱学森获得博士学位以后,俱乐部的成员们还为他开了庆功会,几个人拿着各自喜欢的乐器一起演奏狂欢。

马林纳是这个小组的发起人、带头人,也是小组的灵魂人物。钱学森经常到他家里做客,偶然结识了马林纳的好朋友 S.威因鲍姆博士,他是加州理工学院化学系的药物学教授。钱学森却不知道,马林纳和威因鲍姆都是美国共产党党员。他更想不到的是,自己会跟美国共产党有更进一步的接触。

威因鲍姆告诉钱学森,自己每周三的晚上会组织一个读书会,有不少志趣相投的朋友参加,他欢迎钱学森加入。爱好广泛的钱学森,跟喜欢音乐和读书的威因鲍姆很快就成了朋友,便应邀来到威因鲍姆的家里。读书会的气氛很融洽,大家一起读书,听听音乐,交流一些心得体会。

在这儿他认识了很多新朋友,大部分都是加州理工学院的教授,包括化学系的杜布诺夫和他的夫人贝丽、生物学博士杜柏诺夫、物理学博士法兰克·奥本海默等,他们也都是美国共产党党员。他们在一起阅读了英国传记作家李顿·斯特雷奇的作品,还有恩格斯关于自然辩证法的名著《反杜林论》。

有时候,他们也会聊些时事。谈起中国的抗日战争,大家都对日本军国主义的野蛮行径十分反感,很同情中国人民遭受的苦难。这让钱学森觉得非常亲切,所以常常来参加读书会。

但是他始终不知道读书会实际上是美国共产党的外围组织，所以并没有加入该组织。读书会只维持了一年左右的时间，就解散了。

没想到，这一年多的读书会，却让钱学森后来差点被美国政府当成共产党抓起来。上世纪50年代是美国政府反对共产党的高峰期，美国联邦调查局很早就在暗中调查美国共产党。因钱学森与马林纳、威因鲍姆的好友关系，便怀疑他也是美国共产党党员。一个潜伏在美国共产党组织内部的间谍提供的名单中，有个名字始终没有找到对应的人。联邦调查局认为钱学森疑似此人，就召开了听证会。最后因为证据不足，只好释放了他。

虽然钱学森并没有加入美国共产党，但是在这一段时期与共产党的交往，或许对他后来对中国共产党产生好感并加入党组织，仍有一定的影响。

●　●　●　●　●　【人物小传】　●　●　●　●　●

钱学森(1911—2009)，原籍浙江杭州，生于上海，3岁时随父到北京，在此度过童年与少年时期。国家杰出贡献科学家，中国航天事业奠基人，航空领域世界级权威，空气动力学学科第三代擎旗人，中国工程控制论创始人，火箭、导弹专家。被誉为"中国导弹之父"、"中国火箭之父"、"导弹之王"、"中国自动化控制之父"。

钱学森于1923年9月进入北京师范大学附属中学学习。1929年9月考入(上海)交通大学机械工程系。1934年6月考取清华大学公费留学生。次年9月进入美国麻省理工学院航空系学习。1936年9月转入美国加州理工学院航空系，师从世界著名空气动力学教授冯·卡门，先后获航空工程硕士学位和航空、数学博士学位，在28岁时就已成为世界知名的空气动力学家。后在美国加州理工学院、麻省理工学院任讲师、副教授、教授以及超音速实验室主任和古根海姆喷气推进研究中心主任。

1950年，钱学森开始争取回归祖国，而当时美国海军次长金布尔声称："钱学森无论走到哪里，都抵得上5个师的兵力。我宁可把他击毙在美国，也不能让他离开。"钱学森由此受到美国政府迫害，遭到软禁，失去自由。历经5年，经过周恩来总理在外交上的不断努力，冲破种种阻力，于1955年回到祖国。

自1958年4月起，钱学森长期担任火箭、导弹和航天器研制的技术领导职务，为中国火箭和导弹技术、航天事业和人造地球卫星的发展，提出了极为重要的实施方案，作出了不可磨灭的巨大贡献。

第二章

留学欧洲

辜鸿铭

走尽西土归华国

辜鸿铭的一切,似乎都是另类的存在。

他的父亲是中国人,母亲是英国人。他出生在马来西亚,成长在英国,却是最执著、最坚定的中国传统文化捍卫者。他一直以冷眼注视着那个热血沸腾的年代,一直站在大多数人的对立面。他被嘲笑为"怪物"、"遗老",但依然故我,依然以华夏子民最自豪、最骄傲的态度,去面对、嗤笑那些被无数国人捧为神灵的洋人。也只有他,在那个全体中国人都疯狂地自厌自弃而去学习"洋大人"的时候,却向那些"崇高的洋大人"宣扬着中国博大精深的文化;以近乎癫狂的偏执态度,去肯定和热爱中国的一切,也不管那些东西是好是坏。他是在用这种近似偏激的方式,来掩盖自己面对中华文化被国人践踏时的痛心。也许时间会证明,他并不一定是错的。

◎少小离家渡重洋

辜鸿铭 1857 年 7 月 18 日生于南洋马来半岛西北槟榔屿(今马来西亚槟城市)的一个橡胶园内。他的父亲辜紫云,当时是英国人布

老年辜鸿铭

朗经营的橡胶园的总管；母亲是英国人。而布朗
因为膝下无子，又喜爱辜鸿铭的聪明伶俐，故将
他收为义子。正是这位布朗先生塑造了辜鸿铭，
使他的人生有了不同寻常的改变。

1867 年，布朗夫妇从马来西亚返回英国，也
将 10 岁的辜鸿铭一同带走了。辜鸿铭从此来到
了一个全新的世界。

此时的英国正在鼎盛期，号称"世界上最强
大的国家"、"日不落帝国"，到处是一片繁荣景
象，一切都是那么令人激动。但是，这个强大的国
家，也许并不是那么完美，也有着许多阴暗的不

青年辜鸿铭

为人知的东西。这些都是辜鸿铭长大之后慢慢体会发现的。但是，当时他还是那
么小，只是用充满好奇的眼睛观察着。

他们回到布朗的家乡——苏格兰的爱丁堡。布朗对辜鸿铭是发自内心的疼
爱，完全把他当做自己的孩子看待。在马来西亚时，布朗就常常给幼小的辜鸿铭
讲述一些自己故乡的事情，有时也会教他认字。辜鸿铭就这样知道了莎士比亚、
培根、弥尔顿。现在已经 10 岁的他，早已显露出过人的聪慧。

布朗也正式开始规划辜鸿铭的未来了，他不希望辜鸿铭浪费自己的天资。因
此，布朗很认真地和辜鸿铭讨论未来。他告诉辜鸿铭，世界上的形势很混乱，弱肉
强食，人人都像强盗一样，四处掠夺。欧洲各国、美国都是如此，非洲人、美洲土著
则惨遭杀戮、贩卖。而辜鸿铭的祖国，那个远在亚洲、曾经强大的国家，也因为富
庶而被列强撕咬、侵吞。他希望辜鸿铭能够做一名学者，以渊博的学识去拯救自
己的祖国，来教化那些疯狂的强盗。

其实，辜鸿铭虽然出生在南洋，只有一半中国血统，但是他的父亲辜紫云却
一直以一个中国人的标准来要求和教育他。早在去英国之前，父亲就给辜鸿铭提
了两点要求，第一是不能信基督教，第二是到哪里也不可以剪辫子。因为他要辜
鸿铭不论走到哪里，不论身边是英国人、德国人还是法国人，都不要忘了，自己是
中国人。

辜鸿铭虽然对这些东西似懂非懂，但却谨记父亲的教诲。所以，布朗的很多
话他或许还理解不了，可他也清楚自己学习的目的。

布朗给辜鸿铭首先安排的是语言课，语言是学习一切知识的基础。所以，辜
鸿铭要以背熟弥尔顿、莎士比亚、歌德著作的方法踏入语言的殿堂了。日后的他

精通 9 国语言，以其国之语辱其国之人是他最大的乐趣，他也因此被人赞为语言天才。天才离不开努力，谁又能想到他竟然是从背诵名著开始的呢。

弥尔顿的《失乐园》是辜鸿铭学习的开始，他一生背过五十余遍，觉得有些遗忘，就反复诵读，直到完全能背诵为止。在马来西亚的橡胶园里，辜鸿铭在布朗的书房里已经看过很多次了，所以对他来说算不上太难，很快就背熟了这首六千五百多行的无韵诗。布朗开始为他讲解诗中的含义以及作者的种种。弥尔顿是一位伟大的英国诗人，积极参与了 17 世纪的英国革命，他一生致力于抨击君主专制，一直穷困潦倒。他双目失明后完成《失乐园》、《复乐园》等伟大诗篇。他才华横溢、辩才无碍且性情耿介，虽然一直被迫害，但始终没有屈服，依然继续讽刺攻击封建君主制度。这篇诗对辜鸿铭的意义非常重大，不光是来到新世界的伊始，诗的作者也在辜鸿铭的心中留下了深刻的印象。辜鸿铭后来的不屈不挠和辩才，很大程度上受了弥尔顿的影响。晚年潦倒的辜鸿铭就时常吟诵弥尔顿的诗篇。

之后便是莎士比亚的作品。布朗让辜鸿铭背诵莎士比亚作品的用意，在于让他能够通达人情世故。布朗要求他边读边思索，两礼拜背诵并理解一本。辜鸿铭埋头苦读，布朗随时讲解。随着阅读的增加，辜鸿铭对语言的理解和运用越来越熟练，进度增加到两礼拜可以学 3 本。莎士比亚的戏剧学完了，而辜鸿铭也对莎士比亚有了自己的看法："莎士比亚反映现实生活，是是非非，清清楚楚，一望而知。反映现实之中又充满激情。这是一种生命的激情，在莎士比亚宏大华美的妙笔下，热情奔放。读莎翁，使人兴奋不已，大悲大喜，大是大非。但是我觉得让人感到太热闹了，而缺少一分深沉。"

经过弥尔顿和莎士比亚作品的历练，辜鸿铭的英语水平已经相当可观了，布朗便不再给他设定范围，而让他自己掌握了。下个目标是学习德语。英语辜鸿铭自小就接触过，所以前一段的学习他游刃有余。但是到了德语，依然采取背诵的老办法，辜鸿铭就有些忐忑了，他从来没学过德语，不知道自己如何背起。于是就靠布朗一字一句的教他诵读歌德的名作《浮士德》，有些近似中国私塾的教法，先将文章背诵的精熟后，再去了解文中的意思。布朗很相信"书读百遍，其义自现"的道理，了解了内容再去理解，就容易得多了，不会顾此失彼。经过半年多的时间，《浮士德》一书终于被辜鸿铭背诵下来，一年后才完全精熟。布朗这才开始给他讲解这部著作，3 个多月才将这篇恢弘的诗篇讲解完。

学习语言的同时，辜鸿铭的其他知识也没有放松。开始布朗亲自教他数学，半年之后，便请了一个家庭教师，在继续教他数学的同时还增加了物理和化学课程。布朗家有一个很好的科学实验室，因此，辜鸿铭在学习理论的同时，还能动手做一些试验，可见布朗对辜鸿铭的用心之深。

在辜鸿铭读懂《浮士德》之后，布朗和他进行了一次谈话，了解了他对这些文学巨著的看法，觉

英国爱丁堡大学

得他已经很好地掌握了英文、德文，而且在文学方面已经有些积累了。对之前学过的都有了比较深层的把握后，辜鸿铭在比较这几个大师的作品时这样评价："莎士比亚反映现实生活，是是非非，清清楚楚，一望而知；《浮士德》哲思深远，是是非非，恍恍惚惚，没法分辨；《失乐园》热情澎湃，沉郁稳健，刚刚强强，高歌长啸。莎士比亚好懂，浮士德不好懂，而《失乐园》感人。"布朗听后非常欣喜，知道辜鸿铭完全可以进入大学学习了。

于是，辜鸿铭很快就以优异的成绩被爱丁堡大学文学院录取。

在这段求学的日子里，还发生了一件轶事。辜鸿铭到苏格兰之后，一直遵守父训，没有剪掉头上的辫子，所以他经常被人嘲弄，路边的小孩总是跟着他后面叫着："瞧呵，支那人的猪尾巴。"性格里带着孤傲的辜鸿铭没有剪去发辫，而对西方人的怨恨和鄙视，却从这个时候开始在心里慢慢积攒起来了。

他在苏格兰也有朋友，是邻居家的一个活泼的小姑娘，长着一头黑发，蓝色眼睛，白皮肤。她对辜鸿铭很友善，辜鸿铭也很喜欢她的美丽可爱。有一次布朗出去办事，辜鸿铭便去拜访她。她一直觉得辜鸿铭的辫子很有意思，那天更是拿起他的辫子在手里反复的赏玩，赞叹道："中国人的头发，长长的，编成一条黑色的辫子，真是太可爱了。我的头发也是黑色的，送给我吧！"辜鸿铭确实是风流才子，小小年纪也懂得怜香惜玉，对美女有求必应。他拿起剪刀就将辫子剪了下来，递给她，毫不吝惜地说："你肯赏收，是我的荣幸。"美人当前，辜鸿铭就将父训忘得一干二净了。看来辜鸿铭以后的风流也是天性使然。

◎求得名师苦寒窗

考入爱丁堡大学之后,辜鸿铭在布朗的带领下,见到了爱丁堡大学校长卡莱尔先生。他是英国著名作家、历史学家、哲学家。1937年的《法国革命史》一书,使他名扬天下,1865年被任命为爱丁堡大学校长。卡莱尔一生著作等身,是一位保守主义学者,对资本主义世界进行了大量的批评。

卡莱尔先生和布朗是自少好友,布朗非常推崇他,认为他是爱丁堡最有才华的学者。之前,布朗几次要求辜鸿铭一定要读卡莱尔的著作《法国革命史》。因此,当辜鸿铭见到这位名满天下的学者时,崇敬和紧张的心情交织在一起,他在心里默默背诵着《法国革命史》中的句子。这部书一直是辜鸿铭的最爱。

在卡莱尔家里,辜鸿铭听到了这位学者对世界、民主以及人的很多看法,他顿时如醍醐灌顶,对卡莱尔的学识更加钦佩了。从此之后,辜鸿铭深受他的影响,成为浪漫主义的忠实信徒,厌恶欧洲工业革命造成的种种社会弊病,慨叹欧洲道德的沦丧、文明的衰退。

此后,辜鸿铭就正式开始在爱丁堡大学的学习生涯。他的学业并不总是一帆风顺,也会遇到瓶颈。在他开始学希腊文和拉丁文的时候,哭过很多次。开始教多少,背多少,他并不觉得困难;到后来,自己阅读希腊文、拉丁文文史哲名著,就不行了。

他就按照当初学英文和德文的方法,坚持把原文背下去,一遍两遍,反复地背诵,直到记住为止。此后他就一通百通,掌握了学习的方法,不但希腊文、拉丁文的难题迎刃而解,以后再学习其他各国的语言、文字,都一学就会,而且很快就能记得住。大家都赞叹他的天资,任何语言他总是学得又快又多。但这其中的艰难只有他自己清楚,都是眼泪和辛苦换来的。

在爱丁堡期间,辜鸿铭租住在学校附近的公寓里。很小就离开父母的他,一直跟随义父一起居住,但是,生活在一个迥然不同的世界里,还是难免孤单。何况,他只能自己住在房东家里,没有亲人朋友,就更加想念远方的父母了。所以,每逢传统的中国节日,他总是要设下供桌,摆上丰盛的酒菜,遥祭祖先,在供桌前恭敬地三跪九叩。因为他记得儿时父亲对他的教诲。那时候,他常常被父亲领到供奉着祖先牌位的大案前,按时祭拜。案上摆着水果、猪头及水酒一杯,父亲恭恭敬敬地点上香,然后鸿德、鸿铭哥儿俩便遵命跪倒在地,叩下头去,再接受父亲告诫:"我们的祖国在遥远的地方,不论我们身在何处,千万别忘了那里是我们祖先的家园。"只有这样,他才能觉得自己不再孤独,才不会忘记自己是个中国人。

房东太太有一次看到辜鸿铭正在叩头,很不理解,觉得他的行为很奇怪,就问他:"你给死去的祖先摆了这么多饭菜,他们也不能吃到;恭敬的下跪、叩头,他们也不能看到。那弄这些有什么用哪?"辜鸿铭听到这种话,不禁怒火上涌,很长时间被英国人歧视而压抑在心里的怨气,化成了尖刻的口舌和讽刺。他冷笑着说:"难道你们给死去的亲人摆放鲜花,他们就能闻到鲜花的芬芳嘛?"房东太太顿时哑口无言。

这是辜鸿铭讥讽洋人的起始。他越来越发觉,以局外人的冷眼注视着西方人的世界,用辛辣的语言以西洋人的东西来打击他们的傲慢,是一种非常快意的享受。他开始迷恋起了这种感觉。他要让西洋人明白,他们不过是一些傲慢、虚伪、什么都不是的家伙。这样便一发不可收拾了。

另一次,辜鸿铭从爱丁堡大学前往市立图书馆,在等候公共汽车时,随便买了一张报纸。他在车上坐下,展开报纸看了起来。旁边有几个年轻的英国人,对辜鸿铭指点点地耻笑起来。辜鸿铭起初没有理会,但是几个人仍然没有收敛。他的自尊心被刺痛了,嘲弄地看了周围的英国人一眼,索性把报纸倒过来,津津有味地看起来。那几个英国人看见这个情景,笑得更起劲了,大声说:"看,那个中国小子连字都不认得,还看什么报纸?"

这下正给了辜鸿铭发泄的机会,他用纯正娴熟的英语把整段文章念出来,然后轻蔑地说:"你们英文才 26 个字母,太简单,我要是不倒着看,那就一点意思都没有了!"几个人没想到这个不起眼的中国人竟能说一口流利、标准的英语,觉得很没趣,再也不说话了。

1877 年,辜鸿铭获得爱丁堡大学文学硕士学位。他说得一口纯正的维多利亚时代的英文,这就成了他日后打击敌人的利器。他英文水平非常高,让无数英国人都自愧不如。孙中山先生曾这样评价过:"我国懂英文的,只有三个半,其一是辜鸿铭,其二是伍朝枢,其三是陈友仁。"林语堂也认为,辜鸿铭的英语水平居中国第一。

但是,正当辜鸿铭毕业的时候,他的父亲辜紫云去世了。虽然他已经算是初步学有所成了,但是望子成龙的布朗还希望他能够继续深造,因为这时他只是在文史哲方面有了一定的造诣,而在科学方面还欠缺得多。所以,辜鸿铭要去德国莱比锡大学学习土木工程。大家担心父亲去世的伤痛会影响辜鸿铭的学业,因此一致选择了隐瞒辜紫云去世的消息。

◎淬炼慧眼识人心

在德国美丽的小城莱比锡,辜鸿铭仅用了一年,就完成了土木工程师的学业。若干年之后,他在莱比锡大学显赫一时,成了德国学术界的知名人物。他是东方文化的代言人,西方人谈到中国必提辜鸿铭。他的著作被德国哥廷根等大学定为哲学系学生的必读书,甚至有些教授不允许没有读过辜鸿铭著作的学生参加讨论。不过,他仅仅在这里逗留了一年就去了法国巴黎,进行一段特别的学习。

德国莱比锡大学

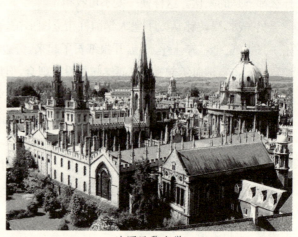

法国巴黎大学

当他赶到巴黎,义父布朗已经在那里等他了,还帮他安排好了住处,是在巴黎大学附近的一间优雅而精致的公寓里。在那里,他见到了美丽、高雅的房东,一位巴黎非常著名的交际花。布朗对辜鸿铭用心良苦,他不希望辜鸿铭做一个生活在象牙塔里的学者,而是希望他深谙人情世故,能够看清那些浮华权势背后的丑恶和虚伪。而最能够了解这些的,莫过于周旋在政要、军人、富商之间的交际花了。布朗把辜鸿铭安排在一个著名交际花的家里,就是希望辜鸿铭能够清楚地看到这些名流绅士们的丑恶嘴脸。

于是,辜鸿铭开始了在巴黎的生活。他在巴黎大学进修法语,同时,和他美丽的房东也相处得很愉快。他教这个姑娘学习希腊语,把自己学习语言的经验传授给她。而她则给他讲述那些大人物的丑闻野史。他的房东家里门庭若市,那些脑满肠肥的富翁、虚伪的政要出出进进,说着空洞、虚伪的话,过着纸醉金迷的生活。这段经历影响了辜鸿铭终身，因为他看到了太多西方的丑恶和虚伪，这使他从来不会被那些浮华所蒙蔽，更不会无条件地崇拜洋人，贬低国人。

初到巴黎的时候，布朗就带着辜鸿铭游览了这个欲望的都市。它像一个风情妩媚的女人，既是世界艺术的中心，卢浮宫、美术馆收藏着全球各地的珍宝名画，汇集了无数的画家、雕塑家、诗人；也充斥着无数妖娆、绰约的佳人，更有名人、政要、富豪等。大家都聚集在这个灯红酒绿的城市里，享受着各自醉生梦死的糜烂生活。这一切都让辜鸿铭感到空虚和厌烦。他很少和这些人来往，空闲时间常常自己关在房间里读书。

但也有人使辜鸿铭学到了很多东西。巴黎大学的一位老教授，是辜鸿铭恩师卡莱尔的至交。这位教授很喜欢中国文化，尤其对《易经》更是推崇备至。他认为，德国大哲学家黑格尔的很多理论，就是窃取了《易经》中的观点。他曾经对辜鸿铭说过，他毕生最大的遗憾，一个是没见过社会主义、共产主义社会；一个是因为不通中文，无法深入了解《易经》，只能从拉丁文、法文的片段去体会。

他很希望辜鸿铭在了解西学的同时，更要研究自己祖国优秀的文化，能够把《易经》的思想介绍给世界，一偿他无法了解《易经》全貌的夙愿。这位老教授对中国文化的肯定和推崇，为辜鸿铭以后成为学贯中西的大师打下了基础。

看尽世间百态的辜鸿铭，在那位老教授的劝诫下，离开了物欲横流的欲望巴黎，返回了他的第二故乡马来半岛。不久，他在新加坡遇到了让他人生彻底转变的中国语言学家马建忠。这位清末洋务派重要官员、维新思想家与辜鸿铭的一番畅谈，使辜鸿铭对自己祖国的伟大文化产生了无法抑制的热爱和向往。他从此发生了从里到外的改变，要穿中国衣、吃中国饭、看中国书、说中国话。他恶补自己一直以来欠缺的国学，还娶了一个裹着小脚的中国传统女子为妻。

若干年后，他成了洋人眼中的中国符号，甚至有"到中国可以不看紫禁城，不可不看辜鸿铭"的说法。近代中国的人物，也唯有他，是最受世界各国学者、文人尊敬的。

● ● ● ● ● 【人物小传】 ● ● ● ●

辜鸿铭(1856—1928)，名汤生，自号汉滨读易者，祖籍福建省惠安县螺阳镇上坂村辜厝，生于南洋马来半岛西北的槟榔屿。近代著名学者、教授。以学贯中西、辩才无匹著称于世，被称为怪才、奇才。他生性狂傲、言语犀利，尤喜以自己渊博的西学修养讽刺与打击洋人。

1867 年，10 岁的辜鸿铭跟随义父布朗及夫人来到英国，开始留学生涯。他先后在英国爱丁堡大学、德国莱比锡大学、巴黎大学就读。其后游历意大利、奥地利等国。晚年在北京大学任教授，主讲英文。他还让学生练习翻译《三字经》、《千字文》。这位民国时代仍穿长袍、拖长辫的"古怪"老头，成为北大一景，也吸引了许多外国知名人士慕名来访。英国作家毛姆、日本作家芥川龙之介、印度诗人泰戈尔、日本首相、俄国皇储……都曾经登门拜访过他。倡导西化革新的胡适、陈独秀等人，把守旧的他立为论战的靶子。1928 年 4 月 30 日，潦倒的辜鸿铭在北京病故。

辜鸿铭精通英文、法文、德文、拉丁文、希腊文、马来文等 9 种语言文字，通晓文学、儒学、法学、工学与土木等文、理各科。他创造性地翻译了中国四书中的 3 部——《论语》、《中庸》和《大学》，并著有《中国的牛津运动》(原名《清流传》)和《中国人的精神》(原名《春秋大义》)等书，向西方人宣扬东方的文化和精神，产生了重大影响。他还促使了世界第一个孔子学院的诞生。曾与印度著名诗人泰戈尔同获诺贝尔文学奖提名，成为中国第一个获得诺贝尔奖提名的人。

蔡元培

中西合璧的翰林学士

　　蔡元培一生中最大的成就和传奇,恐怕就是北京大学了。然而,他本身也是一个传奇。

　　他少年时曾在绍兴"古越藏书楼"校书,因此博览群书。17岁中秀才,22岁中举人,23岁会试贡士。25岁时,经殿试进士及第,被点为进士,授翰林院庶吉士。27岁任翰林院编修。这一长串的履历,是那个时代读书人的梦想。清代翰林院编修是正七品文职京官,主要负责诰敕起草、史书纂修、经筵侍讲等事情,虽然品级不高,但是地位很特殊,其重要作用在于人才储备与培养,类似于现在的实习生。如果蔡元培早出生一个世纪,他的人生也许就是另一条阳关大道,慢慢在宦海中历练成长。可惜,他已经处在风雨飘摇的末世了。新的时代会把过去的全都吞没,他的人生也要改写了。

◎辗转赴德,探求真知

　　那个时代,无数国人都把救国、强国当成自己的使命,蔡元培也不例外。他亲眼见证了清政府的腐败无能,所以更迫切地希望能找到救国之路。多年历尽世事,他尝试了很多种救国的方法,并依然在不断地寻

蔡元培

北大红楼（蔡元培校长办公室）

觅。

　　蔡元培曾对他的弟子黄炎培说过,救中国必定要从学术着手,世界学术以德国为最尊,他一定要去德国求学,所以要先去青岛学习德文(青岛于 1897 年被德国派兵强占,成为德国殖民地)。于是,当时已经 37 岁的他,毅然辞职去了青岛学习德语与德国学术,为后来的德国之行做准备。

　　除了学习德文,他更看了大量译为日文的德国书籍。他早年经历过中日甲午海战的洗礼,为了能够了解日本强大的原因,特地钻研过日文。蔡元培把日本人下田次郎笔录的《哲学要领》从日文翻译过来,此书是德国学者科培尔在日本文科大学讲课的内容。蔡元培非常迫切地希望对德国的学术成果有更多的了解。

　　他译《哲学要领》时,已经明白到"今世治哲学者,不可以不通德语",究其原因有三:"一、哲学之书,莫富于德文者;二、前世纪智度最高学派最久诸大家之思想,强半以德文记之;三、各国哲学家中,不束缚于宗教及政治之偏见,而一以纯粹之真理为的者,莫如德国之哲学。"可见,德国与哲学已扣上密切的关系。

　　此时,蔡元培依然在继续着他一直以来的革命活动。但是,清政府已发觉了他这位几个革命社团的主要成员,正在暗中调查他。他所组织的爱国学社的革命活动,也在被清政府注意着,也许他随时都有被逮捕的可能。蔡元培的家人及朋友也都开始劝他离沪出国留学,暂时避祸。

　　因此在 1906 年,蔡元培得悉清政府准备派一批翰林院编修出国留学的消息后,立即赶回北京申请留学名额。他在给同科中举的友人汪康年的信中,曾这样

留学期间的蔡元培　　　　　　　　蔡元培塑像

写道:"徒以游学德意志之志,抱之数年,竟不得一机会。忽见报载学部有谘送翰林游学东西洋之举,不能不为之心动。初亦恐进京而事不成,徒折吾节。故初则电陈介公,后又电询王书公……盖弟数年来,视百事皆无当意。所耿耿者,唯此游学一事耳。"

　　然而,蔡元培这次并未得偿所愿。起初宣布消息时,规定留欧、留日均可,由本人自选。但后来清政府因为财政拮据,申请留欧编检人数太少,所以留学一事索性就搁置不办了。

　　蔡元培留德的心愿很迫切,已经经过了几年的准备,此时却意外搁浅,令他十分不甘。官费不能申请,那就只有想办法自费留德了。于是,执著向学的他开始四下联络,向当时我国驻德国公使孙宝琦申请,随同孙宝琦前往德国,并愿意在使馆担任一个兼职,半天在使馆工作,半天在柏林大学听课。

　　孙宝琦感动于蔡元培的求学精神,答应每月资助他银子 30 两,合 42 银圆。于是在 1907 年春末,蔡元培终于实现了夙愿,随同中国驻德国公使,由西伯利亚大铁路经莫斯科到达柏林。

　　公使馆没有让蔡元培在那里工作,只应允照顾蔡元培的食宿,并不提供职务和酬劳。因此,蔡元培必须要自己解决学费以及其他费用的问题。蔡元培不想再去奔走申请"官费",也不想让家里变卖家产。自己不惑之年出国留学,未能尽到照顾妻儿的责任,更不应该再让他们失去保障。他决定自食其力,想办法找工作挣钱。

于是,他通过同乡好友张元济与上海商务印书馆协商,特约他在欧洲为印书馆著文或编译,按照编译每千字 3 银圆、著述每千字 5 银圆的标准付给他稿酬,每月大致能收入 100 银圆(约合今 6000 元)。稿酬一部分汇到德国给蔡元培作为留学费用,一部分由好友转交国内妻子留给家用。于是,蔡元培便成了我国最早的知识分子以稿酬半工半读方式而获得成功的第一人。

然而,这份工作还不足以维持他的生活,于是他又找到了另一份工作——受聘担任唐绍仪(后任民国政府第一任内阁总理)的侄子宝书等 4 人的国文家庭教师,为这些身在异国的国学根基很浅的少年讲授国学,每月的报酬是 100 马克。

因此,蔡元培的留学生涯显得格外忙碌。他此时还没有正式到大学里上课,打算打好德文基础再进入学校学习。但是,他每天日程都排得极满,何时学德文,何时教国学,何时为商务印书馆撰译书稿,都要安排好一定的时间。再加上经常还要参与同在柏林的留学生应酬,太多的事情弄得他应接不暇,甚至觉得自己过着"半佣半丐"的生活。

他开始厌倦这种生活了。尤其是自己的德文似乎并没有什么进展,让蔡元培很烦躁。这样的生活持续了一年多,他开始担心这次留学自己会一无所得,也许该换一下学习方式了。第二年 10 月,蔡元培得到中国文史研究所所长孔好古的接待,进入德国萨克森州的莱比锡大学学习。莱比锡大学是一个幽静而美丽的学校,在这里读书的中国学生不多。这让蔡元培非常高兴,因为这就免去了很多不必要的应酬,可以在学业中投入更多的精力了。

蔡元培进入该大学内由兰普来西创办的文明史与世界史研究所,主要修读的是冯德的心理学和哲学、福恺尔的哲学、兰普来西的文明史、司马罗的美术史等。

费尽辛苦,终于可以开始梦寐以求的学习,蔡元培自然不愿意浪费一分一毫,每一门课他都非常认真地学习、记录、分析。他希望尽可能地多学一些知识。在莱比锡 3 年的时间里,他总共选修了四十多个学科,平均每一个学期修 6 科,而且课程的覆盖面非常广,这也显出他的求知若渴、兴趣广博。但是,他最喜欢也最重视的课,还是冯德教授的实验心理学和美学。他最初来德国时的目的是研究哲学,可在学习过程中发现哲学的范畴太宽了,就想把范围缩小一点,于是决定专攻实验心理学。

　　而对于蔡元培这样一个前清的旧学翰林来说,没有很强的接受和学习能力,学习起西学来确实很困难。心理学当时在德国也是十分冷门的专业。

　　蔡元培对冯德这位实验心理学的权威非常钦佩,认为冯德所著的《生理心理学》《民族心理学》《伦理学》《民族文化迁流史》《哲学入门》等,“没有一本不是原原本本,分析到最简单的分子,而后循进化的轨道,叙述到最复杂的境界,真所谓博而且精,开后人无数法门的了”。

　　他除了跟从冯德学习外,还仔细地阅读了冯德的很多著述,课余还会找比自己早师从冯德的弗赖野,从他那里摘抄冯德的讲义。其用心的程度可见一斑。

　　蔡元培还曾进入实验心理学研究所,研究人体各官能感觉的情况。

　　他在广泛阅读的时候,看过一些关于美学的书籍,又渐渐产生了兴趣,就想研究美学。但是想要彻底地了解,还得从美术史的研究下手。

　　美学对蔡元培来说是一个全新的领域。他开始系统地学习康德有关美学方面的主张,特别是“注重于美的超越性和普遍性”的课题,并精研康德的著作以及其他关于美学的书籍,如栗不斯的《造型美术的根本义》等。他又重点学习了有关美学的其他学科,如摩曼的课程。他当时更欲参照摩曼的方法,在美学方面做实验的工作,希望能探讨出原始美术的公例。

　　德国是个充满艺术气息的国家,耳濡目染之下,蔡元培对美学的兴趣和关注,也慢慢地体现在了生活当中。他一有闲暇,便会到莱比锡大学附近的美术馆、民族学博物馆参观,也会观看音乐会、歌剧和话剧等文艺演出。他得知新剧目公演的消息时,便约上朋友一起欣赏,在观看演出之前,必定先要把该剧的剧本细读一遍,再去观赏演出,以便对剧目有更深入的了解。

　　在莱比锡求学期间,蔡元培依然继续为国内的商务印书馆撰译书稿。在德国的 4 年里,他编著了 5 册《中学修身教科书》、1 册《中国伦理学史》,翻译了 1 部《伦理学原理》。其中,《伦理学原理》曾经对青年时的毛泽东产生过很大影响。毛泽东非常喜欢这本书,在书上写了 1 万多字的批语,还有读书心得《心之力》,受到老师杨昌济先生高度赞赏。

　　后来,毛泽东在谈到这本书对他的影响时,曾经说:“我们当时学的尽是一派唯心论,偶然看到像这本书上唯物论的说法,虽然还不纯粹,还是心物二元论的哲学,已经感到很深的趣味,得了很大的启示,真使我心向往之了!”

　　在生活上,蔡元培过得很简单,对一切都没有什么要求。到莱比锡之后,他成为了一个素食主义者。因为他偶尔听一位朋友说,吃肉对身体并不好;后来又在阅读俄国作家托尔斯泰的作品时,见其中描写打猎的情形,觉得这种杀戮太残酷。于是决定不再吃肉类，只吃蔬菜。

他此后不但自己吃素，还对别人宣扬吃素的好处，在给朋友的信中说，吃蔬食有三大好处：卫生、戒杀、节用。他本人之所以不吃肉，主要为了戒杀，他不希望有生命为自己的口腹之欲而遭杀害。

1911 年，国内爆发辛亥革命，任同盟会中部总会庶务部长的陈其美电招蔡元培回国（1905 年，蔡元培创立的光复会并入同盟会）。蔡元培便赶紧归华，参加了孙中山先生领导的伟大的辛亥革命。

次年，蔡元培再回莱比锡大学文明史与世界史研究所，继续攻读哲学、美学、文明史、世界史等学科。他在短时间内编撰的《中国文明史》的材料，后来被顾孟余译为德文。

这次留学期间，他的学生傅斯年也在柏林。傅斯年等几个同学得知蔡元培到了莱比锡大学，大家欣喜异常，都自告奋勇要照顾先生的生活。这时候，一个同学给蔡元培发了一封电报，说是要来莱比锡看望先生。这个同学的口碑一直很差，脾气古怪，经常一面痛骂，一面向人要钱。傅斯年等人以为，他这次一定是来找先生要钱的，可蔡先生也是穷困潦倒啊！所以，傅斯年与几个同学都主张发电报谢绝他，并把这个意思告诉了蔡元培。

蔡元培沉吟了一下，说："《论语》上有几句话：'与其进也，不与其退也，唯何甚？人洁己以进，与其洁也，不保其往也。'意思是说，赞成他的进步，不赞成他的退步，何必做得太过分呢？人家洁身而来，就应该赞成他的自洁，不要老追究他过去的事，应该予以肯定、赞成。你说他无聊，但这样拒人于千里之外，他能改了他的无聊吗？"傅斯年等人深受启发，原来《论语》是要这样读的。

这次留学时间极短，蔡元培在莱比锡停留不到一年，就又返回了国内。

◎负笈巴黎，勤工俭学

1913 年 10 月，蔡元培开始了第三次留学。他前往法国巴黎，而且一住就是3 年。

他的主要目的是学习法语，同时还要进行写作和翻译。同前几次留德期间一样，为筹措出国费用，他与商务印书馆又定下了协议，到达欧洲后，必须每日以半天时间为商务编写书籍，商务则每月给他 200 元钱作为稿费。

每到夏天，巴黎的天气炎热，屋子里更是闷热难耐。蔡元培经常学习得汗流浃背，他就关起屋门，脱掉衣服，继续埋首苦读。熟识的朋友来访，知道他的习惯，只要从门缝中看一下，要是见到他独坐室中，袒胸露背的专心读书，便不打扰，轻声离去。

在巴黎这段时间，蔡元培编著了《哲学大纲》一书，还撰写了《欧洲美学丛述》、《欧洲美术小史》等著作的若干部分。他的经典著作《石头记索隐》一书，也是在这个时期完成的。这本书专门考证了古典名著《红楼梦》中的历史真实成分，使他成为《红楼梦》研究史上有名的"索隐派"代表。说到红学的"索隐派"，就不能不提他和他的《石头记索隐》。

蔡元培喜欢做学问，也很热衷组织活动。这次在巴黎，他就与其他几个同盟会成员李石曾、吴玉章、吴稚晖等一起，发起留法勤工俭学活动。而蔡元培就以他的崇高声望和自己身体力行的作风，成为众多旅法留学生的旗帜和楷模。

在那个风雨飘摇的时代，想要深入学习体会西方的先进知识，只能选择留学。但是留学费用很高，官费生名额少，费用又常不稳定，勤工俭学则是解决这个矛盾的有效办法。"勤于工作，俭以求学，以进劳动者之智知"，就是所说的勤工俭学及其宗旨。蔡元培等人就亲身靠卖豆腐，成功实现了勤工俭学。

当时，蔡元培和几个好友的生活都很艰苦，收入来源有限，大家都在开动脑筋研究如何勤工俭学。一次，蔡元培偶尔想起在家乡最爱吃的豆腐，脑袋里忽然灵光一现：也许合伙开个豆腐店是个不错的主意。于是把想法跟大家一说，大家都很赞同，觉得办豆腐店本钱小，在巴黎又少有人经营，一定会成功的。但是，他们在家都是五谷不分的书生，没参加过什么体力劳动，更不用提做豆腐了。

后来，幸亏蔡元培在华侨中认识一个同乡，曾在家乡当过豆腐店的伙计，手艺很好。蔡元培就将他请来负责，自己亲自担任老板。一番精心筹备之后，他们的豆腐店终于在巴黎像模像样地开业了。他们既卖豆腐，也卖豆汁、豆皮、豆腐干等。西方人都没见过这种白嫩嫩的食品，很新奇，尝过又发现味很美，一时轰动巴黎。

蔡元培当了老板之后，自己也常跟着学做豆腐。法国当局又通过化验，证明豆制品的营养丰富，就更被许多人视为珍品了。开始为了果腹开的小豆腐店，生意竟越做越好，后来还赚了不少钱，很出乎大家的意料。这些钱都用于同盟会的革命事业。

刚到法国时，蔡元培就对旅法的中国学生和工人进行了考察，还经常为同学们作学术演讲。1914 年 8 月，第一次世界大战开始波及法国，学生们的国内汇款难以寄达，许多学校被迫关闭，不少学生们都要求回国。可是这样他们的学业就毁于一旦了。

蔡元培不希望这些学子因此放弃学业，就与李石曾等人组织了旅法学界西南维持会，希望能够劝阻这些学生不要回国。他亲自撰写通告，并帮助学生们到没有战火的法国西南部找寻学校继续读书，还帮助他们筹措学费，终于让留法的学生们度过了这次危机。

法国有着大批的中国劳工，被称为华工，是为了填补战后法国劳动力的严重缺失，从中国招募来的。华工在法国常常受到欺负，他们的文化水平普遍比较低，而且语言不通，所以根本不知道如何为自己讨回公道。蔡元培对这种情况十分气愤，他要维护自己同胞的利益和祖国的尊严，于是决定担负起提高华工文化教育水平的工作。

1916 年 6 月，蔡元培与吴玉章及法国朋友一起，发起组织留法运动的权威组织华法教育会，并担任中方会长。在大家的共同努力下，为华工争取到了很多权益，例如华工与法国工人同工同酬的待遇等。蔡元培还创办、主编《旅欧杂志》，并建立华工学校，为在法的华工编写教材。华工学校为了提高华工们的全面素质，开设了各种课程，如法文、中文、算术、图画、工艺、卫生、修身等，蔡元培亲自讲授德育和智育课。华工学校为马克思主义在工人阶级中的传播，起到了很大的推进作用。

后来蔡元培回国，留学工作的组织机构也随之转回国内。留法勤工俭学运动凝结了蔡元培等人的心血，影响非常深远，培养出了一大批杰出领导人，周恩来、邓小平、聂荣臻、陈毅、吴玉章、向警予、蔡和森、赵世炎、陈延年、王若飞、李富春、蔡畅等，都参加过留法勤工俭学。

● ● ● ● ● ● 【人物小传】 ● ● ● ● ●

蔡元培（1868—1940），字鹤卿，一字仲申，号子民，浙江绍兴人。近代教育家、学者、图书馆事业活动家。曾任教育总长、北京大学校长、中央研究院院长等职。

15 岁入学补诸生，后在藏书家徐树兰的"古越藏书楼"内校书，得以遍览百家之书。光绪举人，不久中进士。深感清廷腐败，立志兴办教育，与章炳麟发起组织中国教育会，后参加同盟会。1907 年留学德国，广泛浏览各国思想家书籍。辛亥革命时回国，不久又去了德国。1912 年 1 月任南京临时政府教育总长，对中国教育事业贡献卓著。极重视图书馆事业，对京师图书馆的建设多方关照，先后调各省书籍补充馆藏。

1913 年再次赴法国从事学术研究，在留欧的 3 年时间里，又编撰了不少哲学美学著作。1916 年 11 月 8 日，与吴玉章一起乘船由马赛回国，抵达上海。

1917 年受命担任北京大学校长。1929 年 8 月任北平图书馆馆长。对我国国家图书馆建设贡献颇著。1940 年 3 月 5 日患脑溢血在香港病逝。

他为发展中国新文化教育事业,建立中国资产阶级民主制度作出了重大贡献,被毛泽东誉为"学界泰斗、人世楷模"。他是对北大贡献最大的校长,其"兼容并包"、"自由发展"的策略,使北大一跃成为当时中国一流、世界知名的大学。著有《中国伦理学史》、《哲学大纲》、《石头记索隐》、《简易哲学纲要》等。另有《蔡元培全集》。

熊庆来

矿业救国梦破，成就数学大师

1911 年，辛亥革命爆发了，革命的浪潮也很快席卷到了云南。熊庆来一直关注着革命运动，革命成功他欣喜若狂。听到消息，他很快就主动剪掉了头上的辫子，表示和清王朝彻底断绝。然而不久，熊庆来发现，除了头上的辫子剪掉了，中国的很多事情，还是没有什么实质性的改变。到底怎样才是真正的强国？他看着昆明街头耀武扬威的法国大兵，苦苦思索着。

◎下决心要去留学

有一天，熊庆来在街上看到很多法国兵手里并没有拿武器，而是拿着很多测量用的仪器。他很好奇，便找人打听，才知道法国人是要去修铁路。这些拿着仪器的法国兵，是要对铁路沿线进行测量。疑问解决了，然而紧接着的想法，让熊庆来难过起来：中国人不能在自己的国土上修铁路，却让外国人来修，铁路修好了，他们掠夺中国的财富就更方便了。中国确实太落后、太贫穷了。要想使中国强大起来，非得努力学好科学技术不可。想通了这个问题，熊庆来在学习上就更

熊庆来

加努力了。

1913年，他终于以第三名的好成绩取得了出国留学资格。这时候，他的长子熊秉信出生了。双喜临门让熊庆来满怀喜悦，他从昆明回到家乡息宰村，向全家人报告了自己即将出国留学的喜讯。熊庆来家是一个旧式的大家

熊庆来故居及塑像

庭，有祖母、叔伯、父母和弟妹。熊庆来向全家人宣布这个消息之后，伯父却坚决不同意他去留学。正在熊庆来感到为难的时候，他的祖母竟然表示支持他去留学，这使熊庆来心里又燃起了希望。

熊庆来怀着忧虑的心情回到自己的屋子，见到了妻子姜菊缘。姜菊缘是一位典型的贤妻良母。熊庆来一直在外面读书，很少回家，这个柔弱的少妇，凭着她的聪颖，在这个大家庭里深得大家的赞许。她看出熊庆来的顾虑，温柔地安慰他说："放心地走吧，家里的事不必挂念。我去说说，伯父会同意的，再说他也会听祖母的话。只要你用心读书，学得本事回来，大家都会高兴。"

妻子的话，使熊庆来很感动，他好像第一次发现自己的妻子是这样的美丽。

熊庆来在亲人的鼓励下，为实现愿望，满怀着科学救国的热忱，告别了故乡，踏上了前往异域的旅途。

◎抱病攻读硕士学位

1913年6月，熊庆来到比利时，进入包芒学院预科。

中国有着丰富的矿产资源，特别是熊庆来的家乡云南，矿产储量很大，并以有色金属和磷矿最多，其中锡、铅、锌当时都居全国首位。熊庆来了解中国的情况，他决定将来回到祖国从事采矿事业，开发家乡的宝藏，强大祖国。他计划第二年去投考黎野日大学矿业专业。然而，熊庆来万万没想到的是，第一次世界大战的爆发，毁灭了他实业救国的梦想。

1914 年 8 月 22 日，整个比利时陷落了。熊庆来只好离开比利时，经过荷兰、英国，辗转到了法国巴黎。因为战争，巴黎的矿业学校已经关闭。学习的艰苦和生活的颠簸，使熊庆来得了很重的肺病，经常大口地咯血，人也很快消瘦了。他不得不放弃自己心爱的采矿专业，改学理科。

1915 年，熊庆来进入巴黎圣路易中学数学专修班学习。他的身体状况虽然很坏，但他仍在如饥似渴地学习。他写字很慢，但是工整极了。在课堂上，老师用法语讲课，他因为写字慢，往往记不下来，为此他很苦恼。后来改变了学习方

中年熊庆来

法，首先要集中精力听好，把提纲记全；晚上回去后，再根据回忆来整理补齐中间记不下来的内容。所以，他每天晚上都要花一定的时间来整理笔记，然后再做作业。他房间里那昏暗的灯光，一直到午夜之后才熄灭。

熊庆来住在一个工人的家里，男主人当兵去了前线，女主人阿菲力在家照顾两个孩子。熊庆来住的房间很小，靠墙是一个摆满了书的大书架，书架的前面放着一张单人床，窗前是一张笨重的写字台，然后就没有什么空余的地方了。阿菲力看到熊庆来白天上学读书，晚上回来还是读书，感到他生活太单调了，便特意采了一束鲜花，放在一个古瓷的花瓶里，摆在熊庆来的书桌上。熊庆来下课回来后，看到这束鲜花，心里非常感谢阿菲力的一片盛情。但是，要学习了，书桌上必要的参考书、习题纸和文具摆得满满的，没有这只花瓶的位置了。只好暂时把它放在地上吧，等学习完了，再把它请到台子上来。

有一次，熊庆来学习完了，就疲倦地倒在床上睡着了。第二天，阿菲力来打扫房间，发现花瓶放在地上。她终于明白了，在熊庆来的生活里，就和这摆满书籍的写字台一样，是没有花瓶的位置的，她只好把这个花瓶拿走了。

夜深了，阿菲力听到熊庆来的房间里传来一阵阵干咳声，知道熊庆来的病越来越重了。她开始节省定量配给的肉，煮成汤，晚上给熊庆来做夜宵。

一天早上，阿菲力拿着拖把推开熊庆来的屋门，看到熊庆来还在床上躺着。她低头一看，床头的痰盂里都是血。阿菲力急忙跑去请医生。医生严肃地对阿菲

力说："他活不多久了，请赶快通知他的家属！""通知家属？他的家属在中国啊！"眼泪汪汪的阿菲力再三请求医生。医生只好答应，先让熊庆来住院治疗观察。

几天以后，熊庆来的老师来探望熊庆来。走进病房，他顿时愣住了——熊庆来正披着衣服，坐在床上认真地写着，身边放着一摞很厚的写完了的习题纸。熊庆来的执著，让这位严格的老师都按捺不住激动起来。

靠着这种韧劲，1916年，熊庆来在格伦诺布尔拿到了高等数学证书。1919—1920年，熊庆来又先后在巴黎大学和蒙彼利埃大学获得高等数学分析、力学和天文学3个证书，并得到了理科硕士学位和马赛大学的高等普通物理学证书。

1919年5月4日，中国爆发了著名的五四运动。与熊庆来一起在法国留学的何鲁已回到了祖国。熊庆来在法国也待不下去了，他要回到祖国，去施展他的抱负。火车开动了，熊庆来向站台上的阿菲力挥手告别。这位法国女子对他的关怀，支持着他走过了这段艰难的日子，到了离别的时候，他也忍不住难过。

◎再赴巴黎获得博士学位

熊庆来自1921年回国后，分别在南京东南大学和北京清华大学创办了数学系。清华大学曾经有一个规定，教授服务满5年，可以申请出国一年进行学术研究。熊庆来打算再请一年假，加起来两年的时间，专心做一点研究工作。

1931年，国际数学会在瑞士召开世界各国数学家会议。熊庆来代表中国，第一次出席这样的国际性学术会议。会议结束以后，他第二次来到法国首都巴黎，在庞加莱研究所研究整函数与亚纯函数。1925年前后，芬兰著名数学家奈望林纳创立了一个叫亚纯函数值分布的理论，它是20世纪最重大的数学成就之一，是现代亚纯函数论的基础。熊庆来的主要工作，就是对奈望林纳理论进行研究、推广和应用。

熊庆来带着他9岁的二儿子秉明，住在拉丁区卢森堡公园附近一个汽车司机的家里，房主人叫朗拜。清晨，熊庆来起来的时候，秉明已经和朗拜的两个小淘气一起去上学了。熊庆来吃过秉明为他准备好的早点，然后就去庞加莱研究所上班。父子俩中午到一家中国餐馆吃包饭，晚饭自己烧。熊庆来依然努力执著地学习着，熊秉明经常半夜醒来还看到父亲在看着写着什么。

熊庆来在法国两年，有一年是请假，没有工资收入，他还要担负6口人的生活费用，在国外生活开支又相当大。他手中仅存一笔出版《高等数学分析》的稿费，他开始担忧起收入来。

然而,他贤惠的妻子姜菊缘在熊庆来带着秉明出国以后,便带着其余 3 个孩子由北京回到了南京,那里还有他们的几间小平房。姜菊缘把多余的房子租了出去,并在自己屋前开了一片地,种菜、养鸡,尽量节衣缩食,又自己动手做衣、做鞋,把省下来的钱陆续汇往巴黎,才使熊庆来的求学没有后顾之忧。

两年过去了,熊庆来完成了他的博士论文《关于无穷级整函数与亚纯函数》,先后在法国学术院《每周报告》及维腊教授主编的《算学》杂志上发表,受到欧洲数学界的极大重视。大家普遍认为:第一,熊庆来的理论,包括了所有无穷级亚纯函数与无穷级整函数;第二,就整函数来说,其表达式的精确性,赶上了波莱尔关于有穷级整函数的研究,还超过了布卢门塔尔的结果。熊庆来的研究工作,在亚纯函数理论中具有重要的理论意义,并得到了很高的评价。他所引入的型函数和定义的无穷级,被人们誉为"熊氏型函数"和"熊氏无穷级"。

1933 年,熊庆来的博士论文《关于无穷级整函数与亚纯函数》获得了通过。熊庆来这次出国,时已年近 40 岁。但他以顽强的精神,经过两年艰苦的工作,完成了自己一生中最重要的研究成果,并因此获得了法国国家理科博士学位。

拿到学位后,熊庆来就起程回国,仍然回到清华大学任教授及系主任。

◎战胜病魔搞科研,一心回国拒去台

1949 年 6 月,熊庆来赴巴黎参加国际学术会议。他在联合国教科文组织第四届大会闭幕以后,又参加了一个古物保护会议。他得知自己曾任校长的云南大学解散的消息后,非常难过,决定暂时留在巴黎。

他的二子熊秉明 1947 年经过考试,取得了公费赴法留学的机会,开始是从事哲学研究,后来进入巴黎美术学院,毕业后以艺术自由职业者的身份留在法国。父子二人在巴黎重逢,开始了新的生活。

熊秉明在塞能街的一家小旅馆给父亲租了一间房子。熊庆来除了从事数学研究以外,还担任一些学生的家庭教师,给他们补习数学,以维持生活。

1949 年 10 月 1 日,中华人民共和国宣告成立了。圣诞节以后,1950 年就开始了。一天晚上,熊庆来父子应邀到一位法国朋友家做客。主人伯力先生的妻子波依娜不知从哪里学来一手做中国菜的好手艺,这次是专请中国客人来品菜的。开饭时,大家边吃边说,十分热闹。

只有熊秉明发现爸爸有些反常,他不大说笑,偶尔说几句也是语无伦次。伯力先生一再举杯,熊秉明着急地用眼睛暗示父亲不要再喝了,可是熊庆来眼睛发直，没有看他，又端起了酒杯。喝得面红耳赤的伯力先生，又给大家讲了一个法中人民友谊的故事，最后说："人与人之间的误会是长期隔阂造成的，一旦接触了，彼此自然会感到一种乐趣。今天我们请熊教授来做客，不就是感到了这种乐趣吗！"餐厅里响起了掌声，"好，为我们两国人民的友谊，为熊教授研究工作的成功，干杯！"大家都站起来，举起了红玛瑙似的美酒！

然而，熊庆来却没有站起来。熊秉明赶快跑到爸爸身边。随着他的叫声，熊庆来手一抖，筷子落在了地上。熊庆来被送进医院，经医生检查，诊断为高血压、脑溢血，并已导致半身不遂。由于各方面的关怀和援助，熊庆来的疾病得到了顺利的治疗。

半年以后，姜菊缘在昆明收到了熊庆来第一封用左手写的亲笔信。姜菊缘看着信上苍劲粗壮的笔迹，兴奋得热泪盈眶。她绝对没有想到，熊庆来能在半年的时间里，以如此惊人的毅力，用左手拿起了笔。一年以后，熊庆来左手写的字，与右手写的几乎一样了。他还坚持进行研究工作，大多数论文都是此后写出来的。

一天早晨，熊庆来的住处有人来访，是他以前的学生程思亮，现任台湾大学校长。熊庆来见到是他，就清楚了他的来意。

程思亮问候了熊庆来的病情以后，对他说："我是专程为您而来！您现在一个人在这里很孤单，秉明又不能总是在家照顾您，这是何苦？这次您一定要跟我走，到我们学校去，我会派专人来料理您的生活，协助您的工作，然后再把师母也接去。您的晚年可不该像现在这样呵。"程思亮哽咽着说不下去了。

熊庆来默默地点点头说："是呵，这里是清苦得很。陈立夫来过了，翁文灏来过了，傅斯年也来过了。他们都劝我到台湾去，说那里有很好的条件，对我的身体、对我的工作都十分有利。梅贻琦在台北创办了原子能研究所，邀请我去做附设大学的教务长，而且连旅费都汇来了。"

"所以，为了您的事业，为了我们中华民族科学的振兴，您应该当机立断呀！"程思亮说。

"正是因为如此，我才不能草率从事！"熊庆来转换了话题，请程思亮一起去吃云南饭馆了，始终没有理会程思亮想邀请他去台湾的打算。

在一个阴雨连绵的天气里，熊秉明和他的法国籍新婚妻子尊蒂送来一封信。熊庆来把信打开一看：

"熊庆来先生：得知你拒绝台湾的邀请，决定返回祖国的消息，我非常高兴。祖国欢迎你，人民欢迎你！欢迎你回来参加社会主义建设的伟大事业！在你身体情况允许的时候，可与我国驻瑞士大使馆取得联系，他们负责办理你的回国事宜。望你多多保重身体！周恩来一九五七年四月。"

熊庆来读了信，尽量使自己的激动心情平静下来，从抽屉里取出一张雪白的信纸，放在桌子上，用十分坚定的口气对熊秉明说："马上替我回信！告诉总理，谢谢他对我的关怀！请他放心，在我的函数论专著完稿之后，即刻起程！"

1957 年 6 月，熊庆来终于回到了祖国的怀抱，被任命为中国科学院数学研究所委员会委员、函数论研究室主任等。

● ● ● ● ● **【人物小传】** ● ● ● ● ●

熊庆来(1893—1969)，字迪之，出生于云南省弥勒县息宰村。数学家、教育家。

1907 年考入昆明方言学堂。1909 年升入云南英法文专修科。1911 年进入云南省高等学堂学习。1913 年考取公费生，赴比利时学习采矿。因第一次世界大战爆发，转赴法国，1915—1920 年先后就读于法国格伦诺布尔大学、巴黎大学、蒙彼利埃大学和马赛大学，获得理学硕士学位。

1921 年回国，先后在云南甲种工业学校、南京高等师范学校、东南大学(上述两校为今南京大学前身)、西北大学、清华大学担任教授和系主任。其间，1931—1933 年再赴巴黎，在庞加莱研究所深造并获得博士学位。1937 年任云南大学校长。1949 年出席在巴黎召开的联合国教科文组织会议，遂留在法国从事数学研究。1957 年回国，在中国科学院数学研究所工作。

他用法文撰写、发表了《关于无穷级整函数与亚纯函数》等多篇论文，以其独特、精辟、严谨的论证，获得了法国数学界的交口赞誉，国际上称为"熊氏型函数"和"熊氏无穷级"，被载入世界数学史册，奠定了他在国际数学界的重要地位。

他发现并培养了我国许多著名科学家，如数学家许宝騄、段学复、庄圻泰、杨乐和张广厚，物理学家严济慈、赵忠尧、钱三强、赵九章，化学家柳大纲等。只有初中学历的华罗庚，也被他破格提拔，后来成为闻名世界的数学家。

傅斯年

选定实证主义，不苟且个"假结果"

他激情澎湃、性如烈火，有"大炮"的雅称。胡适说他是"人间一个最稀有的天才"，蒋梦麟说他"是通才亦是天才"。他游历各国只为求学，对博士学位嗤之以鼻。他虽然以狂傲自诩，但是见到学识渊博的陈寅恪时便立即真心钦佩，甚至一直追随。

◎艰难的出国梦

1919年秋季，山东省教育厅招考本省籍官费留学生。傅斯年赴省城济南应试，并以全省第二名的优异成绩入选。他满以为自己官费留学是十拿九稳的事了，不料却被主考方以是五四运动中的"激烈分子，不是循规蹈矩的学生"等为由，拒绝录取。

山东省教育厅官员奉命对外的解释是：假如傅斯年到了大英帝国或法兰西王国，一不开心，像在北京一样，率领一帮梁山兄弟的后代，再来一个三打祝家庄、火烧狮子楼或赵家楼之类的行动，把法兰西的卢浮宫、巴黎圣母院等洋人的

傅斯年

宫殿,用粪叉子、二叉钩子或镰刀斧头加锤子,三下五除二给弄个底朝天;或者哪一天像打虎的武二郎一样喝高了,借着酒劲儿,把大英帝国的白金汉宫一把火烧个精光,那山东方面乃至整个中国政府岂不是吃不了兜着走?为消除隐患、斩断祸根,他们干脆来个"斩首"行动,断了傅斯年出洋的念头。

这个消息,对傅斯年来说犹如当头一棒。性如烈火的他,怎么忍得下如此不公?于是声言要诉诸法律。而以行侠仗义著称的山东省教育厅一位名叫陈雪南的科长,出于对傅斯年的同情和对贪官污吏的义愤,力主以考试成绩为准,强烈要求让傅斯年留学:"如果成绩这么优越的学生,都不让他留学,那还办什么教育"。一批具有文化良知的官员,也纷纷借机出面为傅斯年大鸣不平。

在一片不平声当中,主考方迫于压力,无奈把傅斯年恢复列入官费留学生的名单中。历经一番磨难的傅斯年,终于可以收拾行李返回北大了,于同年 12 月 26 日,由北京起身去上海,再乘轮船赴欧洲,开始为期数年的留学生涯。

留学是傅斯年多年以来梦寐以求的理想,用他自己的话说,就是为了解除那久积于心的无数困惑与探求真理的欲望而出国的。当他得知自己已获取留学官费的消息后,在山东聊城老家给北京大学同窗好友的信中写道:"我向来胸中的问题多,答案少,这是你知道的。近二三年来,更蓄积和激出了许多问题。最近四五个月中,胸中的问题更大大加多,同时以前的一切囫囵吞枣答案一齐推翻。所以使得我求学的饥,饥得要死,恨不得在这一秒钟内,飞出中国去。"隐隐透出他的宏图之志来,而他对留学的迫切期待更是表露无疑。

1920 年 1 月 2 日,傅斯年、俞平伯乘船离开上海吴淞码头,经过四十多天的颠簸、动荡,轮船穿越东海、南海、马六甲海峡、阿拉伯海、曼德海峡、红海、地中海、直布罗陀海峡与爱尔兰海,终于抵达了英国的利物浦码头。次日,傅斯年与俞平伯乘车赶赴伦敦,入伦敦大学研究院就读。

对于一路上所见到的异域风光,傅斯年在给新潮社好友徐彦之的一封信中,不无得意地说道:"沿路四十日间,把几个阶级的文化,几个最异样的自然现象都经过了;几千年的民族经历都温习了。那些'海上迂怪之士'所有的对象,也都有了。"

◎在伦敦学习心理学

傅斯年的留学之路不甚平坦,费尽辛苦争取来的官费又不甚充足,无奈之下,只能放弃声名显赫的剑桥、牛津两所名牌大学,而选择在学费和花销上更少的伦敦大学。刚进校两个星期,傅斯年的好友俞平伯竟然不辞而别。等到傅斯年四处打听，终于找到他的时候，才得知，俞伯平因为想家想得无法自抑，决定回国。傅斯年闻听大怒，强压怒气，力劝俞平伯要坚持以学业为重。然而俞平伯依然坚持要回去。傅斯年见他去意已决，也只能随他去了。

此事对傅斯年的打击很大。他在给老师胡适的信里说起了这件事，甚至有些沮丧。见到俞平伯如此，他的心里甚是难过，更觉得自己之前在国

伦敦大学

学上投入过多，成了身无所长的文人。他痛下决心，要学些真实的本事。

但凡世人求学，一般都需要一些证明。至少傅斯年的老师胡适就是这样认为的，并发出"大失望"的感慨。因为，未能免俗的胡适，本身就拿了无数个学位，所以他不理解傅斯年甚至有些超脱出世俗的宏大志向。这个时代，留学海外各国的人多如过江之鲫，而只求学识、不求学位的，却唯有陈寅恪和傅斯年二人而已。也正是这样，傅斯年才经由这条曲折的求学之路创造了自己的辉煌，超越了他尊敬的胡适老师。

于是，傅斯年开始跟随伦敦大学的著名教授史培曼学习研究实验心理学，同时选修化学、物理学、数学、医学等自然科学课程，不求虚名、学位、头衔种种，只做真学问。不像有些留学生，只知道急功近利，欺世盗名，一心只为回国升官、发财。

傅斯年并不知道这样做结果究竟如何，但是他相信自己所走的路。正如他在给徐彦之等几位朋友的信中所言："如此迂远，成功上实在讲不定。但我宁可弄成一个大没结果，也不苟且就于一个假结果。"这是傅斯年的决心，也是其性格的写照。这个最初的理想与信念，影响了他的一生。

经历了"五四"新文化的冲击以后，中国人的思想已大不同前了。五四时代的青年，对自然科学的兴趣大增，而心理学正是一个热门。傅斯年在伦敦大学选择心理学的另一个原因，很可能是早年受章士钊演讲詹姆士心理学的影响，并对弗洛伊德的精神分析学说颇感兴趣。其实，傅斯年的视野并不仅仅局限于自然科

学,还涉猎了英国的文学、历史、政治、哲学等著作,萧伯纳戏剧更是每部必看。

1923年9月,傅斯年离开学习、生活了近3年的伦敦大学,背着一堆沉甸甸的收获与一堆同样沉甸甸的困惑,来到德国柏林大学研究院,开始了另一段求学历程。

◎在德国转向实证主义

傅斯年之所以离英赴德,正如其北京大学同窗罗家伦所言:"一方面受柏林大学里当时两种学术空气的影响,一方面受在柏林大学的朋友陈寅恪、俞大维各位的影响。"

傅斯年早在北大读书时,由其同窗好友、陈寅恪的弟弟陈登恪介绍结识了陈寅恪。当时的傅斯年正年少轻狂,在人才济济的北大也算是一名才子,但仍属无名之辈,尚未出茅庐。而26岁的陈寅恪,已在日本、德国、瑞士、法国等地游学数载,肚子里的学识自然不是傅斯年可比的。见面一交谈,傅斯年对陈寅恪的学问与见识深表钦佩。许多年以后,傅斯年由英国赴德国柏林大学就读,也许正是出于对陈寅恪的推崇。

当时的柏林,俨然成了中国留学生的集会中心。除了傅斯年、陈寅恪、俞大维几人,原在北大的同学罗家伦、毛子水、何思源等也先后从欧美各地转来此地求学,同时还有金岳霖、姚从吾、段锡朋、周炳琳、宗白华、曾慕韩、徐志摩等。而这些人,后来大多成了中国近代学术史上举足轻重的人物。

当时的德国,科学水平位于世界顶级,具有非常好的学术氛围。这里的近代物理学为世界所瞩目,如爱因斯坦的相对论、勃朗克的量子力学等,都是驰名天下、轰动一时的学说。而社会科学中的语言文字比较考据学,则是柏林大学传统的、久负盛名的学科。所以,如此多的优秀中国留学生,都不约而同选择了这里。

傅斯年最初主要的兴趣是在相对论与量子力学上,同时依然保持着对自然科学方面其他门类的兴趣。而他对各种书籍涉猎之广泛,很让人感叹。有一天,傅斯年和罗家伦、毛子水等人,约定到康德街24号的中国餐馆吃晚饭。傅斯年夹了一个很大的书包前来,众人翻出来一看,竟是一部厚厚3大本的地质学书籍。向来不善言辞、更不爱开玩笑的毛子水,竟破例幽了傅斯年一默:"这部书是'博而寡约',傅孟真读它是'劳而无功'!"一句话说得傅斯年暴跳如雷。

虽然当时柏林大学语言文字方面的比较考据学也名冠一时,可傅斯年的注意力,是在归国前最后一两年才转向它的。而这一学派的创始人,就是19世纪被推崇为德国近代史学之父、西欧"科学的史学"奠基者的兰克（又译郎克）。由于兰克强调"严谨的事实陈述——即使这事实或许是偶然的、枯燥无味的——也无疑是历史编纂学的最高法律"，后世史家又把他的理论与他创造的学派称为实证主义学派。这个学派曾风靡一时，几乎垄断欧洲史学界。

柏林大学

当傅斯年来到柏林大学时，兰克学派依然雄风不减。傅斯年在求学的道路上经过几年的摇摆、晃动后，最后选择了兰克学派的实证主义史学，并作为重点研习对象。

傅斯年最终决定转向实证主义史学，显示了他过人的聪明才智。很快，其学业上的出色成绩，就使同在柏林的留学生们汗颜。

俞大维曾对人说："搞文史的当中出了个傅胖子，我们便永远没有出头之日了。"于是决定调整方向，把主要精力放在晚清太平天国史的研究上，避免了与傅胖子的直接对垒交锋。学成归国之后的俞大维，于1933年再度返回德国，进入柏林工业大学专门学习军事，包括兵器制造、战役分析和研究等，尤其是对弹道学的学习研究更是精进，终成著名的兵工制造与弹道专家。回国后曾任国民政府兵工署长、交通部长、台湾"国防部长"等要职。

傅斯年对陈寅恪"读书先识字"的说法非常赞同。要研究历史学，特别是东方学，就必须要懂得东方的文字，包括历史上存在过、如今已死去的文字。只有如此，才能揭示历史的源流和本真。傅斯年在柏林时，对各种古代文字也颇花费了一些心思。他在给罗家伦的一封信中曾说道：现在"又有火炉子费，又交学费，故实是十分节省，每日吃饭在2马克与3马克之间，未曾看戏一次。书是买了一部文法，一部梵文法，一部语言学（非其字典），上一是上课，下一是为写书用"。

1924年，蔡元培赴欧考察，路经德国，由傅斯年、罗家伦等原北大弟子陪同游览波茨坦无愁宫，宫中有一座大理石雕刻的伏尔泰像。傅斯年见后，流连忘返，不忍离去，因此落在了众人的后边。罗家伦走至半道，发现此情，只得折回身去找他。

罗家伦素来喜欢调侃傅斯年，对众人说道，只见傅斯年站在伏尔泰像前，深深鞠了一躬，口中念念有词地背起了李义山的两句诗："词客有灵应识我，霸才无主始怜君"。罗家伦此语一出，傅斯年气得要上前来揍他，罗家伦笑着躲到蔡元培边上，蔡元培也不禁失笑。这一笑，傅斯年骨子里的幽默就恢复过来了，也和众人一起哈哈大笑起来。从这件事，多少可以看出罗家伦很了解当时傅斯年的志向与心境。

◎第二次"五四"差点在柏林发生

在柏林的留学生们，普遍存在着经济上的困难。对于傅斯年等人的日常生活，赵元任夫人杨步伟的《赵家杂记》里有一些描写："有一天大家想请我们吃茶点，但定的下午 3 点，我们刚吃完午饭，以为到那儿（是孟真的房东家）照例地一点点心和茶。岂知到了那儿一看，除点心外，满桌的冷肠子肉等一大些，我们虽喜欢，没有能多吃，看他们大家狼吞虎咽地一下全吃完了。我说德国吃茶真讲究，这一大些东西，在美国吃茶只一点糕点，连三明治都很少的（美西部比东部东西多）。孟真气愤地回我：'赵太太！你知道这都是我们给中饭省下凑起来地请你们，你们不大吃，所以我们大家现在才来吃午饭。'"经此一说，杨步伟觉得颇不好意思。

刚到德国半年多的傅斯年，闻听好友罗家伦的财物失窃后，便以近似现代网络名的"山外魔生"写信给罗家伦，调侃地劝慰他。结果没过未久，傅斯年自己的经济形势也不容乐观，他又以"受诅咒的书蠹"为笔名，致信罗家伦，道出自己此时的穷困潦倒："星期日我在林中，未曾睡着，但失迎总抱歉的。星期一方知交费在即，一文无着，十分着急或者死去。"

随着国内军阀混战不息，山东政府官费无法及时向海外留学生汇寄，大家的生活变得更加艰难，有时候颇像初级共产主义的味道，大家的钱都是共同使用，谁有钱就先借来花。在傅斯年和罗家伦这段时间的信中，讨论最多的就是他们的经济困难。

1926 年初，傅斯年经过多番讨要，终于从中国驻英公使朱兆莘处领到了 10 英镑的汇票（欧洲留学生的经费，一直由朱兆莘作为代理人具体操办），于是致信罗家伦，本来想借给他 4 磅，因为山东的官费完全没有指望，就分给自己的同乡何思源 1 磅，只能借给罗家伦 3 磅，其余只能等下月再去找朱兆莘想办法。当时留学生们生活的窘迫程度，就可见一斑了。

在傅斯年即将结束学业回国的前夕，生活更是到了无依无靠的绝境。他在致罗家伦与何思源的信中道："总之，去年我已领了下一月(款)，我方能自巴黎归；今则倒欠下两月，此外无丝毫进款。德国生活程度贵得无比，此间熟人一致呼穷，故弟不欠此间任何一人、任何一文；而此间欠我小数者，积起来已经不少了。5月中旬连吃4日干面包，实在不免于夜间流涕。大维尚好，而毛、姚穷得出世涅槃。"

按傅斯年的推断，继任者如此对待留学生，一定是克扣和挪用了从国内寄来的留学生官费。而对方如此无理与霸道，正是留学生们"拼命之机会也"。于是，傅斯年"火从心头起，恶向胆边生"，立即蹦起来，欲像当年"五四"时期一样，发动并亲自统率整个欧洲的中国留学生，肩扛大旗，挥拳弄棒，再展示一回"少年壮志"，前往中国驻英公使馆门前示威，不惜与使馆人员开打宣战，然后来个"火烧赵家楼"的再模拟演示，将公使馆一把火烧个精光。

正所谓"此一时彼一时也"，过去的老皇历如今翻不得。对于傅斯年而言，一呼百应的"五四"时代已经成为过去。接受新的文明洗礼并逐渐理性的罗家伦、何思源、俞大维、毛子水等人，认为以暴力的方式、方法来处理此事万万不可。伦敦比不得当年的北京，若真的闹起来，大家很可能被当做过街老鼠而捉起来关入大牢，并成为天下笑柄。

在众人的劝说、阻止下，傅斯年才火气渐消，最终打消了一把火烧掉公使馆的念头。当然，驻英公使馆的那些官僚们，并不知有此一幕险情发生，否则应该早就抱头鼠窜了——看来，傅斯年当年考取官费留学生时，山东教育厅那帮官员们的担心并不是毫无道理的。尽管罗浮宫与白金汉宫没有被点燃，而事实上中国驻英公使馆却差点葬身火海。

◎ 回北大不成，便转去中大

1926年9月，傅斯年结束了7年的留学生活，带着满腔激情和满腹学识，由马赛扬帆起程，穿越茫茫大西洋、印度洋、太平洋，向阔别已久的祖国驶来。

此前，傅斯年是准备受聘于母校北大的。他在北京大学期间就是知名才子，师长和同学们对他的学识也是有目共睹，此番留学归来回到北大自然是顺理成章。

早在1922年，北大教务长蒋梦麟到欧洲考察，就见到了正就读于伦敦大学的傅斯年，并进行了一番推心置腹的长谈。在此之前蒋梦麟与傅斯年并不熟识，这次交谈傅斯年给蒋梦麟留下了深刻印象。蒋梦麟发出了"孟真之学，是通学，其才则天才，古今为学，专学易，通学难，所谓通学就是古今所说之通才"的慨叹。作为学术界的名流，北大的前辈师长、主要领导之一，对一个仅仅游学数年的后生小辈竟有如此高的评价，既罕见又令人感慨。想来，说出此番话时，蒋梦麟心里一定颇有一代新人胜旧人的嗟叹。

二人分别不久，蒋梦麟在德国接到傅斯年的一封信，信中劝他此次考察不要无目的地在德、奥、法、意各国乱跑，并有两个问题要特别注意：第一是比较各国大学的行政制度，第二是各国大学的学术重心和对学生的训练。

蒋梦麟阅毕，不仅惊叹傅斯年在学业上的精湛造诣，同时还发现他有极强的视事与处事能力。如果自己不是师辈人物，蒋梦麟极有可能当场就要五体投地地折服、跪倒在傅斯年的面前，并高呼"吾师万岁"了。

1923 年，北大校长蔡元培因不堪忍受军阀政府与官僚的压迫而愤然辞职，旋赴欧洲考察，北大校长一职由蒋梦麟代理。此时已转入德国柏林大学攻读的傅斯年，与北大的实力派人物蒋梦麟、胡适等书信往来不断。而作为胡适得意弟子的傅斯年一旦学成归国，到北大任教即成必然。

然而，傅斯年准备归国的这一年，正是北洋军阀全面崩溃的前夜，各路军阀纵横中原，相互厮杀混战，中国陷入了一片血腥和混乱之中。

奉系军阀张作霖杀害李大钊等革命人士的行为，令蒋梦麟、胡适、朱家骅等北大负责人为了躲避追杀，只能离开北大，开始流亡生活。而北大这所"常与黑暗势力抗战的"大学就只好解散了，也无人再顾及傅斯年的死活与归国后的去向。

也许是傅斯年的满腹学识还没有施展之地，确实不该被埋没，当他乘坐的轮船穿过汪洋大海抵达香港的时候，一封来自中山大学的聘书就出现在了他刚下榻的旅馆里。邀请者乃是两个月前才刚刚从北京六国饭店逃往广州的朱家骅。这时的朱家骅，已经开始主持中山的校务了。于是，傅斯年从中山开始了他的教学生涯。

● ● ● ● ● ● 【人物小传】 ● ● ● ● ● ●

傅斯年（1896—1950），字孟真，祖籍江西永丰，生于山东聊城。历史学家、教育家，五四运动学生领袖之一。

1913 年考入北京大学预科，1916 年升入北大文科。由于受到民主与科学新思潮的影响，1918 年夏与罗家伦等人组织新潮社，创办《新潮》月刊，提倡新文化，影响颇广。1919年夏大学毕业，翌年初到欧洲留学，先后入伦敦大学、柏林大学研究院，学习实验心理学、生理学、数学、物理以及爱因斯坦的相对论、勃朗克的量子论等，还对比较语言学和考据学产生兴趣。1926 年冬回国。

翌年春出任广州中山大学教授兼文学院院长和历史系、中文系主任。从 1928 年 11 月起长期任中央研究院历史语言研究所所长，创办《历史语言研究所集刊》并任主编。1929 年春，历史语言研究所从广州迁往北平，傅斯年兼任北大教授。1937 年春兼任中央研究院总干事。抗日战争爆发后，任国民参政会参政员，兼任西南联大教授。1948 年当选南京国民政府立法委员。次年 1 月随历史语言研究所迁至台北，兼任台湾大学校长。

著作编为《傅孟真先生集》。

严济慈

用勤奋创造了奇迹

　　严济慈是中国现代物理学研究的开创人之一，是第一位获得法国国家科学博士学位的中国人，是中国科学院、中国科技大学的主要创建人之一。他的家庭是一个高层次的科学家之家，被称为"小科学院"，家庭成员中竟有 5 人在中国科学院工作。

◎留学前的准备

　　严济慈的启蒙老师——叔祖父严维伦曾对严济慈的父亲说："这孩子是读书的好材料。家里条件再艰苦，也要想法让他去读书。"从 9 岁开始，严济慈便能帮助父亲在药铺里记账了，便培养了他认真细心、一丝不苟的作风。他成天和数字打交道，而他对数学的兴趣，就从此时打下了根基。

　　后来，严济慈考入了南京高等师范，遇上了数学家何鲁。在大学期间，对严济慈影响最大的就是何鲁。何鲁是四川广安人，1919 年从法国留学回国，应聘到南京高师教数学。

　　数学是很重要的基础课，何鲁讲课用的是法国的教材。法国中学教育在欧美水平最

老年严济慈

高,课程内容很深,在中学的数学课里,竟有很多大学的内容。何鲁的讲课遭到学生的反对,普遍反映太深听不懂,发展到准备罢课。只有严济慈一个人坚持上课。于是,何鲁干脆把严济慈叫到自己家里,一对一地给他上课。何鲁到上海任教后,又特别推荐著名数学家熊庆来去南京高师任教。

中国科技大学校园里的严济慈铜像

每逢暑假,何鲁还总要邀请严济慈来他家读书。严济慈整天把自己关在安静的书斋里,自学法文,并且大量阅读了何鲁带回来的法国教材。水滴石穿,他的勤奋学习,为日后赴法留学打下了坚实的基础。何鲁看他学有所成,便介绍他认识了商务印书馆的王云五先生。王先生对严济慈有所了解后,就约他写了《初中算术》和《几何证题法》。这两本小书,数十年来作为中学生的教材和课外读物,不仅受到国内广大师生的欢迎,而且曾被东南亚某些国家所采用。

严济慈大学毕业后,老师何鲁、熊庆来、胡刚复都鼓励他出国留学。他得不到官费,3位先生便慷慨解囊,为他筹措资金;再加上他编书的稿费等收入,严济慈终于可以前往恩师何鲁曾经留学的法国了。

◎成绩震惊了巴黎大学

1923年11月,满怀学习国外先进科学的理想的严济慈,经过5个星期的航船颠簸,到了法国第一大港——地中海沿岸的南部城市马赛。

出国之前,由于他刻苦努力自修,法语在读写上已没有问题,但是口语略逊。他便转乘火车到默伦乡村的一所中学,强化学习了半年的法语。他的基础好,加之又有悟性和惊人的记忆力、模仿力,很快就过了口语关。

1924年夏天,严济慈从默伦来到巴黎,雄心勃勃地把目光投向了享有盛名的巴黎大学理学院。巴黎大学分5个学院,即理学院、文学院、法学院、医学院和药学院,其中理学院号称有10万学子。入学不用考试,宽进严出,学校迷漫着自由的空气。课程是公开的,每年11月的第一个星期一开学上课,谁有兴趣都可以

巴黎大学夜景

听,不愿意听也无人来管。学较不分系,也不分年级,只要手里有中学毕业文凭,交纳金额不多的注册费,把你的名字登记注册,就算是巴黎大学的学生了。

然而,别看它表面自由、轻松,却有一套严格的考试制度。按照巴黎大学的规定,二十多门主课,考试每通过一门就可得到一张文凭,考取3张文凭就可毕业,并获得硕士学位。但是,由于课程很深,考试繁难,要得到一张文凭,不累出几身汗、脱掉几层皮是不可能的。

巴黎大学一年举行两次考试,一次在夏季,一次在秋季。严济慈到巴黎时,正赶上夏季的考试,他立刻报名参加了高等数学考试。因为他具有深厚的数学功底,故考试非常顺利,成绩被记为优等。他在巴黎大学还未上课,便取得了第一张文凭,这也算是学校送给他的见面礼吧。而这也使这个黄种人令白种人刮目相看。

巴黎这个号称"花都"的欧洲名城,有令人销魂的花花世界;有令人赞叹的艺术宫殿;有令人流连忘返的名胜古迹;有令人难以抗拒的物质、情色诱惑。可是,严济慈却对这一切毫无感觉。他十分珍惜这来之不易的留学机会,身在巴黎,竟不知繁华为何物。几年时间里,卢浮宫的珍藏是何等的辉煌,塞纳河的良辰美景是如何的销魂,竟全然不知。他没有跨过塞纳河桥一步,河这边是他所在的清苦的拉丁区,河那边是纸醉金迷的花花世界。

多年之后,在北京东兴楼饭庄的一次宴会上,刚从巴黎游历回国的胡适先生感慨地说:"巴黎为灯红酒绿之地,哪里能读书?"在座的严济慈接上话茬:"你的话不错，但我要补充一句，也只有在巴黎读书的人，才是真正能读书的人。"胡适一听语塞，立即起身，双手作揖，歉意中含有钦佩。

严济慈当时住在拉丁区冈姆路一家名叫伏尔泰的小旅馆的五层楼上，旅馆离巴黎大学很近，走路不过 5 分钟。身居闹市的严济慈，过着有规律的、单一的四点成一线的生活，每天从旅馆到教室、图书馆、试验室，把自己埋在书本里，孜孜不倦地钻研，消化思索探求，以中国人的顽强毅力，刻苦攻读，摈弃了一切无为的社交和青年人应该享受的娱乐。由于生活拮据，他每天只能吃最普通的面包、面包夹着卷心菜的最廉价的三明治以及其他素食。但他早起晚睡的有规律的生活，反而让他的身体更加健康。

严济慈在给自己的恋人张宗英（五四运动时期南京学生运动领袖之一，也是东南大学招收的第一届学生中唯一的女性）的书信里，经常"汇报"自己的经济状况：3 位恩师一直给他寄钱，在最初的一年里，3 位先生一共资助他 780 元，占全部费用的 3 / 4 左右。当时何鲁的夫人旧病复发，且极其严重，但何鲁并没有中断对严济慈的接济和帮助。

严济慈告诉未婚妻说，自己决不能乱用一个钱，而且要时刻扪心自问，是否对得起这些恩师。有时，他还将某段时间的账目清楚地排列出来。在 1924 年 9 月 2 日写给张宗英的一封情书中，他就列出了从 1923 年 12 月到 1924 年 5 月接收的汇款情况，账单中的"何师"指何鲁，"熊师"指熊庆来，"胡师"指胡刚复，"爱"指张宗英，"方"即法郎，"元"即当时中国的银圆。这可算是一封无比特别的情书了。

一年的时间转眼过去，巴黎最迷人的夏季又重新到来了。严济慈以他勤奋的学习、扎实的基础、惊人的记忆力和渊博的知识储备，创造了巴黎大学建校以来的奇迹。他仅用一年时间，就考得了巴黎大学的 3 门主科——普通物理学、微积分学和理论力学的证书，获数理科学硕士学位。这是巴黎大学校史上从来没有过的事。

巴黎大学的学生，一年能考取一张文凭，就算是不错的了。因为，每一门主课不光是笔试，笔试通过后还要进行试验课的考试，考察实际操作能力和熟练掌握知识的程度。数学的第二次考试则侧重应用题。客观地说，笔试题目知识面广、问题深，要想及格，难之又难。那次报考的，仅物理系就有一千余人，最后取得文凭的只有二百多人，及格率为 1∶4。严济慈以自己的刻苦好学和优异成绩，顺利通过了 3 门主课的考试，其中普通物理成绩是最优等，其他两门是优等。在进行普通物理学的口试时，主考老师、法国著名物理学家夏里·法布里教授满意地对他说："先生，你的试卷是最优秀的！"

严济慈,这个来自中国的留学生,这个不苟言笑、衣着朴素的中国青年,一夜之间名扬整个巴黎大学。在此之前,法国并不承认中国大学毕业文凭的效力,可是,从严济慈起,法国开始承认中国大学毕业文凭与法国大学毕业文凭具有同等效力。

◎师从法布里教授,攻破国际大难题

不久,打算继续攻读博士学位的严济慈,给夏里·法布里教授写了一封态度非常诚恳的信件,希望能够得到这位著名物理学家的进一步指导。教授很快给他回了信,信中说他很快要去过暑假了,10月以后,请严济慈到他的试验室来报到。这封回信,决定了严济慈一生的命运。

在预定的时间里,63岁的夏里·法布里教授,在自己的办公室会见了严济慈。交谈中,当教授知道这位中国学生才来法国一年多就顺利地完成了大学学业时,非常吃惊,亲切地问他:"你以前做过研究工作没有?"严济慈非常老实地回答道:"没有。我在中国大学毕业以后,就来到了法国。"教授满意地看着这位青年人,爽快地说:"年轻人,你可以留在我的试验室从事研究工作。"

法布里不仅为严济慈选择了一个富于创造性的题目,而且为他提供了各种方便。按照常规,下班以后,试验室里水、电、煤气都停止使用;大门钥匙也由看门人保管。但对严济慈例外。甚至连做试验的化学药品、感光材料,只要他填一张申报单,便马上有人给他送来。

而严济慈也不愿辜负恩师的期望,一头扎在实验室里搞实验、进行研究。在他的字典里,根本没有"周末"这两个字,有的只是工作,工作,工作。每天清晨,他带上几块面包走进实验室,直到半夜以后才回住处。巴黎的严冬,试验室里的法国科学家们忙着和家人团聚,过圣诞节去了。而严济慈却呆在冰窖似的试验室里,通宵达旦地试验。有时候实在累了,他便把头埋在自来水管下,冲冲袭来的倦意。法国人是最会享受生活的。同事们看他孤身一人,便在周末休假的时候,盛情邀请他到郊外别墅去度周末。固执的他,婉言谢绝了。

成功的旅伴,就是辛勤的劳动、艰苦的探索。法国小说家莫泊桑有过一句名言:"一个人以学术许身,便再没有权利同普通人一样生活。"严济慈把这句至理名言视为自己的座右铭,支配了他一生的治学道路。

早在1880年,法国著名物理学家比埃尔·居里和他的哥哥雅克·居里就共同发现了晶体压电效应,还研究了晶体和物理现象的因果之间的对称关系,提出了世界公认的居里对称原则。但是,晶体压电效应的反现象,该如何从实验上测出它的数据,进一步验证它的存在,是长达40年无人解决的难题。严济慈被这个难度极大的课题迷住了,他食不知味,像着魔似的,苦苦地思索着如何解决这个难题。

他终于找到了一把精确无比的尺子,这就是单色光。神奇的光,无所不在的光,千变万化的光,魔力无边的光,使他在黑暗中见到了光明,指点他探索物质世界奥秘的规律。严济慈用单色光为尺度,测量晶体通电后的体积变化,终于揭示了晶体压电效应反现象这个不解之谜。

难题解开了,他可以写论文了,题目是《石英在电场下的形变和光学特性变化的实验研究》,其内容比原来夏里·法布里教授给他的题目《石英在电场下的形变》又有了更大的扩展。按照法国的规定,申请国家科学博士的一级论文,必须在公开答辩一个月之前交给所在大学,由学校印100本交给有关专家学者审查。严济慈能否获得法国国家科学博士学位,就看他的研究成果能否被专家们审查通过了。

和往常不一样,非常沉着、冷静的严济慈也有些沉不住气了,他在焦急中等待。一天,法布里教授突然把严济慈叫到一旁,十分和蔼地问他:"严,你的论文是否急于发表?可不可以等一两个星期?"严济慈丈二和尚摸不着头脑,只好说:"当然可以。"导师很满意他的回答,没有再问下去,便转身离开了。

教授走后,一向性格稳健的严济慈,竟急不可待地把刚才他们俩之间的对话,原原本本地告诉了他的法国同事们,并问:"这是怎么回事?"谁知,同事们谁也没有正面回答他,只是报以善意的微笑。令他不解的是,大家好像是事先串通好的一样。其中一位同事走过来,拍了拍他的肩膀,友好地说:"别急,耐心等着吧。过一两个星期你就会明白的!"

原来,他的导师夏里·法布里教授新近刚刚当选为法国科学院院士。在法国科学院每个星期一下午举行的院士例会上,照例是要宣读论文。法布里在他首次出席的法国科学院例会上,宣读的论文竟不是自己的研究成果,而是在他的指导下,由严济慈完成的博士论文《石英在电场下的形变和光学特性变化的实验研究》。这一方面说明法布里教授宽广的胸襟和对后辈的提携,另一方面也说明严济慈的科研成果确实有很高的学术价值。

论文宣读完毕后,全场响起热烈的掌声,论文得到高度的评价、众口称赞。更特别的是,这是历史悠久的法国科学院第一次宣读一个中国人的论文。

第二天,《巴黎晨报》第一版便刊登了"新院士法布里教授和中国学者严济慈"的醒目照片,一时间严济慈名声大振,成为巴黎学界的新闻人物。

1927 年 6 月,在巴黎大学庄严的小礼堂里,严济慈顺利通过了博士论文答辩。他因此成为世界上第一位精确测定石英压电定律反现象的科学家,也成为第一个获得法国国家科学博士学位的中国人。

◎ 与居里夫人的交往

在留学法国的日子里,严济慈与著名女科学家居里夫人及其女儿、女婿有过多次交往,并得到了他们的帮助。

居里夫妇在 1903 年因发现了两种新元素——钋和镭而荣获诺贝尔物理学奖。巴黎大学聘居里先生为教授,居里夫人为其实验室主任。但不幸的是,居里先生于 1906 年死于车祸。39 岁的居里夫人,毅然继承了丈夫生前未尽的事业。1911 年,居里夫人以制成金属纯镭再次获得诺贝尔化学奖。后来,居里夫人建成镭学研究所,其女儿和女婿约里奥－居里夫妇,因发现人工放射性而获得 1935 年度诺贝尔化学奖。居里夫人一家 4 人 3 次获得诺贝尔奖,在世界科学史上创造了空前绝后的奇迹。

严济慈在巴黎大学留学期间,博士论文就是精确测定居里先生和他哥哥雅克·居里发现的压电效应的反现象的系数。1925 年,严济慈来到居里夫人的实验室,向她借用居里先生早年用过的石英晶体片。居里夫人在实验室里热情接待了他,并带他到小花园里。他们坐在草坪中的绿色长椅上进行了亲切的长谈。严济慈经过一年多的摸索和实验,终于攻克难题并获得博士学位。

1928 年底,严济慈再次赴法,他曾在居里夫人的实验室里工作过一段时间。居里夫人刚好买到了一架显微光度计,她请严济慈帮助自己安装调试并做测量工作。1930 年严济慈离开巴黎回国前夕,居里夫人赠送他放射性氯化铅,以支持他在中国开展放射学研究。

1931 年 3 月,严济慈为在北平筹建镭学研究所,给居里夫人写信求教。居里夫人随即回信,祝愿筹建中的镭学研究所"旗开得胜,并逐步发展成为一个重要的镭学研究所"。

1935 年,严济慈和约里奥·居里一起,被选为法国物理学会理事。他先后将郑大章推荐给居里夫人做博士生,将钟盛标、钱三强推荐到约里奥－居里夫妇的实验室工作。他们后来都成了我国著名的科学家。

为纪念与居里夫人及其女儿、女婿的友好交往,赞颂居里夫妇一家人献身科学的崇高品德和巨大贡献,严济慈曾饱蘸情感,撰写出《居里和居里夫人》一书。

◎回国途中邂逅徐悲鸿

一艘海轮从法国起程开往中国。严济慈走出船舱,来到船尾的甲板上凭栏眺望, 他的心头就像波涛汹涌的大海一样不能平静。已经阔别祖国达4个春秋的他,恨不能插上翅膀,飞向朝思暮想的家乡,回到亲人们的身旁。

这时,一位正在附近散步、比严济慈稍大几岁的中国人,正快步朝他走来,眉宇间露出十分惊喜的神情,热情地问道:"你是……严济慈先生吗?"

严济慈看着这位手里拿着画具、目光炯炯地望着自己的人,不禁十分高兴。因为他发现,与自己搭话的人,竟是自己的骨肉同胞。严济慈反问道:"你怎么认识我?"

来人见面前这位果真是严济慈时,高兴地说:"严先生的大名,我从报上早已久闻;却没想到我们还在一条船上,太令人高兴了。"

严济慈忙问:"请问先生尊姓大名?"

来人回答说:"我姓徐,名悲鸿。"接着他取出一份巴黎出版的报纸,上面印有严济慈的大幅照片,"先生为祖国争光, 为炎黄子孙争了一口气, 令人钦佩之至……"

原来,站在严济慈面前这位约摸30岁出头、头发乌黑、眉清目秀、有一双聪颖的眸子的男子,正是日后名震艺林的中国绘画大师徐悲鸿。

两位在各自领域中有着相当造诣的中国青年, 竟凑巧相逢在这水天茫茫的大洋上,相逢在回国的途中。他们虽然从未谋面,却一见如故,相见恨晚。

徐悲鸿毕竟是美术家,有着非常浓厚的艺术气质。他见严济慈年纪轻轻就以出色的科研成就、学术造诣轰动了法国的科学界,竟触动了自己内心深处的民族自豪感。望着比自己小几岁的严济慈,他的心中萌动着一种从未有过的亲切感,想送一件礼物给对方以略表自己心意,可又拿不出一件像样的礼物。急切之下,他的目光落到了画架上,真诚地说:"严先生,为了纪念我们相逢,也为了表达我的一点敬意,我给你画一幅像吧……"

徐悲鸿恳切的话语,流露出无法抗拒的友好之情。严济慈没有拒绝,便倚着船栏由徐悲鸿作画。很快,徐悲鸿用娴熟的笔触,勾勒出了严济慈的头像速写,并用画笔在旁边题写了"科学之光"四个刚劲有力的字。这幅画后来一直挂在严济慈的书斋里,虽然纸早已发黄,但他始终视其为珍宝。

这次萍水相逢,使他们结成了情同手足的好友。在未来漫长的岁月里,他们息息相通、过从甚密,堪称生死不渝。他们在各自的专业领域里,为中华民族作出了卓越的贡献。

● ● ● ● ● 【人物小传】 ● ● ● ● ●

严济慈(1900—1996),字慕光,号岸佛,浙江东阳人。物理学家、教育家,中国现代物理研究奠基者之一。

1918 年以浙江省第一名的成绩考入南京高等师范学校（1920 年改为国立东南大学）。1923 年大学毕业,赴法国巴黎大学留学,获硕士学位。1927 年获得物理学博士学位,成为第一个获得法国国家科学博士学位的中国人。同年回国,在上海大同大学、中国公学、南京第四中山大学担任物理学、数学教授。1928 年冬再次赴法国从事研究工作。1930 年底回国,出任北平研究院物理研究所研究员、所长,一年后又兼任镭学研究所所长。1932 年参与创建中国物理学会。1935 年与法国科学家约里奥·居里、苏联科学家卡皮察同时当选为法国物理学会理事。1946 年获国民政府胜利勋章。1948 年当选为中央研究院院士。1949 年参与筹建中国科学院,曾任中科院办公厅主任兼应用物理研究所所长、副院长,全国人大常委会副委员长,九三学社中央副主席、名誉主席。1958 年参与创建中国科技大学,后任中国科技大学校长。1996 年 11 月 2 日于北京逝世。

黄佐临

"寻找"莎士比亚

　　他是中国电影界、戏剧界的泰斗。他创造了中国电影界的历史。他的影片，被法国电影史学家萨杜尔列为世界电影通史上为数不多的中国名作之一。

◎初赴伦敦市，誓弃商从戏

　　1925年，黄佐临赴英国留学。抵达伦敦以后，他听从父亲的安排，进了伯明翰大学商科学习。但很快，他就发现自己完全不是从商的料，枯燥乏味的会计学让他大伤脑筋。修社会研究科后，黄佐临通过参观工厂、写社会调查报告，充分接触了人与社会，这对他而言是一个最重要的转折。对人与社会的研究，很自然地引导黄佐临大量接触易卜生、萧伯纳、高尔斯华绥等西方戏剧大师们的社会问题剧作，而这正是他从小就着迷的。

　　当他还是个孩子的时候，他就把家里的帐子当幕布、床当舞台，带着弟妹们一起演戏。他让妹妹当"巴黎女郎"，而自己则成为莎士比亚名作《威尼斯商人》里的夏洛克。他还非常爱看电影、戏曲和马戏，最喜欢丑角，经常学着演。他的对象，

黄佐临

既有京剧里的杨香武,也有美国的喜剧之王卓别林。上初中之后,他对文明戏,也就是话剧产生了兴趣。在语文老师刘崇一的引导下,他甚至拜读了挪威戏剧大师易卜生的戏剧英文原著。

在社会研究科的学习期间,黄佐临广泛阅读这些大师们的作品,慢慢地萌生了做一个剧作家的梦想。就在他入学的第二年春天,他到离伯明翰约 20 英里的莎士比亚故乡斯特勒福特去游览。故居是一幢伊丽莎白时代的建筑,坐落在艾文河上,是莎士比亚女儿的家,英国人称它为茅屋。

屋子里陈列着莎士比亚用过的书桌和椅子,莎士比亚曾坐在这把椅子上,写成了 36 个剧本。所以,英国人把这把椅子称为"烟斯皮瑞纯椅"(即灵感椅),并规定一先令坐一分钟(当时理发只须花半先令)。大家都说,坐一坐这把椅子,就可以得到文艺灵感。

椅子前排着长队,大都是美国的百万富翁、战后的暴发户和旅游者。黄佐临也排在队伍之中。虽然他很清楚地知道,另一个说法是,莎士比亚所有的剧本,都是在戏剧后台边演戏边写成的,但他总想能侥幸得到一些莎士比亚式的灵感,也许自己以后真的能够成为一名剧作家。他第二次去英国的时候,又去过两次,在灵感椅上一共坐过 5 次。

也许,莎士比亚真的给了他灵感,他人生的转折很快就到来了,就是从他借宿的林溪学院开始的。林溪学院是各国留学生的宿舍。一群朝气蓬勃的年轻人聚集在一起,自然会有各种各样的活动。正是这些活动,让黄佐临心底的热情释放出来了。

1927 年,英文独幕剧《东西》在林溪学院的周末学生晚会上演出,该剧由 21 岁的黄佐临自编自导自演,是他生平创作的第一出戏。第二年,黄佐临自编自导的第二出戏《中国茶》也在该学院上演,该剧辛辣地嘲讽了一些西方人自以为是、好为人师的毛病。渐渐地,写戏导戏的"黄"在学院里小有名气起来,有人说他的剧作颇有萧伯纳的讽刺风格,鼓励他把自己的剧本寄给这位刚于 1925 年获得诺贝尔文学奖的大文豪看看。黄佐临壮着胆子,把《东西》的剧本寄给萧伯纳,还附了一封信。

仅仅过了三五天,萧伯纳便回信了。他在一张明信片上这样写道:"孩子,不要当什么剧作家,剧作家最辛苦、最担风险,而且常常在生活上朝不保夕。"

不过,萧伯纳还是鼓励黄佐临:"一个'易卜生派',是个门徒,不是大师;一个'萧伯纳派',是个门徒,不是大师。易卜生不是'易卜生派',他是易卜生;我不是'萧伯纳派',我是萧伯纳。如果黄想有所成就,千万不要去当门徒,必须依赖自我生命,独创'黄派'。"

虽然黄佐临知道前途艰难,但是得到大文豪的鼓励后,他更加投入地进行戏剧的创作和研究了。

1929年秋,黄佐临学成回国。他先进了亚细亚石油公司,做了一个薪金丰厚的职员。可他把自己的办公室布置成了书房,到处摆满了戏剧方面的书。他继续阅读莎士比亚和世界戏剧史。

他不想要这样的人生,所以辞去了工作,在天津新书学院、南开大学任教。对戏剧的热爱,终于驱使他再次来到英国。

◎再到伦敦城,成戏剧硕士

1935年,黄佐临和妻子金韵之结婚后,同赴伦敦。黄佐临先入剑桥大学,继续研究莎士比亚,然后进入法国著名导演圣丹尼等人开办的伦敦戏剧学馆。黄佐临学导演,金韵之学表演。圣丹尼继承他的叔父、著名戏剧家雅各·柯普的主张,突破自然主义戏剧的传统,尊崇、研究和运用刚问世未久的斯坦尼斯拉夫斯基(苏联戏剧大师)表演体系,这对以后黄佐临在戏剧上的求新探索,起了重要的作用。

此外,他们夫妻也在如饥似渴地寻找其他的艺术源泉,见缝插针地进行实践考察。对他们来说,1936年是特别充实丰富、意义重大的一年。这一年,黄佐临读到了德国戏剧大师布莱希特的文章《中国戏剧表演中的间离效果》,开始了对布莱希特的关注和了解,这成为他致力于话剧民族化的动力。

当时,黄佐临正在准备硕士论文《莎士比亚戏剧在英国的演出简史》。他和金韵之是英国皇家剧院和巡回剧场学生座的忠实观众,看遍了各种风格的莎士比亚戏剧演出。

就是在1936年的暑假,他们夫妇双双赶到英国西海岸的德文郡,在达汀顿古老的中世纪庄园里,学习现代欧洲最先进的表演理念和技巧,师从俄罗斯裔戏剧艺术家麦科·契诃夫(也称米沙)学习演员训练法,师从柔氏学习形体语言和现代舞。在这里,还有一个中国学生也在学习现代舞,就是戴爱莲,她后来成为了中国著名的舞蹈家。

在去达汀顿前,黄佐临已经读过刚刚出版的斯坦尼斯拉夫斯基的《我的艺术生涯》和《演员的准备》英文版——这是黄佐临当时译的中文(现在通用的译名是《演员自我修养》)。当时黄佐临读得一头雾水,用他自己的话来说,"莫名其妙"。他是听了米沙的示范和介绍后，才茅塞顿开的。1936年在达汀顿度过的夏天，对黄佐临的艺术生涯产生了深远的影响，他以后经常在谈话中和文章中提起。

1937年，黄佐临从伦敦戏剧学馆导演班毕业。他的论文《莎士比亚戏剧在英国的演出简史》在剑桥大学通过答辩，获得文学硕士学位。

抗日战争爆发后，黄佐临欲回国投入抗日行列，向启蒙大师萧伯纳告别。萧伯纳告知他，戏剧工作是一个"担当风险，朝不保夕"的职业。萧伯纳拿出译本羊皮相册送给青年黄佐临，并在相册上题下语重心长的赠言："起来，中国！东方世界的未来是你们的。如果你有毅力和勇气去掌握它，那么未来的盛典将是中国戏剧。不要用我的剧本，要有你们自己的创作。"

● ● ● ● ● 【人物小传】● ● ● ● ●

黄佐临（1906—1994），原名黄作霖，原籍广东番禺，生于天津。我国著名的戏剧、电影艺术家，话剧、电影导演。

黄佐临出生于一个洋行职员家庭。1925年去英国留学，入伯明翰大学商科。在校期间，创作处女作短剧《东西》和《中国茶》，深受英国文豪萧伯纳的赞赏与鼓励，从此开始涉足戏剧。1935年再次赴英国留学，获剑桥大学文学硕士学位。同时在伦敦戏剧学馆学习导演，研究欧美戏剧、电影流派。抗日战争爆发后回国。1938年在四川江安国立戏剧专科学校任教，此后在上海剧艺社、上海职业剧团、上海艺术剧团任导演。1942年与黄宗江、石挥等人创办苦干剧团，后改为苦干戏剧修养学院，导演《梁上君子》、《夜店》等话剧。1946年参与创建文华影片公司，担任导演，开始涉足电影领域。他执导的第一部影片是讽刺喜剧片《假凤虚凰》，还将该片译成英语，制成我国第一部英语拷贝，输出国外。后又导演《夜店》、《腐蚀》等影片。1949年改编并导演影片《表》，该片一改以往传统的表现手法，别具一格，在当时的中国电影界称得上是首屈一指。该片被法国电影史学家萨杜尔列为世界电影通史上为数不多的中国名作之一。

1950年，黄佐临调任上海人民艺术剧院，先后担任副院长、院长，中国戏剧家协会副主席等职，同时从事戏剧、电影导演工作。他导演的影片有《布谷鸟又叫了》、《黄浦江的故事》等。1980年，他将话剧《陈毅市长》搬上银幕，该片获文化部1981年优秀影片奖。1994年6月1日去世。

黄佐临在近60年的艺术生涯中，一共导演了话剧、电影一百余部，1988年获中国话剧研究所颁发的振兴话剧导演奖（终身奖）。著作有《漫谈戏剧观》、《导演的话》等，其论著《漫谈戏剧观》在戏剧界有广泛影响。

巴 金

他的留学没有进过一天大学

　　1927 年,23 岁的巴金已经参加了诸多革命活动,写过不少无政府主义民主的文章,算得上是一个成熟的革命者了。为了通过对经济学的研究,以继续深入探讨无政府主义理论,进一步寻求救国救民的真理和自己的前进方向,他便自费去革命"圣地"巴黎公社的所在地法国学习经济学。

　　他同朋友卫惠林等人一道,在黄埔江畔登上了法国邮船公司的"昂热"号大海轮。当时,全球形形色色的革命者,都把法国作为庇护所,去那里寓居,或躲避拘捕,或研究理论,或宣传革命。旅法的中国青年也因此比较多。

◎在巴黎学习和革命

　　年轻的巴金有一个习惯,每来到一处陌生的地方, 每经历一种新鲜的生活,强烈的写作愿望便总会驱使着他提起笔,留下自己对经历、见闻、感受的痕迹,然后写成信寄给亲人们共享。这次漂洋过海,他几乎每天都要伏身在邮船餐厅里的餐桌上,记下沿途的见闻、感想。他不厌其烦地介绍邮船的结构和舱内的设施,记载同行的友伴和乘客,描写沿途下船和上岸的种

巴金 1928 年在法国拉·封丹中学

青年巴金

留法时期的巴金

种景况,叙述船上发生的各种或有趣或可叹的事情。1932 年,巴金从大嫂那里要回杂记原稿,经整理后题为《海行》,作为自己第一本散文集正式出版。

2 月 17 日清晨,邮船抵达马赛港,巴金终于从东海之滨的上海,来到了地中海北端的法国。当天晚上,他就登上火车赶赴巴黎。

巴金来到巴黎后,住在巴黎拉丁区一家旅馆的第五层楼上。下面是一条清静的小街,街角有一家小咖啡店。这幢公寓正好坐落在著名的先贤祠(即国葬院)旁边。先贤祠里,安葬着卢梭、伏尔泰、雨果、左拉等著名的思想家、文学家,他们都是巴金所景仰的伟人。

每当巴金想念祖国,想念亲人的时候,就走到先贤祠附近那座卢梭的铜像前,仰望着拿着书本和草帽的卢梭,抚摩着塑像冰冷的石座,默默地向这位被托尔斯泰称为"18 世纪世界的良心"的思想家倾诉自己的心声。

巴金的生活单调而呆板。除了偶尔和卫惠林、吴克刚等几个熟识的朋友聚一聚以外,他每天上午都要到寓所附近的卢森堡公园里去散步,有时坐在公园里的长椅上读书,晚上就去法国文化协会附近的夜校补习法文,白天大多数时间还是关在他那间充满煤气和洋葱味的小屋子里,拼命写作、读书。他的居室看不到阳光,视野所及只是一个四方的小天地。

黄昏时分,巴金常常会独自一人到街上默默地走一走,而周围的店铺基本上已经关门。特别是当巴黎圣母院那沉重的钟声响起的时候,他的心就像被铁锤敲击着，又像被小刀割裂着，一股股莫名的火焰便在胸中猛烈地燃烧、升腾。他要慰藉自己寂寞的心，他要发散一腔汹涌的激情。

于是，他开始在练习本上，写下后来作为中篇小说《灭亡》第一至第三章的一些人物和场面。他读过古今中外的许多小说，熟悉小说的形式，因此写作时有意无意地采用了小说的形式，写起来也不费力。

他没有写答应过哥哥的《巴黎杂记》，而是写自己过去在国内生活中的见闻、经历和所感所思，写自己因关切国内的革命斗争而生出的愤懑与激情。每当他写出一些场景或想法后，便能得到暂时的平静。

在这里，他还认识了波兰的女革命家亚丽安娜，一个爱笑的 20 岁女孩。因为共同的民主精神和支持无政府主义，她和巴金等几个中国青年的关系很密切。然而不久，因为参加革命集会，亚丽安娜被巴黎政府下令驱逐出境。巴金的朋友吴克刚，也遭到了相同的命运。巴金和吴克刚曾依依不舍地给这个波兰女孩送行。

在一些进步律师的努力下，他们的出境时间被延长了一段时间，亚丽安娜和吴克刚还擦出了爱情的火花。可惜亚丽安娜后来离开了巴黎，吴克刚也回国了，从此就失去了这个姑娘的音讯。巴金回国后，专门为她写了一篇短篇小说《亚丽安娜》。

这时，有关中国大地工农革命运动蓬勃发展和北伐大军节节胜利的好消息不断传来，这令巴金十分关注。他同朋友卫惠林、吴克刚等人一起，就国内的形势，讨论无政府主义对有关实际问题的看法。他们各自写出自己的意见，并将 3 篇各自独立的文章汇成一册，寄给在广东的《民钟》月刊。大约在 1927 年 3 月末 4 月初，民钟社将这本小册子取名为《无政府主义与实际问题》，以单行本的形式出版。巴金所写的文章是小册子中的第二节，约七千字，这是他上世纪 20 年代最重要的一篇政治理论文章。

然而，从 4 月初开始，中国大地便笼罩在阴霾四合、血雨腥风的白色恐怖当中。此月初，奉系军阀张作霖在北京逮捕了大批共产党人，李大钊等二十多人英勇就义；12 日，蒋介石撕下"革命"的面具，在上海挥动屠刀，无数共产党人和革命人士遭到逮捕、屠杀。

巴金给在美国旧金山出版的中文刊物《平等》撰写了《空前绝后的妙文》、《无政府党并不同情国民党的护党运动》、《理想是杀得死的吗?》、《反共与反动》、《李大钊确是一个殉道者》等杂感式的短文，讽刺与国民党合作并赞成其"清党"阴谋的无政府主义者李石曾、吴稚晖等人，声讨南北各省继"四一二"事变后屠杀中国共产党人的行径。

不久,轰轰烈烈的援救萨珂和凡宰特运动,在美国及全世界无产阶级中展开了,巴黎也卷入了这场民主运动。早在1920年5月,萨珂和凡宰特为抗议美国警察局谋害意大利同志萨尔塞多,正准备组织大规模的工人斗争,却被美国政府以杀人抢劫案的罪名逮捕,判决死刑。这个案件实际上是向美国工人运动施加压力,它激怒了全世界的民主人士,世界各地的无政府主义者更是四处活动。

巴金了解凡宰特,是从凡宰特的一本英文小说开始的。里面有这样一段话,深深地触动了巴金:"我希望每个家庭都有住宅,每张口都有面包,每个心灵都受到教育,每个人的智慧都有机会发展。"

巴金喜欢上了这本书,同时还买了另外两三本跟凡宰特有关的书。当他读完了这个昔日意大利鱼贩子的自传——《一个无产阶级的生活的故事》后,为这位伟大的无产阶级战士而感动。于是,巴金怀着复杂的心情,给关在美国波士顿死囚牢中的凡宰特写信,表示自己的声援,吐露自己的心声。

终于,在一个阴雨的早晨,巴金收到了凡宰特从波士顿监狱寄来的一封英文长信,一共是4张很大的信笺,而且是写满了两面。信是以感谢的句子开始的,凡宰特感谢巴金的同情和信任。接着他说:"青年是人类的希望。"他安慰、劝导巴金,叫巴金"要快乐起来,不要灰心"。他还谈到现在社会制度的弊病和未来的革新、人类的进化和将来的趋势;谈到但丁、莎士比亚、巴尔扎克以及别的许多人。他要巴金忠实地生活下去,明白这一切虚伪和残酷,以后才会有勇气来面对生活的斗争。

读了凡宰特的回信,激动中的巴金立即提笔作复,并附寄上自己的照片。然后又在笔记本上继续写了后来作为《灭亡》第十一章"立誓献身的一瞬间"的一些片断。巴金还在国内外的刊物上,撰写有关萨-凡案件的长篇报道及其他揭露欧美反动势力迫害革命人士的文章。他认为,在反动势力统治下的欧美,"正义么?人道么?仅仅是梦幻罢了。……全欧美已沉沦在黑暗的地狱中了。"

◎住在法国小城,开始创作小说

1927年夏,巴金到法国的时间还不久,就接到家里的来信告知,他们家经济已经破产,无力再供应他的学费了。再加上他的肺病复发加重,只得暂且到距巴黎约100公里的小城沙多·吉里(今译蒂埃里堡)居住。这里是17世纪法国著名诗人拉·封丹的故乡。(现在,这个法国小城为了一个伟大的中国作家曾在此居住过而骄傲,为纪念巴金而将 2009 年定为巴金年。)

8 月 12 日,巴金收到了凡宰特 7 月 23 日从狱中写给他的第二封长信。然而,就在 8 月 24 日,报纸上竟刊登了萨珂和凡宰特已于 7 月 23 日被烧死在电椅上的消息。吴克刚来找巴金,他把头伏在报纸上,悲愤欲绝地哭了起来。

巴金感到极度震惊和愤怒。他不停地写信寄往各处,表达自己的激愤,控诉资产阶级法律的虚伪。从这时起到 1927 年底,他又写了不少介绍萨 - 凡案件及二人受电刑前后情况的文章。为使更多的人了解凡宰特的思想和为人,巴金还把凡宰特的自传《一个无产阶级的生活的故事》译成了中文。

为了暂时忘却痛苦,巴金此后把大量的时间用在了阅读经济学著作上。忙完学业,他便全力投入到翻译克鲁泡特金著作的工作之中。为翻译,他花费了许多时间,涉猎从柏拉图、亚里士多德到斯宾诺莎、康德等人的著作,以及《圣经》(新约、旧约)等。巴金用两个月时间,译成了克鲁泡特金晚年的著作《伦理学的起源和发展(上卷)》(初版题为《人生哲学:其起源和发展》)。

1928 年夏季,巴金依然在沙多·吉里这个马伦河岸的小城里度过。他已经在这里待了整整一年时间了,生活得很安适。他与他的朋友,两个中国青年,一起寄宿在拉·封丹中学里。其中一个叫詹剑峰,来自安徽,他比巴金更早来到法国学习哲学。另一个朋友是山西人,以前在这个学校里念过法文,后来在巴黎一家上等玻璃灯罩工厂里作绘图的工作,因为神经衰弱,到这里来休养几个星期。

詹剑峰是《灭亡》的第一个读者,他还给巴金的小说提过意见。巴金最初在袁润身教授的故事里用了一个不适当的字眼"幽会",还是接受了他的意见才改成"约会"。

沙多·吉里小城是安静而和平的。每天早晨和午餐后,巴金都要独自到河边的树林里去散步。到傍晚,他们 3 个人便聚在一起,沿着树林走得更远一点,大家畅谈着各种话题。

一天,巴金从树林中散步归来时,接到了大哥从家乡成都寄来的信,里面充满着感伤的话。大哥这些年来独自苦撑着老家,他希望弟弟学成归来,光宗耀祖。

可是,这样的想法,对一个已经立誓献身革命的年轻的无政府主义者来说,是难以接受的。巴金觉得,自己必须脱离旧式家庭,走自己选择的道路。他要把心里的话写给大哥,又担心他不能了解,还怕他受不了这个打击。想来想去,便将已写过的片断加以整理,并续写了几章,成为一部 22 章的完整作品。他用 5 个硬面练习簿,将这些凌乱的手稿重抄了一遍,题为《灭亡》,想借此让他的大哥理解并支持他所选择的人生道路。小说的前面有一句题词："献给我的哥哥"。

他想把小说寄给在上海开明书店工作的朋友索非，请他用自己译稿的报酬充作印刷费，自费印刷 200—300 册，以便献给大哥、三哥和朋友们。

他在原稿上署名，想找两个笔画较少的字作为笔名。"金"字是学哲学的詹剑峰起的，他见桌子上摊着巴金正在翻译的克鲁泡特金的《伦理学》一书，指了指说："就用克鲁泡特金的'金'吧。"巴金觉得不错，就记了下来。这时候，又传来了他一个朋友自杀的消息。这个朋友姓巴，名字叫巴恩波，巴金在来法国的初期，曾和他一起住过一个月的时间。（他也就是巴金后来在《死去的太阳》序文中提到的在项热投水自杀的那个中国留学生。）巴金一想到他，便在"金"字的上面加了一个"巴"字，于是"巴金"这个若干年后闻名天下的笔名便出现了。

《灭亡》的原稿寄到上海以后，索非并没有马上将其送去印，而是把它介绍给了当时中国最有影响力的文学刊物——《小说月报》。代理编辑叶圣陶慧眼识珠，看过以后，决定将其正式发表。《灭亡》在 1929 年 1 月出版的《小说月报》第 20 卷第 1 期上开始连载，并立即引起读者和批评界的注意，"巴金"这个名字开始在文坛上冉冉闪耀。

在《灭亡》成稿前后，巴金还在沙多·吉里先后完成了 3 本书稿《断头台上》、《俄罗斯十女杰》、《俄国革命史话》，都是描写和歌颂无政府主义革命者为理想献身的悲壮事迹的。

书稿寄出后不久，巴金便离开了沙多·吉里，回到巴黎住了一段时期。这时他读了左拉的《卢贡·马加尔家族》中的几部小说，很快又有了创作的冲动；再联想到自己刚刚寄出的小说，想把它们写成连续的 5 部小说，连书名都想出来了——《春梦》、《一生》、《灭亡》、《新生》、《黎明》。他开始利用各种时间构思这几部小说，想到了以后，就随时记在一个廉价的练习簿上。这些著名的小说，就诞生在旅馆里、公共汽车上、回国的船上等地方。

巴金在 1928 年 10 月 18 日早晨到了法国南部的马赛港，准备搭船回国。下了火车，赶到轮船公司去买票，才知道海员罢工，往东方去的船一律停开。他只好到一家旅馆里开了房间，放下行李，安静地住了下来。这样一住，便是 12 天。对马赛的生活，他后来老老实实地写在了短篇小说《马赛的夜》里，连海滨的旅馆和关了门的中国饭馆也是真实的。那是他常去吃饭的贫民区里的中国饭馆。

巴金一边写作，一边阅读，还要打探开船的消息。终于在 10 月 30 日，他登上了开往上海的轮船，回到了自己想念已久的家乡。

◎在横滨难以与"鬼神"共处

1934 年,已经成为著名作家,正在创作高峰时期的巴金,却忽然决定要去日本留学。理想与现实的矛盾,给他带来的思想冲突和内心痛苦,使他想有一个合适的环境,能够认真地剖析自己,或者得到片刻的心灵宁静也好。他觉得需要"放逐"一下自己。

巴金的两个叔父,曾早在清朝光绪时期留学过日本,回国以后常常谈起那边的生活,让他一直对日本有着浓厚的兴趣。后来他又读到鲁迅、夏丏尊等人翻译的日本小说,对日本文学产生起爱好来,便开始自学日文。此外,他的好友曹禺在春假期间与同学们到日本旅行,也带回来一些见闻。巴金于是决定去日本留学一段时间,好好学习一下日文。

此年 7 月,巴金从北平回到上海,同吴朗西、伍禅谈起留学日本的事。他们建议巴金住在日本朋友的家里,这样学习日文也比较方便。正好,过去他们在东京念书时有一个熟人姓武田,这时在横滨高等商业学校里教中文,他可能有条件接待巴金。吴朗西便写了一封信给武田,武田回信表示欢迎。

当时的巴金,已是中国文坛著名青年作家、无政府主义宣传者,前往日本一定会引来当地警、宪、特的骚扰和研究中国文学的学者们的注意。为防止这些不必要的麻烦,巴金化名为"黎德瑞",以书店职员的身份,乘坐日本豪华客轮"浅间丸"号二等舱,前往横滨。

巴金到达时,横滨高等商业学校副教授武田武雄夫妇带着儿女,一家 5 口,打着"欢迎黎德瑞先生"的小旗前来迎接。巴金此前并不认识武田,这是初次见面。武田从横滨码头把巴金接到中区本牧町小山坡上自己的家中,并让他在一间四铺半席的颇精致的书房里下塌。

武田生于 1903 年, 长巴金 1 岁,1924 年毕业于东京外国语学校支那语部贸易科。他的汉语教授,就是巴金后来在《支那语》一文中抨击过的支那语教科书《会话篇》、《时文篇》编者之一宫越健太郎。

巴金在横滨的生活闲适而平淡,但时深时浅的寂寞依然伴随着他。武田家建在海边的一座小山上,环境很安静,也很优美。茫茫大海似乎就在巴金住房的窗户下,点点帆影在闪光的海面上飘动,山路就在他们的屋外绕过。傍晚,清朗的月光下,海像是一条银色的带子,又像是大片发亮的浮云,显示了它的神秘而异常的美丽。

巴金住下来以后,大部分时间都关在屋子里读书和学习日语。

每天清早和晚上,他都听到武田在诵经,有时还伴随着敲木鱼的笃笃声。当时,武田信奉佛教,而且很虔诚,每天早晚都要念经,还不时地去海边抛撒供物,甚至向路边"马头观音"的石碑合掌行礼。

武田读过中国女作家凌叔华的作品,心生爱慕,便给凌叔华写了信。凌叔华还回了信,他拿给巴金看,说神告诉他这个中国女人现在还在想念他。

武田家里信神佞鬼的气氛,使巴金实在难以忍受。特别是有一天晚上,武田竟突然推门进入巴金的睡房,说:"这几天家里有很多鬼,你这间屋子里也有鬼。"武田进屋是来念经驱鬼的。念完了,他就一本正经地离去了。

武田的信神,使巴金感到失望,更感到可悲。巴金是典型的无神论者,面对过于信神诵经的武田,他难以沉默了,就以武田为原型,创作了短篇小说《神》和《鬼》,展现某些逃避现实的日本知识分子向宗教寻求寄托的空虚灵魂。

为了不让武田一家知道自己是作家,巴金白天写作的时候,总在手边放一本别的书,只要有人推门,他便马上用书盖住稿纸,以免露出破绽。

巴金开始写《鬼》的时候,就下定决心要离开武田家搬到东京去。他本来计划在武田家里住上一年半载的,可是受不了对方念经的声音,实在难以在这里与鬼神们和平共处,只好对武田说明自己要去东京。武田恳切地表示挽留。然而住了3个月之后,他还是告别了武田一家。

对现实的关注和心灵的搏斗,使巴金难以得到"安静",也做不到"搁笔"。在横滨的3个多月里,他不仅写了短篇小说《神》《鬼》和童话《长生塔》,还写了被他称为"一点一滴的血"淌成的散文集《点滴》中的大部分篇章。

◎在东京遭受警方骚扰

1935年3月,巴金来到日本首都东京,住在中华基督教青年会的宿舍里。一个人一间屋,房间不大不小,陈设简单,有个两层的大壁橱,此外还有一张铁床。当时,巴金的朋友杜宣、吴天等人正在大礼堂内排演曹禺的《雷雨》,巴金常常能听到他们排练的声音。4月底,这出话剧在商科大学新建的礼堂"一桥讲堂"里公演了。巴金去看了他们的首场演出。

巴金住的楼下有食堂,每天3顿饭他都在这里解决,饭后便出去散步。中华青年会位于东京神田区,附近有很多西文旧书店,他几乎每天都要去3次,哪一家店里有什么书都烂熟于心,而且还买了不少旧书,全放在两层的大壁橱里面。

他的生活简单而规律,没有太多的人和事。巴金很喜欢这种感觉。他在楼下的办公室报了名,听陈文澜讲日语课,是念一本岛木健作描写监狱生活的小说,陈文澜的讲解还不错。但巴金此时却不怎么热心学习日语了。他缺少复习的时间,也没有如何刻苦学习,结果,此行学习日语的目的泡汤了。

然而,平静的生活很短暂。巴金开始看到有几个日本人在这里经常出入,胖胖的,举动不太灵活,却有一种派头。打听之下,才知道他们是"刑事",就是便衣侦探、特务警察之流。巴金怕被纠缠,就开始想办法避开他们,并暗中观察。

由于日本帝国主义一手扶植起来的伪满洲国皇帝溥仪近期将要到日本来"访问",也许是为了防范留日和旅日的中国人"滋事"吧,日本的警察们便事前行动起来。

巴金在东京有几位中国朋友,除了在早稻田大学念书的广东人以外,还有两个福建人和两个中国女学生合租了一幢日本房子。他经常和几位朋友一起聚会谈天。一天早上,那个同福建人合租的女学生跑来告诉巴金,昨天半夜里两个福建朋友给带走了,"刑事"们还在他们那里搜查了一通。她要巴金注意一下。

巴金知道眼前的处境有些麻烦,就把自己的书稿、信件检查了一番,把自己和福建朋友相关的信件都烧毁了,还把新买的西文旧书整理了一下。

虽然他如此小心,但是日本"刑事"仍然很快就找上门来了。一天半夜,巴金已经睡下了,却突然闯进5个人,巴金常见到的曾调查过他的一个"刑事"就在其中。他们在房间里搜寻了一个多小时,抽屉、信件、书籍都翻了一遍,并没有找到什么可疑的东西,就把巴金带到了警察署里去审讯。

审讯的内容,其实巴金早已猜到了,都是关于他的那些朋友梁宗岱、卞之琳、那两个福建人之类的问题。这些问题,他早就想好了该如何回答。审讯官见抓不到什么把柄,不久就结束了审讯,向他表示歉意。于是,巴金从凌晨2点到下午4点一直被留在警察署里,关了整整14个小时。

作家的笔永远是他的武器。对这些事情,巴金又都详细地写在了短篇小说《人》里。他开始是想写成一篇散文或者回忆,准备马上寄回国内发表的。但是,由于日本方面的抗议、查封而搁置了。后来,他索性将其略作修改当成小说,放在《神·鬼·人》的集子里面出版了。

过了3—4个月,在上海的吴朗西、伍禅等人创办了文化生活出版社,用巴金的名义主编《文化生活丛刊》,请他回去参加编辑工作。巴金自从被审讯后,也对日语失去了兴趣,不想在日本再待下去了。他本来计划学习一年半,但只住了10个月,还是决定回国,乘坐"加拿大皇后"号从横滨返回了上海。

巴金先后在西洋、东洋留学,虽然没有进过一天大学门,却依然大有收获,对他的人生思考、文学事业有很大的影响。

● ● ● ● ● 【人物小传】 ● ● ● ●

巴金(1904—2005),原名李尧棠,字芾甘,祖籍浙江嘉兴,生于四川成都,现代著名作家、出版家、翻译家。

巴金出生于一个旧式大家庭。1920 年至 1923 年在成都外语专门学校攻读英语,参加进步刊物《半月》的编辑工作,参与组织均社,进行反封建的宣传活动。1922 年在《时事新报·文学旬刊》上发表的《被虐者的哭声》等新诗,是其最早的作品。1923 年赴上海,不久到南京东南大学附中读书。1927 年自费赴法国留学,翌年在巴黎完成第一部中篇小说《灭亡》,同年冬回国。1929 年,《灭亡》在上海《小说月报》上发表后反响强烈。1931 年,其最著名的长篇小说"激流三部曲"之一《家》在《时报》上连载。1934 年在北京任《文学季刊》编委。同年秋东渡日本。次年回国,在上海任文化生活出版社总编辑。1936 年与靳以创办《文季月刊》。同年与鲁迅等人先后联名发表《中国文艺工作者宣言》和《文艺界同人为团结御侮与言论自由宣言》。1949 年以后,任全国文联副主席,中国作协副主席、主席,上海市文联主席,《收获》、《上海文学》主编,全国政协副主席等职。2005 年 10 月 17 日在上海逝世,享年 101 岁。

曾获得香港中文大学荣誉文学博士学位、美国文学艺术研究院外国院士称号、中华人民共和国国务院"人民作家"称号、意大利"但丁国际奖"、法国"荣誉军团勋章"、前苏联"人民友谊勋章"等。

施士元

居里夫人的得意门生

　　著名科学家施士元,是中国最早从事核物理研究的人,首创了我国的原子核物理专业。他的老师是两度获诺贝尔奖的著名科学家居里夫人,他的中国学生吴健雄则被誉为"美籍华裔居里夫人"。

　　1925年,施士元以数学、物理、化学三门满分的成绩考入清华大学,师从我国近代物理学先驱、著名实验物理学家叶企孙、吴有训。与施士元同班的,有后来成为著名光学家的周同庆和被称为"中国原子弹之父"的王淦昌。

　　施士元早年在清华大学读书时,就曾积极参加反帝爱国斗争。1926年3月18日是他18岁的生日,这一天,他与同学们一起,参加中共元老李大钊领导召集的反对八国最后通牒的集会,在北京铁狮子胡同遭到段祺瑞军阀政府的血腥镇压,死伤三百余人。施士元虽幸免于难,但身边同学中弹倒下的血淋淋的事实,使他看清了反动政府的卖国真面目,决心走科学救国的道路。后来国共分裂,同学对时事议论纷纷,施士元依然不为所动,一心刻苦求学,为出国留学做准备。

◎终于成为居里夫人的弟子

　　1929年,施士元以优异的成绩成为清华大学的首批毕业生之后,于同年通过了江苏省官费留学法国的资格考试,漂洋过海,历时31天,来到了美丽的巴黎。他将在

施士元

著名的巴黎大学度过自己的留学生涯。

巴黎大学是法国国立大学,是一所在国际上享有极高盛誉的综合大学。它创立于公元9世纪,最初附属于巴黎圣母院,为教师行会性团体。1180年,法皇路易七世正式授予其"大学"称号。它与意大利的博洛尼亚大学并称为世界上最古老的大学,又被誉为"欧洲大学之母",欧洲各主要大学的建立模式,均受此二校影响。在巴黎大学培养的人才中,许多早已成为世界政治、经济、文化、科学和教育等领域的杰出代表。

居里夫人

在这里,施士元遇到了对他人生与事业影响最大的人——蜚声世界的著名物理学家、化学家居里夫人。玛丽·居里出生于波兰,因当时祖国被占领,被迫来到法国,并转入法籍。她研究放射性现象,发现了镭和钋两种天然放射性元素,被称为"镭的母亲"。 她和丈夫在研究镭的过程中,用了3年零9个月的时间,才从成吨的矿渣中提炼出了0.1克镭。她一生两度(1903年、1911年)获诺贝尔奖,是世界上唯一跨两个学科获得诺贝尔奖的科学家,也是唯一两次获得诺贝尔奖的女科学家,被爱因斯坦赞誉为"在我认识的所有著名人物中,唯一一位不为盛名所倾倒的人"。

1929年底,施士元在巴黎大学注册时,收到了一沓教授名册打印件,那上面排列着数十位法国学者和各国科学家的名字。看着这份长长的导师名单,施士元在仔细的翻阅中,突然看到了一个他几乎不敢相信的名字——居里夫人!在那一刹那间,他几乎压抑不住心里的激动。对这位伟大的科学家,他一直无比崇敬,如果能够跟随她学习,这几年的留学生涯该会多么令人期待!

于是,他马上给居里夫人写了一封信,表达了自己热切希望能到她门下攻读博士学位的心愿。信发出了,施士元反而惴惴不安起来,他不知道居里夫人是不是会接见他。

然而很快,他就接到了居里夫人的回信,约他在星期六上午去她的镭研究所面谈。施士元很兴奋,他从未见过这位伟大的科学家,对她的外貌、脾气、性格一无所知。到了约定那天,施士元早早地就来到了居里夫人一手创办起来的镭研究所，等待这位伟大科学家的接见。

镭研究所于 1919 年左右建成后交付使用，是当时全世界放射性研究的三大中心之一，拥有当时全世界最强、最齐全的放射源：1.5 克的镭、很强的钋射源、当时全世界独有的锕系元素。而在加速器技术没有充分发展之前，天然放射性元素是核物理研究唯一的手段。

施士元很快就见到了居里夫人。她约有 1.60 米高，瘦弱的身躯套着一件显得宽大的浅黑色外衣，脸色苍白，一头蓬松的银发盘在脑后；饱满的额头，那副玳瑁眼镜的后面，是一双闪烁着智慧火花的浅褐色眼睛；薄薄的嘴唇抿在一起，显示出她坚强的性格。居里夫人显得坚定、简朴、冷静。施士元觉得，这种感觉与科学给他的感觉很相似。

居里夫人看见施士元进来，微笑着握住他的手说："欢迎你，施先生。"

施士元也马上恭敬地答道："夫人，十分荣幸见到您。"

随后，施士元先将他的导师、著名物理学家叶企孙教授的推荐信交给了她。

居里夫人仔细地看过后问道："你是通过中国的官费考试来法国学习的？"施士元点头称是。于是，她慢慢地说："按规定，到我研究所的人必须经过考试。但根据你的情况，可以免考直接来工作了。"

施士元望着居里夫人睿智而又信任的目光，激动得说不出话来。居里夫人又回过头去征求女儿的意见。居里夫人的女儿伊伦，对着母亲微笑着点点头，表示同意。伊伦于 1925 年获得博士学位，是母亲的好助手、镭研究所工作人员。就这样，施士元成了居里夫人的学生。

当时受教于居里夫人的只有两个中国人，另一个是学化学的。施士元暗下决心，要从做人、做学问两方面拜居里夫人为师，学到真东西。

◎向居里夫人学习做人和做学问

来到镭研究所不久，施士元就发现居里夫人做事认真、要求严格。在实验室门上，贴着一张颜色已发黄的纸条，上面用法文写着："任何材料不允许带出室外。"因为据说以前曾有人把放射源偷偷装入口袋带走；有人用白金坩埚喝酒、煮咖啡，发生烧伤身体的事件。

居里夫人要求所里人员必须工作有序，比如在离开实验室之前把台面收拾干净，仪器、用品整理好归位；从某一处取出的东西，用完必须归到原处，从这些基本素质抓起。有一次，居里夫人发现图书室中有一本杂志不见了，她就在全所查询:"是谁取走了这本杂志?为什么没有在借书簿上登记?"后来发现,这只是有人不小心插错了地方。

这些小事,给施士元留下了深刻的印象,他也从中领悟到科学需要严谨的作风。

居里夫人也是一位关心爱护学生、平等待人的好师长,大家都尊敬她、喜欢她。居里夫人是镭研究所所长,大家在背后都称她为"老板"。施士元刚进镭研究所时,居里夫人就一再告诫他,他所从事的放射性研究工作,是一项有趣的、但又很危险的工作。

在施士元做实验时,居里夫人经常站在他的身边,用略带严厉而又近乎固执的口吻,反复地提醒他必须注意的事项:一是不能用手去碰放射源,而要用镊子去夹取,否则手指尖会被灼伤,变得僵硬甚至发炎;二是在接近放射源时,要用铅盾挡住自己的身体,并屏住呼吸,以防把放射性气体吸入体内。居里夫人再三告诫他,这是非常关键的。

开始,施士元尚有一些不解。后来他才明白,原来曾经有一个法国青年在这儿工作,居里夫人给了他一个课题,用内转换电子能谱来解决 γ 射线谱。当时用的是镭系的放射性沉淀物,其中氡是一种放射性很强的惰性气体。那个青年本来身体强壮,在工作上也取得了一些进展,但因为没有注意安全事项,吸进了相当剂量的氡气,身体受到了很大的伤害,患了急性肺炎,经多方抢救无效,不幸死去。他的死在巴黎科学界引起了一阵骚动,甚至法国青年无人再敢来镭研究所工作了。

他的死,给居里夫人留下了一道难以抹去的伤痕。而居里夫人给施士元的实验课题,正是那个法国青年尚未完成的。但施士元认为,科学是需要有献身精神的,居里夫人自己就在长期的实验当中身体受到了很大的损害,当然也应避免无谓的牺牲。

由于施士元在清华大学读书时曾苦练游泳,在进行实验操作时屏住气是一件轻而易举的事。他在镭研究所工作的 4 年之中,不断得到了居里夫人的正确指导,因此身体没有受到任何损伤,这也可算是一大奇迹。

居里夫人在学术上对大家要求十分严格,但她为人充满爱心。她总是对学生倾注慈母一般的爱。有时候,她会关心地询问施士元的生活情况,问他有没有困难,对有些生活琐事都能想得很周到。

有时候,施士元正在专心实验,居里夫人会忽然出现,轻声地说:"我想实验的过程应该是这样的……"说着就熟练地操作示范起来。居里夫人的助手沙弥叶小姐曾赞叹道:"没有一个钢琴家弹奏时能比居里夫人运用两只手更为灵巧。"

为了保证施士元的实验能够顺利进行,居里夫人还斥巨资为他购置实验设备,并将实验室旁她个人使用的小实验室让出来,给施士元居住。

在留学期间,施士元全方位地受到了居里夫人的影响。他学到了科学知识,更重要的是学到了治学所需要的求索精神。经过一段时间的努力,施士元得到了前人所未见过的谱线的精细结构。在照相底片上出现的谱线很细,最细的只有头发丝那么细。

施士元当时只有二十来岁,眼睛好,看得很清楚。他将胶片交给居里夫人看,居里夫人拿着它对着光亮处看看,又取出放大镜看着,脸上没有表情,似乎在想着什么。施士元想:可能是因为她年龄大了,眼睛不好的缘故。

后来,施士元把实验结果写成简短的论文交给居里夫人。她看了后,莞尔一笑,伸出手说:"祝贺你成功,此文可以送到法国《科学院院报》上发表。"

那时候,想要在法国《科学院院报》、《物理年鉴》等国家级杂志上发表科研论文,是很不容易的。在居里夫人的指导与推荐下,施士元有关钍 β 的 β 射线磁谱的文章,终于在 1932 年的法国《科学院院报》上发表了。此后,他又连续在法国《科学院院报》上发表了有关钍 $C + C' + C''$ 的 β 射线的磁谱和锕系元素锕 $C + C' + C''$ 的 β 射线磁谱等方面的文章。1933 年,他还在法国《物理学年鉴》上发表了一篇总结性文章。这些文章引起了较大的反响,为施士元以后的发展奠定了扎实的基础。

1932—1933 年,施士元出色地完成了锕 C 元素的核谱测定工作。当时,这项实验只有在居里夫人的研究所里才有条件完成,施士元是第一个完成这项实验的人。他发现了锕 CX 射线精细结构的能量与它的伽马射线的能量严格相等,这意味着原子核有转动状态的存在。

原子核的转动状态,在二十多年之后才由阿玻尔提出。施士元与居里夫人一起,发现了 X 射线精细结构的能量与一些 γ 射线的能量严格相等。这是核物理研究中的重大发现,是后来许多原子能实验的先驱,对后来原子弹的实验成功起了一定的作用。

在镭研究所里,居里夫人除了指导科研实验以外,还承担着理论教学工作。在所里的那间阶梯教室里,居里夫人每周上两次课,每次约两个小时。教室里可坐三四十个人。讲台大约有 25 米长,讲台上空有高压电源线。居里夫人在这间教室里讲放射学的课已有多年,教材是她本人编写的两本教科书,约有 1000 多页。居里夫人一边讲课,一边做演示实验,如电离电流的测定等。她在示范教学工作

居里夫人主持施士元的毕业论文答辩

中,利用静电仪中金箔的偏转,用幻灯照射后投影在屏幕上,使全体学生都可以清清楚楚地看到;有时还利用一些图表,表示衰变曲线等。

施士元在法留学期间,除了经常聆听导师居里夫人的授课,还聆听了著名物理学家狄拉克、德布罗意、海森堡、玻恩等人的讲课和学术报告。他们广博精深的学识、敏锐活跃的学术思想、严谨不苟的治学风格,深深地感染着施士元。这些都为后来施士元从事研究和教学工作奠定了良好的基础。

◎顺利毕业,诀别恩师

1933 年,一个春光明媚的日子,施士元的博士论文答辩,在巴黎大学理学院的阶梯教室里举行。学校任命居里夫人、P.拜冷和 A.特比扬主持答辩。这 3 位主考官都是获得过诺贝尔奖的著名物理学家,评委阵容精干而豪华。

在答辩会上,施士元认真、自信地宣读了博士论文。他的论文题目是《放射性同位素钍的放射性沉淀物的 β 能谱》,副论文题目是《β 能谱通过物质时的变化》。他的论文均是在居里夫人的精心指导下完成的。宣读完论文之后,3 位大师从各个不同的角度不停地提问。施士元早有准备,他微笑着一一解答。在巴黎的4 年中,他知道科学家在学问上的"严厉无情",凭他在实验室里度过的 4 个春秋,每一点细节、数据、演算结果对于他来说均是烂熟于心。论文答辩很顺利地结束了。

居里夫人宣布休会20分钟。一会儿,3位大师从会议室里走出来,居里夫人高兴地宣布:"论文通过,很好。"她向施士元伸出热情的手,祝贺他答辩成功,获得博士学位。

施士元的同学帮他拍下了答辩时的情景,这是居里夫人留给施士元的唯一纪念。照片中,施士元胸有成竹地站在讲台前说话;居里夫人则坐在教室侧面3人评审小组的中间位置,她扬着头,认真地聆听着这位年轻而有才华的得意弟子娓娓而谈,露出满意的神情。这张被放大了的珍贵照片,后来一直挂在施士元的书房里。

第二天,居里夫人专门为施士元举行了酒会。在镭研究所外那片充满欢声笑语的草地上,居里夫人首先致词:"请大家举起酒杯,为祝贺施先生完成论文而干杯!"席间,居里夫人来到施士元的身边,小声地问他是否愿意继续留下来工作。施士元委婉地说:"我们公费学习的期限是4年。"居里夫人善解人意地说:"不用担心,以后的工作与生活费用我来想办法。"

面对居里夫人那充满期待的眼神,施士元短时间地沉默了。他从来就没想过学业完成后还要留在法国的事情。虽然在居里夫人这里有一个很好的工作环境,而且还有许多好的课题有待他去做,但施士元一直想的是学成回国,科学救国。

他望着居里夫人热情的双眼,竟毫不掩饰地把自己回国的想法告诉了她。也许是归心似箭,也许是太年轻,施士元一时还沉浸在博士论文通过的喜悦之中,却并没有意识到居里夫人眼中的泪水和掠过的一丝淡淡的伤感……

此年初夏,施士元告别了恩师,怀着对第一个社会主义国家——苏联的向往,离开法国前往苏联大地,在列宁格勒参观了冬宫及十月革命起义时的一些古迹,在莫斯科参观了莫斯科大学及东方大学。他在海参崴搭乘一艘货轮回到祖国,担任南京中央大学(即后来的南京大学)物理系教授兼系主任,时年25岁,为全国最年轻的教授。

翌年7月4日,居里夫人因大半生接触放射性物质,罹患恶性贫血,在法国阿尔卑斯山区疗养院逝世,享年67岁。对她的满腔热情、宏大胸襟和远大抱负来说,这无疑是英年早逝。临死的时候,这位杰出女科学家的双手已被镭烧伤,遍布疤痕,射线渗入骨血。

施士元很快得知了这个噩耗,顿时沉浸在悲痛之中。他怎么也没想到,在镭研究所草地上举行的那场美好聚会,竟成了他与恩师的永别。此后,他想再到法国看看的心愿,由于种种原因,一直未能实现。

直到 1978 年，施士元应邀去德国参加有关原子核问题的国际研讨会，顺道去法国，才有机会回到阔别了 45 年的母校巴黎大学。而昔日的镭研究所，早已成了居里夫人博物馆。

● ● ● ● ● ● 【人物小传】● ● ● ● ●

施士元（1908—2007），又名公岛，笔名万乙，生于上海市崇明县（时属江苏省）。物理学家、教育家，我国最早从事核物理的研究者之一。

父亲施禹传曾毕业于保定军官学校，1911 年辛亥革命时参加了国民军攻占南京战役。施士元于 1925 年夏考入清华大学物理系。1929 年夏考取江苏省官费留学法国。当年冬进入巴黎大学镭研究所，在居里夫人的指导下，从事核谱学研究工作。1933 年春在巴黎大学获得物理学博士学位，拒绝居里夫人的挽留，于当年初夏之际回国。回国后任南京中央大学物理系教授、系主任，是当时全国大学最年轻的教授、物理系主任。1949—1984 年任江苏省物理学会理事长。1952—1987 年任南京大学物理系教授兼教研室主任。

他发现 α 射线精细结构与 γ 射线能量严格相等的现象；发现液态钠中有晶态原子团的存在；证明 $AuCu3$ 有序无序转变是成核成长相变的过程；用蒸发模型和准自由散射成功地计算 $3H(n,2n)$ 和 $3He(n,2n)$ 截面；指导用核技术开展对生物分子和高分子的研究工作。长期致力于物理教学工作，培育了一大批物理人才。

陈省身

与几何学的三度亲密接触

陈省身似乎注定就是属于数学的,一直跟数学有着特殊的缘分。他并没有上过小学,只是跟家里人识了一些字。有一次,父亲带回一套1892年首次印行的、美国传教士写的《笔算数学》,他觉得很新奇,仅凭借自己认识的一些文字,又听了父亲的部分讲解,居然在短时间内读完了《笔算数学》(上、中、下)3册,并做完所有的练习题。这是陈省身和数学的第一次亲密接触。

后来,没有任何文化基础、直接考入中学的陈省身,居然在勤奋努力之下,很快成了班上的数学尖子。他15岁时,在父亲的朋友钱宝琛先生的建议下,报考南开大学理学院,并以数学第二名的好成绩被录取,成为著名数学家姜立夫的弟子。

也就是在这时,陈省身开始真正意识到了自己的数学天赋,就选择专心攻读数学科。这是一次决定他人生的重要抉择。他曾经风趣地说:"学数学并不是我刻意的选择,实在是因为我除了数学之外,什么都学不好。"

从中国南开大学到德国汉堡大学、法国巴黎大学,陈省身先后师从了三位几何学大家:姜立夫、布拉施克、嘉当。

留学时期的陈省身

◎布拉施克的得意门生

陈省身在姜立夫的带领下，进入了更加广阔的数学与几何天地，深刻体会到了它的美妙。他内心里越来越渴望能够更深入地了解它、触摸它。

但是在中国，陈省身实现不了自己的梦想，唯一的选择就是出国留学。于是，从南开大学毕业后，陈省身考取了清华大学第一批硕士研究生，因为清华研究院规定，可以资助成绩优异的学生出国留学。陈省身以出色的成绩获得了出国留学的名额，他放弃了当时大多数人

老年陈省身

都选择的美国，而去了当时世界的数学殿堂——德国。

19世纪时，德国就是全世界的数学中心，而德国的数学中心是哥廷根。法国的巴黎则是另一个世界数学中心。虽然当时年轻的陈省身还不太了解这些情况，但是，冥冥之中跟数学的缘分，把他引向了德国和法国。

陈省身考入了德国汉堡大学。虽然汉堡大学并不是十分有名的学校，也不像哥廷根大学那样在数学界的地位那么崇高，却有一位非常知名的数学家布拉施克，他是当时国际上最有名的几何学家之一。当陈省身还在清华做研究生的时候，布拉施克曾来到中国，还在清华大学作了演讲。陈省身听过他的演讲以后，为他在几何方面的成就所震撼，一直很敬重他。所以，后来陈省身就报考了他所在的汉堡大学，选择了他做自己的导师。

陈省身刚踏上德国的土地时，举目无亲，在国内时德语又学得很有限，跟人交流起来很困难。他想找领事馆的人帮忙，却发现大部分人都出去旅行了。无奈之下，只能自己拼命补习德语。

幸好，在汉堡还有一个中国留学生跟他同住一个宿舍，这个人就是周炜良，后来也是一位成绩卓越的大数学家。他和陈省身在德国期间结下了深厚的友谊。他去世后，陈省身还为他写过一篇文章，总结他的生平。他们在世界数学界的地位都非常高，其研究成果都被以各自的名字命名——陈省身关于示性类的研究成果被国际数学界称为"陈示性类"；周炜良在代数几何学方面的研究成果被称

为"周氏坐标"。

布拉施克听说有个中国学生选他做导师,他很惊讶,因为当时来德国的中国学生并不多,学数学的就更少了。不过他也很高兴有这样一个来自大洋彼岸古老国家的学生。陈省身找他报到的时候,也许他想看看这个学生的水平如何,就找了很多自己最新写的论文给陈省身看。

陈省身接过这堆论文,回去后就开始认真地阅读起来。他知道,在德国的大学里,教授的权力非常大,由于学校成文的规定很少,很多事情都是由教授来决定的。所以,一定要先给导师一个好的印象,以后的学习才能顺利。他慢慢翻看着,忽然发现其中有篇论文好像不太完整,有个题目的证明还没有完成。他索性拿起笔自己证明起来,把剩下那部分过程给补充完整了。

论文看完后,陈省身找到布拉施克,向他汇报自己已经看完了论文,并把自己补充的那部分也一起交给了他。布拉施克没想到,这个刚见面的中国学生能在这么短的时间内就看完他的论文。不但看得懂,还找到了他论文中的漏洞,甚至还帮他补充完整了。这让布拉施克非常高兴,他很喜欢这个聪慧的学生,让陈省身将其写成论文在校刊上发表。

本来,布拉施克只安排陈省身每两周见面进行一次座谈,但从这以后,他要陈省身与他每周见一次面,并且,未完的证明第二天还可以继续讨论。陈省身知道自己已经博得了导师的好感,也感到非常高兴,回去之后立刻着手撰写论文。文章发表出来之后,一下子在汉堡大学引起了轰动,全校师生都知道了这位来自中国的青年。

除了跟随导师学习以外,陈省身在汉堡学习期间还发表了不少论文——在日本东北大学校刊《东北数学》杂志发表了两篇论文:《具有对应母线的直纹线汇三元组》和《直纹线汇的相伴二次复形》;在汉堡大学《数学讨论会论文集》上发表了两篇论文:《关于网的计算》的论文和《2n 维空间中 n 维流形三重网的不变理论》。他甚至被他的导师布拉施克赞誉为汉堡数学界的新一代领袖。可见,布拉施克对自己的这个学生有多么满意。

陈省身 1934 年 11 月开始在汉堡大学学习,1936 年 2 月就拿到了博士学位,用了不到一年半时间就读完了别人两三年的课程。布拉施克对陈省身说:"你已经学完三成的数学根底,可以独立工作,或去其他国家尝试进行新的数学研究了。你可以考虑两个选择,一个是去法国,跟随嘉当学习;还有就是留在汉堡,只是要准备做数论,不能再深入研究几何了。"

陈省身考虑了很久。其实留在汉堡的机会也很好,但是只能做数论,因为那

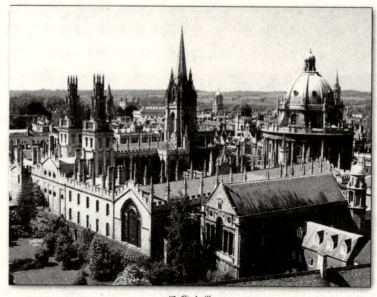

巴黎大学

时候在汉堡有两个很伟大的数论学家。而自己已经学习了很长时间的几何,不想轻易放弃。何况,嘉当是当时世界上最著名的几何学家,在汉堡大学学习期间,陈省身就和嘉当有过接触,对他关于微分几何方面的研究很感兴趣,跟随他学习,会令陈省身成长很多。陈省身决定放弃在德国留校的机会,去法国继续深造。

后来,美国著名数学家卡普兰斯基曾评论陈省身的这次抉择说:"如果陈省身选择了代数数论,20世纪数学的历史将会有重大改变。"两者相争,终究还是微分几何得到了这位数学天才,使代数数论的损失很大。

◎师从嘉当的日子

1936年9月,陈省身正式前往巴黎大学,拜师嘉当。

令陈省身没有想到的是,做嘉当的学生,并不是一件容易的事情。并不只是因为嘉当教的东西晦涩难懂,而是他的名声过于显赫,虽然他的文章确实很难懂,追随他的人仍然数不胜数,连见上他一面都很难。法国的学生希望跟着他学习,世界各地来的学生也希望追随于他。因为巴黎是西方的科学中心,所以从东、西方各国来到法国读书的人很多。

每周四下午是嘉当的办公时间,一到这个时段,他的办公室门口就站着一排人,等着求见他。法国人一般不会说定时间,没有先说好讲10分钟或者20分钟的情况,都很随意,看情况而定。有时候他讲多了,外面的人就得继续等着他。

陈省身第一次见嘉当,嘉当就给了他3道题目。由于法文不好,陈省身只听懂了题目,但是不会做,自己也就没有理由再去见他。过了一段时间,陈省身偶然在校园里遇到了嘉当,没想到大师对他仍有印象,问为什么很久没去见自己。陈省身很老实地回答,自己做不出那些题目。嘉当却很亲切地说:"没有关系,你来谈谈吧。"于是就把陈省身带到自己的办公室里详谈讲解,直到陈省身做出来。

以后,嘉当又陆续给陈省身留了一些问题,陈省身都一一做了出来。嘉当觉得这个学生很实事求是,又确实很有数学天分,所以后来他就告诉陈省身:"你可以到我家里来,不用再在办公时间来见我。"这无疑是很特殊的待遇。陈省身明白嘉当教授对自己的欣赏,也就更加用心地学习了。

嘉当的家恰好与陈省身的住处在同一条街上,于是,陈省身开始每两周一次去嘉当家里拜访他,每次一个小时。去之前,他会把做题得到的结果和要问嘉当的问题,用法文写在一张纸上,见到嘉当就递给他看。这样就能让自己少讲一些法语,免得沟通有障碍,也能节约一些时间来多听嘉当的讲解。

随着学习的深入,嘉当越来越喜欢这个中国学生了,常常会出一些小问题让陈省身去做,自己也会亲自做一下。陈省身每次都认真对待,即使有些不会做,也尽量多做一些。他经常刚刚拜访嘉当回来,第二天就能收到大师的信。嘉当说,昨天陈省身走了之后,他又想了想他们讨论的问题。后面会附上关于那些问题的意见等。

这样学习让陈省身的生活异常忙碌、充实。在拜访嘉当之前,他要准备好见面谈的内容,需要下很大的工夫,同时也让他的知识积累更加丰富了。在这种特殊的学习方式之下,陈省身学到了很多有用的东西,很短的时间内他几乎读完了嘉当的所有著作,使他很快进入国际数学研究的前沿。

陈省身后来回忆自己在巴黎的日子,谈起自己的恩师,觉得嘉当是个很正统、很守规矩的人。陈省身跟随他学习的时候,他已经69岁高龄了,除了在巴黎大学做教授以外,还在一些很小的学校里教书。他对于名利,一点都不关心。普通人对他与他的工作并不了解,只有当时最有名的数学家欣赏他。他在社会上的巨大名望,是在去世之后才得到的,人们是因为他的工作才记得他的名字。在20世纪的数学家里,他是对21世纪的数学影响最大的一位。

跟随嘉当的这段时间,对陈省身的终生都起到了非常重要的作用。也是在这样的学习环境之中,嘉当与陈省身的感情越来越深厚。嘉当的儿子也与陈省身成了很好的朋友,一直保持着密切联系。20世纪40年代,陈省身在美国普林斯顿大学任教时,嘉当还在法国。战后法国的物资非常匮乏,陈省身心疼老师的生活条件艰苦,经常会寄一些食品和生活用品给嘉当一家。

● ● ● ● ●【人物小传】● ● ● ● ●

陈省身(1911—2004),著名美籍华裔科学家、国际数学大师、20世纪世界级几何学家、"走进美妙的数学花园"创始人。

陈省身少年时代即显露出过人的数学才华,15岁考入南开大学理学院。1930年从南开毕业,到清华大学任助教,并就读于清华研究院。1934年毕业,考入德国汉堡大学,跟随著名数学家布拉施克学习。1936年获得博士学位以后,至巴黎大学师从著名数学家嘉当深造。1948年任中央研究院数学所代理所长,并入选中央研究院第一届院士。20世纪40年代到美国,先后担任普林斯顿大学、芝加哥大学几何学正教授,复兴微分几何学,形成美国的"微分几何学派"。1961年被美国科学院推举为院士,并加入美国国籍。1984年获得世界数学最高奖项——"沃尔夫奖"。同年担任南开数学研究所所长。1995年当选首批中国科学院外籍院士。2000年回到祖国,定居南开。2004年获得首届"邵逸夫奖"。

陈省身在整体微分几何学上的卓越贡献,影响了整个世界数学的发展,被荣获诺贝尔奖的美籍华裔物理学家杨振宁(也是陈省身的女婿)誉为继欧几里德、高斯、黎曼、嘉当之后又一里程碑式的人物。

钱钟书与杨绛

两人留学去，三人回国来

　　钱钟书是少见的文学全才，既是博古通今的文学专家，也是作品脍炙人口的作家。因为他禀赋奇佳，可以说是过目不忘；更是因为他的勤奋，他对书的痴迷。

　　钱钟书出生那天，曾有人送来一部《常州先哲丛书》。伯父为他取名为"仰先"，取"仰慕先哲"之义，字"哲良"。他抓周时，抓了一本书，父亲（著名学者钱基博）为他正式取名为"锺书"。"锺"（古代打击乐器）字简化后本作"钟"，"钟"是"集聚"的意思，由此引申出"感情专注"之义，如"钟情"、"钟爱"等。"钟书"的意思是"钟爱读书"。

◎不为学位而读书

　　1935 年，钱钟书携新婚妻子杨绛前往英国牛津大学留学。牛津的秋季学期，开始在 10 月前后。当他们抵达英国时，学校还未开学。于是他们下船之后，就在伦敦等处游览观光了一番。仍然未到开学的时候，两人便到了牛津。钱钟书进入牛津大学埃克塞特学院，攻读文学学士学位。

　　杨绛则开始接洽入学事宜。她本打算进不供住宿的女子学院，但那里攻读文学的名额已满，而她又不愿修历史专业，于

留学时期的钱钟书

是作罢。

后来，杨绛并没有在牛津注册为正式生。因牛津学费奇昂，加上导师费，实不胜负担，而如念别的大学，尽管学费较廉，但两人不能在一起，且生活费用也高。考虑结果，杨绛乃申请在牛津及埃克塞特学院两处旁听，因此她在牛津读书就不像钱钟书有那么大的压力，功课也没有那么重。

钱钟书与杨绛同在"饱蠹楼"看书。杨绛自由自在，可以有很多时间读一些自己喜欢读而在别的地方读不到的书。

钱钟书与杨绛

这一点使钱钟书很是羡慕。钱钟书常常说，他如果能像她那样自由，有那么多时间，则可以读更多的书。但也正因有杨绛在旁，正如古人所说，钱钟书在"饱蠹楼"有红袖添香伴读的福气。

"饱蠹楼"指的是牛津大学总图书馆，这个典雅的译名，是钱钟书起的。按照英国出版法的规定，出版公司每有新书出版，必须寄一册给"饱蠹楼"。因此，"饱蠹楼"藏书的丰富程度，其他大学图书馆望尘莫及。钱钟书、杨绛夫妇俩在牛津时，寓居在瑙伦园 16 号的老金家，但"饱蠹楼"可以算是他们在牛津的第二个家，他们大部分的时间都在这里度过。

"饱蠹楼"有一个很特殊的规定，所有的书概不外借，只能在馆内阅读。这个规定，改变了钱钟书过去在清华大学读书时从不记笔记的习惯。进"饱蠹楼"读书，只准携带笔记本和铅笔，书上不准留下任何痕迹，只能边读边记。

钱钟书的《饱蠹楼书记》，第一册上写着如下几句："廿五年(1936 年)二月起，与绛约同日赴大学图书馆读书，各携笔札、露钞雪纂、聊补三箧之无，铁画银钩，虚说千毫之秃，是为引。"第二册有题词如下："心如椰子纳群书，金匮青箱总不如，提要勾玄留指爪，忘筌他日并无鱼。(默存题，季康以狼鸡杂毫笔书于灯下。)"

这些都是用毛笔写成的，并不是他在"饱蠹楼"边读边记，而是自己消化后撰写的笔记。钱钟书做一遍笔记的时间，大概是读这本书的一倍。他认为，对每一本书，每读一遍都会有一次新的发现和体会，最精华的地方，往往要读几遍之后才会发现。

牛津大学

钱钟书在牛津养成了读书记札记的习惯后，实际上对自己的帮助很大。在当时的乱世，就是靠着这些札记，让他写成了《谈艺录》。1949 年以后，他又是利用这些札记，完成了巨著《管锥编》。

"饱蠹楼"另外一个使钱钟书夫妇读书不方便的地方，就是概不收藏 18 世纪以后的文学书籍。因为他们认为，这时的文学书籍算不上是经典。所以，钱钟书和杨绛若想找 19、20 世纪的经典和通俗书籍，就只能到别的图书馆去。

他们常到市立图书馆去借书，那里藏书也颇丰富，借阅时间是两个星期。因此，一般不到两个星期，他们就要跑一趟市图书馆。或者干脆到书店里去看书。在牛津有一家名叫 Blackwell 的书店，是他们常去光顾的。（在英、美的大书店里，顾客不买书，也可以在书店内随意看书，不必担心店员来啰嗦）。他们在牛津的两年时间里，最主要的任务就是读书了。

尽管钱钟书在这里一直心无旁骛地学习，而他又是绝顶聪明的人，但竟然仍有一门功课不及格。这也是最令他讨厌的一门课——版本和校勘。这门课非常枯燥乏味，让钱钟书怎么也提不起兴趣来。主要的学习内容，是通过古代的书写方法来辨认作者的手稿，从手稿来鉴定作者书写的年代。在印刷术尚未发明以前，全靠这种方法来鉴定。

对早期的欧洲学者来说，这种鉴定是训练治学的初步，且至为重要。但是，它此时并没有什么实用价值，只因为英国人保守的天性，这门课却是钱钟书必须修的。因此，他也只能硬着头皮去修。

这门课也是杨绛唯一一次看见他苦学的课程。因为实在是毫无兴趣，所以他每天要读一本侦探小说来"休养脑筋"，结果"休养"得梦中手舞足蹈。不知道梦中出现了什么惊险场景，也许他正在和嫌犯搏斗。然而，这样"苦学"的结果却是不及格。这不关钱钟书的资质，问题是他把指定作业的规则弄错了。老师本来要求他只要从古人手稿中辨认出一二行就可以了，但必须没有错字。可是他没有留意，而是将整部手稿整理出来，做错的地方就很多了。这样一来考试当然就"砸锅"，只好靠暑假补考才及格。

此后，钱钟书就开始着手准备撰写论文了。他考虑自己的论文题目及提纲，必须是很冷僻的，是前人没有研究过的，因而现成的材料有限，大部分要靠自己去发掘。这样要看更多的书，寻找一些新的东西。这也正是训练一个学者最基本的方法，而牛津的训练恰恰是很严格的。

钱钟书的论文，最初是想以"中国对英国文学的影响"为题，但是导师却不准许他做这个题目。钱钟书没有办法，只好改做《十七十八世纪英国文学中的中国》。此时的英国虽已是强弩之末，但是，一直自傲的大英学者们，自然不愿承认一个他们眼中的弱国对他们文化的影响。

这个题目很大，但钱钟书大题小做。虽然这篇论文做起来颇需要费一番工夫，庆幸牛津大学有"饱蠹楼"，让钱钟书得以凭借这里的藏书丰富之便，顺利完成了自己的论文。钱钟书通过了牛津的论文考试，顿觉轻松。他一直觉得，为一个学位而赔掉许多时间，很不值得。自己想读的很多书并没有时间读，却要花费大量时间在不必要的功课上。所以他在牛津就读期间，一直对杨绛能够随心所欲地读书羡慕有加。

钱钟书常引用一位曾获牛津大学文学学士的英国学者的话："文学学士，就是对文学无识无知。"从此，他决定不再读什么学位。以后他与杨绛去巴黎大学，虽然继续交费，但只按自己定的课程学习。

他们在牛津期间也认识了一些朋友，如房东老金等人。其中有一位名叫史博定的富翁，他弟弟 K.J.史博定是汉学家，专研中国老庄哲学，是牛津某学院的驻院研究员。史博定请钱钟书夫妇去他家喝茶，劝钱钟书放弃中国的奖学金，改行读哲学，做他弟弟的助手。据说，他打算为牛津设立一个汉学教授职位。

可在钱钟书看来，在史博定的言谈之间，似乎觉得中国的奖学金不值一提。钱钟书当下就拒绝了对方的建议。虽然自己对攻读文学学士一直颇有不满，但要自己放弃国家的奖学金，去依附外国富翁，那也是不能的。

钱钟书虽然拒绝了史博定，但与兄弟二人一直保持着很好的友谊。史博定的弟弟更是经常请钱钟书和杨绛到他在学院的寓所去喝茶，借此请教许多问题。后来钱钟书离英赴法，仍时有书函往还。虽然他们兄弟俩还时时希望钱钟书再返牛津，不过始终未成事实。

◎留学期间家庭生活点滴

钱钟书和杨绛的爱情、婚姻、家庭生活，处处充满了乐趣和幸福，他们在异国他乡也能过得妙趣横生。

钱钟书刚刚来到牛津大学的时候，就拥吻了牛津的土地，还留下大半个门牙作为纪念。他是一个人出门的，下公共汽车没有站稳，车就开了，他脸朝地摔了下去。他挣扎着自己走回来，用大手绢捂着嘴，染得手绢上全是鲜血，还有半枚断牙。杨绛看到这个情况，吓得不知道如何是好。

幸好那时他们租住在老金家，同寓所还有住单身房的两位房客，一姓林，一姓曾，都是到牛津访问的医学专家。于是他们就叫杨绛赶快陪钱钟书去找牙医，才算解决了这次意外事件。

有一次钱钟书午睡，杨绛临帖。可是，杨绛自己写写字就开始瞌睡，没过多久便睡着了。钱钟书醒来，见妻子睡着了，一时顽皮心起，就提起毛笔，饱蘸浓墨，想给杨绛画个大花脸。可是他刚落笔，杨绛就醒了。恶作剧没有搞成，却险些闯祸。因为他没想到，杨绛的脸皮比宣纸还吃墨，为了洗净墨痕，脸皮像纸一样都快擦破了。以后他即使玩心再起，也不敢随便在杨绛的脸上乱画了，而是给她画一幅肖像，上面再添上眼镜和胡子，聊以过瘾。

由于他们的房东老金家的伙食越来越不好，杨绛找到了一个可以自己料理膳食的新居所。在他们搬入新居的第一个早晨杨绛还没有起床的时候，平时生活上"拙手笨脚"的钱钟书竟然大显身手，一个人做好了早餐，用一只在床上用餐的小桌（像一只稍大的饭盘，带短脚）把早餐直接端到她的床前。正在赖床的杨绛非常兴奋地翻身起来享用。这种幸福，自然是默默体会的了。钱钟书准备的早餐很丰盛，有煮蛋、烤面包、热牛奶，还有又浓又香的红茶，这些都是他才跟同学学来不久的，居然做得还不错。此外，还有黄油、果酱、蜂蜜等。

夫妻两人入住新居的第一天，就有了一个幸福的开端。在以后的日子里，除了家有女佣照管一日三餐的时期，除了钱钟书生病的时候，早饭总是钱钟书做给杨绛吃。每晨一大茶瓯的牛奶、红茶，也成了他毕生戒不掉的嗜好。

一年以后，杨绛怀孕。钱钟书欣喜异常，他对妻子说："我不要儿子，我要女儿，只要一个，就像你这样的。"此后，一直潜心学业的钱钟书开始学做家务，分担一些体力活，对因为怀孕而行动不便的妻子更是细心呵护。

离预产期还有两三个月，钱钟书就早早地去牛津妇产医院为杨绛订下了房间，预约接生大夫。更难得的是，他并没有中国传统的迂腐，不在乎接生大夫是男是女，而是只要求最好的，让那个接待他的女院长着实惊讶了半天。

到 5 月 18 日，孩子有了降生的迹象，钱钟书连忙要出租车送杨绛住进医院。杨绛因为难产，最后只好用了麻药，护士用产钳将婴儿拽了出来。这时的钱钟书，已经急得团团转了，他一天往医院连跑了 4

钱钟书一家三口

趟。因为没有公交车，他只能徒步来回。上午得知生了一个女儿，他非常高兴，终于得偿所愿了。他想看望妻子，医院却不准许，只好回去。第二次来，他知道妻子在麻醉中还没醒来，只好又返回了。直到第三次，他才算见到了已筋疲力尽、沉沉入睡的杨绛。下午茶过后，钱钟书第四次又来医院。这时杨绛已经醒来，才得知他已经来回步行了 7 次，顿时心疼起来，嘱咐他一定得坐汽车回去。

护士把孩子从婴儿室里抱出来给钱钟书看。他仔细看着自己的女儿，看了又看，一种为人父的幸福感油然而生，高兴地说："这是我的女儿，我喜欢的。"这是钱钟书跟女儿说的第一句话，也是给女儿的"欢迎词"。钱钟书没有再要第二个孩子，他对杨绛说不希望再生一个以分走自己对女儿的关爱，或许更是不忍心妻子再受生育的痛苦。

杨绛产后，在医院里住了将近一个月。这段时间，钱钟书只能一个人在家。以他"笨拙"的生活技能，能安全地度过这段时间很不容易，每每都会闯些小祸，用他自己的话说："又做坏事了。"他不时愁兮兮地告诉杨绛他打翻了墨水瓶，把房东的桌布弄脏了；他把台灯弄坏了；门轴两头的球掉了一个，门关不上了……杨绛跟他说，不要紧，桌布，她会洗，墨水染的，也能洗掉；台灯、门轴，她会修。

钱钟书一听杨绛说"不要紧"，就放心了。他对杨绛说的"不要紧"，总是又佩服又放心。这句话在近两年的共同生活中已屡次得到验证。这回也同样，杨绛到家后，果然把钱钟书做的"坏事"都补救好了。

钱钟书特地又叫了出租车接杨绛和女儿出院。回到寓所，一向不善料理生活的他，竟给妻子端上了一碗自己亲手炖的鸡汤，汤里还漂着鲜绿的嫩豆瓣。杨绛感动得险些落下泪来。于是，杨绛喝汤，钱钟书吃肉。钱钟书以他的爱心和责任心，"笨拙"却悉心地照顾着妻子和女儿。

● ● ● ● ● 【人物小传】 ● ● ● ● ●

　　钱钟书(1910—1998),原名仰先,字哲良,后字默存,号槐聚,曾用笔名中书君,江苏无锡人。中国现代著名作家、文学研究家。

　　1929 年,19 岁的钱钟书考入清华大学外文系。报考时数学仅得 15 分,但因国文、英文成绩突出,其中英文更是获得满分,故被清华破格录取。在大学期间,他因才华出众,受到罗家伦、吴宓、叶公超等名师的欣赏。1932 年结识杨绛,1933 年两人订婚。同年在清华毕业以后,到上海光华大学任教。1935 年以第一名的成绩考取"庚子赔款"英国公费留学生,赴牛津大学埃克塞特学院英文系留学。与杨绛结婚,同船赴英。1937 年以《十七十八世纪英国文学中的中国》一文获得学位。女儿钱瑗出生。之后随杨绛赴法国巴黎大学从事研究。1938 年秋,乘法国邮船"阿多士Ⅱ"号回国,被清华大学聘为教授。后历任国立西南联合大学、国立湖南蓝田师范学院、上海暨南大学教授。建国以后,曾为《毛泽东选集》(英文版)翻译小组成员。晚年就职于中国社会科学院,任副院长。1998 年 12 月 19 日因病在北京逝世。

　　钱钟书在文学创作、古代文学、国故、文艺理论、美学、比较文学、文化批评等领域均有卓越成就,著有散文集《写在人生边上》、短篇小说集《人·兽·鬼》、长篇小说《围城》及学术著作《谈艺录》、《管锥编》、《七缀集》等。其夫人杨绛也是著名作家、学者,著有长篇小说《洗澡》、回忆录《我们仨》等。

季羡林

留德十年，影响终生

　　博古通今的季羡林，年轻时代却是学的西洋文学——也许，这正是那个时代大师的标记，博学多才，贯通中西。当初他也没有想到过，自己竟然会跟梵文、巴利文、吐火罗文与印度文化结下不解之缘。在德国留学的 10 年，彻底改变了他的整个一生。

◎初至德的迷茫

　　1930 年，季羡林考入清华大学西洋文学系，专业方向为德文。在清华学习期间，他涉猎广泛，除本专业的课程以外，还自修了英文、梵文，并选修了清华诸名师如陈寅恪的佛经翻译文学、朱光潜的文艺心理学、俞平伯的唐宋诗词、朱自清的陶渊明诗等诸多课程。1935 年 9 月，他被录取为清华文学院与德国交换研究生，考入哥廷根大学，为期两年。

　　季羡林经由首都柏林转至哥廷根市。他一下车，就在一位学长的带领下来到住处，见到了房东。这是一对五十来岁的德国夫妇，因为儿子出去上大学，就把他的

青年季羡林

留学期间的季羡林　　　　　　　　　　老年季羡林

房间出租了。季羡林住了下来。他没想到,自己在这里一住就是 10 个春秋,和这对夫妇有了亲如家人的感情。

刚刚来到德国时,年轻的季羡林还很迷茫,不知道自己该走什么样的学术道路。他在柏林逗留期间,友人汪殿华力劝他学习希腊文和拉丁文,因为这是祖国所需要的。到了哥廷根之后,在好友章用的建议下,他便选择了希腊文课程。但是,第一堂希腊文课就让季羡林有些沮丧,学得不是很顺利。后来他又学了一段拉丁文,甚至还想学埃及文字。

不过,虽然很多东西还不太明朗,至少他知道,他可以去了解那些古老而美丽的文字。他在当时的日记里写道:

"我平常是喜欢做梦的,而且我还自己把梦涂上种种的彩色。最初我做到德国来的梦,德国是我的天堂,是我的理想国。我幻想德国有金黄色的阳光,有'真',有'美'。我终于把梦捉住了,我到了德国。然而得到的是失望和空虚。我的一切希望都泡影似的幻化了去。然而,立刻又有新的梦浮起来。我梦想,我在哥廷根,在这比较长一点的安定的生活里,我能读一点书,读点古代有过光荣而这光荣将永远不会消灭的文字。现在又终于到了哥廷根了。我不知道我能不能捉住这梦。其实又有谁能知道呢?"

德国哥廷根大学

◎ 决定主修梵文

不久,季羡林偶然结识了主修自然科学的龙丕炎。闲谈中得知,他选修过一年的梵文课。恰好,季羡林在国内时,听过陈寅恪教授的佛经翻译文学课,也动过想学的念头。认识了龙丕炎之后,对方把自己用过的施滕茨勒所著的一本梵文语法书送给了他。章用得知后,竟也支持他学梵文。

经过这么长时间的寻觅,季羡林仿佛找到了寻觅已久的知己,他觉得自己就应该学习梵文。因为中国文化受印度文化的影响非常大,研究梵文,研究中、印文化的交流,也许会有意想不到的收获。更何况,哥廷根有着世界级的梵文大师,这个机会以后怕是很难再有了。于是,他终于定下以梵文为主修目标的方向,并且一直走了几十年都没有改变。

想要捉住好梦,自然得付出努力。所以,季羡林在学习的时候总是全力以赴。他选定了主系是梵文、巴利文等印度学。但是,按照德国的规定,考博士必须读3个系:1个主系,2个副系。主系已经毋庸置疑,但副系却还需要费些周折。

他一向鄙薄那种在国外以汉学赚取文凭、回国后又用西洋文学糊弄国人的所谓"留洋博士";也见过有些学自然科学的中国留学生,想投机取巧地选择汉学作为副系,却对汉学一无所知,因而被拒之门外。为此他下定决心,绝不选择任何跟中国文化有关的课程。最后,他确定以英国语言学和斯拉夫语言学为副系。梵文课和斯拉夫语言课都在高斯－韦伯楼里上,他每天都泡在这里学习一整天。

梵文这种在现在世界上已知的语言中语法最复杂的古代语言，形态变化之丰富，同汉语截然相反。梵文班的教授瓦尔德施米特，是当时"梵文讲座"的主持人、著名梵文学家。刚开学时，班里只有季羡林一个学生。但这并未影响到瓦尔德施米特授课的热情，依然系统、认真地给季羡林讲课。也许这就是德国人严谨、认真的体现吧。这位教授，后来成为与季羡林关系最为密切的德籍老师。当时，季羡林甚至受中国"一日为师，终生为父"传统观念的影响，把他称作"博士父亲"。

季羡林很快就觉得，梵文学起来确实很艰难。教授对梵文非常复杂的连声规律根本不加讲解，对教科书上的阳性名词变化规律也不讲，一下子就读起书后面附上的练习来。梵文是死文字，脱离实际生活很远，很难理解。教授要他读句子，字看起来还眼熟，对语法就一点概念都没有了，读起来结结巴巴，翻译起来也不知所云，急得满头大汗。

没办法，他以后上课前就只好先预习，用多出几倍的时间来做准备。慢慢地，自己就习惯这种学习方法了，梵文课学起来也渐渐得心应手。

课余时间，他就泡在图书馆里。这里的图书馆藏书虽然不多，但是有很多珍本。最珍贵的便是奥尔登堡捐赠的一套德国和世界各国梵文学者寄给他的论文汇集，有一百余部，分门别类，装订成册，大小不等，语言各异。这些书，很多大图书馆里都没有。

直到第二学年开始，班上又来了两个德国学生。其中一个历史系的学生，以前就学习过梵文。本来对老学生肃然起敬的季羡林，却慢慢地发现，这位懂4国语言的师兄，对梵文竟然束手无策，只要老师一提问，他就目瞪口呆，嗫嚅着说不出话来。直到第二次世界大战开始后，他被征走当兵为止，始终也没有完成梵文课程的学业。季羡林虽然了解梵文的复杂难懂，但生性好强的他，暗暗下定决心要攻克这个难关，把梵文当成"龙门"，自己一定要跳过去。

两年的时光很快就过去了。到了第三学年，瓦尔德施米特教授和季羡林商量博士论文的题目，最后确定为研究《大事》偈陀部分的动词变化。《大事》是一部采用混合梵语写成的史传类作品。于是，从此之后，季羡林的所有课余时间，都与这厚厚的3大册《大事》一起度过。

◎兼任汉学讲师

1937年七七事变爆发，日本开始向中国发动大规模的侵略战争。事变之后不久，德国纳粹元首希特勒发布命令，关闭国门，凡是外国人一律不准离开德境。

季羡林有国难回。他的留学交换期也满了,奖学金停发了。季羡林陷入困境,一时进退无门。

正在他忧心忡忡的时候,一个朋友找上门来,给他带来了一个好消息。他就是古斯塔夫·哈隆,是苏台德区人,现任汉学研究所所长。哈隆听说季羡林交换期已满却没有经济来源之后,便主动找到他,问他是否愿意担任汉学研究所的老师。这对季羡林来说简直是及时雨,他顿时喜出望外,赶忙答应了下来。于是,季羡林一边攻读印度学博士,一边当汉学讲师。

哈隆教授是一位知名的汉学家,汉学知识极其渊博,尤其擅长甲骨文;但奇怪的是,像这样一位汉学大家,竟然不会说中国话。后来,哈隆教授受聘到英国剑桥大学去当汉学教授,季羡林和田德望两人在餐厅为他饯行。哈隆教授在哥廷根这么多年,长期抑郁不得志,便不免感慨,只有这两个中国人才是自己真正的朋友。

在汉学研究所里,季羡林还认识了几位汉学家:英国汉学家阿瑟·韦利——这位学者的中国古典诗歌翻译蜚声国际汉学界,在英国也是传世之作;德国汉学家奥托·冯·梅兴——这是一位专门研究明代制漆工艺的专家,季羡林曾帮他翻译过研究所收藏的一部制漆工艺书。

◎再学吐火罗文

这时候,瓦尔德施米特教授也因为战争爆发,已经被征从军了。季羡林的梵语导师,由已经退休了的西克教授接任。西克教授第一次上课,就对季羡林认真宣布:他要把自己毕生最专长的学问,统统地、毫无保留地全部传授给季羡林,一个是文学名著《梨俱吠陀》,一个是印度古典语法《大疏》,一个是《十王子传》,还有一个是吐火罗文——他是率先读通了吐火罗文的世界大师。

西克教授丝毫没有征询意见的意味,既不留给季羡林任何考虑的时间,也不容他提不同意见,立刻安排时间准备上课。季羡林顿时被教授的精神所感动,心里涌起了无限的感激。老先生愿意把他毕生的心血交给自己,那自己还有什么理由拒绝? 即使功课再多,也要咬牙忍下来。

其实在来哥廷根之前,季羡林根本就没有听说过吐火罗文,以致读通了吐火罗文的大师西克就在眼前,他也没有想到要学习吐火罗文。因为他的功课相当繁重,担心再增加功课会负担不了,学不好会给中国丢脸。所以,自认为语言天资一般的季羡林,根本没有奢望过学这门可以算是绝学的语言。

西克教授讲课的方法,跟瓦尔德施米特教授一样,也是不去讲语法,而是直接从原文开始讲。这是德国教授语言的传统方法。一位德国教授曾给这种教法一个恰当的比喻:"学习语言就要像学游泳,一下把他推入水中,如果没有淹死,那他一定就学会游泳了。"

比利时一位治赫梯文的专家沃尔特·古勿勒,此时也慕名来到哥廷根,跟西克教授学习吐火罗文。西克教授有这两名外国学生,自然十分高兴。一开始,他就把自己和西克灵共同转写成拉丁字母的《福力太子因缘经》交给这两个年轻人去读,并称此书为"精制本"。

由于吐火罗文是新读通的文字,而这本书的语句很多还不是很完整,经常会有缺字、缺音节的情况出现,学起来异常艰难。但是,随着时间的推移,季羡林却对吐火罗文产生了越来越浓厚的兴趣。

◎获得四个优等

这一年,季羡林就是这样在一边听西克教授讲吐火罗文课,一边钻研梵文《大事》中度过的。他在撰写论文之前,想写一篇较长的绪论,来博得导师的好感,所以很是用心地写了起来。

这时候,正好赶上瓦尔德施米特教授休假回到学校,季羡林就把绪论拿去给他看,满心期待地等着他的夸奖。结果过了一个星期,瓦尔德施米特教授把批改完的文章还给了季羡林。他虽然没有说话,可季羡林直觉上就感到不好。拿过来翻开一看,发现整篇文章前面一个括号,结尾一个括号,意思就是都被取消掉了。

当时季羡林就愣住了,不知所措。教授告诉季羡林,他的文章虽然很用心,但是没有自己的东西,完全是借鉴别人的观点,虽然全面,却毫无价值,不如干脆删掉,在论文前简短介绍一下即可。季羡林好一阵子没有说话。他到此刻才明白,论文应该怎样写。第一次写如此大型的学术论文,第一次受到这种打击,让他深刻体会到了教授对待学术的严谨。

从此以后,季羡林真正了解到德国大学对论文的要求有多严格了。题目不一定多么大,篇幅不一定多么长,但必须得有新的东西,有自己的见解,才能通过。所以,对于学位来说,论文是重中之重,使季羡林耗费了很多心血。西克教授也代替瓦尔德施米特教授,对他的论文进行指导。

到1940年,论文已经基本上写好了。提交完论文,剩下的一关就是口试了。也许是过于紧张,本来准备颇充分的季羡林,却回答得有些慌乱,甚至无暇思索。

3 系的口试,季羡林都觉得很不理想,所以非常沮丧。他想,也许自己不能通过了。

不久,瓦尔德施米特教授邀请他去自己家里过圣诞节。他见到教授之后才知道,自己竟然得了 4 个优等:英国语言学、斯拉夫语言学、印度学和论文。这个大好的消息,让季羡林欣喜若狂。

更让季羡林得意的事情还在后面,因为他的论文在学术界引起了不小的轰动。世界级的比较语言学大师克劳泽教授,对季羡林的博士论文中关于语尾的一段附录,给予了极高的评价。据说,在古希腊文中也有类似的语尾,而这种偶合,对研究印 – 欧语系比较语言学有突破性的意义。

这样,季羡林在德国的学业就算是功德圆满了。本想马上回国的他,却因为战争的缘故,只能继续滞留在哥廷根,一边当教员一边搞科研,钻研佛教混合梵语,沿着博士论文所开辟的道路前进。

这一期间的专心研究,使他在学术和写作上有了很大的成就,在《哥廷根科学院院刊》上发表的几篇著名的论文,在半个多世纪的时间里一直被很多人所引用。

◎二战前后的生活

哥廷根是一个只有 10 万人口的小城,但是大学生有时会达到 2—3 万人,是一个典型的大学城。该大学已有数百年历史,拥有着德国学术史和文学史上许多显赫的名字。以他们的名字命名的街道,到处都是。外人一进城,扑面而来的文化气息和学术气息,使这里俨然是一片精神圣地。

哥廷根四季如春,绿草如茵,风景秀丽。在城中心有很多中世纪的房子,置身其中,恍惚间有种时空错乱的感觉。季羡林常常会到古城墙上去散步,在橡树的浓荫下静坐沉思,体会着这种诗意的感觉。

起初两年,他的生活很平静,战争没有到来,商品没有限量供应,奖学金按期寄至,一切平平淡淡地度过。平日每天往返于住处、教室、图书馆,是规范的三点一线式生活;只有到了周末,才会跟当时住在哥廷根的几个中国留学生——章用、龙丕炎、田德望、王子昌、黄席棠、卢寿等人一道,来到城外山下一片叫做“席勒草坪”的绿草地上,或结伴同游,或相坐畅谈,甚至一起大骂希特勒,来发泄一下压抑在心中的愤怒。

平日他们跟德国朋友相处得再好,也基本不谈论国事。德国人在政治方面似乎有些迟钝,很容易被舆论所引领,所以他们反对希特勒的并不多,即使有,也大部分隐忍不发。而希特勒认为中国人、犹太人等都是文明的破坏者的论调,让这些中国留学生非常愤慨。但是囿于所处的环境,他们也只能敢怒不敢言。唯有大家聚在一起时,才得以宣泄一下。

有意思的是,反对希特勒的德国朋友们,大多主动跟中国留学生讨论过战争,讨论到最后乃至破口大骂,甚至因此产生更加深厚的友谊。季羡林的斯拉夫语言的同学伯恩克小姐,就是这样一个人。她和她的母亲都对希特勒的行径无不切齿痛恨。她的母亲是一位很有文化修养的老妇人,而且厨艺非常棒,经常请季羡林等同学到家里来吃饭。

当时战争已经爆发了,食品限量,极端缺少,有人请客,都得自带粮票。可这位老夫人,在这种情况下还能做出一桌美味佳肴来,让大家大快朵颐一番。然后,大家就围坐在一起畅谈,讨论法西斯的暴行,痛骂希特勒的倒行逆施,往往直到深夜才尽兴而回。

对于季羡林这样一名滞留国外的学子来说,虽然外面不时响起防空警报,英、美的飞机常常光临轰炸,但能吃到这样一位睿智、慈爱的老夫人做的美味饭菜,还能酣畅淋漓地开怀痛骂,确实是一种难得的幸福。

后来,飞机光顾得越来越频繁,城中很多地方都被炸得满目疮痍,人们经常要躲避空袭,通常都会跑到附近种鲜菌的山洞里去避难。有时候,一天会无数次地响起防空警报,人们的精神被折磨得很疲惫。季羡林在山洞里辗转反侧,无法成眠,索性搬来一批书,就在山洞里学习起来。很快,美军开进哥廷根,德国被解放。

季羡林在德国待了整整10个春秋。10年的生活,让他对这里和这里的人们产生了深厚的感情,包括授予他知识的导师、朝夕相处的本地同学、待他如亲生儿子的房东夫妇等等熟悉和不熟悉的德国人。

房东太太对他的感情尤其深厚。在这10年之中,她的丈夫去世了,儿子又结婚去了另一个城市定居,身边只有季羡林这个没有血缘关系的亲人。在她丈夫去世的那天,也是季羡林深夜跑去找医生,后来又帮她守尸。1942年季羡林准备回国,跟房东太太告别时,她听说后就放声大哭起来。后来,没有走成的季羡林又回到了住处,房东太太高兴得像见到多年远游未归的儿子一样。

1946年,季羡林真的要离开了。他怀着复杂的感情,终于踏上了回国的路程。

● ● ● ● ●【人物小传】● ● ● ● ●

季羡林(1911—2009),字希逋,又字齐奘,今山东省临清市康庄镇人。中国著名的古文字学家、历史学家、东方学家、思想家、翻译家、佛学家、作家。

1930年考入清华大学西洋文学系。1935年考取清华与德国的交换研究生,赴德入哥廷根大学学习梵文、巴利文和吐火罗文等,1941年获得哲学博士学位。他在德国期间发表的论文,获得了国际学术界的高度评价,奠定了其在国际东方学和印度学界的地位。

1946年回国,被聘为北京大学教授,创建东方语文系并首任系主任。这是我国最早成立的东方语文系,培养了大量东方学专业人才,为国家的经济建设、对外宣传、外交工作作出了重要贡献,并在学术上取得了丰硕成果。

1956年季羡林当选为中国科学院哲学社会科学部委员,1978年任北京大学副校长、中国社科院与北大合办的南亚研究所所长。

他精通12国语言,对印度语文、文学、历史的研究建树颇多。先后担任中国外国文学学会、中国外语教学研究会、中国南亚学会、中国语言学会、中国敦煌吐鲁番学会会长,中国民族古文字学会名誉会长,中国高等教育学会副会长等职。

其著作已汇编成《季羡林文集》,共有24卷,内容包括印度古代语言、中印文化关系、印度历史与文化、中国文化和东方文化、佛教、比较文学与民间文学、糖史、散文、序跋以及梵文、吐火罗文等语种文学作品的翻译。

钱三强与何泽慧

"中国的居里夫妇"

他有一个知名的学者父亲钱玄同，他是世界著名物理学家第二代居里夫妇的得意门生，他是新中国发展核武器的组织协调者和总设计师，被誉为"两弹一星"元勋，他与妻子何泽慧一同被西方称为"中国的居里夫妇"——这个人就是钱三强。

1956 年，他参加中国第一次五年科学规划的确定，与钱伟长、钱学森一起，被周恩来总理称为中国科技界的"三钱"。

他的名字，来自于在孔德学校和同学开玩笑时互相称呼的昵称。其实他原名叫钱秉穹，因为他在家排行老三，且学习成绩好、喜欢运动、身体强壮，故被同学们戏称为"三强"。他的父亲钱玄同也很喜欢这个名字，认为它还能解释为立志争取德、智、体都进步，从此他的名字就叫钱三强了。

◎师从第二代居里夫妇

1936 年，钱三强以优异的成绩从清华大学物理系毕业后，进入北平研究院物理研究所当助理研究员，课题是用照相术研究分子光谱。在这里，他得到了研究所所长严济慈的欣赏和肯定。

于是，在 1937 年钱三强经考试成功获得中法教育基金会资助到法国留学后，严济慈就亲自带领他去拜访了约里奥夫人伊伦·

老年钱三强

居里教授，并介绍他到伊伦·居里教授主持的居里实验室做博士论文。同时，钱三强还在约里奥教授所在的法兰西学院工作，在约里奥教授的指导下，研制用于观测基本粒子的仪器——"威尔逊云室"。

钱三强（右）和第二代居里夫妇合影

其实，踌躇满志的钱三强，却是经历了一番思想挣扎，才来到巴黎的。那是此年 7 月，钱三强赴法留学的行期在即，正当他在兴奋地憧憬着、母亲却为儿子的远行而忧心时，战火已从古都北平燃起了。7 月 7 日，卢沟桥事变爆发，日本发动了蓄谋已久的侵华战争。面对着国家危难，钱三强不想在这个时候走出国门，他要留下来保卫自己的祖国，决定放弃出国留学。

钱玄同发觉了儿子的复杂心思，遂对他说："一个男子汉，不应只有近虑，还要有远忧。我们要考虑到今后。现在当然都是抗日了；但是，我们怎样才能不让一个这么大的国家受一个那么小的国家的侵略呢？关键得要自己强盛起来。"

听了父亲的话，钱三强知道了自己要做些什么。他立志要出国学到真正的知识，来强大自己的祖国。于是，7 月 17 日，24 岁的钱三强离开了北平，远渡重洋，赴法留学。此时，日本政府决定动用 40 万大军全面侵略中国。钱三强更没想到的是，这次分别，竟然是他和父亲的永别。一年以后，身在法国的钱三强，接到了父亲病逝的消息，那一年钱玄同才 52 岁。

伊伦·居里教授是著名科学家居里夫人的女儿和主要助手，她和丈夫约里奥·居里都是著名的核物理学家，最主要的成就是发现了人工放射性，因合成新的放射性核素而共同获得 1935 年度的诺贝尔化学奖。居里实验室是居里夫人亲手创立的，是法兰西科学文化事业发展的骄傲，它与英国剑桥大学著名教授卢瑟福主持的卡文迪许实验室、德国著名科学家哈恩主持的威廉皇家物理化学实验室并驾齐驱。这 3 个实验室，是当年世界上从事前沿学科——核物理学与放射化学三足鼎立的研究中心。能够在这样顶级的实验室里、这样两位世界顶级物理学家身边学习，对钱三强来说确实是难得的机会。

约里奥是一位出色的实验物理学家。他在 1931 年创制了一台独特的云室，可以在不同的气压下工作，从纯饱和水蒸气的低压到几个大气压。云室直径和外加磁场都比别人的大，由此可以从径迹曲率确定 β 射线的能量。它在低气压下拍得的粒子径迹,其长度往往比正常压强下的长十几倍。1939年1月,约里奥用云室拍摄得到铀裂变的照片,是又一个重要的实验证据,用物理学的方法直接证明了重核裂变。

钱三强看到这样的裂变现象,比看到任何美丽壮观的自然景象都更为激动,因为他懂得裂变的伟大意义。钱三强刚刚踏上科学之路,就亲眼目睹了世界科学史上这个重大的发现,这些宝贵的经历,对他了解科学工作的规律、拓展自己的科学视野,起到了非常重要的作用。

伊伦·居里也设计了用 β 射线能谱研究铀核裂变的方案。她让钱三强负责云室的操纵和测量,自己亲自配制放射源。而这台云室,正是钱三强在约里奥教授的指导下制作的。在伊伦·居里的帮助下,钱三强很快得出了明确的结论。1940年,钱三强以"a粒子同质子的碰撞"为题,通过了博士论文答辩。

正当他准备离开巴黎、返回祖国时,法西斯德国已进入法国境内,正步步向巴黎逼近。在意大利科学家庞德科沃的劝告下,钱三强带着简单的行李,骑上自行车,跟着难民的潮流,向着法国南部逃亡了。

但是,就在逃往的路上,有一天晚上,大家正在一个大仓库里过夜,忽然之间听到坦克轰隆隆地开过来的声音,本来以为是法国士兵开到前方去打仗,结果出来一看,那坦克上都是希特勒的纳粹标志。原来,法国已经被德国占领了,逃亡的人群很快就被德国兵赶回了巴黎,钱三强也在其中。可是,他国内的官费资助已经断绝,顿时阮囊羞涩,陷入困窘。

钱三强正在路上徘徊、恍惚,却遇到了一个意想不到的人——他的导师约里奥。约里奥教授对他说:"你还是回到实验室来。只要我们有工作,你就有工作;只要我们有饭吃,你就饿不着。"于是,报国无门的钱三强,只好跟着约里奥教授回去,继续做研究工作。让他没想到的是,约里奥教授竟然是德国共产党员,经常借着科研工作,掩护反法西斯的活动。

1941年底,钱三强听说法国南部城市里昂不定期地有轮船去中国,故再次离开巴黎,来到里昂,寻找回国的机会。他虽然没有走成,但在等船期间,到里昂大学找到了一个临时工作,其任务是带一名大学生做毕业论文。

钱三强的身上带有小剂量的放射源。由于他曾在北平研究院用照相术研究过分子光谱,对照相底片比较熟悉,就决定让学生研究a粒子对照相底片的作用。正好,里昂有一家专门生产照相底片的工厂,可以提供各种不同品种的照相底片。钱三强一面带领学生做实验,一面自己也进一步做点研究,研究乳胶的特性。没有想到,这项临时性的工作,却为他后来的研究提供了重要条件。

1943 年,钱三强在约里奥－居里夫妇的关怀下,再次回到巴黎的居里实验室做研究工作。

◎ 25 个单词成就的姻缘

就在钱三强在居里夫妇的指导下,不断积蓄

钱三强与妻子何泽慧

着能量的时候,另一个影响他一生的人,也在异国拼搏着,并且不久就和他有了交集。这个人就是他未来的妻子——他清华时的同学何泽慧。

这个倔强的姑娘,也于数年前独自一人远赴欧洲留学,在德国拿到博士学位以后,留在柏林皇家学院研究核物理学。1938 年,她用云室研究正负电子之间的弹性碰撞,取得了重要成果。战争期间,大家都失去了联系。直到 1943 年,德国与法国之间才可以通信。于是,何泽慧给 7 年已未见面的钱三强写了一封信。由于战争,信只限 25 个单词。信的大意是,问钱三强是否还在巴黎,如可能,代她向家中的父母写信报平安。

何泽慧与钱三强这段美好的姻缘,就是从这封短信开始的。随着二战渐近尾声,两位年轻人的通信也越来越频繁,虽然每次只有 25 个单词,但是这短短的信件,却把彼此的心拉得越来越近了。

1945 年,伊伦·居里教授打算引进新近发展起来的核乳胶技术,考虑到钱三强在这方面已有很好的基础,就派他到英国布利斯托大学向著名的物理学家鲍威尔学习。核乳胶是一种特别厚的照相底片,可以记录粒子的三维径迹。利用这种核乳胶,鲍威尔发现了 π 介子,并于 1950 年获得诺贝尔物理学奖。钱三强正好在关键时候有机会掌握这门新技术,实在是幸运。当然,这也是由于他自己已有了一定的基础。

不到一年时间,钱三强就掌握了核乳胶技术,回到巴黎,协助约里奥－居里开展这方面的工作。此时的他,已经不是当年初出茅庐的学生了,在他手下,有两名法国研究生跟随他从事这方面的研究。

钱三强在经过与何泽慧两年多的通信之后,终于鼓起勇气,向远在德国的她发出了 25 个字之内的求婚信:"经过长期通信,我向你提出结婚的请求。如能同意,请回信,我将等你一同回国。"

然而此时,盟军已经开始对德国柏林进行大规模的轰炸。钱三强寄出求婚信之后,整日焦虑不安,他担心自己被拒绝,更担心何泽慧在德国的安全。不久,他终于在不安之中等到了何泽慧的回信:"感谢你的爱情,我将对你永远忠诚。等我们见面后一同回国。"

不久后的一个礼拜天,钱三强还没起床,就听到有人敲门。他打开门一看,竟然是何泽慧提着一个小箱子,站在了自己的门口。分隔多年的两人终于见面了,那份感情也就越发强烈,他们很快就订婚了。钱三强见到自己好友王大珩的第一面,就向他宣布了这个好消息。

1946 年,钱三强与何泽慧成婚。在婚礼上,约里奥－居里夫妇邀请何泽慧加入居里实验室。于是,已在德国进行过数年核物理研究的何泽慧,与钱三强成为了同事,像他们的恩师一样,成为一对志同道合的科学伉俪。

◎"中国居里夫妇"的发现

就在钱三强与何泽慧结婚的当年,两人一起去英国剑桥大学参加基本粒子会议。在会上,他们听了东道主的两位研究生关于核乳胶记录中子打击铀核的报告。在报告展示的幻灯片中,显示在两根深重的径迹旁边的,还有一根细长而浅淡的径迹。深的径迹当然是裂变碎片;而这根细长的浅迹,他们说可能是 a 粒子,但没有给出任何解释。

报告者并不经心,却引起了钱三强的疑问和思考。回到巴黎后,钱三强、何泽慧立即与研究生们一起用核乳胶进行试验。他们用 be 靶发出的慢中子轰击铀,让裂片在乳胶内留下痕迹。他们对大量核乳胶进行了系统的观测,于 1946 年 12 月 9 日公布观测结果,证明那第二条径迹不是裂变碎片打到乳胶所含之核产生的,而是分裂的小碎片。3 条径迹从一共同点发出,铀核分裂成了 3 份。

同年 12 月,他们公布了首次的观测结果。钱三强与何泽慧还写出论文,相继发表在法国、美国、英国的权威杂志上。他们不仅论证了原子核的三分裂,而且还发现了原子核的四分裂。

那两位英国年轻的物理学家闻讯后,专程来到巴黎访问居里实验室。他们不相信有三分裂和四分裂,想要亲眼看看。钱三强、何泽慧高兴地满足了他们的要求。心灵手巧的何泽慧,只用了短短 10 分钟,就按标定位置找到了三分裂和四分裂的径迹。英国人看后大为惊讶,表示信服。

可是他们回英国后，又改变了态度。他们的导师费瑟坚持自己的看法，认为a粒子不是裂变生成的，而是裂变之前或裂变之后放射出来的产物。费瑟教授与居里夫人同一时代，是英国著名的核物理学家。

面对权威的质疑和排斥，钱三强为此进行了深入的理论分析。他听从约里奥教授的劝告，并没有点费瑟教授的名，只是针对费瑟的观点，把道理说透。他还预言第三裂片可能有一质量谱。

由于当时的实验条件尚不足以测定第三裂片的质量谱，钱三强的理论一时未得到充分证实。尽管如此，钱三强还是坚持完成了论文《论铀三分裂的机制》。

直到60年代，人类的实验技术发展了，世界上有好几个实验室，利用新的探测手段研究裂变，证实了第三裂片确有质量谱，这一质量谱与钱三强的预言完全一致。此时费瑟教授终于承认自己错了。1969年，一个国际化学物理会议在比利时召开。那时候费瑟已经七十多岁了，他说："我今天要放弃过去坚持的一个错误观点，我同意对三分裂机制的解释。"

钱三强与何泽慧的发现公布以后，在国际科学界引起了巨大的轰动。不少西方国家的报纸、刊物报道了此事，称赞"中国的居里夫妇发现了原子核新分裂法"。

1946年底，钱三强荣获法国科学院的"亨利－德巴微"奖金，他是获得该奖励的第一位中国学者。翌年，年仅34岁的钱三强升任为法国国家科学研究中心研究导师。这是外国学者极少获得的学术职位，到今天为止，他是唯一一位获得此职位的中国人。

◎夫妻双双把国还

1948年，新中国成立在望。漂泊海外多年的钱三强一直有一个梦想，那就是在国内成立一个核物理研究机构，让原子核这门新兴科学在中国发展起来。

与此同时，国内的一群有识之士也意识到了这一点，其中包括北大校长胡适、清华校长梅贻琦等人。在钱三强的建议下，清华、北大、北平研究院决定联合成立一个核物理研究中心，并聘任钱三强为主要负责人之一。钱三强满怀欣喜地准备踏上回家的路程。

早已把钱三强当做自己家人的约里奥－居里夫妇，对此十分惋惜，但还是毅然应允。约里奥教授说："我要是你的话，也会这样做的。祖国是母亲，应该为他的强盛而效力。"他夫人则说："（科学家）要为科学服务，科学要为人民服务。"他们让钱三强、何泽慧把许多重要资料和放射源带回去，以便为新中国服务。这就成了后来中国科学院近代物理研究所成立时最早拥有的一些家底。

临别时,约里奥教授和伊伦·居里教授与钱三强一家人拍照,留下了永远的纪念。他们共同签署了对钱三强工作和品格的评语,里面写着:

"物理学家钱先生在我们分别领导的实验室——巴黎铀学研究所和法兰西学院核化学实验室从事研究工作,时近10年,现将我们对他各方面的看法书写如下,以资佐证。

钱先生表现出科研人员所具有的特殊素质,在我们共事期间,他的这些素质又进一步得到加强。他已完成了大量的研究工作,其中有些是非常重要的。他对科学事业满腔热情,聪慧有创见。我们可以毫不夸张地说,在到我们实验室并在我们领导下工作的同一代科学家中,他是最优秀的。我们两人中间的一人曾托他领导几批研究人员,他都以自己的才干出色地完成了这项困难的任务,并受到他的法国和外国学生的爱戴。

我们的国家承认钱先生的才干,曾先后赋予他重任,先是任命他为国家科学研究中心的研究员,接着又任命他为研究导师,他曾受到法兰西科学院的嘉奖。

钱先生还是一位优秀的组织者。他具备了研究组织工作的领导者的精神、科学和技术素质。"

1948年夏季,钱三强与妻子何泽慧一起,抱着刚满6个月的女儿祖玄,登上东去的客轮,踏上了归国的旅程。

● ● ● ● ● 【人物小传】 ● ● ● ● ●

钱三强(1913—1992),原名钱秉穹,浙江吴兴(今湖州)人。中国著名核物理学家,中国科学院院士。

他的父亲钱玄同,是中国近代著名语言文字学家,鲁迅先生的挚友。钱三强少年时代即随父亲在北京生活,曾就读于蔡元培任校长的孔德中学。1936年从清华大学毕业,次年赴法国留学,师从第二代居里夫妇(著名科学家居里夫人的女儿、女婿)。1940年获法国国家博士学位。曾任法国国家科学研究中心研究员、研究导师,并获法国科学院"亨利－德巴微"物理学奖金、法兰西荣誉军团军官勋章等。1948年回国后,历任清华大学物理系教授,中国科学院近代物理研究所(后为原子能研究所)副所长、所长,中国科学院学术秘书处秘书长,中国科技协会副主席、名誉主席,中国物理学会副理事长、理事长,中国核学会名誉理事长等职。1955年被选聘为中国科学院物理学部委员。

第三章

留学日本

鲁 迅

弃医从文，以医国人

鲁迅的学业，似乎一直是以国家为前提而选择的。18岁那年，他怀着强大中国海军的愿望，考入南京水师学堂。后来又因为实业救国的风潮，他转入陆军矿务学堂，希望能发展中国的工业，并以全班第三名的优异成绩毕业。但是，矿务学堂只教了鲁迅他们这一批学生，就撤销了。清末的洋务运动，成了一场虎头蛇尾的闹剧。

毕业后的鲁迅迷茫了，在矿务学堂里所学的东西，竟然没有用武之地，自己到底该怎么办呢？这时候，朝廷由于一直饱受屈辱，似乎也知道了改革的必要，于是开始大量派遣留学生出国学习，以期望能够强国。而留学生们去得最多的国家，就是东邻日本。日本受中国文化的影响长达数千年，近代却忽然间崛起，反而把这个它昔日的"祖师爷"踩在了脚下。相通的文化环境、类似的政治形式，让日本成了中国想强国的最好借鉴。

再三考虑之下，鲁迅决定去日本留学。

◎弘文学院内的革命潮

鲁迅以优异的成绩，成为官费派遣的 5 名去日本学习的矿务学堂学生之一，1902

鲁迅

年 3 月离开南京，乘坐日本轮船"大贞"号途经上海，4 月抵达东京。他进入了弘文学院，这是日本明治时代专为中国留学生设立的一所日语速成学校。课程设置以普通科为主，所学为日文和普通的科学知识，以便为以后升入正式的高等专门学校打好基础。学校同时还设速成班，如师范、警务、理化、音乐等。速成班用日语上课，教员身边配有翻译。其学习年限各有不同，普通科为 2 到 3 年，速成班有 6 个月、8 个月、1 年、一年半不等。

由于弘文学院专门为清政府培养中国学生，学校的规章中有很多奇怪的规定，例如尊重国体，言下之意就是不要革命造反；孔圣诞辰，晚餐需敬酒；避讳清朝皇帝的名号等。

在弘文学院，鲁迅结识了许寿裳。许寿裳也是浙江绍兴人，当时是由浙江省派往日本学师范的。他 1902 年 9 月也进入了弘文学院。他和鲁迅一见如故，两人经常在一起畅谈，特别是谈中国为什么积弱、其病症到底在哪里等困扰着他们的问题。许寿裳后来与鲁迅结下了深厚的友谊。他们回国后，在同一个学堂教书，经常见面或通信，探讨学问，交流对人生的看法。

鲁迅、许寿裳等人还报名参加了学校里的柔道学习。弘文学院院长嘉纳治五郎，是日本柔道运动的热心提倡者，他在弘文建了柔道讲道馆。从这项体育运动中，鲁迅体会到日本民族的尚武精神及注重对顽强斗志的培养，而且做事有一种认真的劲头。这点和中国人当时的马马虎虎、萎靡不振形成了鲜明对比。鲁迅一生都认为，中国人有很多方面要向日本人学习，其中办事认真是首先应该学习的。

在学习柔道的时候，中国学生对辫子的厌恶加重了。因为柔道练习中，有很多需要扭打的练习，大家都要将辫子一圈一圈地盘在头顶，开始还能坚持，到后来辫子总会散落，就不得不停了手来整理。这种尴尬，让剪辫的呼声越来越高。

在日本，本来就有很多留学生支持革命，而弘文学院里各种莫名其妙的迂腐规定，又让大家的不满情绪更加高涨了。由于多年的强权政治和残酷屠杀，已经使大部分中国人习惯了顶着象征臣服的辫子生活。但是，出国留学的学生感受却十分明显，经常在国外被人嘲笑为"披克台儿"(猪尾)、"赛维基"(野蛮人)、"锵锵啵子"(拖尾奴)。加上国外相对宽松的环境，那些敢于明显表示支持革命的留学生，都会剪去这个象征着被奴役的标志。

从辫子上很能反应中国留学生的政治态度。保守派会将辫子视为命根子、清朝的标志。最有意思的，是那些持观望态度的人，有的将辫子"盘在脑门上，上面扣上学生帽，显得很高，鼓鼓囊囊活像一座富士山。还有的将辫子解散，盘成平平的,一摘下帽子,显得油光可鉴,宛如小姑娘的发髻一般"。这种打扮,让鲁迅看了非常恶心。

鲁迅的好友许寿裳一来到东京就剪去了辫子,鲁迅也毅然加入了这个行列。他是班里第一个采取行动的人。剪完后,鲁迅极为兴奋,马上跑到许寿裳的自修室里。许寿裳表示祝贺,说:"啊,壁垒一新!"在示范作用的影响下,又有不少人也去剪去了发辫。

鲁迅到达日本后,接触的都是日本明治维新以后欣欣向荣的发展势头。跟自己贫弱的祖国相比,巨大的反差让他心里非常沉重,更加意识到自己所担负的重任,也更肯定了革新的必要。于是剪去辫子后,他照相留念,并写了一首七绝。鲁迅在 50 岁的时候,还重写了这首少年时的诗作:

灵台无计逃神矢,风雨如磐黯故园。

寄意寒星荃不察,我以我血荐轩辕。

"我以我血荐轩辕"这一句,不知激励了多少热血的中华儿女,它是鲁迅表明为国家献身的宣誓,也是他一生的行为准则。

浙江籍的留学生成立同乡会,大家创立了《浙江潮》杂志。这个杂志是鲁迅的第一个文字阵地。正是在这里,鲁迅打响了自己以文字救国的第一枪。他署名"自树",在《浙江潮》第 5 期上发表了一篇名为《斯巴达之魂》的文章,描写的是在德摩比勒之役中,斯巴达的勇士们誓死抵抗外敌、浴血奋战的故事,借歌颂斯巴达的英雄来激励自己的同胞。这篇在外文材料的基础上编译的文章,是鲁迅第一篇在期刊上发表的文章。

后来许寿裳接任《浙江潮》主编,鲁迅又陆续在该刊发表了《说》(署名"自树")和《中国地质略论》(署名"索子")两篇文章,以及翻译凡尔纳科学幻想小说《地底旅行》前两回。正是这些文章,使鲁迅打下了之后弃医从文的基础。

1903 年 3 月至 4 月间,弘文学院留学生们举行了一次罢课抗议。学生们一直对弘文学院的设施及课程设置不满,屡次反映无效,留学生们和学校的矛盾逐渐尖锐。当学院发布关于增收学生学习及医药卫生费用的新条例 12 则时,大家终于爆发了出来。学校的态度却很强硬,拒绝学生提出任何意见,声称 3 日后立即实行,如果有人因此退学,学院"决不强留"。如此一来,大家只有集体罢课抗议了。

从 3 月底开始,不少学生就陆续离校了,鲁迅和许寿裳、张邦华、顾琅、伍崇学等人都在其中。大家聚在一起商议,确定了跟院方交涉的条件,包括改革课程、开办走读、撤去这次出面提出新条例的教务干事三矢重松等几项要求。

学校最初置之不理，但离校学生越来越多，达到了五十多人。弘文的校长嘉纳终于沉不住气了，答应和学生谈判，几次交涉才同意了他们的要求，这次罢课行动才告结束。

日本仙台医专

◎在仙台医专的日子里

1904年，鲁迅完成在弘文学院的课程之后，可以选择专业的学校了。老师建议大家选择医学。他解释说，日本医学的水平，经过多年的努力，已经很高了，可以与世界一流水平的德国媲美，而且学校又多，容易考取。本来，按鲁迅以前的专业，他是该进入东京帝国大学工科所属的采矿冶金科学习。但是工科竞争很激烈，他最后决定学医。

鲁迅在日本仙台留学时采集用的标本箱

他的选择，除了老师的建议外，还有更深远的原因。一个是鲁迅父亲的病曾在庸医的治疗下日渐沉重而最终导致死亡，在当时年幼的鲁

鲁迅在仙台上课的教室

迅心里埋下了阴影，从此再也不相信中医；另一个是他了解到日本明治维新是从发展西医开始的，中国要革新也应该如此。中国人一直被称为东亚病夫，学医就可以帮助国人强壮体质，国人强壮了就有了强国的基础。

基于这些考虑的人，在当时恐怕不在少数。到日本怀抱"医学兴国"梦想的青年中,还有像孙中山、郭沫若这样未来的重量级人物。

鲁迅便向清驻日使馆申请。他没有和别的同学一样选择东京这样的大城市的学校,而是选择了一个小小的乡间学校——仙台医学专门学校。公使杨枢向仙台医专校长形仲艺发出照会,介绍鲁迅入学。5 月 23 日,该校校长复函曰:"关于贵国南洋官费生周树人志愿入本校学习的照会已悉,准予该生免试入学,并请于本年 9 月初旬来校报到。"

仙台学校对鲁迅可以说是非常照顾了,因为在他之前还没有中国留学生在这里就读。学校不但批准他就读,还免去了他的学费和入学金。他在仙台地区也引起了广泛关注,当地好几家报社争相报道了他的消息。《河北新报》报道周树人将入仙台医专学习的消息;《东北新闻》专门报道周树人的到来和他正在寻找住处的消息,并介绍"周树人操着流畅的日语,是一位愉快的人物",后来又报道了鲁迅已经找到了住处的消息。

鲁迅第一天上课时,庶务科文书田总助次郎亲自陪同他进入教室,并向同学们做了介绍。他还为鲁迅做了入学担保,因为按照仙台医专的规定,新生入学必须填交在学保证书,证书要由市长和在仙台居住的人盖章。

学习正式开始了,鲁迅和学校的师生关系相处得也还不错,他很快就与班长铃木逸太郎成了好朋友。有一次鲁迅生病没有上课,铃木逸太郎还和另一位同学一起,到鲁迅所住的佐藤屋公寓看他。

有位老师关心鲁迅的住宿问题,因为佐藤屋和监狱毗邻,兼管监狱犯人的伙食,住在那里不合适,老师总是劝他搬离这里。鲁迅在他的再三劝说下,搬到了另一处旅店。佐藤屋的老板很照顾中国留学生,对鲁迅也很好,临行前还把一把自己随身佩带的"白壳短刀"送给鲁迅做纪念。鲁迅为了表示对这位热心老板的尊敬,一直把这把刀放在身边裁纸用。

学业还算顺利,但是课程安排非常紧张,没有休息的时间。物理、化学、解剖、组织、德语等各门课程,搞得鲁迅应接不暇。组织、解剖两门课的名词都是用拉丁文;德语更是让他头疼,每天回去还要复习。幸亏他日语还算可以,老师讲的都能听懂,不至于以后成为杀人的庸医。

解剖人体对于他来说,已经能够等闲视之了。刚开始学解剖的时候,他只觉得心里作呕,脑子里一直浮现着解剖的场景。所幸下了课回寓所之后,面对饭菜居然胃口不减。这门课是由敷波重次郎和藤野严九郎两位教授分任的。藤野先生是对鲁迅影响最大的一位老师,他一直很关心这个中国学生。每个星期,他都检查鲁迅的课堂笔记,帮他补充遗漏甚至纠正日语的语法错误。他希望鲁迅成为一

个好医生。他还常常询问鲁迅学习中的困难,给他作个别辅导。后来鲁迅的名篇
《藤野先生》,就是为了向这位老师致敬的。鲁迅曾满怀敬意地说:"在我所认为我
师的当中,他是最使我感激,给我鼓励的一个。"

但是没过多久出现了一件事,使一直在日本朋友友善照顾下学习的鲁迅,第
一次感觉到了日本人对中国的歧视。

1905 年春季升级考试,鲁迅的成绩在 142 人中排第 68 名,属于中等水平,而
解剖学只得了 59.3 分。就这样普通的成绩,还被几个学生认为是藤野先生事先
给他透露了考题。他们似乎认为,弱国的人就应该智商低下,只要是中等水平以
上,就肯定有作弊行为。这些学生以此为理由检查鲁迅的笔记,拿一些冷言冷语
讽刺他,甚至还有人写匿名信骂他。这时候,藤野先生坚定地站出来反击,保护这
位中国学生。这件事使鲁迅十分愤慨,更加深刻体会到祖国强大的重要性。

在仙台的这段时间里,由于功课繁忙,鲁迅的文学创作比以前少了很多。他
原计划翻译一些书,也因为没有时间而搁浅。

一件偶然的事,把鲁迅彻底地推上了从文的道路。那是在一堂细菌课上,当
时讲微生物课,都是教师用幻灯片放给学生看,有时候讲完学习的内容还没下
课,教师就会放一些风景或者时事的图片给学生看。当时正值日俄战争期间,时
事图片大部分以日俄战争为主。日本学生每每看到本国打胜仗的地方,就会欢
呼、喝彩。而鲁迅作为中国人,看到日俄在中国的领土上打仗,心里本来就十分难
受。有一天,片中居然还出现了中国人,被捆绑着,即将要砍头,一群中国人围在
一旁观看。

原来,这个中国人是俄国的奸细,侦察日本的情报被抓获,所以要被砍头。这
个场面深深地震撼了鲁迅。他发现,无论被砍头的还是围观的中国人,看起来都
身体强壮,但是他们脸上麻木的表情,却像一把利剑狠狠地刺进了鲁迅心里。他
忽然醒悟了,国人需要被拯救的并不是身体,而是灵魂。一个失去了灵魂的人,再
强壮也不过是行尸走肉。一群行尸走肉,谈何强国? 谈何振兴中华?

回去之后,鲁迅考虑了很久,这次刺痛让他终于下定了决心。治疗灵魂只能
以文学为武器,鲁迅完成了他的蜕变,走上了属于他的文学救国之路。他的作品,
都是振聋发聩的"呐喊",希望能够唤醒那些麻痹已久的人们。

鲁迅终于确定了自己的道路,决定离开仙台到东京去学习文学。他不想惊动
太多同学,没有告诉班里,只把自己的决定告诉了要好的杉村宅郎。杉村宅郎与
铃木逸太郎、青木今朝雄、山崎喜三为鲁迅举行了话别会,大家还一起合影留念。

办完退学手续,鲁迅便去找藤野先生辞行。藤野先生感到很是遗憾,送了他

一张照片留作纪念,照片后面写着"惜别"二字。这张照片,后来被鲁迅挂在了自己北京工作室的墙上。

鲁迅回到东京,看望自己的好友许寿裳,告诉他自己放弃学医而从文的决定。许寿裳起初很惊讶,认为鲁迅见异思迁,因为他已经几次改变自己的志愿了。但是当他听了鲁迅的理由后,不由得沉默了,他清楚鲁迅说得是对的,两个人相对苦笑。

就在鲁迅刚刚确定自己未来的方向,准备沿着这条道路努力前进的时候,却收到了来自家里的信,通知他回去结婚。原来,鲁迅的母亲早就给他选定了一个名叫朱安的姑娘。她之所以匆匆催他回国完婚,没有等待他完成学业,是因为家里传言,鲁迅已经在日本结婚了,娶了一个日本女子。更夸张的是还有人说,看到过他们夫妻俩领着孩子在神田区一带散步。家里很着急,担心传言是真的,那么家里的朱安就可能嫁不出去了。何况这时候鲁迅已经 25 岁了,朱安比他还大 3 岁,不能再等了。所以,鲁迅的母亲开始频繁地来信催他回家完婚。

在新式学堂上的学,后来又出国留学,接触的都是新思想、新事物。鲁迅不愿意接受这种旧式包办的婚姻,但是他又不愿意违背母亲,只好闷闷不乐地返回国内参加这场婚礼,虽然婚礼是为他而准备的。一场注定是错误的婚姻缔结后,鲁迅第四天就带着弟弟周作人回到了日本东京。

◎到东京准备从文

在东京,兄弟二人一起住在鲁迅以前住的公寓伏见馆。既确定了方向,又有弟弟可以相互照应,还能一起谈谈文学,鲁迅因此很快就忘记了回国完婚时的不快,投入到了新的学习、生活当中。他决定,这次不再进学校学习了,主要靠自己买些书籍自修,方向是德文。他把自己的学籍挂靠在东京德学学会办的德语学校,名义上算是在为到德国留学做准备。因为鲁迅虽然还有不少剩余的学费,但是作为留学生,没有学籍是会被遣送回国的。

实际上,鲁迅从矿务学堂到仙台医专,一直都在学德文,所以完全不需要去学校上课。因此,他可以充分自由支配时间,来学习自己想学的东西。鲁迅学德文,是希望通过它了解更多国家的文学,像匈牙利、芬兰、波兰、保加利亚、波希米亚(德文也称捷克)、塞尔维亚、新希腊等,都是在殖民主义的压迫下挣扎着的民族。俄国虽是独立强国,但这个国家已经在革命的浪潮中了。鲁迅也很希望能够了解到相关情形,并把这些勇敢民族的优秀文学作品翻译出来,介绍给自己的国人。

这段日子里,鲁迅不是窝寓所中,就是出外看书、买书,晚上常常读到很晚。兄弟二人平时最喜欢逛书店,几乎逛遍了他们寓所周围的书店。

他们最常去的是丸善书店,门面是不大的旧式楼房,然而店里的摆设极为方便顾客。四壁都是书架,中间放着长桌,桌上摆满了新书,读者可以随意翻阅。穷学生有时候一直翻看,也不会有人吆喝。有时选好了书,叫伙计算账,叫半天才有人来收钱。这种轻松气氛,让大家都觉得很舒服。不像很多书店,柜台后的掌柜总是目光炯炯,留学生们曾将其形容为静踞网上的大蜘蛛,捕捉他们自投罗网的学费。这叫人很不自在。

但是,鲁迅要买的大量德文书,因为读者数量不多,很多书店都不会购进。鲁迅只好列出单子,托丸善书店帮忙订购,往往等待几个月才能从欧洲运过来。

他还经常逛旧书摊,买些旧文学杂志,以便搜集出版信息,按图索骥去购买书籍。有一次,他在摊上用 1 角钱买得一册瑞克阑姆文库小本,是匈牙利爱国诗人裴多菲所作的唯一的小说《绞吏的绳索》,连钉书的铁丝都锈烂了,书页已散,他却把它视若珍宝,重新装订了一番。他还曾以 16 元的大价钱,买得谢来尔著的德文本《世界文学史》,虽然因此可能又生活拮据一些,但只要心理满足,穷书生的日子也可以是惬意的。

鲁迅的一个大计划,是想办一个杂志,杂志的名称从回东京前就已定好,借用但丁的名作《新生》的名字,上面并写拉丁文的名字。预定写稿的人,有鲁迅兄弟和许寿裳、袁文薮 4 个人。袁文薮要去英国留学,去之前他答应鲁迅,一抵达英国就会寄稿件过来,结果他走了之后就音讯全无,本来寄予最大希望的人却不能指望。

后来谈好的资金也出了问题。虽然稿件大家可以凑出来,但印刷费用却怎么也筹不到。大家一般一年都只有 400 元的津贴,在朋友中间筹款的可能性不大。《新生》杂志的计划就只能流产了。

虽然自己的愿望没有实现,《新生》杂志暂时搁浅,但鲁迅似乎并没有受到什么影响,依然悠哉地进行着每天逛书店、灯下夜读的生活。

一个偶然的机会,让他以另一种方式完成了夙愿。周作人在南京认识的朋友孙竹丹来拜访他们。孙竹丹是搞革命运动的,说河南留学生办杂志,总编辑是刘申叔,写稿件的人手不足,希望他们能帮忙。大家很高兴地接下了这个任务,都着手写了起来。鲁迅写得最多,有《人间之历史》、《科学史教篇》、《摩罗诗力说》、《文化偏至论》等。

《摩罗诗力说》是鲁迅的第一篇文学论文,也是他在《河南》月刊作品中最重要的一篇,主要介绍了欧洲文学,以及欧洲这些最具有反抗精神和革命精神的浪漫主义诗人的生平和重要作品。他们是英国的拜伦和雪莱,俄国的普希金和莱蒙托夫,波兰的密茨凯维奇、斯沃瓦茨基和克拉辛斯基,匈牙利的裴多菲等人。鲁迅把他想在《新生》上表达的东西,都在《河南》上说了出来。虽然晚了些时间,总是可以慰藉自己的。可惜好景不长,《河南》很快就被查禁了,因为清廷驻日公使以"言辞激烈"为由,要求日本政府查禁该刊,只好停办。

很快,鲁迅又有了新的目标,就是跟随同为浙籍的章太炎学习。章太炎是一位著名的革命爱国学者,知识渊博,极富热情,经常组织各种革命活动。鲁迅和周作人兄弟二人非常喜欢看他在日本主编的《民报》,对他十分敬仰。

章太炎开了国学班,授课地点在神田大成中学校。鲁迅等几个人得知后都很高兴,想去听课,但是授课时间总是和大家的其他安排冲突。后来,他们托章太炎的女婿龚未生向章太炎请求再开一班。章太炎答应了,讲课地点就在报社他的住所——牛入区新小川町二丁目八番地,时间定在星期日。

来听讲的学生不多,除了鲁迅兄弟、许寿裳等人外,还有龚未生和钱夏、朱希祖、钱玄同、朱宗莱几个,都是原来大成的学生。屋子当中放了一张矮桌子,先生坐在一面,学生围着三面听。

章太炎开始讲的是《说文解字》,从一大早一直讲到中午,经常几个小时不休息,逐字讨论每字的本义,引经据典的同时还会发表新的见解,让这帮学生受益匪浅。后来又讲授《庄子》,大家也听得兴致盎然。

章太炎的脾气出了名的不好,尤其是对官僚和富人,从来不假以辞色。但他对学生却永远和蔼可亲,从不发火,耐心讲解。而且,他还经常会在课余给学生讲些笑话。学生们自然也都喜欢这个平易近人的老师,在课上热烈讨论。钱玄同是最活泼的一个,总是积极发言,也不老实坐在位置上,被鲁迅笑称课上总是"爬来爬去"。

章太炎和鲁迅几个人在授课中逐渐熟稔了起来,大家对章太炎也更加敬仰和钦佩了。章太炎一直有想学梵文的想法,因为他很早就开始潜心佛学,想去印度钻研佛经。但是费尽力气才找到一个梵文老师,却因为学生太少,不愿意授课。

章太炎为了能够听到梵文课,赶紧给鲁迅兄弟写信,请他们俩来一起上课。虽然最后鲁迅有事没有去成,周作人才听了两节就觉得梵文太难而放弃了,但是,章太炎的求学精神,让兄弟二人深受感染,以致后来鲁迅也转而研究起佛学了。而鲁迅对魏晋文学的用心钻研,光《嵇康集》就校对了十几遍,也是源于章太炎对魏晋文学的推崇。

最有意思的是,有一次为了帮章太炎译书,兄弟俩差点打起来。

章太炎找了两本佛学的书籍,想请周作人译出来。一本是德国人著的《吠檀多哲学论》,一本是日文的《印度教史略》。周作人觉得德文的书太难了,就去找了本英译本。本来想口译,章太炎自己记录,因为有事儿耽搁了。后来周作人一直比较懒,不想自己笔译,就放在了一边。鲁迅看他如此懈怠先生交给的任务,很生气,就一直催促他,但是周作人始终没有动手。有一天鲁迅忍不住了,挥起拳头,打了周作人几下,幸好被许寿裳及时拉开。

由此可以看出鲁迅对章太炎的尊敬之情了。虽然他听章太炎讲学只有几个月,可是他后来在写作时的很多习惯,都明显有着章太炎的痕迹。他一直到晚年,对这位老师都十分尊敬。

1909 年 2 月,署名“会稽周氏兄弟纂译”的《域外小说集》第一册出版。虽然小说的销路并不好,但是鲁迅终于在他的朋友、银行家蒋抑卮的资助下,完成了自己给国人介绍小说的愿望。

同年 8 月,鲁迅踏上了回国的路,继续着他以文字为战场的生涯。

● ● ● ● ● 【人物小传】 ● ● ● ● ●

鲁迅(1881—1936),原名周樟寿(后改名周树人),字豫山(后改为豫才),1918 年 5 月发表第一篇白话小说《狂人日记》时始以“鲁迅”为笔名。文学家、思想家、革命家,中国现代文学的奠基人。

鲁迅出身于浙江绍兴的一个封建地主家庭。1902 年去日本留学,原在仙台医学专门学校(现为东北大学)学医,后从事文艺工作,希望用以改变国民精神。1905—1907 年参加革命党人的活动,发表《摩罗诗力说》、《文化偏至论》等论文。期间曾回国奉母命结婚,夫人朱安。1909 年与其弟周作人一起合译《域外小说集》,介绍外国文学。

同年,鲁迅回国,先后在杭州、绍兴任教。辛亥革命后,曾任南京临时政府和北京政府教育部部员、佥事等职,兼在北京大学、女子师范大学等校授课。1918 年 5 月发表中国现代文学史上第一篇白话小说《狂人日记》,奠定了新文学运动的基石。五四运动前后,参加《新青年》杂志工作,成为“五四”新文化运动的主将。此后曾在厦门大学、中山大学短时间任教,在上海从事职业创作。1936 年 10 月 19 日逝世。绍兴、北京、上海、广州、厦门、日本等地先后建立鲁迅博物馆、纪念馆等。

他一生热忱关怀、积极培养青年作者;大力翻译外国进步文学作品和介绍国内外著名绘画、木刻;搜集、研究、整理大量古典文学,编著《中国小说史略》、《汉文学史纲要》,整理

《嵇康集》,辑录《会稽郡故书杂录》、《古小说钩沈》、《唐宋传奇集》、《小说旧闻钞》等。

他的著作主要以小说、杂文为主,代表作有小说集《呐喊》、《彷徨》、《故事新编》,散文集《朝花夕拾》,散文诗集《野草》,杂文集《坟》、《华盖集》、《南腔北调集》、《二心集》、《而已集》等。

他的小说、散文、诗歌、杂文共数十篇(首)被选入中、小学语文课本等。同时,他的作品被译成英、日、俄、西、法、德等五十多种文字,在世界各地拥有大量读者。

丁文江

始于日本,结于英国

　　丁文江是我国地质事业的主要奠基人之一。他创办了我国第一个地质机构——中国地质调查所,领导了我国早期的地质调查与科学研究工作。却因为支持改良维新、君主立宪的政治主张,而使他的学术成就被尘封多年。

　　美国古生物学家葛利普曾说:"丁君之为人,非特具有过人之能力,且有远大之眼光、弘毅之魄力与勇气,识见所及,均能力行之而成事实!"著名哲学家罗素也由衷地称赞他是"我所见中国人中最有才华、最有能力的人"。

◎从日本转去英国

　　同那个时代的大多数人一样,丁文江早年接受的也是私塾教育。1901 年,他报考上海南洋公学, 按规定需要地方官推荐。当时的泰兴知县龙璋想考察一下这个少年的学识,便亲自出题《汉武帝通西南夷论》。丁文江的文章他十分赞赏,就将 14 岁的丁文江纳为弟子悉心栽培。第二年,在龙璋的帮助下,丁文江负笈东瀛,来到了日本。

　　可是,不久日俄战争就爆发了。日本国内多去关注战况,留学生们也都无心读

丁文江

书了。丁文江没有进学校攻读,却在这里结识了不少中国留学生。关系最为要好的,是李祖鸿和庄文亚。大家常在一起谈论革命,写文章,参加一些革命活动。

1904 年 2 月 8 日,日本进攻旅顺港,在日的中国学生无不气愤,不少人都想回国,在日本读书的心思就更加淡薄了。这时,庄文亚经常收到在苏格兰爱丁堡大学留学的好友吴稚晖的来信,信中常常耻笑在日本的留学生"吃中国饭,不读书,终日开会谈政治",还提及苏格兰生活费用多么便宜,一年只要有五六百元就够了。

丁文江天性好学,又一直忧虑着国家的前途命运。他曾书日本西乡隆盛诗句以明志:"男儿壮志出乡关,学业不成誓不还。埋骨何须桑梓地,人间到处有青山。"听到吴稚晖描述的情况,他便产生了去英国留学的念头。

庄文亚也一直有去英国的想法,两人一拍即合。于是,丁文江索性就搬来,与庄文亚和李祖鸿兄弟同住。他常常和庄文亚谈论去英国的事。听得多了,自然就影响到了李祖鸿,三人决定一起去英国留学。

然而,去留学语言是一大难题。不用说在英国,就是办理去英国的手续时也得用英语。而丁文江的英语一点儿基础也没有,甚至还不如庄文亚和李祖鸿。但是丁文江毫不在意,经过两个多月的苦学,其英语水平甚至已经超过了庄文亚、李祖鸿。到了办理手续和购买船票等交涉的时候,都只好由丁文江出面办理。丁文江的天资和执著可见一斑。

三个人毕竟年轻,勇气可嘉,但是顾虑不足。身上总共只有十几个英镑,就想去英国留学。他们从日本到上海的路费,只有李祖鸿家里寄给他和弟弟李祖植半年的学费 300 元。日本的邮船虽然便宜,但因日俄交战停航,就只能改乘德国船。而乘德船,三等舱的票价每人就要 300 元。他们没有想太多,便上了船。也许是年少不知愁,几个年轻人一路上仍然花钱游玩。直到上了船,丁文江听人说爱丁堡离伦敦还好远,每人的火车费又要好多钱,一计算,身上剩余的钱还不够去见吴稚晖购买车票的,这才着急起来。

但命运之神还是挺眷顾这 3 个满腔热血的年轻人的。他们在船上遇到了一位姓方的福建人,时常在一起聊天。船到新加坡时,这位方先生邀他们一同上岸去看林文庆先生。林先生请他们吃饭时,谈起了康梁变法,说康有为就住在槟榔屿,在船途经那里时,可以去看一看这位维新领袖。

三个人对康有为的盛名如雷贯耳已久,能够见到他自然很高兴。他们也听说过康有为爱才,也许能够给他们一些帮助。于是,他们怀着忐忑不安的心情来到了槟榔屿。

康有为在戊戌变法失败以后逃亡到日本，后来又辗转到了马来西亚的槟榔屿暂住。他见到了这几位前来拜访的年轻人。他们拥护维新，让康有为很高兴。他也担忧他们困窘的经济状况，并送给他们 10 个英镑，还写了一封信，让丁文江他们带到伦敦后，寄给他的女婿罗昌。罗昌收到康有为的信之后，也寄了 20 英镑给他们。在这位维新领袖的帮助下，丁文江一行终于得以顺利到达爱丁堡，而后来罗昌寄来的 20 英镑，则使他们在英国维持了不少日子。

◎英吉利的七年

1904 年夏天，丁文江他们三人终于抵达了英国伦敦，当夜就乘火车往北，前往爱丁堡见吴稚晖。吴稚晖早就为他们安排好了住所。

由于庄文亚家境贫寒，无力供他留学，吴稚晖就只好带他到利物浦求学。那里的消费水平相对较低，生活虽然过得艰苦，至少可以维持求学。丁文江和李祖鸿两个人的家境稍为宽裕，还能得到家里的部分资助，他们怕利物浦的艰苦生活影响读书，所以决定留在爱丁堡。

他们来留学的第一关，还是语言问题，要补习英文，否则无法应对以后的学习。丁文江无意中遇见了一位曾在陕西传过教的医生约翰·斯密勒。这位医生知道他的经济比较窘迫后，就给了他一个较好的建议，劝他们到乡下进中学读书，这样可以节约很大一部分费用。

于是，丁文江便同李祖鸿一起到了约翰·斯密勒的家乡——东部的司堡尔丁镇。这是一个只有几百户的小镇，生活费用很低，只要 60 先令就可以维持一个月的生活，合当时的中国币不到 30 元。这样，连学费、书本费等计算在内，一年下来，一百多元也就够了。丁文江从中学一年级开始读起，他的学习成绩非常优秀，一年跳了 3 级，两年后就考进了剑桥大学。

约翰·斯密勒是当地的

剑桥大学

绅士,由于去过中国的缘故,他对丁文江十分关照,经常在周末邀请丁文江到自己家做客。而他的这种亲切,使他的亲友们对待丁文江也很友善,把他当做自己的家人一样。这就使独自在异国求学的丁文江感到了家庭般的温暖,也有机会深入了解英国的社会生活。在这个恬静、祥和的小镇,他度过了一段美好的时光,还结交到了不少朋友,他已经完完全全融入英国的生活中。

丁文江之所以后来会成为胡适口中"欧化最彻底"的人,跟他初来英国这段时间,深入体会英国的社会生活,有着必然的联系。丁文江的思维方式,始终受到英国的巨大影响,最明显的就是科学精神和他对温和改良政治的赞同。

虽然生活过得平顺而祥和,但是丁文江很快就遇到了难题。他考取了剑桥大学,却难以负担剑桥高昂的学费。丁文江家境虽然还算宽裕,但他的主要经济来源就是靠家中寄钱;泰兴县还给他出了一部分公费,那是丁文江在出国前上书两江总督端方的结果。端方指令泰兴县每年供给丁文江几百元的生活津贴。但是,这些钱远远不够支付他在剑桥大学学习、生活的费用。

万般无奈之下,他在剑桥只上了半年学,就因为费用不足而休学了。在英国,大学学年中间不许转入别的大学。因此,有半年时间丁文江没有学校可上,只能前往欧洲大陆游历,还在瑞士的罗山逗留了很长时间。

1907年夏天,一学年结束,他终于又可以进入大学读书了。丁文江这次来到了苏格兰的格拉斯哥,他在这里的工科学院学习,准备第二年投考伦敦大学的医科。李祖鸿也应丁文江的邀请,来到这里的美术学校就读,两个好友又可以在一起学习了。拮据的生活和共同的理想,让两个年轻人始终相互支持着。

此后,丁文江得到了中国驻英公使汪大燮的帮助,每月得到7英镑的半官费补贴。在留学的最后一年,由于自己已将近回国,他就把本来是给自己的全官费补助让给了李祖鸿。

李祖鸿不但得到了全部官费,还领到了追补的官费一百多英镑。李祖鸿和丁文江在英国的留学生涯中,都是互通有无的。他知道丁文江喜欢游历,打算回国后游历祖国各地,于是就把这追补的一百多英镑送给了丁文江作为游资。

经过一年的学习,1908年,丁文江报考了伦敦大学医科。然而成绩不甚理想,有一门不及格,未被录取。这是他一生中从未有过的失败,给了他很大的打击。从此,丁文江便放弃了学医的志愿,进入格拉斯哥大学学习。

格拉斯哥大学是由苏格兰国王詹姆士二世建议,由罗马教皇尼古拉斯五世创立于公元1451年的一所公立大学。它是英国最古老的4所大学之一,其他3所大学分别是牛津大学、剑桥大学和圣安德鲁斯大学。同时,该校也是全球最古老的 10 所大学之一。格拉斯哥大学培养出了许多知名人物，其中包括"经济学之父"亚当·斯密、首先提出热力学温标概念的开尔文、蒸汽机的改良者詹姆斯·瓦特等。

在这里，丁文江选择了动物学专业，同时还选修了地质学。正是这个选择，改变了他整个人生。随着学习的深入，他对地质学的兴趣越来越浓厚，而且，一直关注政治的他，觉得地质学对救亡祖国有更直接的作用。

英国格拉斯哥大学

他最后选择了地质学，是因为他要转变中国资源控制的现状。20 世纪初，拥有富饶矿产资源的中国让列强虎视眈眈，但是却因为落后、羸弱，自己无力保卫和开发这些资源。怀抱实业救国理想的那一代中国知识分子，对自己国家的资源被侵略者控制强占的状况，无不痛心疾首。当时的中国知识分子，普遍都接受这样的看法：外国人之所以能胜于中国，就是因为他们有科学优势，如果中国能在科学上赶上西方，那么中国的颓局将彻底改变。所以，实业救国成为了那个年代大多数有志青年终生奋斗的目标。丁文江立志要成为中国地质矿产方面的专家，成为改变现状的先驱。

而在生物学方面，丁文江的心底，已经深深明白了"物竞天择，适者生存"的重要性。他接受了赫胥黎传播的社会达尔文主义。在各种形式的社会达尔文主义学说背后，都把受到称赞的人类行为任意描绘为自然事实，无论是激烈斗争中的英雄行为，还是社会协作中的利他主义和自我牺牲行为。这深深影响了丁文江。在那时他就意识到，要改变自己祖国的贫弱面貌，就必须要适应这种"弱肉强食"的竞争环境，强大起来才是解决问题的关键。

他一直认为，只有在少数精英人士的带领下，才能实现这个目标。这首先需要精英人物做出自我牺牲，以发端于西方的科学精神，引导祖国的人民一起，为实现国家强盛而奋斗。

于是到了第三年，他把地质学由副科改为主科，把地理学作为副科。地质学教授 J.W.格列戈里是一位有名的探险家型的地质学家，他对丁文江一生的事业有深远影响。

1911 年，丁文江成了格拉斯哥大学动物学和地质学的双学科毕业生。

丁文江学成归国后，他的足迹遍及中国的大江南北，俨然是当代的徐霞客。

● ● ● ● ● 【人物小传】 ● ● ● ● ●

丁文江（1887—1936），字在君，江苏泰兴黄桥米巷人。著名地质学家，游历中国各地，是中国地质事业最重要的创始人和奠基人，对中国地质事业有着不可磨灭的贡献。

他出身士绅家庭，自幼熟读四书五经。1902 年秋（15 岁）东渡日本留学。1904 年夏，由日本远渡重洋前往英国。1906 年秋在剑桥大学学习，半年后辍学，后去欧洲大陆游历。1907—1911 年在格拉斯哥大学攻读动物学及地质学，获得双学士。1911 年 5 月离英回国。

丁文江回国后，先是在西南滇、黔等省调查地质矿产。1911—1912 年在上海南洋中学讲授生理学、英语、化学等课程，并编著动物学教科书。后历任北洋政府工商部地质研究所、农商部地质调查所所长，北票煤矿公司总经理。1922 年与胡适等人创办《努力》周报。翌年发表《玄学与科学》系列文章，引发了中国现代思想史上影响深远的"科学与玄学"大论战，为"科学派"代表人物。1926 年出任淞沪商埠督办公署总办，实施"大上海"计划。1928 年重返北京领导地质调查所，主持中国西南地区的地质全面调查。1931 年出任北京大学地质学研究教授。次年与胡适、傅斯年等人合作创办《独立评论》。1934 年任中央研究院总干事。1936 年 1 月 5 日在湘南调查粤汉铁路沿线煤矿时，因煤气中毒逝世。

陈寅恪

读遍日欧美名校,却不要一个文凭

　　被学界公认为"前不见古人,后难得有来者"的国学大师陈寅恪,恐怕在这股"近代名人留学热潮"中,是一个另类的存在。因为他从 12 岁随兄长留学日本(东京弘文学院)开始,再到德国柏林大学、瑞士苏黎世大学、法国巴黎高等政治学校、巴黎大学、美国哈佛大学,此后又回柏林大学,前后留学长达 16 年,占其一生 1/5 的时间。更特别的是,他辗转奔波的求学生涯中,竟然一张文凭、一个学位都没有拿。但他是毋庸置疑的大师。陈寅恪真正是为求学而求学,完全忽略掉了形式。

　　陈寅恪家学渊源。他的祖父陈宝箴是一位开明的大臣,曾官至湖南巡抚,支持戊戌变法;父亲是民国著名诗人陈三立,曾经协助陈宝箴变法。父子二人都一直心系国家安危,以强国为己任。陈寅恪受其影响,从小就博览群书,并极富爱国热情,多年在国外辗转游学而依然丝毫未减。

留学时期年轻的陈寅恪

◎东渡日本

　　早在 1902 年,年仅 12 岁的陈寅恪就开始了他的第一次留学,目的地是邻

国日本。他的兄长陈衡恪刚刚从南京矿路学堂毕
业,和其他几位同学被派往日本留学。陈寅恪于是
自费跟随兄长前往日本。带领这些留学生的领队
是路矿学堂总办俞明震,他是陈寅恪兄弟的舅舅。
在两个亲人的陪同和照顾下,还是个孩子的陈寅
恪虽然是第一次出国,却没有觉得孤单、窘迫,一心
只想认真学点东西。在他们乘坐的日本邮轮"大贞
丸"号上,陈寅恪还见到了兄长陈衡恪的同学鲁迅。

陈寅恪

他们一行人抵达日本后,进入了东京弘文学
院。弘文学院是日本政府为教授中国留学生日语
以及补习一些基础课程而开办的一所学校。在弘
文学院里,陈氏兄弟和鲁迅建立了深厚的友谊。陈衡恪和鲁迅同住一舍,朝夕相
处。他们与其他几个同学,还联名给国内的同学写过信。鲁迅在弘文学院两年之
后转去仙台医学院学医。回国后,鲁迅跟陈衡恪由于有着共同爱好,交情非常
好。后来,鲁迅曾在自己的日记里写到他赠给陈寅恪《域外小说集》和《炭画》的
事。只是,陈寅恪由于常年游学于欧美各国,与鲁迅见面机会很少。而后来鲁迅
的名气太大,向来低调的陈寅恪不愿提及他与鲁迅的相识,这段大师之间的友
谊不太为人所知。

陈寅恪在弘文学院期间主要是学习日文,他阅读了大量日文著作,研究日
本的历史和文化,还有历史上中日文化交流的情况,甚至还认真观察过日本的
生活习俗。日本受唐代文化的影响极其深远,可以了解到很多中国唐代的情况,
这为陈寅恪以后深入研究中国隋唐历史打下了坚实的基础,也可见陈寅恪在求
知方面的用心。这次在日本的留学,前后共 3 年时间,因陈寅恪足疾发作回国疗
养而结束。

◎ 两行欧洲

在家调养了一年的陈寅恪,于 1907 年考上上海复旦公学,相当于高中。他
的同班同学,有后来的著名气象学家竺可桢和在德国获史学博士的徐子明。毕
业以后,陈寅恪在亲友的资助下,自费到德国留学,考入柏林大学学习文学。

埋头苦读的陈寅恪,却始终没有忘记祖国的苦难。当他听到日本吞并朝鲜
的消息后,满腔悲愤之情难以言表,挥笔写下了一首诗:"偶然东望隔云涛,夕照

苍茫怯回首。惊闻千载箕子地，十年两度遭屠剖……陶潜已去羲皇久，我生更在陶潜后。兴亡今古郁孤怀，一放悲歌仰天吼。"（1910 年 10 月《庚戌柏林重九作·时闻日本合并朝鲜》）陈寅恪用此诗来表达自己对朝鲜沦为殖民地的痛心和为祖国命运深深的担忧。不久，他因足疾复发，去挪威疗养了近一个月，度过了一段悠闲的时光。

陈寅恪中山大学故居

当年秋天，陈寅恪考入瑞士苏黎世大学。瑞士是一个风光旖旎的国度，文人气质的陈寅恪见到如此美景自然又是一番感慨，只是美景也难掩乡情的苦涩，"车窗凝望惊叹久，乡愁万里飞空来"。思乡虽然难过，但是，远离亲人求学的目的，陈寅恪自然不会忘记。对于求知，他有着惊人的毅力和天赋。他努力钻研德文原版的《资本论》，可以说是阅读德文原版马克思著作的第一人了。由于祖父去世，诗人出身的父亲不善经营，家境日益衰落，支持不了陈寅恪的留学支出，两年后他又被迫回国。

不久，陈寅恪筹足了留学所需要的川资、学费和生活费等费用后，再度前往欧洲，考入法国巴黎高等政治学校社会经济部。这次他是为了填补自己在政治、经济方面知识的欠缺，来系统地学习研究西方的政治经济学的。没有一门知识是独立的存在，必然会与其他东西有着千丝万缕的联系。正因为他的博学，才能够多角度地分析和看待事物，这也许就是他成为大师的原因吧。

这也为陈寅恪在以后的历史研究中能够超越前人的成就打下了基础。他后来研究隋、唐佛教的时候，就非常注意与当时政治之间的联系。他在《武曌与佛教》一文中，就阐述过隋文帝、隋炀帝和佛教的关系。女皇武则天对佛教非常推崇，宣称自己是弥勒佛转世，靠佛教的影响力帮自己巩固政治地位，维护统治，佛教又在武则天的大力扶持下恢复了以前的势力，僧众的权势得到了大幅度的提高。

陈寅恪在巴黎高等政治学校还结识了著名的汉学家伯希和。对这个名字很多人都不陌生，他就是法国中亚探险队队长，在 1906 年至 1908 年间沿古老的丝绸之路进入中国西域，深入敦煌莫高窟，廉价骗购走了大量的藏经洞文献及绢

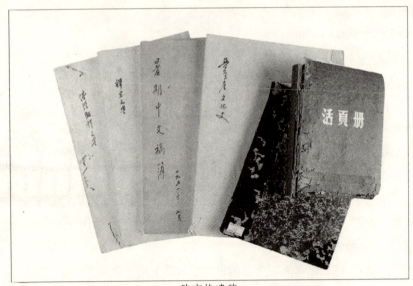

陈寅恪遗稿

画、丝织品。虽然他掠夺我国文物的行径很可耻,但是在学术方面的成就确实很突出。他主要研究中亚,精通多种中亚地区的语言。他的作品里,有一半都是关于我国西北地区历史和文化的。他在从我国敦煌带走的珍贵手抄本的基础上,对我国西北地区的文化和语言进行了更加深入的研究。

陈寅恪受家庭影响,一直对我国西北边疆地区的文化及历史很感兴趣。但是,由于国内对汉文化之外的文献不是十分重视,也缺乏相应的语言知识,所以始终没有什么成果。陈寅恪通过王国维认识了伯希和,对他的研究非常感兴趣,这引起了陈寅恪探索我国西北地区历史的想法。也是从伯希和这里,陈寅恪第一次接触到了很多以敦煌文献为主的珍贵资料。伯希和的研究方向和治学方法,对陈寅恪的影响是巨大的。后来,陈寅恪回国后,以敦煌经卷、文献印证史料,释义诗句,在敦煌学、藏学、突厥学等方面的研究,都有伯希和的影响。他还经常在自己的论文中引用伯希和的研究成果。这段友谊一直被学术界传为美谈。

陈寅恪接着又到巴黎大学学习。一天,他偶然看到国内的报纸,上面赫然写着提议推举袁世凯为终身总统的消息,嘴角不禁挑起讽刺的笑容。此时恰好巧遇当地选花魁的盛会,他当即赋诗一首《法京旧有选花魁之俗。余来巴黎,适逢其事,偶览国内报纸,忽睹大总统为终身职之议,戏作一绝》,借以讽刺:"岁岁名都韵事同,又惊啼鴂唤东风。花王那用家天下,占尽残春也自雄。"

1914年,第一次世界大战即将爆发。江西省教育司副司长符九茗招陈寅恪回国批阅留德学生的考卷,于是这次欧洲之行又告结束。

◎留学哈佛

哈佛大学

经过 4 年在国内学习和工作的时光，1918 年，陈寅恪又背起行囊再次出发，这次他来到了美国。

本来，他打算再去德国柏林大学。但是，由于战事没有结束，局势不稳定，只能作罢。他这次是到美国哈佛大学学习历史和梵文。他的导师是著名的梵文学家兰曼教授。兰曼在梵文、加利文以及佛学上都有极深的造诣，梵文和加利文更是功底深厚。此外，陈寅恪还学习佛学和中国古代文学，古典名著《红楼梦》、《牡丹亭》等他都认真研读，对于佛家和儒家他也有着自己的见解。他还曾和白壁德教授讨论过佛法。白壁德教授是哈佛大学比较文学系教授，是美国著名新人文主义大师。

陈寅恪的同学中，还有他的表弟俞大维以及汤用彤。他们和陈寅恪一起，跟随兰曼教授学习梵文。陈家和俞家关系非常密切，两代姻亲，三代世交。陈寅恪和俞大维两个人更是做了 7 年的同学。俞大维在哈佛获得博士学位后又到德国进修，与陈寅恪同在柏林大学读书，回国后开始从政，曾担任过国民党兵工署长及交通部长等重要职务。而汤用彤回国后，在北京大学、南开大学、西南联大等著名大学任教，并当选为中央研究院院士，后来一直担任北京大学副校长。他一直致力于中国佛教、魏晋玄学和印度古代哲学等方面的研究。

陈寅恪还在俞大维的介绍下，认识了自己一生中非常重要的知己吴宓。其时吴宓正在哈佛大学文学院学习，他的导师就是上文提到的白壁德教授。吴宓后来成为著名的西洋文学家，曾在西南联合大学任教，后被教育部聘为首批教授。他与陈寅恪、汤用彤并称为"哈佛三杰"。

吴宓在他的《吴宓文集》中，对陈寅恪的评价非常高："宓于民国八年在美国哈佛大学得识陈寅恪。当时即惊其博学，而服其卓识，驰书国内诸友谓：'合中西新旧各种学问而统论之，吾必以寅恪为全中国最博学之人。'今时阅十五六载，行历三洲，广交当世之士，吾仍坚持此言，且喜众之同于吾言。寅恪虽系吾友而实吾师。"

吴宓应哈佛大学中国学生会的邀请，作了一次关于《红楼梦》主题的演讲。陈寅恪去听了之后，作了一首题为《红楼梦新谈》的诗送给吴宓，来表达自己对《红楼梦》的感想。吴宓收到后非常激动，在当天的日记里，记述了认识陈寅恪的庆幸，为陈寅恪的渊博学识和高洁品行钦佩不已。从此两人结为莫逆之交。

吴宓极喜欢陈寅恪的诗作，见到后必定抄录下来，细细欣赏、保存。而陈寅恪信服吴宓的文学鉴赏力，每有新作品，都拿给吴宓品读。以致后来人们整理陈寅恪的作品时，很多都是从吴宓处收集到的，有些还附有吴宓自己的释义和附注。

陈寅恪最大的爱好就是买书、看书，所以他对波士顿城中的旧书店情有独钟，一到假日必定去淘书。结果因为买书，自己的生活非常拮据。但是他依然乐此不疲，还力劝自己的好友吴宓一起淘书。

当时在哈佛的中国留学生很多，他们大多是为了谋取文凭回国找个好工作。像陈寅恪如此认真求学的人，反而是少数，只有他的表弟俞大维经常和他一起买书。所以，二人的藏书是哈佛留学生中最多的。吴宓后来在陈寅恪的影响下，也加入了淘书的行列。

陈寅恪由于过于刻苦勤学，在同学中被传为奇谈。和他同在美国留学的冯友兰晚年回忆说："我于 1920 年，到美国哥伦比亚大学研究生院做研究生。同学中传言：哈佛大学的中国留学生中有一奇人陈寅恪，他性情孤僻，很少社交，所选功课大都是冷门，我心仪其人，但未之见。"

曾任教于燕京大学的名教授洪业（煨莲），也曾提到过自己留美生涯里关于陈寅恪的事。说"某夏日在哈佛校园，见一中国学生衬衣露在裤子外面，不知其人的来头，以为有神经病"。这人自然就是陈寅恪了。当时的美国人，多把衬衣的下半部系于腰带以内，呈贵族状摇头摆尾，故作潇洒。陈寅恪的做法，自然是故意对洋秩序进行挑战的激进行为，被一众真假洋鬼子都看做是不礼貌的举止。但他却口诵诗歌，旁若无人，并不把周围投来的异样目光放在心上，依然我行我素。洪业见此人如此怪异，向其他同学一打听，答曰："此乃哈佛有名之陈寅恪也。"这才倒吸一口凉气，对他另眼相看了。

在留美学生中，比较关心中国文化发展的人分为两派，一派主张全盘西化，强调中国传统文化的落后，必须引入西方的学理文化，彻底推翻中国五千年的传统,尤其以儒学为主要目标。此派以胡适为代表人物,后来成为新文化运动的组成部分。而另一派就是以陈寅恪和吴宓等人为代表的,他们认为应该保留中国文化中的精华部分,传统的道德准则以及文学等都有可取之处,应当继承和发扬,做到中西方文化的优势互补。在今天看来,新文化运动固然为

柏林大学

旧中国注入了新的生命,但是陈寅恪等人的想法更加科学,更符合辩证理论的观点。

留美期间,陈寅恪依然关心着国内的时局,还加入了因反对袁世凯接受日本政府的"二十一条"不平等条约而成立的留学生爱国组织——"中国国防会",经常参与和国事相关的讨论和活动。

在哈佛研读了3年,第一次世界大战已经结束。德国虽然沦为战败国,但国内局势已趋于稳定了。陈寅恪还是希望能去柏林大学继续深造,于是,在1921年9月,再次回到柏林,进入柏林大学东方语言研究所学习。

◎再回柏林

柏林大学的东方语言研究所是世界语言研究领域的顶尖水平,这正是陈寅恪坚持来柏林的原因。他的主要学习方向依然是梵文和语言学。

陈寅恪的导师是路德施教授。这是一位著名的印度学家,他主攻的是巴利文和梵文佛经,最重要的成就是整理和研究中国吐鲁番地区的佛教文献。路德施的学生瓦尔德施米特也是知名的梵文专家,季羡林留德期间就拜在他的门下。

陈寅恪的另一位老师是柏林民俗博物馆馆长穆勒,他主讲的是佛教文献阅读课。这位馆长是德国顶级的东方学家,精通多种东方语言,还精研佛学。他和路德施是最早研究吐鲁番佛教文献的专家。

此外,陈寅恪也听过佛兰克、海尼斯两位梵文和比较语言学大师的课程。这些德国学者给予陈寅恪的不光是渊博的学识,还有他们对学术的尊重、治学态度的严谨精确以及寻根究底的执著精神。这些将陈寅恪推向了未来大师之路。

很多朋友都称赞陈寅恪认真钻研的学习态度，傅斯年就夸他和俞大维是柏林留学生中最有希望的读书种子。他读书不走捷径，广泛阅读、研究那些人们很少问津的书籍。有一次，同学毛子水见他正在翻阅一本非常老旧的语法书籍，很诧异地问他。他却回答，正是因为老旧才读它。老书很多出于大家手笔，确实很有值得研究之处，只是新书层出不穷，很少有人会留意这些。陈寅恪却能看出这些书籍的真正价值。他这个时期的读书笔记，竟然达到 64 本的惊人数量。

在柏林大学，还有很多中国留学生，其中不乏一些后来的知名人士，如周恩来、金岳霖、姚从吾、段锡朋、周炳琳、宗白华、曾慕韩、罗家伦、何思源等。但是也有不少来混文凭的人，他们整日无所事事，玩得很疯。赵元任的夫人杨步伟，在《赵家杂记》里有不少对此的描写。

很多人无聊起来，流行鼓动大家离婚。陈翰笙和太太顾淑型，徐志摩和太太张幼仪（张其时还正有孕），便是首先"被离婚"的两对。在这样混乱的情况下，陈寅恪就显得特立独行了。他和傅斯年被同在德国的留学生笑谈为"宁府门口的一对狮子，是最干净不过的了"。

当时，不少以学问与精神为救国经世之最高追求和理想的留学生，普遍的读书趋向都是"先博后专"。而陈寅恪正是一众留学生中由博到精过渡得最为成功的。他从哲学、史学、文字学、佛经翻译，大致归宿到唐史与中亚西亚研究，供他参考运用的有十六七种语言文字。

他的业余爱好依然是买书，沿袭了在哈佛大学时的习惯。有一次，他在国内报纸上看到商务印书馆重印日本刻的《大藏经》，马上写信给国内的妹妹，让妹妹帮自己筹钱买下这部书，唯恐以后不容易找到。

但是，书与面包不可兼得。他这次留德期间的费用是江西教育司资助的，并没有什么保障，时断时续。陈寅恪总是舍面包而就书，所以他的日子过得相当清苦。他经常早上买几个最便宜的面包果腹，在图书馆里一待就是一整天，不再吃其他东西。上饭馆吃饭时，也总点最便宜的炒腰花吃。因为德国人不喜欢吃内脏，所以内脏的价格非常低。

最尴尬的，是他和俞大维两个人请赵元任夫妇看德国歌剧的时候。陈寅恪、俞大维二人把赵元任夫妇送到戏园门口后，转身就要走。赵元任的夫人杨步伟好奇地问："你们不看吗？"心中暗想，这二人如此不懂规矩，对自己这样轻慢，真是岂有此理。俞大维笑了笑，没有吭声。陈寅恪有点歉意地说："我们两个人只有这点钱，不够再买自己的票了。若是自己也去看，就要好几天吃干面包了。"杨步伟在回忆中说："我们心里又感激又难受，若是我们说买票请他们又觉得我们太小气,不领他们这个情,所以只得我们自己进去看了。"

陈寅恪留学期间的另一项娱乐活动,就是约上三五好友,到同学寓所或者咖啡馆去把酒言欢,畅谈国事。有时酒过三巡,大家都有些头脑发热,不禁做出种种情态:俞大维因为爱好歌剧,常拿筷子做指挥棒;陈寅恪则越发慷慨激昂,畅谈国计民生,有何弊端,如何改进,一一详细述说,让一干同学钦佩不已。

1925年陈寅恪学成回国后,结束了他前后长达16年的留学生涯。

陈寅恪留学期间,是中国留学潮正热的时候,大批青年学生前往日本、欧洲、美国等处留学。但是,大多留学生或选择医学、物理、化学等理工学科,为报效祖国,振兴中国的工业和科技水平;或选择政治、经济、法律等热门文科专业,为谋取好工作或从政打基础。像陈寅恪这样,前后多次留学却丝毫未改变初衷,选择历史、梵文等冷僻专业的人,数量极少。为求学位头衔而投机取巧的,倒是大有人在。陈寅恪曾私下向吴宓说过:"吾留学生中,十之七八,在此所学,盖惟欺世盗名、纵欲攫财之本领而已。"

更不幸的是,许多留学生回国之后,贩卖一知半解的学问,以打倒中国传统文化而自高。这些全盘西化的新文化论者,并非真正的学问家。

● ● ● ● ● **【人物小传】** ● ● ● ● ●

陈寅恪(1890—1969),原籍江西义宁(今修水),生于湖南长沙。中国现代最负盛名的历史学家、古典文学研究家、语言学家。

1902年赴日本东京弘文学院留学,1905年归国。1907年入上海吴淞复旦公学学习。1910年赴欧洲留学,先后在德国柏林大学、瑞士苏黎世大学学习语言学,次年归国。1913年赴法国巴黎高等政治学校经济部、巴黎大学留学。1914年归国,一度任蔡锷秘书,参加讨袁之役。1918年赴美国,入哈佛大学,从兰曼习梵文和巴利文。1921年再到德国柏林大学研究院梵文研究所习东方古文字,1925年归国。

同年,应清华之聘,与王国维、梁启超、赵元任同为国学研究院导师。清华改制大学后,任中文、历史、哲学三系合聘教授。1930年在其所撰《陈垣敦煌劫余录序》中最早提出"敦煌学'的概念,指出"敦煌学者,今日世界学术之新潮流也",为敦煌学研究指明了方向。后兼任中央研究院历史语言研究所研究员兼第一组(历史)主任、故宫博物院理事、清代档案编委会委员。1937年抗日战争爆发后,赴香港大学讲学,任中文系主任。1941年起任西南联合大学教授。1945年应牛津大学之聘,赴英国任教,兼治眼疾。1947年归国,任清华大学教授。1948年当选为中央研究院院士。同年底转任广州岭南大学教授。1952年后任中山大学教授、中央文史馆副馆长、中国科学院哲学社会科学部委员等职。

李四光

对祖国最有用的还是地质学

李四光出生于清朝末年，那时国内政治腐败，帝国主义列强在中国恣意横行。于是,统治阶级内部的一些有识之士,大力兴办教育,以便为封建王朝培养富国强兵的人才,湖广总督张之洞便是其中的一个。他曾经指出:"中国不贫于财,而贫于材。"他主张"选真材,择时用",并且认为"小学为急第一"。为此,他先后在武昌创办了几所高等小学堂,并且明文规定:凡成绩优秀者,均可以保送到美国、英国、日本去留学。

这个消息很快传到了黄冈。1902年,当时的李四光还叫李仲揆,年仅14岁的他独自来到武昌,在湖北省学务处填写报名表投考新式学堂。领取报名表后,也许是过于紧张,他竟在姓名栏内填入年龄"十四"二字。好在他及时发现错误,遂在"十"字下面加上"八"与"子",成为"李四"。然而,"李四"这个名字又太俗,他见大厅中央挂着一块"光被四表"的匾额,又急中生智,在"李四"后面填了个"光"字。从此,他就正式用了"李四光"这个名字。多年以后,这个名字载入了史册。

李四光

◎在日本学习造船

李四光在学堂里非常刻苦,很快就因为

成绩优异,于 1904 年 7 月被选派为官费生到日本留学。

能够出国深造,李四光感到说不出的兴奋。在选择留学专业时,这位爱国少年不禁想起父亲给他讲述过的甲午海战、庚子赔款等历史事件,想起他离家乘船前来武昌时,一路上看到洋人欺压中国百姓的情景。他天真地认为:中国屡受欺辱,其重要原因,便是中国没有强大的军舰。于是,李四光便选择了造船专业,并认真学习,立志学成后要为国家建造一流舰船,使中国不再遭受外国欺凌。

怀着美好的愿望,李四光东渡日本,先是在东京弘文学院学习,后进入大阪高等工业学校学习造船。他刻苦用功,准备学好科学知识,将来为国效力。

有一天,一位年岁稍长的湖北同乡来学校找李四光,告诉他孙中山先生从欧洲来到了日本,并且邀请他参加第二天举行的欢迎孙中山大会。李四光满口答应了。

1905 年 8 月 13 日,在东京富士冗楼,留学日本的学生及华侨一千余人,为欢迎伟大的民主革命先行者孙中山而举行盛大集会。李四光随着同乡来到会场,只见屋子里已经挤得水泄不通,他俩只好站在门口的台阶上。李四光踮起脚尖朝屋里望去,只见孙中山身穿西装,打着手势,正在进行演说。他那富有鼓动性的语言,不时博得人们热烈的掌声。年轻的李四光再也忍不住了,拉着同乡使劲朝屋里挤去。

8 月 20 日,孙中山领导的中国同盟会在日本成立。经人介绍,李四光在一间秘密的小屋里,见到了仰慕已久的孙中山,并被接纳为同盟会会员。当宣誓结束,孙中山得知李四光是同盟会年龄最小的会员时,非常高兴,勉励他说:"你年纪这么小就参加革命,这很好。你要努力向学,蔚为国用!"正是这些话,一直激励着李四光。

整整 20 年后,1925 年 3 月 12 日,孙中山在北京东城区铁狮子胡同 5 号(现为张自忠路 23 号)行辕逝世。4 月 2 日,孙中山的灵榇由中央公园(今中山公园)移至西山碧云寺停厝。国民政府选拔出 6 位对辛亥革命有重大贡献、对社会发展有推动作用的杰出人士为孙先生抬棺。水晶棺被抬到公园门外后,放到了高架灵榇上,平稳地放在 6 个人的肩头上。在几十辆黑白相间的马车和众多送灵人的陪同下,队伍出发了。在这 6 个人当中,走在左前方的瘦高中年男子就是李四光。他心中的沉痛,恐怕只有自己才能了解。他永远也不会忘记,这位伟人在他年少时对他的殷殷期盼。

李四光在日本学习了 6 年,回国以后,在家乡湖北武昌的一所中等工业学校任教。按照清政府的规定,官费留学生毕业回国后,必须进京参加考试。1911 年,湖北学务处命令本省的留学毕业生于农历七月初十(公历 9 月 2 日)以前去北京学部报到。为应付官府,也为更好地了解清廷统治中心的虚实,李四光毅然决定去北京应试。

宣统三年(1911 年)秋天,一位瘦高的青年,踏着矫健的步子,走进了清朝学部所在的那条胡同。和他同行的都是年轻人,一个个儒雅俊秀、意气风发。他们都是从各国留学归来的学子,此番进京,是要来学部报到,然后参加清廷组织的辛亥第六次游学毕业生廷试。

10 月 4 日,清政府公布了考试的黄榜。学子们看了榜,纷纷走到那位瘦高的青年身边,祝贺他金榜题名。他向大家道谢,神态非常平静,只是微微抬起头,望着远方,像是在期待着什么。那张黄榜,在"工科进士"后面,赫然写着一个名字——李四光。他获得"最优等"成绩,赐"工科进士",成为中国历史上最后的一批进士之一。

考试发榜后不到一个星期,1911 年 10 月 10 日,震惊中外的武昌起义就爆发了。消息传到北京,李四光兴奋不已,马上南下武昌,投奔革命队伍。李四光是同盟会会员,在日本学过理工,又是南京临时革命政府特派汉口建筑筹备委员,因而被湖北军政府任命为实业部部长。

但是,好景不长。没过多久,北洋军阀袁世凯窃取了民国大总统的职位,共和政体名存实亡。李四光的希望破灭了,他辞去了实业司司长(南京政府成立后,湖北省各部改为司)的职务,决定继续到西方学习先进的科学技术,用科学拯救贫穷落后的祖国。

◎在英国由采矿转学地质

1912 年,李四光因参加辛亥革命有功,经本人申请,教育部批准,他和一批青年人获得官费留学名额,一起前往英国。他与同时被批准的湖北军政府秘书王世杰等人同行,开始了自己的第二次留学生涯。

李四光在伯明翰大学预科学习期间,结识了同住一间公寓的丁西林,两人在课业上互相帮助。

1914 年秋天,一年的采矿系学习结束了。经过一番深思熟虑之后,李四光决定改学地质专业。好友丁西林得知后,非常惊讶。但李四光有自己的想法,他说:"要造船,就得有钢铁;要钢铁,就得靠采矿。我已经学了一年采矿,但我现在认为,光会采矿是不行的。中国虽然地大物博,但是科学落后。如果我们自己不能找

英国伯明翰大学

矿,将来就是给洋人当矿工。"

为了对地质问题进行深入研究,在征得校方同意后,李四光除了主学地质专业以外,又选学了力学、光学、电磁学等课程,特别侧重钻研物理系的力学课程。

在当时的情况下,要中途赶上物理系的教学进度,是要费一番功夫的。李四光毫不畏惧,迎着困难而上。为了弄懂一个难度较大的问题,他常常学习到深夜。

李四光并不满足于仅仅从书本上获取知识,他还到野外实地考察。为此,他特意从旧货店买了一辆旧摩托车,自己动手加以修理,然后每逢假日,便骑车四处奔走。有一次,他不小心连人带车一起跌到了山沟里,当他从地上爬起来,看到自己和摩托车都没摔坏,就又骑车继续赶路了。

在导师 W.S.包尔顿教授的指导下,李四光一面实地考查,一面博览群书。他不仅在学术上造诣日深,而且在文字语言上也提高很快,对英、日、德、法各国文字,均可运用。他视野辽阔,思维敏捷,基础知识深广。

不久,暑假即将来临。如何度过这个难得的假期呢?丁西林谈了自己的计划:"我准备到海滨去,在那儿写作一个剧本。"然后询问李四光的打算。李四光告诉他,自己打算去当矿工。

丁西林听后,疑惑不解地问:"为什么?矿工的生活很苦啊!你没听说过,矿工居住的地方,人们都叫它做'黑乡'。"

李四光答道:"我不怕苦。要搞地质,就得准备吃苦。伯明翰的采矿业很发达,可毕竟只是学的理论。我既然学地质是为了给祖国找矿,就应该去实地考察一下,外国的矿井是怎么采矿的。所以去当矿工是最好的了。"

说干就干。假期一开始，李四光就背起简单的行李，骑着摩托车，来到郊外的一座煤矿当矿工，吃住在当地一位矿工的家里。每天天还没亮，他便和当地的矿工一样，戴上安全帽，提着小鸟笼，乘矿车来到矿井。小鸟对瓦斯很敏感，如果它晕倒了，工人们就立即离开矿井。在阴暗、狭窄而又充满危险的矿井里，李四光和矿工们要从早干到晚，又脏又累。他亲身体验到了矿工生活的艰苦，也学到了许多书本上所学不到的知识。假期即将结束时，李四光和他的矿工房东一家拍下了一张珍贵的照片，以纪念这段令他难忘的生活。

返回学校之后，李四光更加努力学习了。学士学位考试日益临近。不巧的是，李四光的腿上长了一个大疖子，疼痛难忍。丁西林劝他去医院诊治，但李四光认为花钱太多，放弃了。为了不影响考试，李四光取出他日常刮胡子用的刀片，在开水中简单消毒以后，就自己咬牙忍痛将疖子挖掉，然后抹上药膏。站在一旁的丁西林看着这一切，不禁为李四光捏了一把冷汗。伤口还未愈合，李四光便去参加考试，获得了学士学位。但腿上的疖子却因为没有得到及时的治疗，留下了一块深深的伤疤。

1918年，李四光用英文完成了毕业论文《中国之地质》，被授予自然科学硕士学位。他在论文中写道："今天，我们要求新兴一代'黄帝子孙'，认识到自己肩负的责任，也许并非为时过晚。一方面，要为纯科学的发展而尽力；另一方面，要用得来的知识，直接或间接地去解决有关工业的问题。"

他的导师包尔顿教授希望他能在英国继续深造，等考取博士学位后再返回中国。但是，李四光断然拒绝了："不，我想把我学到的知识，尽快地贡献给我的祖国，这样更有意义。"

包尔顿听了李四光的这番心里话之后，对这位青年学子的爱国之情深表尊敬。他问李四光："你准备什么时候动身？"李四光回答："我想立刻就走，先到法国和德国的一些矿井去进行一些考察，再去阿尔卑斯山看看那儿的地质情况。"

李四光离开英国以后，按照计划，先到法国和德国几个有名的矿区进行了考察，接着又沿莱茵河而上，到达瑞士，继而登上了阿尔卑斯山脉主峰也是西欧第一高峰——海拔4807米(新测为4810.90米)的勃朗峰，研究冰川地质。

当他结束考察，返回伯明翰大学时，看到了一封电报和一封来信。电报是印度友人拍来的，表示想聘请他去当工程师，待遇优厚。他又打开那封信，是蔡元培从国内寄来的。当时蔡元培正担任北京大学校长，在四处招揽人才，当他得知李四光在英国学成毕业时，便来信聘请他为北大地质系教授。

1918年底至1920年初，国内地质学科创始人之一的丁文江，正随梁启超一行 7 人赴欧洲考察,同时作为民间团体和政府顾问,列席巴黎和会。此间,丁文江正与北大校长蔡元培商议振兴国内的地质学,却一直苦于北大该专业师资过于薄弱。为此,丁文江专程去了英国,找到当时正在伯明翰大学攻读地质专业的李四光,希望他学成以后能回国教书。

面对祖国的召唤,李四光谢绝了印度友人的高薪聘请,毅然远渡重洋,回到祖国怀抱,为其科学救国的理想奋斗。

1920 年春末,李四光和丁西林、王世杰等人一道返回北京,到北大任教。

◎诞生于巴黎的小提琴曲

李四光是个多才多艺的科学家。他不光散文写得好,旧体诗写得好,即便是地质学的论文,也同样写得"有声有色"。他的音乐造诣也相当深厚,尤好小提琴。他在巴黎期间写的《行路难》,是中国人创作的第一首小提琴曲。这部作品写于1920 年,在 78 年之后(1998 年)的北京大学百年校庆晚会上,第一次得到了公开演奏。它的面市,修正了马思聪是中国最早的小提琴曲作者的说法。

1915 年,李四光在英国伯明翰大学由采矿系转入地质系时,与威尔士教授来往密切。他当时非常喜欢音乐,课余时学会了拉小提琴,有时间就去威尔士教授家即兴演奏,很得他们一家的欣赏。

1919 年 11 月,应中国留法勤工俭学同学会的邀请,李四光前往巴黎作关于"工业繁荣与能源开发"的学术报告。也许是想表达点什么吧,他在随身携带的一张五线谱稿纸上,写了几句乐曲,共 5 行、19 小节,并将自己的英文名(J.S.Lee)和创作时间(22 日)、地点(巴黎)写在上面。

次年 1 月,李四光又在这张五线谱的背面,以李白的名篇《行路难》为题,写了一首完整的小提琴曲。与此同时,他还在稿纸的右上角,署上自己的名字"仲揆"二字;在曲谱的右边,写下"千九百二十年正月作于巴黎"等字样。乐曲写好后,李四光请好友萧友梅指正,因此曲谱一直保存在萧友梅手中。

李四光回国后不久,经北大化学系教授丁绪贤的夫人介绍,与北京女师大附中的音乐教师许淑彬相识。许淑彬出身于外交官家庭,爱好音乐,英语、法语俱佳,还弹得一手好钢琴。两人相恋两年后,结为伉俪。婚礼上,他们俩一个拉琴、一个弹奏,鸾凤和鸣,曾被传为佳话。

● ● ● ● ●【人物小传】● ● ● ● ●

李四光(1889—1971),原名李仲揆,字仲拱,蒙古族,出生于湖北省黄冈县(今团风县)回龙山镇的一个贫寒人家。世界著名科学家、地质学家、教育家和社会活动家,我国现代地球科学和地质工作的奠基人,新中国地质事业的主要领导人。

1902年入武昌高等小学堂。1904年因学习成绩优异被选派到日本留学,成为孙中山领导的中国同盟会第一批会员。1910年从日本学成回国。1911年武昌起义后,被委任为湖北省军政府理财部参议,后又当选为实业部部长。1913年获准赴英国官费留学,开始第二次留学生涯,在伯明翰大学学习矿业。1918年用流利的英文完成毕业论文《中国之地质》,被授予自然科学硕士学位。

从1920年起担任北京大学地质系教授、系主任。1928年到南京担任中央研究院地质研究所所长,后当选为中国地质学会会长。1949年秋,新中国成立在即,正在国外的他被邀请担任政协委员。夫妇俩躲避开国民党阻挠,于此年12月启程秘密回国。中华人民共和国成立后,先后担任地质部部长、中国科学院副院长、全国科联主席、全国政协副主席等职。1971年4月29日因病在北京逝世。

李四光的最大贡献是创立了地质力学,并以力学的观点分析了我国的地质条件,从理论上推翻了"中国贫油"的错误结论,肯定了中国具有良好的储油条件。1956年,他亲自主持石油普查勘探工作,先后发现大庆、胜利、大港、华北、江汉等油田,为中国石油工业建立了不朽的功勋。

李叔同

文艺全才并开创多项中国第一

对"李叔同"这个名字,也许很多人不熟悉。但是,当听到"长亭外,古道边,芳草碧连天。晚风拂柳笛声残,夕阳山外山"的旋律时,肯定没有人不熟悉。它的词作者就是李叔同,他还有一个名字是弘一法师。

李叔同的人生耐人寻味,早年的声色犬马、之后的投身文学艺术、最终的遁入空门潜心佛法。也许,正如他的弟子丰子恺的解说:"人的生活,可以分作三层:一是物质生活,二是精神生活,三是灵魂生活。物质生活就是衣食,精神生活就是学术文艺,灵魂生活就是宗教。"李叔同要尝遍所有的人生,于是他最终走向了宗教这个灵魂生活。

◎绘画与爱情

早年的李叔同是风流才子,更是一个典型的富家公子,不仅早早以才名著称于上海,更是寄情声色,常与名妓、优伶相往来。这样的生活,因为他母亲的去世而发生了改变。1905 年,独自将他抚养成人的母亲去世了,这让孝顺的李叔同非常悲痛,即将自己的名字改为"李哀",决定改变自己现在的生活。他为母亲办完丧礼后,当年便东渡日本求学。

李叔同

李叔同去日本,主要是希望能够学习西方绘画。他早在上海南洋公学时,就接触了大量的西方文化与思想。在蔡元培的门下,始终是传统文化与西方文化并存,所以李叔同在两方面都有着很深的造诣。到日本不久,李叔同就剪去了辫子。此年秋,他还在留学生所办的《醒狮》杂志上发表了《图画修得法》、《水彩画法略说》等文章,向国人介绍西洋绘画。

1906 年,李叔同考入日本美术教育最高学府——东京美术学校西洋画科。东京美术学校是今东京艺术大学的前身,成立于 1885 年,1896年增设西洋画科。当时录取的 5 个人中,两个是中国人,就是他跟曾孝谷。由于当时很少有中国留学生在日本学习美术,所以日本各界都很关注李叔同。10 月 4 日的日本《国民新闻》特为刊出专栏采访的报道,以《清国人志于洋画》为题,介

李叔同在东京

绍了李叔同在东京上野美术专科学校学习美术的情景,并刊登了他以及作品的照片。

报道是如此描写的:"喝了一杯'涩茶'之后,他一面说明贴满壁上的黑田画伯的裸体画、美人画、山水画,中村及其他的画等,一面引我进入里面六叠的房间,得意地介绍了那就几上作画的苹果的写生。'是潇洒的笔致啊!'我赞赏说。那位女佣听了从旁插了一句:'那是早上刚刚一气画成的。'李君谦然地说:'是。'露出了一排白齿。'今后一定拜访贵社,《国民新闻》是很好的报纸。'"

进入东京美术学校以后,李叔同开始了他一直想了解的西洋绘画的学习。他无论做什么事情,都非常执著。他对艺术也想追求到底,不只限于中国画这种绘画方法和绘画技巧,也想把西洋画、裸体画等所有的绘画技巧,都能够了解,都能够掌握。

李叔同全身心投入到了西洋绘画的学习中,不久却碰到了一个难题。西方艺术重视写实,进行人体写实练习是基础,是必须要掌握的。在当时的日本艺术院校中,采用裸体进行美术教学已很普遍了,李叔同在学画的过程当中,自然也按照教学的要求,进行过西洋裸体画的训练。

然而,寻找裸体绘画模特,确是个棘手的问题。男模特在学校里就可以进行

人体写生,但女模特的问题却始终没法解决。因为日本的女子做艺术院校的裸体模特,可能还是一件比较为难的事。日本的社会风气很奇怪,他们一直有着男女共浴的传统,女人裸体被陌生男人看到并不觉得很难为情。但日本艺术界的人体画,在公众展示的时候却遭到了极大的排斥。

李叔同为这件事苦恼了很久。一个偶然的机会,终于帮他解决了这个难题。

正在练习绘画的李叔同,无意中看到了给他送饭的房东女儿,觉得这个温柔的姑娘是其最佳的模特人选。李叔同于是尝试邀请她给自己担任模特。这位姑娘觉得很突然,因为裸体在日本虽然并非一件有损脸面之事,但若出现在画上,当时,除了艺术学校外,在社会上仍然不被大众所接受。

李叔同其实已经做好了被拒绝的准备,他也清楚这个请求可能很让对方为难。可让李叔同没有想到的是,这位日本姑娘竟然很快地答应了他的请求。或许是李叔同的真诚和才华打动了她,也或许是冥冥之中的缘分,她以后就成了李叔同的专职模特。她也很喜欢绘画,每当画作完成,李叔同都会让她欣赏、品评。

在一段时间的合作后,由于相同的爱好,又彼此真诚相待,两人产生了感情,李叔同第一次感受到了爱情的滋味,尽管他早已在天津娶了一房妻子。由于是传统的父母之命,一直接触新文化的他,内心深处始终还是渴望着一份真情的。李叔同的住处附近有一个小湖,他给它起名字叫"不忍池",此后湖边经常有一对情侣散步的身影,两个人的生活非常甜蜜。李叔同学业结束回国后,她也与他一同来华。李叔同后来在杭州出家,她只好黯然回到日本。

◎ 深谙音律,创办音乐刊物

凡是艺术门类都是相通的。李叔同不仅喜爱绘画,也对音乐有着浓厚的兴趣。他在学画的同时,又进入音乐学校学钢琴和作曲。

他创办了我国第一本音乐刊物《音乐小杂志》。创刊号是李叔同在东京编印以后,寄至国内发行的。该期除日本人所作的 2 幅插画和 3 篇文章以外,封面设计、美术绘画、社论、乐史、乐歌、杂纂、词府各栏均由李叔同以"息霜"的笔名一人包办。创刊号发表有《〈音乐小杂志〉序》、《乐圣比独芬(贝多芬)传》、《近世乐曲大意》,及教育歌曲《我的国》、《春郊赛跑》,别体唱歌《隋堤柳》,杂感《呜呼!词章!》、《论音乐之感动力》等十几篇稿件。其中,乐歌《我的国》成为李叔同又一首流传甚广的爱国歌曲。

他还编了一册《国学唱歌集》，也在国内发行。

这些，在中国新音乐史上都起到了启蒙的作用。

李叔同（左）饰演茶花女

◎创办话剧社，并主演女角

李叔同在南洋公学时，英文就学得很好，曾细读原本的《莎士比亚全集》，对西洋戏剧倾心已久。来到日本后，他开始跟从戏剧家川上音二郎和藤泽浅二郎学习新剧的演技。

1906 年，李叔同与曾孝谷等人创办春柳社，提倡话剧，其艺名"息霜"即取于此时。按照他们的本意，春柳是个艺术团体，无论是音乐、文学、美术还是戏剧，都涵盖在这个团体当中。出于种种原因，他们决定先从话剧演出开始。

他们没想到，自己的社团会成为中国话剧史上的一个标志。它是中国第一个话剧团体。它演出的《茶花女》，是中国话剧史上记载的第一次正式演出。1907年，他们在日本东京上演了根据美国作家斯托夫人的小说《汤姆叔叔的小屋》改编的话剧《黑奴吁天录》，被话剧界公认为是中国的第一部话剧。

1907 年春节期间，中国淮北发生百年不遇的水灾，死伤无数。春柳社的成员们闻讯后，在东京组织了一场以赈灾募捐为目的的义演。这是春柳社的首次公开亮相，他们选定的是法国作家小仲马的名剧《巴黎茶花女遗事》。由于当时的新式话剧刚刚起步，没有女演员，李叔同就自己在《茶花女》的演出中反串饰演茶花女玛格丽特。

早在 1902 年时，李叔同就和许幻园、黄炎培等人在上海成立了"沪学会"，开办补习科，举行演讲会，演出学生剧。李叔同就主持演出了《文野婚姻》等 4 出新剧，还自己写作剧本。1904 年，李叔同在上海粉墨登场，参加演出京剧《虫八蜡庙》、《白水滩》、《黄天霸》等。所以，登场演出对于他是驾轻就熟的。

他为了更符合角色形象，还将自己的小胡子剃去，演出前几天就开始节食，让自己的腰身更苗条，还花重金做了好几身女式礼服。

因为留学生们普遍经济不宽裕，在经济上李叔同也是出了很大力的，比如舞台的背景、布景的设置、服装的购置、化妆和排练等费用,大部分都是李叔同出的。

在李叔同和春柳社成员的努力下,演出非常成功。演出结束后,日本戏剧界权威藤泽浅二郎和日本戏剧评论家松居松翁当即到后台致贺。松居松翁后来在《芝居》杂志上发表的《对于中国剧的怀疑》一文中说:"中国的徘优(演员),使我佩服的便是李叔同君。当他在日本时虽仅仅是一个留学生,但他组织的'春柳社'剧团,在乐座上演《椿姬》(即茶花女)一剧,实在非常好。不,与其说这个剧团好,宁可说就是这位饰椿姬的李君演得非常好。……尤其李君的优美、婉丽,绝非本国的徘优所能比拟。"他还盛赞此举"在中国放了新剧的烽火!"

这次演出,引起了许多人的兴趣,很多中国留学生都以认识春柳社为荣。欧阳予倩就是因为看了演出,萌生了兴趣,托人介绍加入了春柳社,最终成为20世纪中国话剧的大家。春柳社第一次演剧时李叔同所写的戏单印刷品,现在仍被日本帝国大学图书馆珍藏。

第一次公演的成功,极大地鼓励了春柳社,很快他们就确定了第二次公演,时间是1907年6月,称为"春柳社演艺大会",演的是《黑奴吁天录》。李叔同依然以"息霜"的艺名扮演美国贵妇艾美丽夫人,又得到了日本戏剧家土肥春曙和伊原青青园的好评。

● ● ● ● ● **【人物小传】** ● ● ● ● ●

李叔同(1880—1942),谱名文涛,幼名成蹊,学名广侯,字息霜,别号漱筒,又名李岸、李良、李哀。后剃度为僧,法名演音,号弘一,晚号晚晴老人。祖籍浙江平湖,生于天津。

李叔同生于天津官宦富商之家。父亲李筱楼(字小楼),道光甲辰(1884年)进士,官吏部尚书,曾经业盐商,后从事银行业;母亲姓王,为李筱楼侧室,能诗文。李淑同5岁丧父,在母亲扶养下成长。1901年入南洋公学,受业于蔡元培。1905年东渡日本留学,在东京美术学校攻油画,同时学习音乐。1910年回国,先后在天津北洋高等工业专门学校、上海城东女学、浙江两级师范学校、南京高等师范等校任教。在教学中,他提倡写生,开始使用人体模特,并在学生中组织西洋画研究会、乐石社、宁社,倡导美育。1918年在杭州虎跑寺剃度为僧,云游各地讲律,并从事佛学南山律的撰著。1942年10月13日晚圆寂,临终手书绝笔"悲欣交集"4字。

他既是才气横溢的艺术教育家,也是著名的多才多艺的高僧,中国话剧的开拓者之一,"二十文章惊海内"的大师,在诗词、书法、绘画、篆刻、音乐、戏剧、文学各方面均有深厚造诣。

他早年以书法驰誉当世，出家后持戒精严，融书法、佛理为一体，形成了独特的书法风格。鲁迅、郭沫若等现代文化名人以得到他的一幅字为无尚荣耀。他第一个向中国传播西方音乐，所创作的《送别》，历经几十年传唱而经久不衰，成为经典名曲。他也是中国第一个开创裸体写生的教师，先后培养出名画家丰子恺、音乐家刘质平等一批文化名人。他苦心向佛，过午不食，精研律学，弘扬佛法，普度众生出苦海，被佛门弟子奉为律宗第十一代世祖。

黄 侃

师从"章疯子"而成"黄疯子"

在民国学人中,有3个著名的"疯子",一个是被称为"章疯子"的章太炎,一个是刘师培,另外一个就是"黄疯子"黄侃。这3人都是学问大,脾气怪。其中,黄侃的脾气之大、性格之怪,更是学界闻名。章太炎、刘师培与黄侃还是师生关系,章太炎更是黄侃的授业恩师,对他的影响终其一生。黄侃的"疯"、"狂"自是得自章氏真传。黄侃正是在求学日本期间,得遇这位知名大儒,进而成为他的得意门生的。然而在恩师面前,黄侃从未有半分不敬,更没有丝毫狂态出现,可见"疯亦有道"。

◎到日本留学

黄侃在父亲旧交、湖广总督张之洞的资助下,于1905年到日本留学。在当时,去日本留学可以说是一种时尚。从1900年起,留日学生不断增加,到1905、1906年的时候,则是飞速增长,1906年9月竟达13000人。

这个新知识阶层,是处于一个动乱时代的一群动荡不安、鱼龙混杂的学生。他们在日本接受教育的情况有极大的差别:有许多人并未入正规学校而肄业,更多的人

黄侃

只是偶然到校听讲；有的人只读了很短的时间，有的人则读了数年之久。当时的学生群体也非常杂：有的勤勉好学一心为强国而读书，有的纯为求取文凭回国谋生；有的人迷信只有仿照日本的模式才能强大中国，也有更推崇欧美政治文化的。

黄侃恩师章太炎

黄侃到日本后，进入著名的早稻田大学学习。他住在中国留学生会馆，馆址位于东京的骏河台。到日本留学的中国学生，大多都住在这里。

1905 年，孙中山在日本建立了著名的革命组织——中国同盟会，激起了大批爱国青年的革命热情，革命组织迅速壮大起来，成立最初的两年，就有 17 个省的 864 人先后加入。自幼就关心国事、极具叛逆革命精神的黄侃，在这样的环境下自然如鱼得水。

1906 年 1 月，黄侃在武昌文通学堂的同学宋教仁也来到了早稻田大学，两人很快见了面。能够在异国他乡见到老同学，彼此的喜悦心情自然是难以言表。在宋教仁的影响下，黄侃在 1906 年初也加入了中国同盟会。

然而，此举却给黄侃的生活带来了不小的影响。他的资助人清政府大员张之洞听到自己这个故人之子如此大逆不道，竟然加入了革命党，一时怒不可遏，立刻取消了黄侃留学的官费。黄侃从此断绝了生活来源，只能自食其力，开始了革命者的流亡生涯。

◎师从章太炎

黄侃很聪颖好学，少年时代就被诸多师长另眼相看。张之洞当初之所以资助他，一方面是为故人情面，另一方面也认为黄侃实属可造之材。即使此时革命热情无比高涨，黄侃依然没有忘记学业。所以，他在为同盟会的机关报《民报》撰稿，追随章太炎（炳麟）、刘师培（申叔）等人从事革命活动的同时，还拜了既是大革命家又是大学问家的章太炎为师学习音韵、说文。

1903 年时，章太炎因为在《苏报》上发表《康有为与觉罗君之关系》和为邹容著的《革命军》作"序言"被捕，被判监禁 3 年。出狱之后，东京的革命党组织特意派人到上海来迎接他。章太炎到日本后，就在同盟会《民报》任总编辑。此时，中国留学生聚居东京的已经有上万人了。很多人都仰慕章太炎的盛名，而希望拜入他门下。

一天，黄侃也跟随众人来拜访章太炎。刚到门前，见其壁书墨迹 4 行，笔力酣畅淋漓："我若仲尼出东鲁，大禹长西羌，独步天下，谁与为偶。"这本是引用东汉戴良的话。黄侃见到此句，觉得章

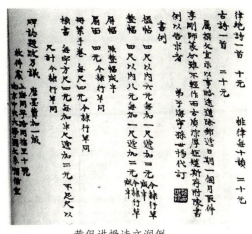

黄侃讲授诗文润例

太炎太过狂妄，恐怕难以接近，此后就再没有去拜访过他，更没想过能成为章太炎的入室弟子。

但黄侃对《民报》一直非常关注，几乎是每期必读。特别是章太炎的文章，文辞渊雅，立论以经史为根据，具有很强的说服力，让他无比钦佩。《民报》和《新民丛报》是当时社会上发行较广的两种刊物。《民报》是革命派的喉舌，《新民丛报》是改良派的喉舌，二者相互进行激烈的论战。章太炎有力地驳斥了改良派的那些谬论。他撰写的《革命之道德》，热烈赞颂农民、工人、小商贩和下层知识分子是最高尚的人。他还在《民报》上发表了《无神论》、《建立宗教论》、《五无论》、《四惑论》等一系列哲学论文。《民报》在宣传革命方面功勋卓著，每一期出版后，很快就销售一空，在当时的革命出版物中远居前列。

黄侃就是通过《民报》，才对章太炎有了较深的认识，从而也逐渐消除了误解。他也开始不断为《民报》撰稿，为革命呐喊助威。这些文章，竟然成了他和章太炎深厚师徒情谊的开端。

一天，章太炎看到一篇文章，大加赞赏，认为作者是个天下奇才，日后必成大器。十分爱才的章太炎，立刻写信约见他。此文的作者就是黄侃。此后，章太炎一直对黄侃关爱有加。

1907 年秋，章太炎得知黄侃要回国省亲，就告诉黄侃："求学最关键的是要找一位名师，以你现在的学识，在国内能做你老师的人太少，唯有瑞安孙仲容（诒让）先生，你回国后可以向他求教。"然而，黄侃还没有回答，章太炎又说，如果黄侃现在不马上回国的话，自己倒是也可以做他的老师。

黄侃很惊喜自己能得到章先生的如此厚爱，立刻起身向章太炎拜了下去。从

此,他就成了章太炎的一个得意门生。他回去以后,就与苏曼殊一起搬进了章太炎在小川町的住所,以方便时时跟随章先生学习音韵、说文。黄侃聪敏颖悟异于他人,章太炎曾感叹道:"常言道,学问精进有如日行千里,黄侃恐怕是日行万里了。"

《民报》从 1905 年 11 月 26 日创刊到 1910 年 2 月 1 日终刊,共出版了 26 期,发表的文章有 122 篇。其中,黄侃在《民报》上以"运甓"、"不佞"、"信川"等笔名发表了《专一之驱满主义》、《哀贫民》、《释侠》、《论立宪党人与中国公民道德前途之关系》、《哀太平天国》、《刘烈士道一像赞》等文章。另外,刊登在《民报》临时增刊《天讨》上,以军政府名义发布的《讨满洲檄》,也是黄侃撰写的。

《讨满洲檄》是辛亥革命时期的一篇重要文章。短短几千字,即把数千年间中国国内民族关系状况综览无余,不仅是对清王朝的声讨,也是对整个中国专制制度的控诉。作者义正辞严地宣称"唯革命之不可已",主张在革命后对他们将"与齐民等视"、"选举租赋必不使尔有倚轻重"。这些言论,说明黄侃在当时不仅服膺而且努力宣传孙中山的三民主义。文章气势磅礴,情感强烈,笔锋犀利,充满了革命者的浩然正气。

实际上,黄侃一直就很旗帜鲜明地反对封建地主阶级对人民的压迫和剥削。其《哀贫民》一文,详细地描写了鄂东劳动人民的困苦状况,鲜明地表现了对被迫造反的农民的赞许和同情。黄侃进而概括全国的情形说,正是这些占人口绝大多数的穷人,在卫护着国家,并供给了社会的需求,但结果都是他们"皆为富人仆役而已",这是天下最大的不公平、不合理。

文章还批评了以西方为"乐土"的说法,认为西方国家的各种制度和组织,"殆实以庇荫富民而讳其所号也"。如举议员"恒在有财者",工厂主如"群工之渠率,虐工无艺",且"以饥饿之患制之"。所以,在西方享受文明、快乐者,不过仍是"巨贾豪商"、"名士政客"等少数人,从贫富不均的角度看,与中国并无不同。

这篇文章可以说完全没有种族斗争的局限。而且站在中国乃至世界绝大多数劳苦大众的立场上,对他们在不公正的政治压迫和超限度的经济剥削下的非人生活作了全面、深刻的描绘,对产生这一现象的社会原因作了深入剖析,并以"人生而平等"的信念,"不自由,毋宁死"的无畏气概,鼓励人民起来反抗。

应该看到,当时的革命者,一部分来自读书识字的新式知识分子,一部分来自社会底层(如会党、流民)。前者还有有产阶级的印记,后者则缺乏深刻的思想。因此,当时他们中的多数人写的宣传文章,只是站在民族主义的"排满"和"救亡"立场上展开论述。像黄侃这样真诚、深刻地同情人民疾苦,号召贫苦大众起来向富人展开生死搏斗的文章,并不多见。

黄侃的《释侠》一文,同样充满着革命精神。作者实际上是把"侠者"比为革命者,鼓励同志们挺身而出,帮助弱小,造出一个公平、合理的世界。

正当黄侃追随恩师章太炎努力求学、投身革命的时候,家乡却传来了母亲重病的消息。黄侃是个孝子,接到消息以后,很快就决定回家侍奉病中的母亲。

然而此时,中国同盟会的革命形势却不容乐观。自从孙中山、黄兴领导的同盟会成立之后,在《民报》极为有力的宣传下,国内的革命形势发展很快。可是1907年2月以后,同盟会内部却出现了矛盾。由于清政府的压力,日本当局要求孙中山离日,名为"劝离出境"。当时,黄兴也准备离日。并且决定,汪精卫与黄兴同行,胡汉民伴随孙中山。

孙中山和黄兴却因为在商定旗帜图案时意见不统一,出现了革命以来的首次纠纷。随后又因为经费、购买军械等问题,章太炎、陶成章等人一直对孙中山表示不满。这些出于小派别的猜忌、嫉妒和个人恩怨,虽与革命党的根本目标、思想体系、政治路线无关,但同盟会主要负责人之间的纠纷日益恶化牵动着许多同盟会员的心。

黄侃作为同盟会的成员,对这个革命组织的命运自然非常关注。在这种情况下,他虽然忧心于同盟会的形势,但是作为一个基层成员,并没有太多的发言权。事态如何发展、变化,他也不能轻易表态。只好潜心学问,每日跟在章太炎身边,一起讨论一些经学问题,或以赋诗互相唱和。于是,他一听到母亲生病的消息,知道自己在此也无益于形势,更忧心母亲的病情,便马上准备动身回国。

临行时,章太炎将自己所著的《新方言》赠给黄侃,并在上面注上:《新方言》370事,赠黄季刚。于是2月底,黄侃终于归国赶回家中,开始为母亲治病而奔波。

◎"黄疯子"轶事

关于黄侃与章太炎的相识,有这样一个说法:1905年,黄侃被官派至日本早稻田大学留学,恰好和章太炎同寓。当时黄侃住楼上,章太炎住楼下。一天夜晚,黄侃因内急,来不及上厕所,便从楼窗中解开裤带,洋洋直泻。章太炎此时夜读正酣,突然一股腥臊尿水瀑布般往下飞溅,禁不住高声怒骂。黄侃本系贵公子出身,且正年轻性躁,盛气凌人,也报以回骂。

不骂不相识,待双方互通姓名以后,彼此都熟知对方大名,于是将话锋转到学问上,两人越谈越投机。章太炎是渊博绝伦的大师,黄侃便折节称弟子。自此,黄侃师从章太炎。章太炎清高孤傲,对近世文人极少嘉许,唯独对黄侃刮目相看。

黄侃因参加同盟会在日本流亡时,某日,听说相识的一些同盟会会员在汤芗铭(辛亥革命后曾任湖南都督)处宴会,席间有不少好吃的,但没有请他。他知道是因为自己骂过其中一些人,可他不请自去。用他的原话是:"到那天我自己就去了,一进门,那些人见是我,先吓了一跳,然后又装得挺热乎的。我也不说什么,脱下鞋入座就吃。等吃完了,我一边提鞋,一边回头冲他们说:'好你们一群王八蛋!'说完我赶紧跑了。"

1914年2月,章太炎从日本回国以后,因反对袁世凯称帝,遭到软禁,先是囚于北京本司胡同,后又囚于东城钱粮胡同。此时,黄侃正接受北京大学之邀,来京担任教授之职。他辗转打听到了章太炎的下落,即冒着生命危险前往探视恩师。黄侃见章太炎寂寞一人,便以请章太炎讲文学史为由,留下来伴宿。黄侃与师同监共苦数月之后,终被警察驱逐。

● ● ● ● ● ● 【人物小传】 ● ● ● ● ● ●

黄侃(1886—1935),字季刚,祖籍湖北蕲春。中国近代著名文字学家、训诂学家和音韵学家。同时,又是一位早期农民运动的活动家、民主革命的先行者。

黄侃父亲黄云鹄,字翔云,进士出身,官至清二品大员(曾任四川盐茶道、成都知府等职,为官清正廉明,有"黄青天"之誉),著名学者,一生著述甚多。黄侃3岁开始背诵唐诗宋词,4岁就延师教读。他聪颖好学,从小就显示出过人的才气,7岁时即作诗曰:"父为盐茶令,家存淡泊风。"可谓语出惊人。他不仅才华出众,而且还是有名的孝子。其生母周孺人去世后,因思念母亲,黄侃特请老友苏曼殊画了一幅《梦谒母坟图》,并自撰了一篇悼文。

1905年,黄侃被官派至日本早稻田大学留学,在东京结识章太炎并拜入其门下。同期加入中国同盟会。回国后历任北京大学、东南大学、武昌高等师范学校、金陵大学教授。属于守旧派,向来看不惯胡适等一批新派人物的做法,一有机会便冷嘲热讽。1935年10月6日,由于饮酒过度,胃血管破裂,抢救无效,于10月8日去世,年仅49岁。

黄侃虽未出版任何著作,却成为海内外公认的国学大师。其学问既大且博,经、史、子、集几乎无所不通,尤其在音韵、文字和训诂方面学问精深。

周作人

"和风细雨般快意"的六年留日生涯

　　周作人的名字,多年来一直是和汉奸联系在一起的。他与哥哥鲁迅从早年的亲密无间到后来的分道扬镳,也是人们多年来谈论的话题。而他的学术成就被忽视了很久,近些年才逐渐正视了他文学大家的身份。他对日本的好感与亲近正是从留学开始的,也许那正是他人生中最重要的一段时光。

◎把东京当成第二故乡

　　1906 年夏天,已旅日数年的鲁迅,被母亲催着回国结婚。他这次回来还有一个任务,就是带二弟周作人去日本。周作人刚刚获得公费去日本留学的资格。鲁迅一直关心着二弟留学的事,不断写信要他争取,这次终于有了结果。婚后第四天,鲁迅就和周作人一道,乘船离开绍兴赴日本了。

　　周作人最初对日本文化与生活方式的理解,与日本人的结识和交往,大多是一种表面的礼仪上的接触,不似鲁迅那种精神上深层的拷问。看周作人后来写自己的留学生活,总是不及鲁迅那么忧愤,而更多的是恬淡自如、和风细雨的快意。异国的一

留学日本期间的周作人

切,在他那儿成了一幅幅优美的山林图。

周作人在日本一呆就是 6 个年头,中间没有回过一次家。他是把东京当成自己第二个故乡的。这 6 年的生活,对他一生影响重大,其收获已在日后的文学活动中显示出来。应当说,那 6 年他所读的书,甚至比鲁迅读的还要广泛。他不仅学习了日本语、希腊语,甚至还涉猎了俄语和梵文。加之先前学过英文,他的知识视野异常开阔,而兴趣也在那时变得多样化起来。那是安逸、快乐的 6 年,他渐渐融入到了日本人的日常生活之中。他的温和、中庸以及学者型的气质,便在那时悄然形成。

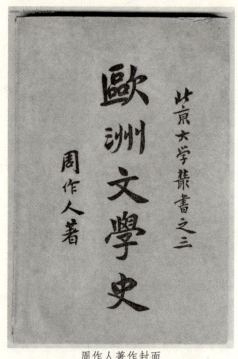

周作人著作封面

到达东京后,周作人跟着鲁迅住进了本乡汤岛二丁目的伏见馆。对周作人来说,一切所见所闻都无比新鲜,使他惊奇和兴奋。他被安排在楼上南面靠西端的房间里。让他印象深刻的是,一个日本少女赤着脚在屋里走来走去,一副自在怡然的样子。周作人后来非常关注妇女问题,而且对中国妇女缠足的恶习批判最为严厉。他从中日两国妇女赤足与缠足对比中得到的触动,恐怕是其中一个很重要的原因。

周作人由赤足的习俗,扩大到观察和思考日本人生活中的天然之美。他给日本人的生活下定义的一个重要依据是:爱好天然,崇尚简素。

周作人对日本人穿的鞋子和袜子也产生了研究的兴趣。鲁迅来日本时,因为听了一个老留学生的劝告,买了许多双中国的白袜子,结果全然用不上,成了一个笑话。周作人来时,当然就吸取了教训。日本的布袜子将足趾分为两枝,穿上木屐,很是方便。但这办法不适用包过脚的女子,因为她们的足趾是重叠的,分不开来了。周作人比较了几个国家的鞋子,道:"我常想,世间的鞋类里边最善美的要算希腊古代的'山大拉',闲适的是日本的'下驮',经济的是中国的南方的草鞋,而皮鞋之流不与也。"

周作人来东京后,兄弟二人住在一起,生活上互相照顾,学业上共同进步。他们平时最喜欢逛书店。书店离得并不远,从旅馆所在的本乡区,过一条叫外濠的河,跨过御茶水桥,是中国留学生会馆,它的门房里就有汉文书刊发卖。神田区的神保町后来又开办了群益书社和中国书林社,他们也是常去的。

◎兄弟俩同学外语

当时搞文学,最好多学几门外语。这道理自然不难明白。经过东京和仙台两地的学习,鲁迅的日文水平已经比较高了。而周作人却得从头学起。

一开始,他参加了一个由中国留学生会馆组织的讲习班,每天上午9点到12点上课,教师是日本人菊地勉,三十多岁,写得一手漂亮的字。他的教学方法是手上一边写着,嘴里一边念着,同步进行,很得要领,让周作人大为佩服。然而,周作人去听课的次数却并不多,原因是他嫌老师讲得太慢。

不过,周作人承认,他的日语基础知识,正是从菊地勉老师那里学来的。他当时之所以学习不很用功,是因为同鲁迅住在一起,很多事由鲁迅代办,用不着他费心。他平常很少出门,即使出门,也只是往丸善书店买几本书而已。

后来,因为需要有正式的学籍,周作人选择了法政大学特别预科,学制是一年,所学内容是日文、英文、算学、历史等比较浅近的科目。普通科目的知识,周作人在南京差不多都已学过,日语又已学过一年,所以上这个学校有点浪费时间。缴了一年的学费,实际上去上课的时间连70%也不到。

期末考试,他接到通知,赶过去应考,结果还考了个第二名。学校的事务员告诉他,要不是因为迟到缺考一门功课,考第一是必定无疑的了。周作人觉得第二名也很好,省得担任学生代表到毕业典礼上致辞。他得的奖品是一册《伊索寓言》日译本。

其时,兄弟俩和几位朋友正酝酿出版一本杂志,登载外国文学作品。当时的革命者对俄国革命很有研究的兴趣,普通读者也很想了解俄国的作家作品。鲁迅和周作人觉得,俄国的国情跟中国的有些相像,应该多加介绍,以资借鉴。为此,他们买了不少俄国作家的著作。

英文只有周作人熟悉,鲁迅并不懂得。于是,兄弟俩同其他几位留学生商议,决定一起学俄文。他们集了6个人,请俄国籍犹太人玛丽亚孔特夫人来教授,每晚上课1小时,学费每人每月5元。授课地点选在神田,离他们住的伍舍并不远。

女老师30多岁,不会讲日本话,上课全说俄语。一开始,他们请一位学俄语的日本学生来当翻译。但这个人木讷,不善言辞。文法上的规则,他以为大家看了书都能明白，所以总是说，"如诸位所已知道"。"如诸位所已知道"，不但不能起到详细解说的作用，还更浪费时间。因此，他只来了一两次就不来了。

抗战期间的周作人

大家只好上课之前先看字典和文法，课堂上跟着老师的发音朗读。俄文的发音虽也有难处，但较英文规则一些，读起来并不难。其难处在于有些字很长，音节不好掌握。同学中有一个叫汪公权的，发音总学不好，每念一个字总要加上一些杂音，听上去"仆仆"作响。不但老师替他着急，连旁边的周氏兄弟、许寿裳等人也急得浑身发热。大家经常开玩笑说，上课犹可，仆仆难当。

没过多久，这个俄文班就散伙了，而他们托老师从海参崴买来的初级课本还没有读完。

周作人在学习语言方面似乎比大哥更有天赋，他这时又开始了古希腊文的学习。西方的文明有两大源泉，一个是古希腊文化，一个是基督教的《圣经》。在西方，修习文学、哲学、历史等人文学科，先要学古希腊文或拉丁文。但当时，日本高等学校里只有帝国大学哲学系设希腊文课，此外只有西方人办的学校里才有。周作人选择了美国的教会学校立教大学。一开始，用怀德的《希腊文初步》打基础，接下去读色诺芬的《进军记》。

周作人对正统的希腊文还不那么热心，倒是经常去与立教大学有关系的三一学院听希腊文的《福音书》的讲义。那是古代希腊的白话文，因为是圣书所用的语言，应该使普通老百姓能懂。周作人来听这讲义，怀着一个心愿，就是想把《圣经》从希腊文直接译成汉文。

后来他这个计划并没有实施，一方面是因为思想改变，不再觉得文章是越古越好了；另一方面是重读了《圣经》的汉文译本，觉得已经很不错，用不着再改译了。但周作人所学的古希腊文，仍然是极有用的。在中国，通这种文字的人本来就极少，而既懂古希腊文又有深厚文学造诣的人就更少。周作人有这个优势，遂成为中国现代翻译界一大家。

◎兄弟俩致力翻译

　　鲁迅一面翻译科学小说,一面也在筹备出版一种文学杂志。筹备文学杂志需要资金,也需要有稿子。撰写稿件就需要参考资料,搜集资料当然需要买书。最好的办法是先搞一些翻译,挣取稿酬,再来买书。

　　周作人跟鲁迅刚到东京,就看见宿舍里丸善书店送来的一包西文书,是鲁迅回国前订购的。有英国人该莱所著的《英文学里的古典神话》和法国人泰恩(通译泰纳)的《英国文学史》英译本4卷。鲁迅的英文水平不高,这些书倒很适合周作人看,他也很感兴趣。他以前没见过文学史这类书,现在了解到泰恩所著的文学史偏重社会环境对文学的影响,并且提供了很多英国历史知识,觉得很有用。至于那本神话书,虽然说的是英国文学对希腊神话的应用,但行文中也可以理出那神话本身的大概了。在书的前面, 还说明古今各派神话研究者对希腊神话的解释,使周作人大开眼界。他特别关注安特路朗的人类学派,正好,书店里在卖这位神话研究者的著作。他跑去买了来,有《习俗与神话》和《神话仪式和宗教》,这成为他后来研究神话的起始著作。

　　其间,两兄弟合作翻译了多种文学作品,成绩斐然。鲁迅多译短篇小说,周作人偏重译长篇和中篇小说。周作人译的长篇和中篇小说有《红星佚史》、《劲草》、《匈奴奇士录》、《炭画》和《黄蔷薇》。其中,《红星佚史》和《匈奴奇士录》在当时都已出版;另外3种却卖不出去,有的后来丢失,有的则许多年后才面世。

　　除了一套《屠格涅夫选集》外,他们还买了丹麦波澜兑斯的《波兰印象记》。该书介绍了几个反抗现实的浪漫主义诗人,很有参考价值。以后鲁迅写文章,还认真地参考过它。因为书是英文版,所以,鲁迅使用时,须经过周作人口译。还有一册《匈牙利文学史论》,后来也成为他们的参考资料。

　　他们译的第二本书,是俄国的一本历史小说,作者为大托尔斯泰。这个托尔斯泰,比写《战争与和平》的那个生得早。书的原名叫《克虐支绥勒勃良尼》。当时正是冬天,鲁迅和周作人坐在中越馆空荡荡的大架间里,周作人翻译起草,鲁迅修改誊清,两个人一点也不感到困乏和寒冷,相反倒是很有兴致地谈论书中的人物故事。全书完成,厚厚的一本,蓝格直行的日本皮纸将近300张。他们给书起名叫《劲草》,寄了出去。

　　但这次失败了。书店的复信说,这本书他们已经译出并付印。他们并不气馁,再译别的作品。为了避免重译,他们尽力去找比较生僻的、不大为别人注意的小国的作品。正巧,他们在书店里看到一本匈牙利作家育凯(通译约卡伊·莫尔)的小说,书名为《神是一个》。这一部稿子终于卖出去了,说明他们的选择是正确的。

◎边翻译边开始文学活动

鲁迅一直有办杂志介绍外国新文学的想法,但写稿的人只有鲁迅、许寿裳、周作人3人,此外还有袁文薮。当周作人到日本时,袁文薮已经转往英国留学。他答应到英国后写文章回来,可是一去杳无音信,连信也没有一封。杂志的封面和插图都已选好,并且还印了一些稿纸。几个人都奋力写稿,成功仿佛就在眼前。然而正在这个时候,发生了变故。事情还是出在资金上,原来答应给资助的人不见踪影了。《新生》还没有问世就遭夭折,使3个文学青年很是丧气。

为了生活,也为了买书、办杂志,鲁迅工作很刻苦。周作人来日本后,两人在一起,虽然都有官费,但经济上仍然很紧张,不得不设法再挣一些作为补贴。周作人不像鲁迅有熬夜的习惯,他早睡早起,生活很有规律,终其一生如此。他的作息安排更符合养生之道,这大约可算他比其兄长寿的一个原因吧。

这时候,周作人在南京认识的一个参加革命运动友人,名叫孙竹丹的,忽然来拜访他们,说河南留学生办杂志,缺人写稿,叫他们帮忙,总编辑是刘申叔(即刘师培)。于是,几个人便把给《新生》准备的稿子放在了《河南》上。周作人发表了《论文章之意义暨其使命因及中国近时论文之失》和《哀弦篇》。

鲁迅、周作人和许寿裳3人仍同租房屋居住。在这里,周作人翻译了多篇短篇小说,拿到《民报》上发表,有些还经章太炎亲笔润饰过。他们还想自己印小说集。正当他们为资金犯愁的时候,他们的住处来了蒋抑卮,他到东京是为了治耳病。他的家境比较富裕,由于不懂日语,需要人照顾,只好借住在鲁迅这里。他听说周氏兄弟想印刷翻译小说集,大为赞成,愿意垫出150元。兄弟俩怎么也想不到,一直很发愁的事,几天之内就解决了。

这位资助者联系好了医院,进耳鼻喉科做了手术,这一切都是由鲁迅帮他接洽,并充当翻译的。蒋抑卮偶尔透露说,他觉得周作人很高傲,像一只鹤似的。其实周作人那时不善应酬,比较沉默,因此看起来就显得高傲。鲁迅就借用日语"鹤"的读音,给二弟起了个"都路"的绰号。后来,周作人还用"鹤生"这个笔名发表过文章。

《域外小说集》第一集共收短篇小说7篇,其中鲁迅译了2篇,周作人译了5篇,序言由鲁迅撰写。由于得到资助,这本书印得比较考究,用的是一种蓝色的罗纱纸做封面,上面印着德国的图案画,书名由鲁迅的好友陈师曾用篆字书写,署名是"会稽周氏兄弟纂译"几个字。书的内文也用上好洋纸。书由东京神田印刷所印刷,东京群益书店和上海广兴隆绸缎庄发售。

但销售结果却很不理想,简直是完全失败了。半年过去,东京这里只卖出几十本。至于上海寄售处,听说也才卖去二十来本。过了若干年,寄售处失火,所有存书都化为灰烬。

要论《域外小说集》的贡献,侧重弱小民族文学是其一,倡导短篇小说是其二。10 年以后,这两方面都蔚为大观,发端正在最初那两册薄薄小书。尽管当时曲高和寡,销路惨淡,落得半途而废,不过当年 5 月 1 日,在东京的《日本及日本人》杂志上,倒有一则关于"住在本乡的周某,年仅二十五六岁的中国人兄弟俩"翻译出版《域外小说集》的报道。这是周氏兄弟首次为外间所公开评论。

◎从章太炎学习

后来,鲁迅和周作人又开始跟随爱国学者章太炎学习。章太炎学问大、脾气也大,但对于学生,却永远和蔼可亲,随便说笑,就像同家人、朋友在一起一样。夏天,他只穿一件长背心,盘腿坐在席上,嘴上留着一点泥鳅胡须,笑嘻嘻的。周作人说,他看上去好像是一尊庙里的哈喇菩萨。

有一次,周作人被章太炎邀去,一同学习梵文。到授课的地点智度寺一看,教师已到,学生却只有章太炎和自己。教师的教法很粗拙,先在洋纸上画出字母,教他们发音。他们两个一边描下来,一边跟着读。梵文的字形很难记,音也难以读准,一个上午过去,周作人还是莫名其妙。将要下课的时候,老师在一张纸上写了一行梵文字,用英语说:"我替他拼名字。"他指的是给章太炎拼写名字,是"披遏尔羌"。两个人都听不懂。老师又指着章太炎说:"他的名字,披遏尔羌。"这次周作人听明白了,赶紧解释道:"他的名字是章炳麟,不是披遏尔羌。"但老师坚持他那英文的拼法。周作人觉得梵文太难,担心学不好,所以才去了两次,就中止了。虽然如此,章太炎强烈的求知欲望,给周氏兄弟留下了很深的印象,他对佛学的潜心钻研,也深深影响了周氏兄弟。他们在若干年后,仍然对佛教经典保持着极大的兴趣。

后来,鲁迅因为恼怒周作人懒惰,没有帮章太炎翻译佛经,还几乎把周作人打了一顿。周作人也后悔自己懒惰了。

1909 年 3 月 18 日,周作人娶羽太信子为妻。羽太信子时年 20 岁,本为他们租住公寓伍舍的女佣,两人初次见面,是在前一年的 4 月 8 日。1909 年 8 月,鲁迅回国。这时适逢《域外小说集》以失败告终，兄弟二人的合作也就告一段落。

周作人比鲁迅晚两年离开日本，对于日本的理解，就与兄长有些区别。讲到他和日本的关系，这段时间实属关键。鲁迅走后，周作人重新学习日文。不过，这次并不是单纯学习语言，而是以研究日本文学为主。他广泛阅读了《保登登几寿》（义曰杜鹃）为本据的夏目漱石、高滨虚子，《早稻田文学》的坪内逍遥、岛村抱月，以及《明星》、《寿波留》（义曰昴星）、《三田文学》的森鸥外、上田敏、永井荷风等人的作品。

鲁迅走后，周作人只在 1910 年，据丹福特的英译本转译了一部育珂摩耳的中篇小说《黄蔷薇》，工作成绩明显不如以往。大概是尚未走出《域外小说集》失败的阴影，另外也缺少鲁迅督促的缘故。

1911 年初，周作人即将结束立教大学古希腊文学业的学习，打算再学一门外语，但未能实现——鲁迅同年 3 月 7 日在给许寿裳的信中说："起孟来书，谓尚欲略习法文，仆拟即速之返，缘法文不能变米肉也……"此时家中境况，实已无力支持周作人继续留学。

此年 5 月鲁迅东渡，促其弟回国。大约在 7 月底之前，周作人带着自己的妻子归国，回到浙江绍兴的家中。

● ● ● ● ● **【人物小传】** ● ● ● ● ●

周作人（1885—1967），原名槐寿，后改为奎绶，字启明。浙江绍兴人。鲁迅（周树人）之弟，周建人之兄。中国现代著名散文家、文学理论家、评论家、诗人、翻译家，中国民俗学开拓人，新文化运动杰出代表。

1903 年进江南水师学堂学习海军管理，改名为周作人。毕业后考取官费留学日本。1906 年 7 月到日本攻读海军技术，后改学外国语。在日期间与羽太信子结婚。1911 年回国后，在绍兴任中学英文教员。后任浙江省军政府教育司视学。

1917 年任北京大学文科教授。1919 年"五四"时期任新潮社主任编辑，参加《新青年》的编辑工作，参与发起成立文学研究会，发表《人的文学》、《平民文学》、《思想革命》等重要理论文章，并从事散文、新诗创作和译介外国文学作品。1919 年起，任中华民国教育部国语统一筹备会会员。1927 年 4 月李大钊被杀害，曾保护李大钊之子李葆华避居自家一个月之久。

1931 年九一八事变后，出任北京大学文学院院长。抗日战争爆发后，留居沦陷后的北平，出任南京国民政府委员、华北政务委员会常务委员兼教育总署督办等伪职。1945 年以叛国罪被判入狱。1949 年出狱。后定居北京，在人民文学出版社从事日本、希腊文学作品的翻译，和写作有关回忆鲁迅的著述。1967 年 5 月 6 日去世。

郭沫若

日本对于这个多情文豪意味着什么

又见医学救国！从孙中山到鲁迅，来日本的留学生，似乎很多都是以学医为目标的。郭沫若也不例外。因为他意识到"医学一道，近日颇为重要"，将来学成归国，要"做一个跑道医生，背着药囊，走遍全国的乡村，专门替贫苦的人们作义务的治疗"。

◎留学与爱国

1914 年初，郭沫若在哥哥的支持下，到日本留学。他先进入神田日本语学校，补习日语和基础文化。这是来日本留学的惯例。按规定，必须先入高等学校读 1 年预科，再读 3 年本科，然后才能升入大学。郭沫若为了能够争取到官费留学，痛下苦功。早在大哥送别他的时候，他心里就暗暗发誓："我此去如于半年之内考不上官费学校，我要跳进东海里去淹死，我没有面目再和大哥见面。"为了能够全心学习，他甚至连烟酒都戒了。

仅 5 个月的时间，郭沫若就完成了在日本语学校的学业，以第七名的好成绩，考

中年郭沫若

入了东京第一高等学校第三部医科预备班。

为了庆祝成功考下官费，郭沫若和几个同学一起，到房州海岸避暑游玩，享受了短暂的惬意时光。他身在日本的海水里畅游，心里却联想到日本侵占青岛的情景，牵挂着祖国的安危。但是很快，大海的温柔就抚慰了那多情的文人的心。他沉迷于海的魅力中了！有一次，他独自向大海深处游去，因为水性欠佳，险些丧命，幸而被一位好心的日本人救上岸。

假期结束了，郭沫若很快就全身心地投入到了学习当中。为了实现医学救国的目标，他放弃了心爱的文学，告诉自己一定要全力以赴地学习每门课程，

郭沫若 1932 年在日本

不能有任何懈怠。为了更好地学习，他还将住处从离学校比较远的大冢搬到本乡区的真砂町，和同学吴鹿苹等一起居住。很快，他的日语水平就已经相当高了，甚至连他一直不擅长的数学，成绩也在班里名列前茅。

他和同学们相处得也十分融洽。很多人因为他的聪明好学，亲昵地戏称他为"郭大头"。甚至入冬以后，同学们在教室里围炉取暖谈天的时候，总有人摸着他的头顶，笑唱着"大头大头，落雨不愁……"的儿歌。

学业虽然进展很顺利，可心系祖国的郭沫若，仍无时无刻不关注着国内的情况。虽然国内时时传来"水旱灾异频繁"、"袁世凯加紧复活帝制"、"中日交涉险恶"的消息，让大家的心一直揪得很紧，但是，他们还都能压抑下烦闷来，继续投入学习。然而，1915 年 1 月 18 日，一条中国的消息传来，让大家顿时义愤填膺：日本帝国主义以支持袁世凯复辟帝制为条件，提出了灭亡中国的"二十一条"；为了强迫北洋军阀政府无条件接受条款，5 月 7 日，日本竟然下了最后通牒，限于 24 小时内答复。

全国人民都在表示着愤怒和抗议，远在日本的留学生们也无比激愤，觉得自己的祖国承受如此的侮辱和欺凌，自己怎么还能在日本这个国家逗留？郭沫若还赋诗一首，以泄胸中激愤：

哀的美顿书巴西，冲冠有怒与天齐。

问谁牧马侵长塞，我欲屠蛟上大堤。

此日九天成醉梦，当头一棒破痴迷。

男儿投笔寻常事，归作沙场一片泥。

于是，郭沫若和吴鹿苹等人都决定马上返回祖国，等待一旦中日宣战，就投笔从戎，为国杀敌。大家马上收拾、打点行装，变卖了很多带不走的东西，动身离日返回上海。

然而，郭沫若等人刚刚抵达上海，满腔热血却迎来了一盆冷水。原来，袁世凯已经答应了日本的要求，签订了丧权辱国的中日"二十一条"。这当头一棒，让郭沫若顿时失去了方向，不知道自己该何去何从。留下抗日？政府都答应了卖国条约，从何抗起？祖国母亲似乎并不需要自己这样的热血青年来保卫。回去继续学业？在那个如此欺侮自己祖国的国家学习，让自己情何以堪？郭沫若在上海街头彷徨了数日，虽然内心依然矛盾，但是无奈之下，最后只能回到日本。

郭沫若的心情虽然很压抑、痛苦，但还是于1915年7月从东京第一高等学校医科预备班毕业，升入了冈山第六高等学校第三部医科预科学习。

日本的高等学校，相当于大学预科，很注重外语的学习。德国的医学属世界一流水平，日本的医学也是来自德国系统，所以学校规定第一外语为德语，第二外语为英语，此外还有拉丁文。

日本学外语很注重阅读。当学生略通语音和语法之后，便拿一些名著来做读物，学德文时就是读歌德的作品，学英文时常读泰戈尔诗歌的英译本。这对学习语言很有帮助，而对郭沫若却另有特殊的意义。因为，这样的学习，把他内心深处对文学的渴望又释放了出来。

郭沫若对泰戈尔的最初了解，还是刚到日本的时候。他在同学的英语课外读物上，见到了这个名字。后来，他买到了一本泰戈尔的《新月集》英译本。泰戈尔诗歌那清新而恬淡的风格，一下子就迷住了郭沫若，他不禁找了其中几首最喜欢的翻译成了中文。此后，郭沫若又在冈山图书馆里寻出了《吉檀迦利》、《园丁集》、《暗室之王》、《加皮尔百吟》等书。他像找到寻觅已久的宝藏一样，每天一下课，便跑到阅览室里，捧起泰戈尔的诗集诵读起来。他把自己的全部身心，都投入到了诗歌中，甚至忘记了一切。直到闭馆，他才依依不舍地走回自己的寓所，路上还在回味着刚刚读过的诗句。

在冈山第六高等学校里，郭沫若还认识了好友成仿吾。成仿吾生于湖南，是我国无产阶级革命家、教育家和社会科学家、文学家；解放后任中国人民大学校长、全国人大代表、全国政协委员等。当时,他在该校第二部学习工科。两人一见如故,开始了他们多年的深厚友谊。大家共同关注着国家命运,都在为救国、强国而努力学习,又都对文学有着无比的热爱。他们同吃同住,一起上学,一起出游,一起研究文学,探讨祖国的命运、中日关系。

然而,这时候郭沫若却病倒了。一直忧虑祖国,加上过于勤奋学习,影响了他的健康。他得了很严重的神经衰弱,整日头昏脑涨,记忆力衰退,夜晚难以入眠,还常常做噩梦。这样的精神折磨,让郭沫若几近崩溃,甚至几度萌生自杀的念头。

幸好,他很快就找到了治疗办法。他偶然在东京的一个旧书店里,买到了一本《王文成公全集》,知道王阳明(即王守仁,明朝著名的哲学家)很讲究静坐。他觉得静坐对养心很有帮助,也想尝试一下。他立即上街买回了一本《冈田式静坐法》,按照上面的方法,坚持每天早晚静坐半小时,翻阅《王文成公全集》10 页。这个方法,竟然起到了意想不到的作用。不到两周,郭沫若的症状就有了明显的好转,精神状态也好了很多。

这位中国古代的伟大思想家,不光治愈了郭沫若的病,他的思想也深深地影响了郭沫若。郭沫若把王阳明的"去人欲,存天理"的思想,庄子的"恬淡无为而无不为"的主张,及泰戈尔的"梵我如一"观熔于一炉,进行玄奥的思索和探讨。

◎留学与爱情

就在郭沫若沉浸在王阳明的"心学"和老庄的道家思想世界里的时候,一段刻骨铭心的爱情,将他拉回到了现实当中来。

那是在 1916 年 8 月初,郭沫若邂逅了日本姑娘佐藤富子—— 一个在他生命中占据重要位置的女人。她有一个更为人所熟知的名字——安娜,这是郭沫若为她取的。那一年,郭沫若 24 岁,安娜 22 岁。

遇到安娜,是郭沫若人生的重要转折点之一,使郭沫若走出绝望和阴影,获得了新生。他们在一起的甜蜜时光,也是郭沫若文学创作的第一个高峰期。他为安娜写下了无数热情洋溢的诗篇,她是他生命里的圣母玛利亚,是他永远的维纳斯。

一天,郭沫若前往东京的医院替朋友拿 X 光片,第一次遇见了在该医院当看护的佐藤富子。那时,由于朋友刚刚去世,郭沫若还处在极度的痛苦之中。佐藤富子的父亲是牧师,母亲出身于日本士族家庭。她是个很有爱心的姑娘,自女校毕业后,就立志投身慈善事业,不顾父母的反对,到医院当看护。她的祖父、父亲都到过中国，家中珍藏着不少中国古书。因此，佐藤富子一直对中国很有好感。

佐藤富子看到郭沫若伤心、痛苦的样子，善良的天性让她忍不住前来宽慰他。这样难得的温柔，让郭沫若觉得一股暖流充斥了全身。而他那段时期的忧郁和痛苦，也似乎减轻了不少。这个善良温柔的姑娘，也就在郭沫若的心里留下了深深的烙印。

一周后，郭沫若收到了从东京寄来的 X 光片，还有一封英文长信。在信里，姑娘用基督教徒的博爱精神安慰着郭沫若。郭沫若也赶紧给她回信，并大胆地表达了自己对她的爱。佐藤富子也喜欢上了郭沫若忧郁的气质和如火的热

郭沫若、安娜与三个孩子

情。在此后的几个月里，他们一直以密切通信来传递彼此的炽热情感。他热烈地叫她安娜，她温柔地叫他哥哥。

1916 年 12 月，郭沫若再也忍不住自己的思念，再次来到东京这家医院。他向安娜求婚，并要求她辞掉医院的工作，与自己住在一起。安娜虽然也沉醉在热恋之中，但她是个温柔、乖巧的女儿，并没有立即答复郭沫若，而是先向父母说明了此事，希望得到父母的祝福。然而没想到，却遭到了父亲及家人的强烈反对。安娜处在了两难的境地：要么放弃爱情，要么放弃家人。痛苦了很久，安娜最终还是选择了与郭沫若的爱情，与自己的家族决裂。她辞掉了医院的工作，和郭沫若住到了一起。

郭沫若这边也受到了阻力。他早在 20 岁的时候，就在父母的包办下和一个名叫张琼华的姑娘结婚了。婚后第五天（据说他们根本没有同居），郭沫若就离开了家。对这个几乎可以说是陌生的妻子，他没有任何感情。现在他有了安娜，几次想和张琼华离婚。但是，迫于父母的压力，同时又担心张琼华会自杀，他只好写信请父母原谅自己，并开导张琼华，彼此都是旧礼制的受害者，没有感情基础，大家还是分手的好，希望她能理解自己。

郭沫若和安娜在冈山开始了甜蜜的新生活。与郭沫若同居后，安娜本来是要

去东京市谷女子医学校读书的，但是不久发现自己怀孕了，只能辍学回家。郭沫若为了孩子，决定想办法挣些钱，以补贴家用。

他第一个想到的就是翻译泰戈尔的作品。他从泰戈尔诗集中选了几首译为汉语，采用汉英对照的方式，并加注释，编成一部《泰戈尔诗选》，然后先后联络

九州帝国大学(今九州大学)

上海商务印书馆和中华书局，都遭到了拒绝。翻译泰戈尔诗集一事只能搁浅。

1918年，郭沫若的长子终于出世。郭沫若的父母曾因他弃张琼华娶安娜一直指责他忘恩负义，甚至与他一度断绝书信往来。直到安娜生了个男孩，郭沫若的父母得知有孙儿降生，欣喜之余才算原谅了他。初为人父的郭沫若，给儿子取名为和夫。这时候，郭沫若也从冈山第六高等学校毕业了，升入九州帝国大学医学部读书。

九州帝国大学在福冈县，是日本最早成立的国立大学之一，地处九州岛北端的博多湾海岸，有一条狭长的海中道与外海相间隔。博多湾就像是一个明亮如镜的大湖，气候温和，景色宜人。郭沫若因为这里曾是元兵东征日本的战场遗址，才选择了这所学校。那是六百多年前，元军第二次征倭，遇着飓风，泊舟博多湾，致使全军10万余人、4000只楼船一夜之间覆没。

郭沫若一家人，就住在福冈质屋(相当于中国的当铺)仓库的楼上，房间异常狭小。生活的主要来源，是郭沫若每个月三十多块钱的助学金，他们只好过着异常拮据的生活。学医的学生，需要购买价钱昂贵的德文医书，安娜就尽量节约生活开支，以给郭沫若买书。

她经常拿5分钱去买烧红薯，作为全家的午餐。有时候，年幼的和夫吵着要吃点心，安娜就给他一个铜板去买"铁炮弹"糖块，可在嘴里多含些时间。郭沫若偶尔有稿费收入，全家才有一次能改善生活的机会。这时候，安娜才舍得花2角5分钱去买"驿便当盒饭"(内有烧鱼、蔬菜、大米饭)，这对他们来说算是一次奢侈的大餐了。而且，为了节省开支，他们还常常搬家，以便找到更便宜的地方居住。不过搬家倒很简单，因为没有多少家当，往返几次就搬完了。

生活的艰难并没有影响到两个人的甜蜜感情。体贴的安娜,总是想办法用最少的钱给郭沫若最好的生活。经过爱情的滋润和安娜的悉心照料,郭沫若的诗情前所未有的充沛,他写下了一首又一首精彩诗歌,后来都收入到了他的诗集中。

所幸,不久后到东京帝国大学深造的成仿吾,陪着同乡陈氏父子来福冈治疗眼疾。他们邀请郭沫若举家搬至箱崎神社附近与他们同住,并请安娜帮忙管理家政,可免去全部房金。郭沫若和安娜自然十分感激,欣然前往。

安定下来以后,郭沫若便投入到了紧张的学习当中。大学医科的课程设置十分严谨,开始两年,诸如解剖学、组织学、生理学、医化学、病理学、心理学、药物学、细菌学、精神病理学等基础课,非常繁多,因而功课很是繁忙。

天气转冷时,便开始了人体解剖课。郭沫若早就跃跃欲试了。他一周有 3 个下午呆在解剖室里,可以如此近距离地了解人体的秘密,这让郭沫若很是兴奋。8 个人围坐在锌板制成的长条桌的四周,像吃西餐一样,桌上那冰凉、僵硬的尸体,在刀子、剪子、钳子和锯子的飞舞下被肢解;然后每个人拿着自己分工的部分,继续详细剖析。这些尸体都是处死或病死的犯人。日本人当时很盛行文身,这些尸首往往会纹有各种图案,甚至人物画,有些还画得十分工整。

看到这些千姿百态的文身,郭沫若那活跃、丰富的想象力,在这种诡异的氛围之下又"蠢蠢欲动"了。浮想联翩的他,很快就构思出了完整的情节,小说处女作《骷髅》就这样诞生了。朋友们对此文的评价甚高。郭沫若自己也很得意,就将稿子投寄给了国内著名的《东方杂志》,可惜没被采用。收到退稿后,恼怒的郭沫若,竟然把这篇小说付之一炬。

郭沫若注定是属于文学的。在医学的学习中,他那文学的想象力照样会纵横驰骋。他甚至写了一些关于解剖的诗篇:

"解剖呀!解剖呀!快快解剖呀!快把那陈腐了的皮毛分开!快把那没中用的筋骨离解!"

这样的情形是肯定会影响学医的。郭沫若在天性和理智的拉扯下,不禁迷茫了。

◎留学与文学

时间转眼间到了 1919 年。由于巴黎和会将在中国山东地区的控制权由德国转至日本手中,广大中国人民发出了愤怒的呐喊,爆发了五四运动,革命浪潮很快席卷了全国。远在异国的留学生们，也都得知了这个消息。日本的留学生们也希望能够积极投入到革命当中。于是，郭沫若和夏禹鼎、钱潮、陈君哲、徐诵明、刘先登等同学聚会商谈，决定组织一个通讯社，搜集、翻译日本报刊所载侵略中国的言论和消息，同时撰写一些反击日本侵略者的文章，油印之后投寄给国内的学校和报馆，以呼应国内的爱国运动。

因为集会时间是在夏天，中国古称华夏，结社地点是在夏禹鼎家里，这个团体便被命名为夏社。大家公推郭沫若为通讯社的主编，负责翻译和撰稿的工作。由于社团成员都是学医的学生，郭沫若在这群学生中，就算是写文章的翘楚了。他欣然接受了这个任务。他那对祖国命运的满腔忧虑，化成一串串犀利的文字，成为对付日本帝国主义的子弹。令大家欣慰的是，不久，《同文同种辨》、《抵制日货之究竟》等文章，就都在上海《黑潮》杂志上刊登出来了。当时颇负盛名的《时事新报》，还采用《抵制日货之究竟》作为社论，驳斥日本帝国主义侵略中国的借口。

为了工作需要，郭沫若还特意订购了《时事新报》，这个杂志以后成了他最常阅读的读物之一。在《时事新报》，郭沫若认识了相见恨晚的知己宗白华，他是《时事新报》副刊《学灯》的主编。郭沫若正是从这里，开始了他的新诗创作。

他在《学灯》"新文艺"的专栏上，第一次读到了中国的白话诗，便对自己的诗作有了信心。他将《鹭鸶》、《抱和儿浴博多湾中》两首诗抄寄给《学灯》，并第一次署名"郭沫若"。没有想到，当月11日诗稿就见报了。第一次看见自己的作品印成铅字，郭沫若的心情十分激动，这大大激起了他的创作热情。

有一次，郭沫若因对《学灯》中的一篇文章持有不同看法，便写信给宗白华。两人书信往返了几次之后，很快就成了莫逆之交。宗白华十分赞赏郭沫若，说是自己最爱读他的诗。郭沫若也正是在宗白华的鼓励和支持下，写出了他的名篇《凤凰涅槃》、《地球，我的母亲》、《炉中煤》等作品。

在宗白华的介绍下了，郭沫若还认识了田汉（湖南人氏，原名昌寿，著名剧作家、诗人，中华人民共和国国歌词作者）。3个人彼此引为知己，有着共同的爱好和观点，用书信一起探讨文学，探讨国家命运，畅谈理想。

然而，随着宗白华留学德国，《学灯》主编换人，郭沫若便失去了知音，《学灯》对他的作品也不再重视。这让郭沫若的创作热情很受打击，一度想要放弃，幸而在一众朋友的鼓励下才坚持了下来。

这时候，五四运动的高潮也已经渐渐落下。眼看着国内新文化运动似乎没有了当初的势头，郭沫若已经在心中酝酿了几年的筹办自己的新文学杂志的想法，现在又萌发了。于是，他写信给田汉讨论这件事，结果又收到成仿吾的来信，也是这个话题。

正巧,成仿吾要去上海泰东图书局应聘做编辑。郭沫若认为,这是个筹办杂志的好机会,于是和成仿吾一同回到上海。郭沫若和书局经理再三交涉,终于得到同意。郭沫若欣喜之余,火速赶回日本,和大家商议。

首先在京都,郭沫若与郑伯奇、穆木天、张凤举、李闪亭、沈尹默等人商谈;后又赶往东京,看望病中的郁达夫,以及田汉等好友。他几乎访遍了在日本的同人,取得了大家的一致支持。最后,在东京的郁达夫住所——第二改盛馆,郭沫若和郁达夫、张资平、何畏、徐祖正等人,最终确定了杂志的名字叫创造,"要以创造者的姿态,努力创造个光明的世界"。

创刊号的稿件,就由这几个人来撰写。何畏写诗,张资平写小说,文字功底最好的郁达夫更是要提供几篇文章。每季度出一期,同时配合出版丛书。于是,1921年6月8日的下午,未来闻名海内的创造社,就这样在东京一间小小的寓所里诞生了。

郭沫若匆匆赶回上海,开始着手整理创造社的书稿,并出版了自己的诗集《女神》,为《创造》丛书打响了第一枪。1922年5月1日,《创造》季刊(创刊号)终于出版了。封面上画有怀胎十月的夏娃,在望着一艘环绕地球漫游的桅高帆满的航船,她期待远征的孩子们能创造出一个崭新的宇宙。

《创造》给日渐衰落的中国新文化运动注射了一剂强心针,瞬时又激起了无数青年的热情。四面八方的读者来信,都对创造社表现了充分的热情和肯定,希望能够加入文学社。郭沫若虽然忙碌异常,在撰写、编辑稿件的同时,还要时常回到日本去继续医科大学的学业,但是看到自己亲手创办的《创造》如此得到读者的肯定,那种欣喜是难以名状的。

虽然创造社的同人们,与茅盾、郑振铎、叶圣陶、许地山等人主持的文学研究会,还有胡适、徐志摩、闻一多、梁实秋等人的新月社时常展开文学论战,但是创造社的影响越来越大,远远超出了大家的期望,成为"五四"以后新文学的一支生力军。

郭沫若虽然终日忙于学业与文学事业,却始终也没有忘却家国之痛。袁世凯死后,段祺瑞执政府曾一度对郭沫若寄予希望,期待他能够有所作为。然而不久之后,担任国务总理的段祺瑞,竟然与日本内阁签订了陆海军《共同防敌协定》,让日本军队进入我国东北境内,同时大量出卖国家主权和民族利益。于是,在日本的留学生们又展开了轰轰烈烈的罢课行动,来抗议段祺瑞这种丧权辱国的可耻行为,并选派代表回北京、上海从事请愿和宣传。排日情绪越来越高涨,郭沫若也积极投身其中。

当时，一些比较激进的留学生们认为，爱国的中国人是不应该和日本人结婚的，有日本伴侣的人理当受到警告甚至勒令离婚。一时，不少夫妻就这样被拆散了。郭沫若很不认同这个观点，他不认为自己没有爱国的资格，也不愿意放弃自己的爱情来满足这些人的要求，甚至自嘲地说自己"生来本没有做英雄的资格，没有吴起那样杀妻求将的本领"。

在九州帝国大学医科断断续续上了四年半学，1923 年 3 月，郭沫若终于毕业了。然而，此时他的心思已经完全放在文学上，收不回来了。他早已下定决心献身于文学事业，不去行医济世，也只能委屈自己的家人继续跟随自己受苦了。

此年 4 月 2 日，郭沫若带着安娜和 3 个儿子回到了上海。

● ● ● ● ● **【人物小传】** ● ● ● ●

郭沫若（1892—1978），原名郭开贞，乳名文豹，字鼎堂，号尚武，笔名沫若（源自其家乡两条河"沫水"和"若水"）、麦克昂、郭鼎堂、石沱、高汝鸿、羊易之等。生于今四川省乐山市观娥乡沙湾镇。我国现代著名的无产阶级文学家、诗人、剧作家、考古学家、思想家、古文字学家、历史学家、书法家、革命家、社会活动家。

1914 年春，赴日本留学，先学医，后从文。毕业于日本九州帝国大学医科。1919 年五四运动爆发后，在日本福冈发起组织救国团体夏社，投身于新文化运动。1921 年 6 月，和成仿吾、郁达夫等人组织创造社，编辑《创造季刊》。1923 年，在日本帝国大学毕业回国。

1926 年参加北伐，任国民革命军总政治部副主任，写下《试看今日之蒋介石》的讨蒋檄文。1928 年参加南昌起义。同年因受蒋介石通缉，旅居日本，从事中国古代史和古文字学的研究工作。1937 年抗日战争爆发后回国，任国民政府军事委员会政治部第三厅厅长。

新中国成立后，历任中央人民政府委员、政务院副总理兼文化教育委员会主任、中国科学院院长兼哲学社会科学部主任、中日友好协会名誉会长、中国科学技术大学校长、中国文联主席、全国人大副委员长、全国政协副主席等要职。1978 年 6 月 12 日在北京逝世。

郁达夫

一半是海水，一半是火焰

郁达夫的名字，是大家耳熟能详的。不过，他更多的是以作家和革命者的身份为人所熟知。而真实的郁达夫，是一个性格苦闷而矛盾的人。他从青年时期起，就一直陷在矛盾的怪圈里。

◎发奋学习，考上名校

一个 17 岁的少年，整天静静站立在船楼上，清新的海风吹拂着他。初次见到大海的他十分兴奋，一直在船上体会着汪洋的壮阔。这个略显清瘦的少年就是郁达夫，他是随赴日本考察司法的哥哥郁曼陀来东瀛求学的。

初到日本，处处都是新鲜的美景，让郁达夫目不暇接。他们在神户上岸，乘火车经大阪、京都、名古屋等地，目的地是东京。行程很宽裕，兄嫂二人与郁达夫一路上边行边游玩，10 月底才到达东京。

没想到刚到东京不久，就出了一个小小的意外。郁曼陀出去办公，就剩下郁达夫和嫂子二人，闲来无事，索性一起到街上去逛逛。两人一直走进上野公园。游

青年时代的郁达夫

玩一番,到该返回住处时,他们才发现迷路了。眼看暮色降临,两人依然找不到回去的路,着急起来。但是语言不通,也无法问清路。最后,郁达夫将旅馆的名字用汉字写在一张纸上,幸好有日本人认识汉字,给两人指明了道路,他们好不容易才在天之黑前回到了旅馆。

日本留学时期的郁达夫

这时候郁曼陀已经回来,估计两人外出迷了路,很是着急,正要报警,看到叔嫂二人走进了旅馆,一场虚惊方才结束。这件事,让郁达夫深切体会到了语言的用处。他下定决心一定要学好日语,否则,不要说求学,就是生活都成问题。

初到日本的郁达夫,就给自己确定了两个目标:学好日语和考取官费留学。郁达夫的家境比较贫寒,他希望自己能够有独立的经济,不依靠兄嫂的资助,所以官费是势在必得的。根据当时的中日合约,日本东京第一高等学校、东京高等师范学校、东京高等工业学校、千叶医学专门学校和山口高等商业学校5所学校(相当于高中)可以招收中国的官费留学生。可是,官费留学生竞争很激烈,因此郁达夫马上就开始了刻苦的学习。

到达东京后不久,他每天早晨5点钟就起床,先是到附近的墓地朗诵一阵日文,到8点钟,便带着一个干面包作干粮,步行3里多路,到神田的正则补习学校补习中学课程。晚上他还到夜校去学习3小时的日文。每天的午餐和夜餐,只有2角大洋,他能省则省。每天步行上学,一双皮鞋很快就开了口。天气冷起来了,但他却没有什么避风御寒的衣服,幸好有一位日本士官学校的同乡,送给他一件陆军制服,才让他度过了冬天。

临考前的几个月,他更是加紧学习,经常从晚上学到次日清晨5点,直到听见附近炮兵工厂放夜工的汽笛才去休息。功夫不负苦心人,经过8个月的努力,郁达夫以第七名的好成绩,顺利通过了东京第一高等学校的招生考试。东京第一高等学校其实是5所学校中最难考的。在这里的预备班学习一年后,就可以到日本的8所普通高等学校(即帝国大学系列)享受官费待遇。兄嫂也为他的成绩骄傲了很久。

然而,这段时间过度的疲劳,让从小就体弱多病的郁达夫身体不堪负荷,胃病、气管炎和神经衰弱都找上了他。此时,郁曼陀的考察结束,接到国内调令,回国担任北京大理院推事。看到郁达夫的学业很顺利,又考取了官费生,他就放心地偕夫人陈碧岑于 8 月底回国就职了。郁达夫送别兄嫂后,便搬进了学校的集体宿舍里居住。

◎广读小说,转学经济

现在的郁达夫,只有自己一个人了。来日本将近一年的时间,他第一次感受到了孤寂。本性的敏感悲观,又让这些苦闷和抑郁像发酵一般迅速膨胀起来。

郁达夫考取的东京第一高等学校预备班分为 3 部:第一部文哲、经济和政法;第二部理工;第三部医学。喜欢文学的郁达夫,自然想读第一部,然而后来兄长郁曼陀来信,认为文科没有前途,要他改选第三部医科。他听从兄长的话,改修了医科。

此时的日本医学已经非常发达,仅次于一流的德国了。所以,不少中国留学生抱着“医学救国”的想法来到日本学医,如鲁迅、孙中山、郭沫若等。

在 8 预备班的 320 名毕业生中,有 48 名中国留学生学医。郭沫若就在第三部医科预备班,所以后来与郁达夫成了同班同学。张资平被录取在第二部预科。同在异国的亲切和对文学的共同爱好,让郁达夫和郭沫若、张资平等人成了亲密的朋友,他们的深厚友谊就是从这里开始的。

在预备班学习期间,郁达夫依然非常刻苦,同时也不忘自己对文学日渐强烈的热爱。他大量地阅读欧美的文学著作,尤其是小说,从杜儿葛纳夫到托尔斯泰,到陀思妥耶夫斯基、高尔基、契诃夫;更从俄国作家的作品,转到德国各作家的作品上去。他也经常写旧体诗词,来记叙和抒发自己的情感。

然而,他深深地痛苦着。他觉得,这种痛苦的根源,来自于自己苦难的祖国。此时的日本,已经是一个新兴的资本主义强国了。当西方世界打起第一次世界大战,日本也跃跃欲试加入战团。为抢夺德国在中国的殖民地,日本加入协约国,于 1914 年 11 月出兵占领中国青岛。1915 年又提出“二十一条”不平等条约。在这种形势下,滋生了很多日本人歧视、欺凌中国学生的言行。

留学生们除了对祖国饱受欺凌的痛心外,还要忍受日本人的白眼与侮辱,这让他们的心灵受到了很大的折磨。郁达夫敏感的心更是看到了许多。在他眼中,日本国民中有知识的,多半是出于笼络心理,对中国学生笑里藏刀。而更多普通日本民众,则是在言语举止上直接表现出对中国人的蔑视与侮辱。

而最令郁达夫不能接受的，是他想亲近的日本少女对他白眼相向。日本一些著名女优妖艳的半裸照片、日本女人的"肥白柔美"、东京文人姬妾的艳闻，加上日本本来两性观念就比较淡漠，女子对操守不像中国那么严格，甚至在公共场合男女共浴；而日本的色情业又是合法的，非常发达，处处都有烟花妓馆——这一切，无不诱惑着从压抑、保守的古国而来的多情文人郁达夫。他又正值青春萌动的年纪，便想与一些日本少女亲近、交好。

但是，从这些温柔、天真的日本少女口中，竟吐出"弱国"、"支那人"的字眼，加上那种藐视的态度，彻底撕裂了郁达夫那颗敏感而骄傲的文人之心。他就在这种欲望和打击中饱受煎熬，也形成了他以后对女性近乎病态的热爱之情。

郁达夫是一个自恋倾向很强且又自制能力很差的青年。在功课如此繁重的情况下，他居然还以自己作为故事的主角，写过一篇留学生与日本少女恋爱的小说，来满足自己在现实中无法实现的幻想。当然，这篇小说还仅仅是草稿而已，最后也就不了了之了。

1915 年 9 月 11 日夜间，郁达夫离开东京，坐火车去名古屋，进第八高等学校就读。进入该校之初，他继续在第三部(医科)学习，但不久即正式改入第一部。

这时候，郁达夫对文学尤其是小说的热爱，已经到了欲罢不能的程度。据说，他在日本求学 4 年间读了一千余部小说，平均每月读 20 部左右，可见其痴迷之深。他甚至到了开始不顾自己的学业，休学专心在旅馆里看小说的地步。

在名古屋第八高等学校医科学习了一年之后，郁达夫觉得，中国不能强盛的根本原因，在于落后的政治制度，要拯救中国，只有进行社会改革。因此他决定弃医从政。从 1916 年秋开始，他转至第一部，重新开始学习政治经济。

当然，郁达夫转科还有一点私心。除了医科费用昂贵以外，功课紧张，没有充足的时间让他看小说，说不定也是一个很重要的原因。但是，郁达夫因此却惹恼了长兄郁曼陀。长兄如父的郁曼陀，一直给郁达夫制定了人生方向。可此时的郁达夫，竟选择了与兄长的期望相背的道路。郁曼陀为此一怒之下，要与郁达夫断绝兄弟关系，拒绝给郁达夫汇款。直到半年后，在郁曼陀妻子的调和下才终于和解。

由于长期的过度学习和精神苦闷，郁达夫的身体越来越差，到 1916 年春，终于发展成为严重的神经衰弱症。郁达夫谓之"神经病"，说自己"一时昏厥如羊癫病，但无痉挛状态耳，记忆力、忍耐力、理解力皆已去尽矣"，甚至于春假中去一趟东京也不能了。郁达夫病中咏一绝给自己的日本老师松本，有"今日穷途于一哭，由他才尽说江郎"之句，足见其悲观。他当时给长嫂陈碧岑写信，居然说又想出家为僧，甚至还想"逃归山谷，作一野人"。

因为病情严重，郁达夫不得不放弃春假考试，7 门学科只考了 3 门。他为了养病，在风景幽雅的梅林(晴雪园)中租了一间楼房休养，直到病情好转，才于当年 9 月开学之前，回到自己以前的住处——御器所村五山田喜助家。

◎ 热爱文学，以诗会友

病中的郁达夫，虽然在身体和精神方面受着双重的折磨，但是，他的爱国热情却丝毫未减。而病中充足的时间，也让他更加沉浸于文学中了。除了小说，他还写了很多旧体诗词。

郁达夫的旧体诗词造诣很深，他在日本《新爱知新闻》(即后来的《中国新闻》)"汉诗栏"里发表了很多旧体诗，或是家国之思，或是感慨人生，如《犬山堤小步见樱花未开口占二绝》、《由柳桥发车巡游一宫犬山道中作》七绝 3 首和《大桃园看花》等作品，获得了不少日本学者的欣赏。"汉诗栏"负责人服部担风就是其中一位。他是日本著名学者、诗人，主持过佩兰吟社、清心吟社、丽泽吟社、随鸥吟社等多家诗社。

当时的日本虽然已经明显欧化，但还是有很多知识分子坚持着古老的东方传统。中国的旧体诗词在日本的地位很高，高层人士都以能写旧体诗词为荣，日本各地还有许多吟社(即诗社)。所以，有着深厚旧体诗词造诣的郁达夫，便以诗词结交了很多日本学者及高层人士，甚至还有军官。

郁达夫长兄郁曼陀也是日本留学生，在日本时与服部担风同是随鸥吟社的会友，因此，郁达夫得以有机会拜见这位德高望重的诗坛泰斗。1916 年 5 月的一天，郁达夫坐上开往海西郡弥富村的火车，来到服部担风的家。这时候的服部担风已 50 岁了，郁达夫以郁曼陀弟弟的身份向服部担风做了自我介绍。服部担风听说是诗友胞弟，就很热情地接待了他，把他让进自己的书斋。

服部担风在详谈中才知道，面前这个年轻人，就是向《新爱知新闻》投稿的达夫郁文。服部担风很欣赏他的文采，两人就文学、诗词畅谈了一个下午，直到郁达夫该回去的时候还意犹未尽。服部担风索性把郁达夫送上人力车，自己跟着车边走边谈，一直把郁达夫送到车站，坐上火车。在日本举目无亲的郁达夫，碰到这位如此热情的老人，顿时感到前所未有的温暖和高兴。此后，他与服部担风的感情日渐深厚，一直把他当做自己的亲人和师长。

于是，当年中秋节，服部担风主持佩兰吟社在著名的桑名"爱岩楼"(即阿谁儿楼)的集会,便邀请郁达夫参加。小楼依山傍水,建在桑名西边的小丘上,四周古树参天,面前是伊势湾的波光潋滟。要是圆月当空,玉璧清辉,真有说不出的幽雅。可惜,当晚明月始终躲藏在厚厚的云层里。但这并没有影响到诗人们的雅兴,大家依然饶有兴致地抽签分韵。郁达夫抽到的是"寒"字韵。

当众人还在冥思苦想的时候,郁达夫也是有心显显中华国威,略一沉吟,一首七律便已赋成,题为《丙辰中秋,桑名阿谁儿楼雅集,分韵得寒》。众人一看,赞不绝口,对这个中国青年刮目相看。服部担风更是得意非常,事后在给他的弟子、郁达夫的诗友富长蝶如的信中提到当时的情形,并作了"达夫不愧捷才,首成七律,一座皆惊"的赞语。

1916—1921年间,郁达夫在日本各种报刊杂志上共发表九十多首诗词。1919年上半年是郁达夫在第八高等学校的最后一个学期,暑假以后他就将离开名古屋升入高校了。与服部担风即将远别,郁达夫时刻想届时该怎样排遣这种离情别绪。他的日记上写道:"2月25日。昨晚喝了一合酒,毫无目的地去拜访担风。牙出血。今朝成诗一首,寄担风,为所赠梅花画幅致谢也。"

> 春风南浦暗销魂,话别来敲夜半门。
>
> 膳我梅花清几许,今生难报丈人恩。

服部担风赠与郁达夫的那幅梅花,是一张融诗、书、画于一体的梅花条幅。郁达夫得到这张画后,视若珍宝,即刻送往裱画店去装裱。在回国参加文官考试时,就带回了家乡富阳,而且送到宵井,交给妻子孙荃代为保管,并再三叙述与担风先生的交往值得铭记心间。这幅画凝聚着中日文士之间的真挚情谊。

◎寂寞病痛,纵情声色

郁达夫虽然在文学方面日益精进,可精神和身体的折磨却一直没有离开过他。他生病的前一年,也就是他到名古屋的第一年冬天,参加完考试便放了寒假。两天的漫天大雪,让郁达夫一个人待在屋子里觉得愈发苦闷。他便想出去逛逛,没有什么目标地游荡。于是,他坐上东海道线开往东京去的客车。

一个人孤单地旅行,是一种特别的体验。因此,他在孤冷的客车里,开始自斟自饮起来。也许一醉真的能解千愁吧,几瓶热酒下肚,他顿时有点飘忽了。借着酒力,他要尝试一下一直以来想做但是又不敢做的事情。反正,在这偏远小镇里,孤单一人,不会有人认识自己。

他便半夜借着酒劲下了车,走进一家妓院。日本的色情业本来就很发达,随便一个小站旁,都会有妓院的。鸨母出来相迎,郁达夫便选定一个肥白高壮的妓女作陪。他且歌且饮,放浪形骸,与妓女饮至深夜,终于迷迷糊糊地男女相拥,登床云雨一番,第二天一直睡到中午才醒来。郁达夫酒醒后,被怀中的女人吓了一大跳,苦思半天,才隐约记起昨夜的荒唐。

一个以救国为己任的新时代学生,原本觉得自己高尚、洁净,却做出这种事来,心里非常纠结痛苦。他开始自责起来,觉得愧对自己的理想和对国家的热情。但是,痛苦归痛苦,有了这个开端,就一发而不可收拾了。

每当心情压抑、苦闷时,郁达夫就到妓院里寻欢作乐,以寻求暂时的解脱。而每次从妓院出来后,他又开始悔恨自己的荒唐,于是更加压抑、苦闷,几乎成了恶性循环。他严重的神经衰弱,也跟这件事有很大的关系。可以说,郁达夫虽然是新时代的青年,但骨子里还是一个旧文人,意志薄弱、思想颓废,以沉迷酒色来排遣心中的痛苦,更以风流、多情自诩。

他后来也不再遮掩,甚至回来后还给同学们介绍一些妓院的情形:日本妓女坐在那里,头上挂有介绍姓名、年龄的牌子,供来客挑选等。甚至在他后来的小说里,也有介绍留学青年在日本受到歧视和侮辱,以及性压抑等内容的,转而出现了不少以妓女生活为题材的作品。其实,这也正是他自己生活的写照。他第一次去嫖妓的情形,被他写成了一篇小说《雪夜》。后来,他甚至发展到和一个日本女子同居,这个女子的前夫是一个军人。在他的好友钱潮的回忆录里,提到过这件事。

1917 年 6 月,郁达夫又爱上了一个叫隆子的日本姑娘,他的日记和诗中都有过记叙,"犹有三分癖未忘,二分轻薄一分狂"。隆子还回赠了郁达夫一把日本扇子,上面题了两句日文诗。此扇后来也被郁达夫带回富阳,一直保存到 1966 年的"文化大革命"。

◎仕途无望,潜心创作

1917 年 6 月下旬,在日本漂泊了 3 年的郁达夫,第一次回国了。此时正值张勋复辟之际,国内军阀混战,郁达夫对中国的局势感到极度失望。8 月初,他回到了阔别多年的家乡。此次回乡期间,郁达夫的母亲为他与一个名叫孙荃的姑娘订了婚。郁达夫对此极为不满,但想到母亲年事已高,为不使她伤心,就顺从了。9 月初他回到日本,继续在名古屋第八高等学校就读,直至 1919 年 6 月毕业。

郁达夫接到长兄郁曼陀的来信,通知他北京正举行高等文官考试。得到这个消息,郁达夫顿时觉得豪情万丈,对他的日本朋友雷长蝶说"仆十年后若成名,当迎君!"像大多数中国传统文人一样,郁达夫渴望世俗的荣誉,渴望功成名就。

可是,那些有钱的考生纷纷用钱买通了考官,而郁达夫的长兄却不愿徇私,所以郁达夫自然就落榜了。得知这一内情后,郁达夫激愤难平,便以"江南一布衣"为名,在某清王府花园的壁上题了一首诗:

> 江上芙蓉惨遭霜,有人兰佩祝东皇。
>
> 狱中钝剑光千丈,垓下雄歌泣数行。

此年10月19日,郁达夫又与二哥郁养吾参加了北洋政府举行的高等文官考试。郁达夫再次铩羽而归,郁养吾却考了第二十七名。这次考试更加荒唐,被录取的人早已由政府内定好了,举行公开招考不过是做做样子而已。但是两次落第,给心高气傲的郁达夫打击极大,他只好返回东京帝国大学经济学系,继续读书。

从1920年开始,郁达夫和日本的许多著名作家都有了一些交往。他常把自己的诗作交给《太阳》杂志发表。该年春天,他和爱好文学的东京帝国大学留日同学张资平(地质科)、成仿吾(造兵科)等人,开始商议组织一个新文学团体,创办新文学杂志。后来,在他当时寄宿的不忍池畔"池之端"二楼寓所,召开了第一次筹备会议。

郁达夫在积极筹划组织新文学团体的同时,也不断从事创作。首先完成的是小说《银灰色的死》,这是他发表的第一篇小说。接着,他又创作了小说《沉沦》和《南迁》。

后来,终于在郭沫若、成仿吾等几个人的策划下,于1921年6月8日下午,在郁达夫的东京寓所里,最后确定了创办文学社团的事宜。未来影响极大的创造社就这样诞生了。

1921年,在东京的中国留学生举行集会,请了号称日本"宪政之神"的政治家尾崎行雄作报告。尾崎行雄在报告中,将辛亥革命后的中华民国仍称作"清国",还有不少对中国不友善的言辞。郁达夫就在听众席上勃然站起身来,打断了尾崎的讲演,义

郁达夫(中)与郭沫若(左)、成仿吾(右)合影(1926年)

正词严地进行反驳,终于迫使尾崎承认了错误,当场道了歉。

郁达夫驳倒日本政界大人物的事,很快在中国留学生中传为美谈。夏衍回忆此事时说:"我佩服他的勇气,佩服他的敢于顶撞一个大人物的爱国主义精神。"

1922 年 4 月,郁达夫终于取得东京帝国大学经济学科的学士学位。已经回到上海的郭沫若等人,希望他回国主持创造社的工作;安庆政法专门学校也邀请他去任教。郁达夫便放弃再进东京帝国大学文学部学习的打算,于 7 月份自神户搭船回国,结束了他在日本 8 年的留学生涯,回到了自己日夜思念的祖国。

● ● ● ● ● ●【人物小传】● ● ● ● ●

郁达夫(1896—1945),原名郁文,字达夫,幼名阿凤,浙江富阳满洲弄(今达夫弄)人。中国现代著名小说家、散文家、诗人。

郁达夫出生于地方一个旧知识分子家庭。1911 年起开始创作旧体诗,并向报刊投稿。次年考入浙江大学预科,因参加学潮而被校方开除。1914 年 7 月入东京第一高等学校预科学习,开始尝试小说创作。1919 年入东京帝国大学经济学部。1921 年 6 月,与郭沫若、成仿吾、张资平、田汉、郑伯奇等人在东京酝酿成立新文学团体创造社。此年 3 月自东京帝国大学毕业后归国。5 月,其主编的《创造》季刊(创刊号)出版。1923 年至 1926 年,先后在北京大学、武昌师大、中山大学等校任教。1926 年底返沪,主持创造社出版部工作,主编《创造》月刊、《洪水》半月刊。1928 年加入太阳社,并在鲁迅的支持下主编《大众文艺》。1930 年 3 月,中国左翼作家联盟成立,为发起人之一。1938 年赴武汉参加军委会政治部第三厅的抗日宣传工作,并在中华全国文艺界抗敌协会成立大会上当选为常务理事。1938 年 12 月至新加坡,主编《星洲日报》等副刊,写了大量政论、短评和诗词。1942 年日军进逼新加坡,与胡愈之、王任叔等人撤退至苏门答腊的巴爷公务,化名赵廉。1945 年在苏门答腊失踪,据推测为日本宪兵所杀害。

代表作有短篇小说集《沉沦》,小说《迟桂花》、《春风沉醉的晚上》,文艺论著《小说论》、《戏剧论》等。

徐悲鸿

从东洋到西洋皆醉心艺术

　　徐悲鸿刚到巴黎求学时,曾遭到一个法国学生的寻衅。法国学生说:"中国人愚昧无知,生就当亡国奴的材料,即使送到天堂深造,也成不了才!"徐悲鸿义愤填膺地回答:"那好,我代表我的祖国,你代表你的国家,等学习结业时,看到底谁是人才,谁是蠢材!"

　　一年之后,徐悲鸿的油画就得到了法国艺术家的好评;此后数次竞赛,他都得了第一;他的个人画展,轰动了整个巴黎美术界。这样令人惊叹的成就,让那个法国学生汗颜,再也不敢小看中国人了。

◎为学为情远渡东瀛

　　徐悲鸿出身贫寒,由于受到做画师的父亲的影响,他从小就喜欢画画。19岁时,在同乡徐子明教授那里,看到法国卢浮宫的名画复制品之后,即醉心于西方艺术,就产生了想要去法国留学的念头。但当时经济窘迫,赴欧洲留学也只能是一个遥远的梦想而已。

　　落魄的徐悲鸿,在上海见到犹太人冒险家哈同征求仓颉的画像以后,便前去应征。结果,他的画作得到了康有为、王国维等人

徐悲鸿自画像

青年徐悲鸿　　　　　　中年徐悲鸿　　　　　徐悲鸿与蒋碧薇

的赞赏。康有为更是因此非常欣赏这个年轻人。在康有为的帮助下,哈同愿意资助徐悲鸿出国留学。

　　虽然徐悲鸿一直憧憬着欧洲,但因为当时正值第一次世界大战尾声时期,无法去欧洲,他只能先去日本了。而此时徐悲鸿正和已有婚约在身的蒋碧薇热恋,迫于家庭的压力,两人决定私奔。在康有为的帮助下,徐悲鸿对外宣称说是 4 月中旬起程去法国留学,并赴蒋家的饯行晚宴,其实暗地里则购买了去日本长崎的船票。

　　1917 年 5 月,徐悲鸿偕蒋碧薇,乘日本“博爱丸”号轮船,由上海私奔到日本长崎,再转道东京,在这里住了下来,开始学习东洋艺术。

　　徐悲鸿揣着康有为亲笔书写的信函,拜访了中村不折等日本绘画界前辈。中村不折在寓所接待徐悲鸿时,从这个 23 岁的中国青年身上,似乎看到了昔日意气风发、拼命学画的自己。中村不折第一次看到一个中国青年的画作和书法,感到很吃惊。而徐悲鸿也是第一次遇到曾经在西方留过学的画家,所以急迫地想知道留学生活的细节。中村不折毫无保留地回答徐悲鸿的提问,而谈得最多的,还是自己当年在巴黎留学时的收获。

　　当时,徐悲鸿虽然也学了一点日语的问候语,但议论书画还远远不够。他们找到了一个最佳途径,中村不折懂法语,而徐悲鸿也学过法文,他们就可以用法语交谈。好在他们还有笔墨。

　　徐悲鸿在日本留居期间,常常到博物馆以及私人收藏家那里去参观、临摹,有空时便与日本书画家中村不折、竹内栖凤等人讨论学术。日本印刷术优美精良,出版的艺术书籍非常丰富。徐悲鸿喜好书画,没事的时候就在书店里流连,看

徐悲鸿故居

徐悲鸿画蒋碧薇素描

到喜欢的便毫不犹豫地买下来。他在日本收获颇丰，不仅淘到了很多喜欢的艺术珍品，期间，还与日本艺术界的著名人士进行交流，在学术研究上获益很多。

就这样，徐悲鸿带着求知的渴望，在东京寻找着。他住在东京神田附近，神田的书店街是一条东京老街，艺术品店铺与画廊鳞次栉比，步行不远就是上野的国立博物馆。徐悲鸿流连忘返，他看到一批日本画家的创新画风，还看到日本印刷的法国文艺复兴时的名画。徐悲鸿从中村不折的切身感悟里，也从日本绘画的现实中，发现日本画风嬗变的源头仍在欧洲，使他对巴黎的向往更加迫切。

在东京的生活，对于徐悲鸿与蒋碧薇这对新人而言，是初次的磨合。他们走到一起非常不容易，彼此是珍惜的。然而，甜蜜之余也有些苦恼。他们手头的钱，就是仓圣明智大学给的 2000 块大洋。本来，这在当时绝不是个小数目了，但是，徐悲鸿看到自己喜欢的画集或画片，就会爱不释手，并掏钱购买下来，不会想到日子怎么过。他经常到各书店去浏览、观赏，碰到合意的便毫不考虑地买下来。有时候，他也要蒋碧薇陪他同去。蒋碧薇太年轻，对于艺术简直是一窍不通，根本就没有兴趣，往往是干坐在一旁等他，一等就是半天，那种滋味实在不好受。

半年之后，徐悲鸿因为大量地买书买画所费不赀，将带来的 2000 块钱很快就用完了。东京居家大不易，再拖下去就得挨饿。当年 11 月间，他们只好又从东京黯然地回到了上海。

回到上海后的徐悲鸿和蒋碧薇，首先去拜访了康有为，期望能有机会再去欧洲游学。康有为建议徐悲鸿先去北京，等欧洲局势稳定一些再谋划不迟，并把他介绍给了北京大学校长蔡元培。来到北京后，蔡元培见徐悲鸿画艺精湛，就聘请他为刚刚成立的北大画法研究会的导师。徐悲鸿便一边在北大教书，一边等待公费留学法国的机会。他在朋友的引荐下,认识了当时担任教育总长的傅增湘。在他的帮助下,几经周折,徐悲鸿终于在 1918 年末争取到了公费留法的机会。

1919 年 3 月 17 日,徐悲鸿偕妻子蒋碧薇,随中国第一批留法勤工俭学生,乘日本货轮启程奔赴法国。《申报》由此发文称:"徐氏为中国公派留学美术第一人。"上海美专的杂志《美术》,在其"美术界消息"这一栏目中,有《美术家之赴法留学》一文,里面写道:"北京大学教授、前图画美术学校毕业生徐悲鸿君,学术优长、名誉卓著。今为预储美术人才起见,特派徐君前赴法国国立美术专门学校留学,闻于前日已乘'印伯丸'前往。吾国之派赴西洋留学美术者,以徐君为第一人云。"

◎ 来到梦中的艺术之都——巴黎

海轮在一望无际的大海上航行,徐悲鸿于 1919 年 5 月到达巴黎。

此时的北京,已经有青年学生陆续走上街头,抗议北洋政府接受日本"二十一条"不平等条约。国家兴亡,匹夫有责,轰轰烈烈的五四运动迅速席卷全国,震惊世界。

徐悲鸿身在欧洲,也关注着这场爱国运动。他在法国曾写过两篇诗文以抒发自己的悲愤之情。

到达巴黎的徐悲鸿,面对这座闻名于世的文艺之都,很快便如痴如醉。

欧洲的绘画艺术,从著名艺术家达·芬奇、米开朗琪罗、拉斐尔的绘画及雕塑艺术开始走向世界,直到莫奈、塞尚、凡·高,其发展源远流长,有着自己的血统与传承,与东方绘画艺术风格迥然不同,但都属于人类文明进程中的宝贵遗产。

来自中国的徐悲鸿,站在欧洲的文艺中心巴黎,面对着林林总总的艺术派别,清醒地认识到,有选择地吸收与摒弃十分重要。

徐悲鸿觉得自己素描底子不好,于是先进入巴黎私立朱利安画院学习素描。几个月下来,他的素描功底有了很大的进步。第二年,经过 3 轮考试,他以优异的成绩考入法国国立最高美术学校——巴黎国立高等美术学院图画科学习,师从弗拉孟教授。

巴黎国立高等美术学院采用导师制的学习方式,学生选择导师,导师也选择学生。

选什么样的人作为自己的导师,徐悲鸿非常明确,第一是最好的,第二是写实的。他觉得,中国画之所以让他不满意,因为它被关在书斋里,不关心现实,这和他内心的叛逆和在北大所受的熏陶完全不合。在诸多导师中，徐悲鸿对弗拉孟教授最为推崇，觉得他的历史画与主题肖像画创作是现实主义传统的精华，气势宏大、流畅自然。

而弗拉孟也喜欢徐悲鸿，他认为徐悲鸿不只是一个学生，而且已经是一个成熟的中国艺术家。

徐悲鸿具有中国绘画基础，理解西方绘画技法的角度与众不同。他对西方透视学、解剖学、色彩学以及光学原理的把握，很快便高出于其他同学。他练习素描到了废寝忘食的地步，从人体结构的变化关系，到物体的明暗层次，从质感、体积感到色彩感，都深受弗拉孟教授的称赞，每次考试都名列前茅。

巴黎国立美术学院离著名的世界艺术殿堂卢浮宫不远。从学院门前的波拿巴巷走向塞纳河畔，在法兰西学院前走上艺术桥，桥的斜对面就是卢浮宫。徐悲鸿在卢浮宫的感受，是震撼性的。那是少年徐悲鸿投射无数梦想的地方，他时常一待就是一天，有的时候，只拿一个面包。一天吃一个面包怎么行呢？

也就是因为时饥时饱，生活没有规律，造成了他的胃病。他在画上写道："人览吾画，焉知吾之为此，每至痛不支也。"（"我画这个模特儿，是在我很痛、很难支持的时候画的。人家看我这个画，不知道我的胃疼到这种程度。"）

刻苦求学的徐悲鸿痴迷的程度，当时在巴黎高等美术学院是出了名的。他的画进步很快，老师们不再吝惜赞扬，同学们也对这个黑头发的学生不再看轻。大家都知道，中国人徐悲鸿取得成绩并不奇怪，因为他太刻苦了，没人比得了。他时常思考着"大道"，就是一个民族的使命和一个画家的责任。

徐悲鸿与当年留学法国的中国青年一样，抱定明确的目标。积贫积弱的中国，使他们过于早熟，充满革命激情。他们在不同方向、不同领域，寻找着自认为救国的真理。

虽然是官费留学，但因为当时国内局势动荡，军阀混战，来自北洋政府资助的官费时断时续，去法国的留学生都曾遭遇经济上的窘迫，徐悲鸿也不例外。本来国内邮寄来的资费就有限，他又喜欢购买书籍和画，每每一有钱就不能自持，出去购买大量文艺著作。因此，他和蒋碧薇常常陷入食不果腹的境地。蒋碧薇曾经愤怒地向他说道："你是与艺术结婚，不是与我蒋碧薇。"

1921 年 4 月，法国国家美术展开幕。徐悲鸿从早上进去一直到闭馆，走出会场时，才忽然发现外面下着大雪。他整天没有进食，又缺少御寒的大衣，眼前没有了艺术食粮的滋补，顿时感到饥寒交迫，腹痛如绞。回来后，他以为洗澡能御寒，不曾想澡还没洗完，就肚子痛得直不起腰来。从此，徐悲鸿患上了严重的肠痉挛症。他常常强迫着自己忍痛作画。

徐悲鸿这时候又遇到了一位影响他终身的人——法国的著名画家达仰·布佛莱。人们都知道,徐悲鸿画马名扬天下,而达仰也是画马的高手。

那是一次文化名人茶会,徐悲鸿受著名雕刻家唐泼特的邀请,前往参加。对这位中国留学生的才华非常了解的唐泼特,便把他引见给了与会的达仰·布佛莱。应达仰的热情邀请,徐悲鸿来到他的画室,看到了大量的素描、速写和油画,并体会了达仰艺术语言的魅力。25岁的徐悲鸿从67岁的达仰那里,读到了一位天才画家的执著和扎实。

在徐悲鸿看来,欧洲绘画传统是一个独特的艺术体系,而达仰则继承了文艺复兴的精华,如今又来引导自己借鉴、吸收,是他求之不得的。中国并不缺乏写意和抽象的元素,缺乏的正是写实训练。徐悲鸿惊奇地发现,达仰已经是画坛大家,可每天一大早还是到画室作画,直到天黑才离开,即使星期天也不例外。

于是,徐悲鸿在学校学画之余,每到周末就去达仰家求教,与达仰一家结下了深厚的友谊。1928年,徐悲鸿已经回国,画家颜文梁到法国游学,拿着徐悲鸿写的介绍信去拜访达仰。达仰的妻子听说徐悲鸿有了孩子,还亲自做了一双童鞋,让颜文梁带回去送给徐悲鸿的孩子。

1924年,在巴黎公社社员墓碑前写生作画的徐悲鸿,偶遇了前来凭吊的周恩来。两个人相见以后,可能因为他们都是江苏人,所以觉得特别亲切。他们在巴黎产生的友情,一直延续到新中国成立以后。

◎生活艰难而仍潜心艺术

一战之后的欧洲,物价飞涨,徐悲鸿所带的钱剩得越来越少,生活也越发困难。很多留学生开始打道回府,而他却不愿意半途而废。当时,在一战中战败的德国通货膨胀,马克贬值,法郎在德国增值数倍。于是,很多留法学生开始到德国继续学习,徐悲鸿和蒋碧薇也来到了德国。

柏林向徐悲鸿打开了又一个天地,他亲眼看到了伦勃朗、门采尔、绥干第尼等大师的绘画和脱鲁倍斯柯依的雕塑。他还向柏林美术学院院长康普等德国前辈画家求教。

在柏林近两年,他每天作画达10个小时以上,到博物馆临摹从早到晚。他住在柏林康德大街,中国人称它为"唐人街"。徐悲鸿每天走过这条街道,都会想到万里之外的故土。逢年过节,民间舞狮子,而父亲徐达章也会画狮子,可惜他终老乡间,一生只能凭借想象画。

也许,父亲没有见过狮子的遗憾,徐悲鸿并没忘记。他在柏林最喜欢去的地方,就是动物园。狮子的形象在他的速写本上占的页数很多,他观察狮子站、卧、走、跃的姿态,把狮子的结构一丝不苟地画下来。徐悲鸿画的狮子,达到了惟妙惟肖的境界,逼真传神。他凭着记忆,能将一头雄壮的狮子画得活灵活现,绝非偶然。他渴望自己的祖国能像一只真正的雄狮,如同拿破仑所预言的那样,有一天早上会醒来,向世界发出觉醒的吼声。

徐悲鸿重新获得留学经费之后,于1923年5月从德国回到巴黎,再次来到他敬爱的老师达仰身边。他以自己的作品——油画《老妇》,第一次入选法国国家美术展。

徐悲鸿由素描班升入油画班,而购买油画工具和颜料要花钱,他只得从捉襟见肘的生活费用中挤出,有时连吃饭的钱都付不起。徐悲鸿帮百货公司画广告,而蒋碧薇帮人家缝补衣物,挣点钱补贴家用。请不起模特,徐悲鸿只好画自画像,也给蒋碧薇画了不少素描与速写,还以此为蓝本画了油画。

对于留学期间窘迫的生活,出身贫寒的徐悲鸿并不当回事。他是贫苦家庭出身的人,也是艺术至上的人,看到艺术品就想买,在他看来,苦日子只不过是人生的一段插曲,是朝拜艺术高峰的代价。而蒋碧薇是大家闺秀,也不善理财,她想要体面的生活,更想要一个关心自己的丈夫,她不满徐悲鸿一门心思只顾画画,不管其他。

庆幸的是,徐悲鸿每逢危难,常有人扶持,在欧洲也不例外。时任中国驻法国总领事的赵颂南,非常爱才。他在法国接触了很多中国留学生,但是给他印象最深刻的,还是两个江苏小同乡,一个是官费留学的徐悲鸿,还有一个就是周恩来。赵颂南送给徐悲鸿500法郎,以解燃眉之急。万分感激的徐悲鸿画了一幅油画《赵夫人像》,送给赵颂南。

也是赵颂南,使徐悲鸿结识了黄孟圭。徐悲鸿到领事馆查询中断多时的官费,在赵颂南的引荐下,留法的徐悲鸿与留美的黄孟圭一见如故。次日,黄孟圭如约前往徐悲鸿家欣赏画作。黄孟圭欣赏徐悲鸿的画作,钦佩不已,但也感受到画家的经济窘迫,听徐悲鸿坦率相告困境,决定拔刀相助。黄孟圭出身于闽南望族,家境宽裕,他把自己的生活费分给了徐悲鸿一些,以解燃眉之急。

不久,南洋华商陈嘉庚捐助建立厦门大学,电催黄孟圭回国任厦大校长。黄孟圭只好把徐悲鸿托付给二弟黄曼士,黄曼士又把徐悲鸿介绍给一南洋侨领画像。

徐悲鸿与蒋碧薇商量,蒋碧薇留在巴黎,而徐悲鸿只身前往南洋,等筹到经费后,再一同回国。

1926 年新春前夜,远在南洋的徐悲鸿,想起了独自一人呆在巴黎的蒋碧薇。他担心她付不起房租、水电,连买面包的钱也没有,实在没有心思吃年夜饭。黄曼士为徐悲鸿的患难之情所感动,就到附近邮局给蒋碧薇电汇去了 800 法郎。此后,徐悲鸿终生称黄孟圭、黄曼士为大哥、二哥。

在星洲(新加坡)的几个月里,黄曼士又帮助勤奋的徐悲鸿筹到了数千元钱。黄曼士向商绅推荐徐悲鸿说:"你们有钱有地位,可百年之后,还是默默无闻。唯有生前请名家画像,后代为研究名画,同时考据画中人物,才能与名画一同流芳千古啊!"

在艰辛、贫寒的留学生活当中,大家也时常苦中作乐。当时,留欧学生中各色人士都有,闲时便常常聚在一起,探讨大洋彼岸的国事,感慨国内政治,嘲笑那些"帮闲文人"的不是。在几个人的说笑、戏谑间,成立了一个天狗会绘画社团组织。

天狗会成员中有谢寿康、徐悲鸿、张道藩、邵洵美等;此外还有一些重要分子,譬如孙佩苍是军师,郭子杰是天狗会行走,蒋碧薇则被戏称为"压寨夫人"。天狗会社团的成立,带着几分玩笑。或许,这也可以看做是对当时在国内颇为著名的西画美术组织天马会的讽刺。"天马会"是由汪亚尘、刘雅农等人发起的第一个新兴美术团体组织。

也就是在 1927 年,在徐悲鸿即将结束法国留学生涯之前,他有 9 幅作品入选了这一年的法国全国美术展览会,其中一幅名叫《箫声》的最为知名。

曾获得法国"总统奖"的著名小说家、翻译家盛成,是徐悲鸿在震旦公学读法文时的老同学。他把徐悲鸿介绍给了当时"一字一金"的著名作家瓦莱里。瓦莱里在徐悲鸿的《箫声》上亲笔提了两句诗,于是这幅画在参展时轰动了整个巴黎,徐悲鸿也因此而成名。该画后来由盛成的另一位朋友——银行家莫诺以重金买去。

巴黎国立高等美术学院的结业考试非常严格,解剖、透视、美术史等理论科目是必考的,而且要全部及格,才能承认学历。徐悲鸿是第一个通过全部考试的中国学生。

徐悲鸿回国前夕,去向病中的达仰告别。达仰告诉徐悲鸿,他虽然学习了西方的传统,却希望他回到中国之后,可以丰富自己的文化,不一定是要完全按照西方的画,一味地模仿西方的画,而是可以将其变成自己创作的一部分,创造出属于自己的独特、新颖的中国绘画。

面对这位曾给予自己无数帮助和指导的恩师,徐悲鸿的心里非常难受,也许这一走就是永别了。

徐悲鸿在游历了瑞士和意大利的米兰、佛罗伦萨、罗马等地之后,于1927年9月结束了留学生涯,回到上海。

● ● ● ● ●【人物小传】● ● ● ● ●

徐悲鸿(1895—1953),原名寿康,江苏宜兴屺亭镇人。美术家、美术教育家、中国现代美术的奠基者,擅长画马。

自1912年起,徐悲鸿便在宜兴女子初级师范学校任图画教员。1916年考入上海复旦大学法文系,并自修素描。1917年留学日本学习美术,回国后任北京大学画法研究会导师。1919年赴法国留学,考入巴黎国立高等美术学院学习油画、素描,并游历西欧诸国,观摩、研究西方美术。1927年回国,先后任上海南国艺术学院美术系主任、中央大学艺术系教授、北京大学艺术学院院长。自1933年起,先后在法国、比利时、意大利、英国、德国、苏联举办中国美术展览和个人画展。抗日战争爆发后,在香港、新加坡、印度举办画展并义卖,宣传支援抗日。后重返中央大学艺术系任教。

新中国成立后,任中华全国美术工作者协会(现中国美术家协会)主席、中央美术学院院长等职,为第一届全国政协委员。1953年病逝于北京医院。

其代表作有油画《田横五百士》、《傒我后》,中国画《奔马》、《九方皋》、《愚公移山》等。

参考文献

钟叔河、朱纯:《过去的大学》,长江文艺出版社,2005 年 12 月版。

陈远:《逝去的大学》,同心出版社,2005 年 3 月版。

《人物中国》编委会:《人物中国——近现代》,中国大百科全书出版社,2009 年 10 月版。

张晓唯:《旧时的大学和学人》,中国工人出版社,2006 年 6 月版。

秦风:《民国名人再回首》,文汇出版社,2009 年 4 月版。

杜涌涛:《民国旧士——过去的那些人》,福建教育出版社,2009 年 12 月版。

徐百柯:《民国那些人》,中央编译出版社,2007 年 9 月版。

张军:《民国那些大师》,湖北人民出版社,2008 年 1 月版。

严如平、宗志文:《民国人物传》,中华书局,1997 年 3 月版。

民国文林:《风流总被雨打风吹去——细说民国大文人》,现代出版社,2010 年 1 月版。

容闳:《西学东渐记》,中州古籍出版社,1998 年 10 月版。

钱钢、胡劲草:《大清留美幼童——中国最早的官派留学生》,文汇出版社,2004 年 2 月版。

王远明:《风起伶仃洋》,广东人民出版社,2006 年 10 月版。

徐斌:《天地良知——马寅初传》,浙江人民出版社,2008 年 11 月版。

杨勋等:《马寅初传》,北京出版社,1986 年版。

马勇:《蒋梦麟传》,红旗出版社,2009 年 5 月版。

孙善根:《走出象牙塔——蒋梦麟传》,杭州出版社,2004 年 6 月版。

蒋梦麟:《西潮》,天津教育出版社,2008 年 4 月版。

罗志田:《胡适传》,中华书局,2006 年 6 月版。

易竹贤:《胡适传》,湖北人民出版社,2005 年 4 月版。

竺可桢:《竺可桢全集》,上海科技教育出版社,2004 年 7 月版。

钱永红:《竺可桢——中国科学史研究事业的奠基人》,人民网科技频道,2010 年 3 月 29 日。

谢世俊:《竺可桢传》,重庆出版社,1993 年 6 月版。

赵元任:《赵元任早年生活自传》,中国华侨出版公司,1989 年 4 月版。

赵争:《龙城之子"稀有奇才"赵元任》,《常州日报》,2009 年 4 月 7 日。

金岳霖学术基金会学术委员会:《金岳霖的回忆与回忆金岳霖》(增补本),四川教育出版社,2000 年 11 月版。

郭梅尼:《挥笔写人生——郭梅尼人物通讯选》,人民文学出版社,2003 年 6 月版。

帙明:《茅以升和中国建桥事业》,《文史月刊》,2006 年第 6 期。

沈卫威:《情僧苦行——吴宓传》,东方出版社,2000 年 10 月版。

吴学昭:《吴宓与陈寅恪》,清华大学出版社,2003 年 1 月版。

岱峻:《李济传》,江苏文艺出版社,2009 年 9 月版。

李济:《李济自传》,上海人民出版社,2006 年 8 月版。

赵遐秋:《徐志摩传》,中国人民大学出版社,1999 年 4 月版。

韩石山:《徐志摩传》,北京十月文艺出版社,2004 年 5 月版。

冯友兰:《冯友兰自述》,中国人民大学出版社,2004 年 11 月版。

田文军:《冯友兰》,人民文学出版社,2003 年 3 月版。

施建伟:《林语堂传》,北京十月文艺出版社,1999 年 4 月版。

[美]林太乙:《林语堂传》,陕西师范大学出版社,2002 年 2 月版。

冰心:《我的老伴吴文藻》,《中国作家》,1986 年第 4 期、1987 年第 2 期。

冰心:《冰心自传》,江苏文艺出版社,1995 年版。

宋益乔:《梁实秋传》,百花文艺出版社,2005 年 5 月版。

梁实秋:《梁实秋自传》,江苏文艺出版社,1996 年 6 月版。

窦忠如:《梁思成传》,百花文艺出版社,2007 年 1 月版。

黄杨:《一世情缘·梁思成与林徽因》,安徽人民出版社,1999 年 10 月版。

张清平:《林徽因传》,百花文艺出版社,2007 年 8 月版。

黄伟芳:《万古人间四月天——梁思成与林徽因的情爱世界》,东方出版社,2008 年 4 月版。

杜小安:《贺麟》(大家精要),云南教育出版社,2009 年 1 月版。

黄嫣梨：《读贺麟〈哈佛日记〉》，《文汇报》，2002年10月30日。

段治文、钟学敏：《核物理先驱——赵忠尧传》，浙江人民出版社，2007年11月版。

龙飞：《物理学大师吴大猷》，《名人传记》，2004年第3期。

郭梅、张宇：《平凡造就的伟大——钱学森传》，江苏人民出版社，2010年1月版。

江来、肖芬：《钱学森》，中国少年儿童出版社，2005年5月版。

严光辉：《辜鸿铭传》，海南出版社，1996年12月版。

周天度：《蔡元培传》，人民出版社，1984年版。

叶隽：《现代学术视野中的留德学人——同济·德意志文化丛书》，同济大学出版社，2005年1月版。

张维：《熊庆来传》，云南教育出版社，2003年12月版。

熊有德：《我和爷爷熊庆来》，浙江文艺出版社，2009年4月版。

马亮宽、李泉：《傅斯年传》，红旗出版社，2009年5月版。

焦润明：《傅斯年传》，人民出版社，2003年1月版。

岳南：《陈寅恪与傅斯年》，陕西师范大学出版社，2008年6月版。

卢曙火：《科学泰斗——严济慈传》，杭州出版社，2004年12月版。

严济慈：《法兰西情书》，解放军出版社，2003年1月版。

黄佐临：《往事点滴》，上海书店出版社，2006年9月版。

刘忆斯：《黄佐临——温良恭俭让的中国现代戏剧宗师》，《晶报》，2009年9月15日。

巴金：《巴金自传》，江苏文艺出版社，1996年版。

徐开垒：《巴金传》，上海文艺出版社，2003年11月版。

杨慧：《居里夫人的中国弟子——施士元》，中国新闻网，2005年11月22日。

罗静：《施士元——跨越百年物理人生》，科学时报，2007年9月25日版。

张奠宙、王善平：《陈省身传》，南开大学出版社，2004年8月版。

付婷婷：《微分几何大师——陈省身传》，江苏人民出版社，2009年1月版。

杨绛：《我们仨》，生活·读书·新知三联书店，2003年7月版。

汤晏：《一代才子钱钟书》，上海人民出版社，2005年5月版。

季羡林：《留德十年》，中国工人出版社，2009年7月版。

蔡德贵：《季羡林传》，陕西师范大学出版社，2009年8月版。

葛能全：《钱三强传》，山东友谊出版社，2003年10月版。

祁淑英：《钱三强》（中国著名科学家传记），中国社会出版社，2008 年 1 月版。

刘再复：《鲁迅传》，人民日报出版社，2010 年 3 月版。

黄乔生：《鲁迅三兄弟恩怨变迁——周氏三兄弟》，浙江人民出版社，2008 年版。

胡适：《丁文江传》，海南出版社，2002 年 8 月版。

［美］费侠莉：《丁文江——科学与中国新文化》，新星出版社，2006 年 1 月版。

汪荣祖：《史家陈寅恪传》，北京大学出版社，2005 年 3 月版。

陈群、段万倜、张祥龙等：《李四光传》，人民出版社，2009 年 10 月版。

于建坤：《李四光》，河北教育出版社，2001 年 1 月版。

陈星：《李叔同传》，湖北人民出版社，2003 年 1 月版。

吴可为：《古道长亭——李叔同传》，杭州出版社，2004 年 3 月版。

闲居：《黄侃轶事四则》，人民网，2006 年 10 月 11 日。

叶贤恩：《黄侃传》，湖北人民出版社，2006 年 5 月版。

钱理群：《周作人传》（中国现代作家传记丛书），北京十月文艺出版社，2005 年 1 月版。

龚济民、方仁念：《郭沫若传》，北京十月文艺出版社，1988 年版。

郭沫若：《郭沫若自传》，江苏文艺出版社，1996 年 7 月版。

罗以民：《天涯孤舟——郁达夫传》，杭州出版社，2004 年 3 月版。

袁庆丰：《郁达夫传》，中国传媒大学出版社，2010 年 1 月版。